LDB/1996 CONTEMPORÂNEA

CONTRADIÇÕES, TENSÕES, COMPROMISSOS

Dados Internacionais de Catalogação na Publicação (CIP)
(Câmara Brasileira do Livro, SP, Brasil)

LDB/1996 contemporânea : contradições, tensões, compromissos / Iria Brzezinski (org.). – São Paulo : Cortez, 2014.

Bibliografia
ISBN 978-85-249-2180-3

1. Educação – Leis e legislação – Brasil 2. Lei de Diretrizes e Bases da Educação Nacional I. Brzezinski, Iria.

14-01584 CDD-370.2681

Índices para catálogo sistemático:

1. Brasil : Lei de Diretrizes e Bases da Educação Nacional 370.2681
2. Lei de Diretrizes e Bases da Educação Nacional : Brasil 370.2681

Iria Brzezinski (Org.)

Alda Maria Duarte Araújo Castro • Antônio Cabral Neto • Antônio Joaquim Severino • Carlos Augusto Abicalil • Carlos Roberto Jamil Cury • Eloisa Maia Vidal • Eva Wairos Pereira • Iria Brzezinski • João Antonio C. de Monlevade • Juçara Vieira • Salomão Ximenes • Sérgio Haddad • Sofia Lerche Vieira • Vital Didonet • Zuleide Araújo Teixeira

LDB/1996 CONTEMPORÂNEA

CONTRADIÇÕES, TENSÕES, COMPROMISSOS

CORTEZ EDITORA

LDB/1996 CONTEMPORÂNEA: contradições, tensões, compromissos
Iria Brzezinski (Org.)

Capa: Cia. de Desenho
Preparação de originais: Andrea Vidal, Márcia Rodrigues Nunes, Jaci Dantas
Revisão: Marta Almeida de Sá, Patrizia Zagni
Composição: Linea Editora Ltda.
Coordenação editorial: Danilo A. Q. Morales

Obra em conformidade ao NOVO ACORDO da Língua Portuguesa

Direitos para esta edição
CORTEZ EDITORA
Rua Monte Alegre, 1074 – Perdizes
05014-001 – São Paulo – SP
Tel. (11) 3864-0111 Fax: (11) 3864-4290
E-mail: cortez@cortezeditora.com.br
www.cortezeditora.com.br

Impresso no Brasil – abril de 2014

Sumário

Homenagem à Profa. Dra. Isaura Belloni

Nos meados de julho de 2013 anunciei aos companheiros e às companheiras, coautores e coautoras, o ensejo de dedicar este livro à nossa companheira de muitas lutas e enfrentamentos de desafios em defesa da escola pública de qualidade social para todos os brasileiros, gratuita, laica e obrigatória, em todos os níveis.

Esse anúncio teve imediata repercussão e apoio de todos e todas.

Assim, comecei a caminhada coletiva de homenagem à Isaura, com especial contribuição de um amigo, o professor e pesquisador Heitor Francisco de Magalhães Souza, com quem estive participando, nos anos 1990, do Programa de Avaliação Institucional da Universidade de Brasília (UnB), coordenado por Isaura Belloni.

Tal pesquisa demarcou os tempos e espaços do processo de avaliação institucional da UnB. Sustentou a formação e a práxis de muitos avaliadores institucionais de nosso País, bem como marcou a trajetória de Isaura como docente e investigadora da educação, nessa experiência pioneira de implantação do sistema de avaliação institucional no Brasil.

Isaura iniciou sua caminhada profissional muito cedo, nos anos iniciais do ensino fundamental no interior do Rio Grande do Sul. Desenvolveu, posteriormente, atividades acadêmicas na Universidade Federal do Rio Grande de Sul e atuou em outras modalidades de ensino e em atividades editoriais, na capital gaúcha.

Percebera a importância da educação para a vida. Esse era um valor familiar fundamental para Isaura e para seus irmãos, Maria Luiza e José Ângelo, também docentes e pesquisadores. Isaura, mãe de Moema e Isabel e avó de Catarina, não se intimidava diante de problemas, buscava novos horizontes e explicações para os desafios a superar.

Após alguns anos de docência, partiu para a pós-graduação nos Estados Unidos da América e doutorou-se pela Universidade de Stanford. Ao retornar ao Brasil, no final dos anos 1970, atuou na Universidade Federal do Rio Grande do Sul e na Universidade Federal de Minas Gerais. Chegou à Universidade de Brasília, no começo dos anos 1980, na qual desenvolveu a maior parte de sua carreira acadêmica, lecionando, desenvolvendo pesquisas, orientando mestrados e doutorados.

Isaura mostrou-se incansável no Fórum Nacional em Defesa da Escola Pública, durante o período de elaboração da Constituição de 1988 e, posteriormente, no processo de tramitação da Lei de Diretrizes e Bases da Educação Nacional, promulgada em 20 de dezembro de 1996. Sua atuação permanente como representante da Associação Nacional de Pós-Graduação e Pesquisa da Educação, por uma década, de 1986 a 1996, configurou-se "rotina de campo" (Souza, 2013), entre reuniões nas Comissões de Educação, da Câmara e do Senado Federal, visitas e audiências com deputados e com senadores, participação em eventos sobre políticas educacionais.

Em meados dos anos 1990, Isaura tornou-se dirigente da Fundação Educacional do Distrito Federal. Neste sistema de educação básica, desenvolveu gestão inovadora em educação ao apoiar a introdução de projeto educativo em conformidade com as demandas e as expectativas da sociedade do Distrito Federal, a Escola Candanga, cujas bases são fundadas na participação democrática da comunidade escolar. Assim, abriu caminhos, nacionalmente, para outras experiências de gestão democrática.

Tornou-se consultora legislativa da Câmara dos Deputados no final dos anos 1990 até o terceiro quartel dos anos 2000, na qual deu continuidade às suas defesas, demonstrando forte compromisso político e ético com a educação pública em todos os níveis.

Sua contribuição ao setor educação estende-se à participação que teve em vários projetos e trabalhos de consultoria para o Ministério da Educação, para o Ministério do Trabalho, para o Instituto Brasileiro do Meio Ambiente, para o Instituto Nacional de Estudos e Pesquisas Educacionais, para vários organismos internacionais, e para inúmeras IES brasileiras e estrangeiras. Sua produção intelectual é extensa, materializa-se em artigos, relatórios de pesquisa e livros publicados.

Isaura Belloni mulher guerreira, profissional competente, colega leal, amiga querida, parceira inesquecível de tantas lutas, foi uma mulher que marcou nossas vidas. Permanece em nossa memória, embora desde 25 de outubro de 2010 estejamos sem sua presença e convivência entusiasmante.

Uma fração de seu imenso legado à educação brasileira que revela convicções de Isaura Belloni (2008, p. 164) pode ser revista, sinteticamente, nas palavras conclusivas do capítulo de sua autoria *A educação superior dez anos depois da LDB/1996*, no livro *LDB dez anos depois*: *reinterpretação sob diversos olhares.*

> [...] A implantação dos programas de ações afirmativas é sólido indicador da preocupação com a democratização do acesso à educação superior também a grupos usualmente discriminados nos processos educacionais.
>
> A busca de qualidade é a marca ou objetivo da sistemática de avaliação implantada, cujos resultados devem aparecer em curto prazo, não apenas mediante a melhoria dos indicadores, mas também pela exclusão de instituições de baixa qualidade.

Sobre os Autores

ALDA MARIA DUARTE ARAÚJO CASTRO é professora associada do Centro de Educação da Universidade Federal do Rio Grande do Norte (UFRN). Doutora em Educação pela UFRN. Desenvolve estudos na Linha de Pesquisa: Política e Práxis da Educação do Programa de Pós-Graduação em Educação da UFRN. Atualmente desenvolve pesquisa sobre educação superior com foco na internacionalização, na expansão e no acesso e permanência. Atualmente é coordenadora do Programa de Pós-Graduação em Educação da UFRN.

ANTÔNIO CABRAL NETO é professor titular do Centro de Educação da Universidade Federal do Rio Grande do Norte (UFRN). Doutor em Educação pela Universidade de São Paulo (USP). Desenvolve estudos na Linha de Pesquisa: Política e Práxis da Educação do Programa de Pós-Graduação em Educação da UFRN. Atualmente desenvolve pesquisa sobre educação superior com foco na internacionalização. vice-presidente da ANPED.

ANTÔNIO JOAQUIM SEVERINO é professor titular, aposentado, da Faculdade de Educação da Universidade de São Paulo (USP). Docente e pesquisador do PPGE da Universidade Nove de Julho (Uninove), de São Paulo. Doutor em Filosofia pela Pontifícia Universidade Católica de São Paulo (PUC-SP). Livre-Docente em Filosofia da Educação pela USP. Desenvolve estudos na Linha de Pesquisa: Educação, Conhecimento e Formação do PPGE/Uninove, liderando o Grupo de Estudo e Pesquisa em Filosofia da Educação. Atualmente pesquisa a Filosofia da Educação na América Latina: Cone Sul.

CARLOS AUGUSTO ABICALIL é professor da Educação Pública Básica do Estado de Mato Grosso, mestre em Educação — Gestão de Políticas Públicas pela Universidade de Brasília (UnB). assessor parlamentar da Liderança do Governo no Congresso Nacional.

CARLOS ROBERTO JAMIL CURY é professor adjunto da Pontifícia Universidade Católica de Minas Gerais (PUC-MG), professor emérito da Universidade Federal de Minas Gerais (UFMG), desenvolve pesquisas e estudos em torno da linha de pesquisa Direito à Educação e Políticas Públicas. É membro do Conselho Nacional da Sociedade Brasileira para o Progresso da Ciência (SBPC).

ELOISA MAIA VIDAL é doutora em Educação pela Universidade Federal do Ceará (UFCE). É professora adjunta da Universidade Estadual do Ceará (UECE) com atuação em formação de professores de Física e desenvolve pesquisas na área de Política Educacional, Avaliação e Gestão da Educação Básica. É coordenadora adjunta da Universidade Aberta do Brasil na UECE.

EVA WAIROS PEREIRA é professora aposentada da UnB. Doutora em Educação pela Universidade de São Paulo (USP). Desenvolve estudos na Linha de Pesquisa: Políticas Públicas e Educação.

IRIA BRZEZINSKI é professora titular da Pontifícia Universidade Católica de Goiás (UCG). Doutora pela Faculdade de Ciências da Educação da Universidade Aberta de Portugal. Desenvolve estudos na Linha de Pesquisa: Estado, Políticas e Instituições da Educação. Lidera o Grupo de Pesquisa no CNPq: Políticas Educacionais e Gestão Escolar. Membro do Comitê Científico da Anped.

JOÃO ANTONIO CABRAL DE MONLEVADE é sociólogo (Spring Hill College, EUA), Licenciado em Filosofia. Mestre em Administração Escolar pela Universidade de Campinas (Unicamp), Doutor em Educação pela Unicamp. Professor aposentado pela da Universidade Federal do Mato Grosso (UFMT). Professor voluntário da Universidade de Brasília (UnB). Consultor legislativo do Senado Federal ma área de Educação.

JUÇARA VIEIRA é professora da rede pública do Rio Grande do Sul. Doutora em Educação pela Universidade de Brasília (UnB). Linha de Pesquisa: Políticas Públicas e Gestão da Educação Básica. Desenvolve estudos sobre valorização dos profissionais da educação básica. Exerce a função de vice-presidente da Internacional da Educação (IE). Preside o Comitê da Mulher da IE.

SALOMÃO XIMENES é advogado, mestre em Educação pela Universidade Federal do Ceará (UFC) e doutorando em Direito do Estado pela Universidade de São Paulo (USP). É coordenador do programa Ação na Justiça, da Ação Educativa, e coeditor do site Direito à Educação e Acesso à Justiça.

SÉRGIO HADDAD é professor aposentado do Programa de Pós-Graduação em Educação Currículo da Pontifícia Universidade Católica de São Paulo (PUC-SP), doutor em Educação pela Universidade de São Paulo (USP). Desenvolve estudos em Educação de Adultos, Educação Popular, Políticas Públicas. É pesquisador da Ação Educativa.

SOFIA LERCHE VIEIRA é doutora em Filosofia e História da Educação pela Pontifícia Universidade Católica de São Paulo (PUC-SP) com pós-doutorado pela Universidad Nacional de Educación a Distancia (Uned). Bolsista de Produtividade do CNPq, bolsista Capes do Programa Professor Visitante Nacional Senior (PVNS) junto à Universidade da Integração Internacional da Lusofonia Afro-Brasileira (Unilab). Professora titular aposentada da Universidade Federal do Ceará (UFC) e da Universidade Estadual do Ceará (UECE), de onde é docente do Programa de Pós-Graduação em Educação. Foi Secretária da Educação Básica do Ceará. Desenvolve estudos sobre política, avaliação, gestão educacional e escolar.

VITAL DIDONET é professor, mestre em Educação pela Universidade de Brasília (UnB), especialista em educação infantil. Atua nas políticas públicas voltadas aos direitos da criança. Consultor Legislativo da Câmara dos Deputados, na área da educação (aposentado). Assessor da Rede Nacional Primeira Infância em assuntos legislativos e das políticas públicas pela primeira infância.

ZULEIDE ARAÚJO TEIXEIRA é professora, mestre pelo Centro Federal de Educação Tecnológica do Paraná, assessora técnica e política do Gabinete da Liderança do Bloco de Apoio ao Governo e Liderança do Partido dos Trabalhadores, no Senado Federal. Desenvolve estudos na Linha de Pesquisa: Tecnologia e Trabalho.

Apresentação

LDB/1996 Contemporânea: contradições, tensões e compromissos

Iria Brzezinski

O ano de 2014 marca o lançamento deste livro, o terceiro de um conjunto de obras escritas pelos mesmos autores e versando sobre a Lei de Diretrizes e Bases da Educação brasileira, promulgada em 1996. Este título, denominado "LDB/1996 Contemporânea: contradições, tensões e compromissos", contou com a contribuição de novos coautores. As outras duas obras intitulam-se: *LDB interpretada: diversos olhares se entrecruzam* (1997), e *LDB dez anos depois: reinterpretação sob diversos olhares* (2008). Esta, em 2010, encontrava-se na 3ª edição e, aquela na 10ª edição, em 2008.

Esses trabalhos científicos têm o objetivo de interpretar aquilo que foi normatizado pela Lei n. 9.394, de 20 de dezembro de 1996, bem como de discutir as mudanças realizadas na LDB ao longo de quase duas décadas e atualizar as interpretações perante as alterações feitas de 1997 a 2013.

É importante lembrar que os autores são membros das entidades científicas e sindicais integrantes do Fórum Nacional em Defesa da

Escola Pública na LDB (Fórum) e comungam o projeto de LDB apresentado na Câmara dos Deputados pelo Dep. Octavio Elísio, em 28/11/1988, lá nominado PL n. 1.258. Esse foi aprovado nesta Casa Legislativa em 13/5/1993, como PL n. 1.258-C, com base em "conciliações abertas", expressão cunhada por Florestan Fernandes (1990), para designar as longas sessões de negociação entre os representantes do então Colégio de Líderes, composto por uma pluralidade de deputados, alguns defensores da escola pública. Estes mantinham constante interlocução com o Fórum e, outros, vorazes mercantilistas, defendiam o ensino particular.

No Senado Federal, entretanto, o PL da Câmara, conhecido como PLC n.101/1993, foi totalmente descaracterizado pelo relator senador Darcy Ribeiro, integrante da Comissão de Educação do Senado. Ribeiro alegou que o Substitutivo Cid Saboia, primeiro relator daquela Comissão, coadunava-se com os excessivos detalhes do projeto advindo da Câmara dos Deputados. Durante a tramitação na Comissão de Educação do Senado Federal, Darcy Ribeiro apresentou diversos pareceres ao substitutivo até configurar e apresentar um novo projeto de lei, utilizando-se de "artimanhas regimentais", a fim de atender às demandas do Poder Executivo, que pretendia recuperar sua competência de formular e executar as políticas educacionais.

Com esse contraditório processo vivido no Senado Federal, chegou à Casa Propositora o novo Substitutivo Darcy Ribeiro e causou grande estranhamento aos educadores do FÓRUM e aos deputados federais defensores da educação pública. A seguir, o País teve sua LDB decretada e sancionada.

Desde 1997, essa lei tem sido alterada. A primeira mudança foi realizada por meio da Lei n. 9.475, de 22/7/1997, em relação ao ensino religioso, e a última mudança analisada nesta obra ocorreu em 4/4/2013, com a Lei n. 12.796, que, em sua maior parte, preceituou o contido na Emenda Constitucional n. 59, de 11/11/2009.

Para definir melhor a finalidade da presente obra, um diálogo profícuo foi realizado entre seus autores, decidindo-se em lhe dar não só feição acadêmica, que é essencial, mas também forte conotação política. Nessa ocasião, considerou-se que o contexto atual da educação brasileira e algumas posições dos Três Poderes Republicanos vêm favorecendo certas aproximações das atuais mudanças da LDB com os compromissos assumidos pelo Fórum em Defesa da Escola Pública, com inspiração no PL n. 1.258/1988.

Nós, autores deste livro, somos críticos em relação a algumas mudanças na LDB/1996 e determinações das políticas educacionais, como as que venham a ferir os princípios da gestão democrática na educação básica e superior e as que facilitem transferência de recursos públicos pelo governo para a iniciativa privada.

Ressalta-se que não são poucas as contradições acerca das mudanças na LDB/1996, explicitadas nos capítulos deste livro, e as tensões que, muitas vezes, se instalaram entre as forças sociais que precisam fazer valer seus interesses concernentes às políticas educacionais e o governo que representa o aparato estatal.

Com base em ensinamentos de Florestan Fernandes (1977), compreendemos que a história "nunca se abre por si mesma e nunca se fecha para sempre. São os homens, em grupos, e confrontando-se como classes em conflito que 'fecham' ou 'abrem' os circuitos da história". Por isso, convidamos os leitores a compartilhar este ciclo da história das mudanças na LDB/1996, construído por homens e mulheres em um livro organizado em onze artigos, que se articulam em torno da supracitada finalidade.

No primeiro capítulo, Antônio Joaquim Severino traz uma abordagem filosófica da LDB/1996 e expressa suas ideias diante dos embates da cidadania. Ressalta que, ao longo de dezessete anos, as intervenções foram significativas no texto básico da Lei, pelo fato de demonstrar continuidade do debate sobre a problemática educacional enfrentada pela sociedade brasileira. Ao mesmo tempo, o autor esclarece que as mudanças revelam contradições, conflitos e lutas de grupos preocupados com a educação nacional. Aponta, ainda, que as mudanças elucidam a tendência de o sistema atuar de forma fragmentada, em virtude das decisões tomadas apressadamente, porque são centradas em "determinações casuísticas de programas gestionários de governança e de implementação de políticas públicas voltadas para interesses e objetivos imediatistas".

Ao fazer um balanço crítico das quase duas décadas de mudanças na LDB/1996, Severino avalia que não se efetivou a anunciada "década da educação", pois ocorreu "discretamente na retórica formal".

No segundo artigo, de Jamil Cury, o autor não só faz uma avaliação das alterações significativas operada na lei em questão, tal como a ampliação da obrigatoriedade escolar, como também busca "aprofundar os debates acerca da alteração do artigo 26, que inclui, na *base nacional comum*, a educação infantil e substitui o termo *clientela* por *educandos*".

Cury assegura que para tratar *a base nacional comum*, é necessário discutir em profundidade duas questões substantivas: "*a questão democrática e a questão federativa*". No desenvolvimento do capítulo, Cury dá centralidade a essas questões, por meio de uma rigorosa revisita histórica da educação brasileira, abrangendo desde os princípios constitucionais das primeiras Constituições brasileiras, as leis definidoras de políticas educacionais que prescreveram currículos mínimos, até a abrangente *base nacional comum*.

Entre outras ideias, Cury destaca a de que "um currículo nacional se cruza com uma função social do Estado", qual seja, [...] "atender a um direito do cidadão que busca na educação escolar uma via de cidadania compartilhada com seus concidadãos e um acesso digno na partilha dos bens produzidos".

Em suas conclusões, Cury instiga a curiosidade dos leitores com muitas indagações, entre elas, a seguinte:

> Recusado um currículo disperso por ofensa ao princípio federativo à luz de uma união federativa, de um plano nacional e de uma avaliação sistemática hoje estabelecida; recusado um currículo único e integral por ofensa à diversidade regional e adequação aos valores culturais diferenciados, pode-se recusar um currículo nacional sob o qual se assinale os conteúdos necessários a uma formação básica comum?

No terceiro capítulo, a educação pública e a educação privada na LDB/1996, em conflito, constituem a base fundamental das análises feitas por Sofia Lerche Vieira e Eloisa Maia Vidal. Esse embate sempre em conflito, consoante as autoras, que se valem das ideias de Bobbio (1992), está repleto de historicidade e consiste em uma das grandes "dicotomias do mundo contemporâneo". Em determinado momento do capítulo, as autoras indagam: seria o processo de elaboração do Plano Nacional de Educação (PL n. 8.035/2010 na Câmara dos Deputados e PLC n. 103 no Senado Federal) e a Conferência Nacional da Educação/2014 uma trégua no embate público x privado?

Na conclusão, no entanto, sua posição não é alentadora, em particular, no que tange ao PNE, uma vez que esse processo "não difere de outros momentos similares e memoráveis da história da legislação educacional brasileira, sempre sujeita a avanços e recuos". As autoras avaliam que o fluxo descontínuo da tramitação do PNE/2010 do Executivo para a Câmara e o tempo de permanência na Comissão Especial da Câmara, por dois anos, interferiram na "energia gerada pela contribuição de tantas forças vivas", cedendo lugar a um "clima de frustração motivado pela incerteza do que virá".

No quarto capítulo, Iria Brzezinski problematiza os dilemas e desafios, as contradições e os compromissos quanto à formação e valorização de profissionais da educação, trazidos pelas mudanças da LDB/1996, nessas quase duas décadas.

Ao denunciar o índice de analfabetismo funcional constatado no País, a autora enfatiza, entre as inúmeras causas deste analfabetismo, a desqualificação profissional e a precariedade da situação material das quais os professores são vítimas. Perante isso, adverte que:

> muitos são os desafios e contradições que devem ser superados com soluções que levem ao cumprimento do pacto político entre a sociedade civil e a sociedade política. País rico como o Brasil, que ostenta a posição de sétima economia do mundo, tem de ser, cada vez mais, educado.

Em suas conclusões, expressa, com suporte em ensinamentos de Snyders (2001), uma contradição da educação brasileira contemporânea:

> enquanto os gestores de maior expressão nacional se dedicam a investir recursos na construção de obras faraônicas para o Brasil sediar a Copa do Mundo/2014, os educadores asseguram as duas pontas da corrente, como militantes e como professores: [...] provocam revolução social no ensino e garantem presença na aula a ser dada no dia seguinte bem cedo.

No quinto capítulo, Vital Didonet dedica-se ao estudo das mudanças da LDB/1996, em especial, por intermédio da Lei n. 12.796 de 4/4/2013, talvez a lei mais impactante na educação básica brasileira nos últimos tempos.

Em certa altura, ao tratar da trajetória de construção dessa lei, o autor remete o assunto à Emenda Constitucional n. 59, de 11/11/2009 (EC/2009), considerando que a Lei n. 12.796/2013 tem, também por objetivo, regulamentar as mudanças constitucionais de 2009.

Didonet esclarece que a EC n. 59/2009 origina-se na PEC n. 277-A/2008, que visava à destinação "progressiva dos recursos da União vinculados à manutenção e desenvolvimento do ensino (18% da arrecadação de impostos) do percentual previamente separado pela DRU — Desvinculação dos Recursos da União". À PEC são acrescidos também dispositivos sobre a extensão da obrigatoriedade da frequência à pré-escola para as crianças de quatro e cinco anos de idade e de jovens e adolescentes até dezessete anos no ensino médio. O autor declara que consta do

> [...] Parecer do Relator que as inserções resultavam de entendimento com a Mesa da Comissão Especial e com o Ministério da Educação. Curioso é que eles tenham sido enxertados numa Proposta de Emenda Constitucional que tratava de assunto totalmente diverso e cujo tema originário era de grande interesse da educação — aumento de recursos financeiros — e que recebia enorme pressão social para aprovação imediata, em vista do risco de ser rejeitada se a crise econômi-

ca mundial, de 2008, trouxesse maiores consequências sobre a economia brasileira.

Parece que, pela primeira vez na história das políticas educacionais, "artimanhas" do legislador ouviram os movimentos sociais, defensores da ampliação dos anos de escolaridade do cidadão brasileiro a se realizar na escola básica pública, laica, obrigatória e gratuita.

As autoras Eva Wairos Pereira e Zuleide Araújo Teixeira, no sexto capítulo, exploram as mudanças da LDB/1996 durante os decorridos dezessete anos. Buscam refletir sobre a educação básica, dedicando suas análises ao ensino fundamental e médio. Ressaltam que a presença da educação profissional, no texto da Lei, é revelada por intermédio da referência feita "ao ensino médio integrado, que traduz uma integração possível entre as duas modalidades de ensino, como se verifica no conceito e na estruturação do ensino profissional e tecnológico em oferta".

Em suas conclusões, as autoras destacam que as mudanças na LDB/1996 desenham um cenário que "aponta para proposições e metas bastante ousadas para atender às atuais necessidades educacionais, nos planos vertical e horizontal, mediante políticas públicas voltadas para a mudança do quadro de injustiça social historicamente mantido por meio da educação".

No sétimo capítulo, Iria Brzezinski e Juçara Vieira intentam assumir a perscrutação dialética de Walter Benjamin, com o objetivo de rediscutir as políticas de formação de professores e funcionários da educação básica, assim como atualizar o debate com base nas mudanças operadas na LDB/1996 ou em outros dispositivos legais que nela interferiram por um período de quase duas décadas.

No tocante à concepção de profissionais da educação, consideram que uma das mudanças conceituais na LDB/1996 de maior relevância para os professores, especialistas e funcionários está em os legisladores adotarem a expressão profissionais da educação, ao se dedicarem à matéria no Título VI — "Dos Profissionais da Educação" (LDB/1996, art. 61 a 67). As autoras denunciam, entretanto, que a maior omissão nas mudanças operadas pela LDB/1996 recai na identidade dos profissionais da educação, que só veio a ser traçada em 6/8/2009, por meio da Lei n.12.014, ao modificar o art. 61 da LDB/1996, como se comprova no inciso III desse artigo:

> Consideram-se profissionais da educação escolar básica os que, nela estando em efetivo exercício e tendo sido formados em cursos reconhecidos, são:
> I — professores habilitados em nível médio ou superior para a docência na educação infantil e nos ensinos fundamental e médio;
> II — trabalhadores em educação portadores de diploma de pedagogia, com habilitação em administração, planejamento, supervisão, inspeção e orientação educacional, bem como com títulos de mestrado ou doutorado nas mesmas áreas;
> III — trabalhadores em educação, portadores de diploma de curso técnico ou superior em área pedagógica ou afim.

As autoras concluem que este é o ponto relevante das mudanças, porém ensejam que outras alterações deverão emergir de modo que a formação inicial de todos os profissionais da educação seja feita, no mínimo, em nível superior, na universidade, tendo em vista a imperiosa necessidade de reconhecer que a modalidade Normal de formação de professor no ensino médio deve ser um nível de passagem para o superior.

Sérgio Haddad e Salomão Ximenes são os autores do capítulo oitavo, em que o tema é a educação de pessoas jovens e adultas e os reflexos das mudanças na LDB/1996. Os autores revisitam a história da educação brasileira, para tratar tanto de questão pedagógica quanto de jurídica, relativa ao direito de pessoas jovens e adultas serem formadas, não com o intuito de recuperarem conteúdos, porque não frequentaram a educação regular na "idade certa", mas para resgatarem os saberes da experiência como conhecimento. Para tanto advogam a necessidade de que seja adotada uma pedagogia apropriada ao EJA e não, simplesmente, a metodologia de ensino transportada da educação regular.

Assinalam que, na legislação pós-LDB, há uma constatação de insuficiente requalificação legal dessas pessoas e uma inércia governamental. Os autores esforçam-se para ressaltar alguns pontos positivos, mas, em sua conclusão, ressaltam que passados dezessete anos da promulgação da LDB/1996,

> pode-se afirmar que boa parte dos entraves jurídicos ao reconhecimento do direito de jovens e adultos à educação foi removida. É bem verdade que, no caso do Fundeb, a EJA foi incorporada à arquitetura de financiamento, mas em estatuto rebaixado quando comparada às demais modalidades.

No nono capítulo, Antônio Cabral Neto e Alda Maria Duarte Araújo Castro apresentam análises sobre os contraditórios caminhos da expansão da educação superior pós-LDB. Os autores enumeram os objetivos do capítulo, que se organiza em três partes. No início, indicam os aspectos que "influenciam a expansão da educação superior no atual contexto de reestruturação produtiva e da nova divisão internacional do trabalho". A seguir, assinalam as "principais iniciativas do governo brasileiro que repercutiram no processo de expansão da educação superior no período pós-LDB tanto no setor público quanto no privado". Encerram o texto analisando dados do Instituto Nacional de Estudos e Pesquisas Educacionais "Anísio Teixeira" (INEP), de modo a tornar visível o "processo de expansão da educação superior no país considerando a expansão do número de instituições, de cursos e de matrículas nas diferentes modalidades de educação e por categoria administrativa".

Os autores, finalizando o capítulo, alegam que "a LDB e os marcos normativos que a sucederam, assim como os programas governamentais, favoreceram a organização de um 'sistema' de educação superior que contribuiu de forma muito débil para o fortalecimento da educação como bem público".

Carlos Augusto Abicalil, autor do texto do décimo capítulo, debruçou-se sobre as mudanças pós-LDB e o novíssimo Sistema Nacional da Educação, que se organiza em nosso país. A tentativa do autor é a de revelar a contraditória autonomia *versus* condicionantes na aplicabilidade dos preceitos constitucionais: municipalização, cooperação federativa e regime de colaboração.

Em suas conclusões, oferece pistas aos Estados e Municípios, apresentando uma ação programática, nomeada "agenda instituinte", que ultrapasse o que está prescrito no PL do futuro. Dessa agenda, fazem parte dez importantes ações, e delas destacamos a última, a título de exemplo.

> Criar o Fundo Nacional para a Equidade e Qualidade — aqui poderiam estar os recursos do petróleo e a recuperação de desonerações federais para a realização do CAQi [Custo Qualidade Aluno Inicial] com alta discricionariedade da União pautada nas metas do PNE e em vista de suas prerrogativas constitucionais.

A presente obra tem como capítulo final um texto de autoria de João Antonio Cabral de Monlevade, intitulado *Financiamento da Educação na Constituição e na LDB Emendadas*. Esse tema é muito polêmico, conflita com o que aspira a sociedade brasileira e o que interessa ao poder instituído no contexto de tramitação do PNE, no Congresso Nacional.

O autor explica que seu texto tem como objetivo clarear conceitos e caminhos no que tange ao financiamento da educação. Em suas conclusões, alerta:

> Atenção! Repetimos aqui oxalá se aprovem os 10% de recursos públicos para a educação e oxalá que sejam encontradas as fontes, que elas sejam ativadas e destinadas à educação pública e gratuita. Mas, muita atenção: não é a lei que dinamiza a realidade, mas são as lutas que forçam as mudanças, da lei e da realidade.

Na verdade, as evidências confirmam que a análise da normatização legislativa que provocou mudanças nas políticas educacionais, pós-LDB/1996, não se esgota em uma obra, apesar de que este livro faz parte de um conjunto. Tentamos, sim, expressar as contradições, as tensões e os compromissos que atravessam as mudanças na LDB/1996 e atualizar, até 2013, o arcabouço legal que rege a educação brasileira na contemporaneidade.

Serão os leitores que poderão comprovar, ou não, o nosso intento de "abrir" mais um circuito da história das políticas educacionais. Nesse sentido, temos a expectativa de um diálogo fecundo com nossos leitores e afirmamos que as críticas consistem, também, em expectativa e esperança.

Goiânia, verão de 2013

1

Os embates da cidadania:
ensaio de uma abordagem filosófica da LDB/1996

Antônio Joaquim Severino

1. Introdução

A Lei de Diretrizes e Bases da Educação Nacional, a Lei n. 9.394, promulgada em 1996, está completando quase duas décadas de vigência. O que chama particularmente a atenção é a ocorrência, ao longo desse período de vigência, de um significativo número de alterações de que foi alvo. De acordo com registros constantes na 8ª edição desse texto legal, publicado pela Câmara dos Deputados,[1] em maio de 2013, até o momento o texto original da Lei sofreu 32 emendas, sendo 28 mediante leis ordinárias e 4 mediante decretos-lei. Quando promulgada em 1996, suscitou, com justificada razão, muito debate, muitas esperanças e outras tantas frustrações! Foram reações mais que legíti-

1. O texto se encontra no endereço eletrônico da Câmara dos Deputados: <http://bd.camara.leg.br>. Essas intervenções se configuram seja como emendas aditivas, seja como novas redações de *caputs*, parágrafos e incisos. Novos artigos incluídos foram identificados por letras acrescentadas ao número do artigo original. No total foram incluídos 7 artigos e eliminados 2, ficando a atual versão com 97 artigos.

mas, eis que é próprio de qualquer lei gerar expectativas junto às pessoas que constituem a comunidade à qual a legislação se dirige, como seus destinatários específicos. Quanto mais abrangente a lei, maior e mais ampla essa expectativa. Foi por isso que, em 1988, a nova Constituição nacional provocara tanta euforia e esperança, pelo que ela representava como promessa de cicatrizar todas as profundas feridas de que nossa sociedade padecia e finalmente colocar o país na rota da democracia.[2] Ao estabelecer as diretrizes e bases da educação nacional, a LDB n. 9.394/1996 ganhou um porte de uma lei muito especial, razão pela qual tem alcance muito abrangente. E "educação nacional" é, na verdade, um processo social amplo e profundo, que atinge as próprias entranhas da vida da sociedade.

Essa significativa intervenção no texto básico da Lei expressa a continuidade do debate sobre a problemática educacional enfrentada pela sociedade brasileira ao mesmo tempo em que revela as contradições, conflitos e lutas em que se envolvem as pessoas e grupos preocupados com a educação nacional. Por outro lado, escancara a tendência do sistema a atuar de forma fragmentada, de tal modo que as decisões acabam sendo tomadas de forma apressada e atreladas às determinações casuísticas de programas gestionários de governança e de implementação de políticas públicas voltadas para interesses e objetivos imediatistas, que se busca legitimar pela inclusão no texto legal.

É de se observar que as alterações no texto legal foram se intensificando ao longo dos últimos anos, particularmente após 2006, ou seja, após passada a primeira década de vigência da Lei, sendo as mais abrangentes as alterações promovidas pela Lei n. 12.796, que é do ano de 2013.

O que se pode verificar é que, quanto a mérito, essas intervenções têm sua origem e legitimação na busca da consolidação de determinados princípios, no esforço para se assegurar a implementação de políticas educacionais, de explicitar interpretações de matérias que

2. Tal imaginário levara até mesmo a denominá-la "Constituição cidadã"!

não ficaram claramente estabelecidas no texto original, sendo por isso fonte de ambiguidades, teóricas ou operacionais, na hora da aplicação. Além disso, a aprovação legal dessas emendas responde a demandas e lutas dos segmentos organizados da comunidade educacional do país, na defesa de posições, de princípios e de direitos supostamente não assegurados pelos dispositivos tais como inicialmente configurados no texto legal.

Quanto ao espírito dessas novas inserções, revela-se marcante a busca de maior inclusão no processo educativo institucionalizado de sujeitos menos contemplados com os benefícios da educação: os segmentos etnorraciais (indígenas e afrodescendentes); jovens e adultos não escolarizados na faixa etária regular; estudantes residentes longe das escolas; jovens e adultos socialmente desfavorecidos; garantia de maior controle quantitativo e qualitativo do desempenho escolar dos estudantes. A ampliação do tempo de escolarização (ampliação para 9 anos do ensino fundamental, consolidação do ensino infantil, universalização do ensino médio); qualificação dos conteúdos curriculares (ensino religioso, ensino de arte, de Filosofia e de Sociologia, direitos das crianças, princípios de proteção e defesa civil, educação ambiental); implantação de um currículo de base nacional, articulado com componentes de referência local. A expansão e consolidação da educação profissional tecnológica de nível médio recebem atenção diferenciada, com o que se busca legitimar a política de sua oferta ampliada, mais sistemática, considerada de particular relevância para a sociedade no contexto atual. Busca-se também a diversificação das modalidades de ensino superior não só via educação à distância mas também com a implantação dos cursos sequenciais. A formação dos profissionais da educação é outro campo que merece destacada atenção, desde a precisão na definição da categoria, até a delimitação das funções do magistério. Não se trata de matérias novas, mas de especificações e delimitações que encaminham referências para o estabelecimento de programas concretos de ação.

Mas passados dezessete anos da promulgação do novo instrumento legal, com a perspectiva de redirecionar os rumos da educação nacional, o que se pode constatar é que continuamos num processo contínuo, em permanente mudança, sem direção segura. A educação brasileira continua passando por uma série de mudanças, particularmente de cunho jurídico-institucional, decorrentes das medidas implementadas por força do texto original da Lei bem como por força destas novas leis ordinárias que o emendam ou o alteram. O grande e crucial problema, no entanto, é que as ações efetivas, que pudessem dar eficácia social aos princípios e às políticas educacionais, não ganharam adequada implementação. Elas não conseguiram expressar, até o momento, resultados objetivos de práticas decorrentes de decisões coerentes com uma vontade política efetivamente compromissada com os interesses dos destinatários da educação nacional. Os princípios e as políticas para se tornarem eficazes precisam encarnar-se em planos, programas e ações concretas, transformadores da realidade social. Caso isso não ocorra, o que se tem é apenas a retórica, camufladora de interesses ideológicos que não se explicitam claramente.

Sem dúvida, na linha da implementação da lei, foi elaborado e aprovado o Plano Nacional de Educação 2001-2010. Conforme determinava o artigo 214 da Lei Maior, a LDB, o Plano deveria cuidar "da articulação e desenvolvimento do ensino, em seus diversos níveis, e da integração das ações do poder público que conduzam à: I — erradicação do analfabetismo; II — universalização do atendimento escolar; III — melhoria da qualidade do ensino; IV — formação para o trabalho; V — promoção humanística, científica e tecnológica do país". A obrigação da União em elaborar o Plano Nacional de Educação é enfaticamente explicitada no artigo 87 da LDB, no título das Disposições Transitórias, devendo se constituir num plano decenal, com diretrizes e metas que estivessem em sintonia com a Declaração Mundial sobre Educação para Todos. E essas mesmas Disposições Transitórias já elencavam uma série de metas a serem cumpridas ao longo dos dez anos seguintes, antecipando-se ao próprio Plano. Pressionado por incisivas iniciativas da sociedade civil, que se antecipou encaminhando ao Congresso um projeto próprio, oriundo de estudos e debates ocorridos nas instâncias sociais interessadas na mudança da educação nacional, o governo desengaveta sua proposta, fazendo--a tramitar atropeladamente no Parlamento.

No entanto, como observa, acertadamente, Dourado,

> A despeito da antecipação da sociedade civil organizada, a trajetória do PNE recuperou, depois do envio da proposta do PNE governamental, o trâmite conservador, traduzido por reduzido debate e participação e por uma lógica política marcada pelo reducionismo do Plano à visão e à política governamentais.
>
> A tramitação do PNE, nesse processo, deu-se sob o impacto dos limites históricos e políticos que impediram a efetivação de uma autêntica política de Estado, cujo processo de discussão e elaboração fosse resultante de um acordo possível entre os projetos em disputa no cenário da sociedade brasileira.
>
> A tradição patrimonial, a ofensiva governamental e a ação pouco propositiva da maioria parlamentar, no sentido de fazer representar as demandas da sociedade civil organizada, especialmente por meio das ações do fórum nacional em defesa da escola pública, resultaram em um Plano com questões e limites estruturais significativos, no tocante ao plano propriamente dito, em sua acepção de Plano de estado, e em seu bojo, no tocante à organicidade e à articulação entre concepção, diretrizes e metas e o potencial de sua materialização no que concerne, entre outros fatores, à gestão e ao funcionamento da educação nacional. (2007, p. 31)[3]

Por sua vez, o CNE, desde o final da década de 1990, vem realizando a regulamentação das medidas determinadas pela LDB e pelo PNE. Foram aprovados os Parâmetros Curriculares Nacionais, para o ensino básico, e as Diretrizes Curriculares para os cursos do ensino superior, medidas que acarretaram reformas já implantadas ou em

3. O supracitado estudo de Dourado analisa minuciosamente o PNE, dando especial ênfase à contradição matricial que o ataca, ou seja, a não previsão de recursos financeiros para implementação das ações, tanto mais que vetos presidenciais ao texto aprovado, não revistos pelos parlamentares, comprometeram ainda mais a efetiva disponibilização de recursos para que se alcançassem as metas previstas.

implantação no sistema nacional de educação. Mas pode-se avaliar os resultados até agora manifestos dessas medidas sob a mesma perspectiva de avaliação apresentada por Dourado em sua avaliação do PNE. Em cada uma dessas ações, acaba prevalecendo a estranha lógica do pragmatismo governamental, certamente apoiado nas políticas impositivas procedentes dos organismos internacionais de financiamento do país, tudo envolvido no caldo ideológico do neoliberalismo, totalmente atrelado à concepção tecnicista e pragmática da formação humana, ou seja, vista apenas como preparação para a operacionalização funcional do mercado de trabalho. Posições específicas, de inegável valor educacional, alcançadas pelas camadas organizadas da sociedade civil, graças à mobilização e a lutas insistentes, como foi o recente caso da reinserção da Filosofia e da Sociologia no currículo do ensino médio, não são suficientes para assegurar a organicidade de um projeto educacional emancipatório, comprometido com a construção histórica de uma autêntica cidadania.

Em 2007, o governo apresenta um Plano de Desenvolvimento da Educação (PDE), que é uma retomada reiterativa das metas e estratégias do PNE. É proposto como uma tradução instrumental do PNE, visando a implementação das metas nele estabelecidas.

Por sua vez, o PNE 2001-2011, ora em gestação atrasada no Congresso Nacional, já é resultado também das alterações efetuadas na LDB. É justificado porque se considera que se o PNE faz um bom diagnóstico da situação da educação nacional, mas deixa em aberto a questão das ações que possam levar à solução dos problemas identificados, garantindo assim a melhoria da qualidade da educação. Assim, o PDE elenca o conjunto dos programas a serem ativados e executados com vistas a dar consequência às metas propostas, buscando uma articulação mais sistêmica das políticas. Trata-se da passagem do conceito à ação (PDE, 2007, p. 11). Mas este PDE igualmente antecipa linhas de ação a serem incluídas no PNE 2011-2020, que se encontra em fase de discussão e votação no Congresso Nacional, após passar por processo análogo ao que ocorrera na elaboração do Plano anterior, no âmbito da sociedade civil (Bollmann, 2010). Mais uma vez, esta apresenta propostas alternativas, na esperança de poder garantir avanços sociais mais significativos.[4] Incorporar e ampliar diretrizes e metas do PNE 2001-2010 consolida programas do PDE 2007. Destaca-se, de modo especial, pelo pleito de que sejam destinados 10% do PIB nacional para a educação, sendo este o avanço mais substantivo que se anuncia.

Por isso mesmo, considero que continuam pertinentes e válidas as considerações de fundo que expressei na versão original deste trabalho. As mudanças até agora ocorridas não representam uma requalificação de fundo de nossas políticas educacionais. Com o passar do tempo, a eficácia da Lei dos Planos que visam implementá-la se dá mais no plano jurídico-institucional, obviamente impregnado de sua força ideológica que reproduz e conserva as relações consolidadas na sociedade histórica, perdendo sua força de transformação, a força que nasce contraditoriamente de seu próprio seio.

2. A legislação, a ideologia e a utopia no horizonte

E é com a vida da sociedade que a legislação tem a ver! Com efeito, a lei pretende ser a expressão do direito, o qual, por sua vez, surgiu como tentativa de instauração de uma determinada ordenação do social. Como se sabe, o direito nasceu na civilização humana como forma de organizar as relações entre os homens, de modo a garantir um mínimo de simetria nessas relações, assegurando assim a justiça, ou seja, que um mínimo de equidade nelas reinasse. No entanto, tão logo conseguiu apreender-se como uma coletividade a que se impunha uma convivência em comum, a humanidade percebeu, a partir de sua experiência empírica, que o tecido social não se constituía como

4. O projeto de lei que cria o PNE 2011-2020 foi enviado ao Congresso, em 20 de dezembro de 2010. Trata-se do PL n. 8.035. Apresenta dez diretrizes objetivas e vinte metas, seguidas das estratégias específicas para sua aplicação. Como se pode ver no trabalho citado de Bollmann (2010), ainda prevalecem pontos de profundas divergências entre a concepção do Plano da Sociedade civil e aquela do projeto governamental.

uma teia de membros iguais. O tecido social era todo marcado por forte hierarquização estratificada, onde ocorria grande desequilíbrio das forças em presença, onde alguns indivíduos ou grupos não só se opunham uns aos outros, como dominavam os indivíduos ou grupos mais fracos. Uma intensa luta de interesses colocava esses elementos em situação de conflito, geradora de muitas formas de violência e de opressão.

O investimento que a cultura humana veio fazendo, ao longo dos últimos séculos, na tentativa de se superar esse desequilíbrio tem no direito uma de suas mais consistentes formas de consolidação. É o investimento, via justiça, na construção da cidadania, inspiração maior dos melhores esforços que se deve reconhecer aos projetos das sociedades modernas. Assim, a lei surge como mediadora dos direitos e deveres atribuíveis a todas as pessoas de maneira a garantir a cada um o que lhe é devido e a impedir que o mais forte oprima o mais fraco, inviabilizando-lhe o usufruto de seus direitos. Sob o regime da lei, os indivíduos só se submeteriam ao império do direito e só se curvariam aos ditames da justiça, medida e mediação da equidade e do equilíbrio social. Eis uma das grandes utopias do projeto da modernidade: a possibilidade de se constituir uma sociedade cujas relações internas sejam regidas pela lei e não pelo poder de vontades arbitrárias de alguns homens ou mesmo de alguma suposta entidade sobre-humana. Essa seria então a sociedade democrática, cuja vida decorreria das relações de reciprocidade desenvolvidas entre cidadãos, ou seja, pessoas que disporiam de uma condição de igualdade na produção e no usufruto de todos os bens comuns dessa sociedade, fossem eles os bens naturais, os bens políticos ou os bens simbólicos, que constituem o acervo material e espiritual da sociedade.

Desse ponto de vista, a utopia iluminista da modernidade entendeu que o Estado, na sua condição de gerenciador institucional do poder, tornava-se igualmente compromissado com o império do direito, ou seja, legitimava-se exatamente como o aplicador desse direito, por delegação da própria sociedade civil, a autêntica depositária do direito. Tal Estado deveria ser então necessariamente democrático, na medida mesma em que era a face objetiva e institucionalizada do direito, a não ser jamais confundido com a arbitrariedade de qualquer tirania, qualquer que fosse seu alegado fundamento. Daí todas as tentativas históricas de constituição do Estado democrático, com todas as suas instituições políticas de caráter republicano e parlamentar. O Estado só se legitimaria se estivesse a serviço da justiça, se fosse um mediador da instauração histórica da equidade. Tal foi o grande legado do liberalismo iluminista, construído pela revolução burguesa do Ocidente nos últimos quinhentos anos, legado do qual nós, brasileiros, somos por direito também herdeiros, ainda que tardios.

Assim, frente a qualquer expressão concreta desse direito fundante, é normal a manifestação quase que messiânica de muita expectativa, tanto mais que nossa memória é povoada de experiências amargas e contrárias àquela significação. As pessoas que se acham historicamente concernidas pela educação e que disso têm alguma percepção subjetiva, nutriam grandes expectativas em relação à nova LDB. Por maiores que tivessem sido suas frustrações históricas, uma esperança sempre renascia, reafirmando quase que arquetipicamente sua fé na eficácia da legislação, reinaugurando-a como instrumento mediador da realização de efeitos sociais, capazes de transformar a realidade, tornando a sociedade brasileira cada vez mais humana, mais justa e mais equitativa.

No entanto, essa expectativa tende a se frustrar continuamente, tal a fragilidade do direito em nossa sociedade. A experiência histórica da sociedade brasileira é marcada pela realidade brutal da violência, do autoritarismo, da dominação, da injustiça, da discriminação, da exclusão, enfim, da falta do direito. É assim que o nosso não tem sido um Estado de direito, ele sempre foi, sob as mais variadas formas, um Estado de fato, onde as decisões são tomadas e implementadas sob o império da força e da dominação. Não é um agenciador dos interesses coletivos e muito menos dos interesses dos segmentos mais fracos da população que constitui a maioria de sua sociedade civil. Na verdade, as relações de poder no interior da sociedade brasileira continuam moldadas nas relações de tipo escravocrático que a fundaram, aquelas relações do tipo "casa grande e senzala", metáfora que é, na verdade, descrição científica.

É por isso que as instituições políticas, incluindo o Estado, vão se configurando apenas como formalidades esvaziadas de todo conteúdo real que expressasse sua vitalidade social. O poder desse Estado acaba se expressando como manifestação de força dos segmentos mais privilegiados em detrimento dos menos favorecidos. A instituição "Estado" é instrumentalizada, servindo ainda como anteparo para o poder arbitrário e descompromissado com os interesses coletivos.

Trata-se, no Brasil, de uma instituição que, apesar de estatal, não é efetivamente pública, é autenticamente privada, apesar de custeada com o sangue e o suor do trabalho realizado pelo conjunto da sociedade civil.

Assim se entende, por um lado, a expectativa animadora que a nova LDB alimentou para muitas pessoas, como já ocorrera com a nova Constituição, de 1988! Afinal, foi um aceno e formalização de condições legais para que pudesse dar um novo passo firme na consolidação e na concretização de muitas conquistas, de avanços significativos! Acreditava-se que a lei iria assegurar não apenas princípios mas sobretudo compromissos e deveres aptos a implementarem os direitos de outras tantas pessoas marginalizadas, sitiadas, excluídas! Afinal, tinha-se a firme convicção de que a educação, pelo que ela pode trazer aos indivíduos, em termos de recursos para o trabalho, para a sociabilidade e para a cultura, é mediação significativa para as mediações da existência histórica. Acredita-se que, aprovada a lei, arrancava-se um compromisso do poder público, na implementação de ações concretas de transformação e consolidação da educação no país.

3. A educação, a lei e a ideologia no terreiro

Mas é aí que a utopia é destruída pelo enviesamento ideológico da legislação como um todo. Se, de um lado, ela é vista pelos que dela dependem para contar com o usufruto de algum direito, de outro, ela é usada por aqueles que dela pouco precisam, para salvaguardar seus privilégios. A legislação educacional passa a ser então estratagema ideológico, prometendo exatamente aquilo que não pretende conceder. Por isso mesmo, na medida em que grupos com interesses diferentes e opostos, que podem lutar por eles, acabam travando uma luta ideológica, ou seja, buscam servir-se da legislação como um instrumento da garantia desses direitos. Mas acontece que quando esses grupos não são iguais, não se encontram em condições de igualdade real, como é o caso na sociedade brasileira, a luta do grupo expropriado de seus direitos elementares é uma luta legitimada pelo seu dimensionamento utópico, ou seja, é uma reivindicação em nome de uma referência universal, enquanto a luta, conduzida pelos já privilegiados, é uma luta eminentemente ideológica, ou seja, tem referências universais falseadas, uma vez que está defendendo, de fato, interesses particularizados (Severino, 1986).

A discussão, votação e promulgação da atual LDB se deu num momento específico da história político-econômica do Brasil, marcado por uma tendência, apresentada como inovadora e capaz de trazer a modernidade à educação do país. Assim, no contexto da globalização de todos os setores da vida social, as elites responsáveis pela gestão político-administrativa do país rearticulam suas alianças com parceiros estrangeiros, investindo na inserção do Brasil na ordem mundial desenhada pelo modelo neoliberal.

De acordo com esse modelo, o processo fundamental da história humana deve ser conduzido pelas forças da própria sociedade civil e não mais pela administração via aparelho do Estado. Entende-se que o motor da vida social é o mercado e não a administração política. As leis gerais são aquelas da economia do mercado e não as da economia política. E o mercado se regula por forças concorrenciais, nascidas dos interesses dos indivíduos e grupos, que se vetorizam no interior da própria sociedade civil. Donde a proposta do Estado mínimo e os elogios à fecundidade da livre — iniciativa, à privatização generalizada etc.

Esse fenômeno, que nada mais fez que se consolidar ao longo das duas últimas décadas, por força da hegemonia crescente do paradigma político neoliberal, tanto mais que sustentado e alimentado pelo processo de globalização nos planos econômico, político e cultural, ao ocorrer no Brasil, não deixa de ser extremamente contraditório, levando-se em conta sua história nos quinhentos anos de sua existência.

Como sempre ocorreu na história do país, essa reapropriação das influências norte-americanas se dá de maneira ambígua e inadequada, com recepção dos aspectos formais e sem incorporação dos conteúdos substantivos. Na cultura norte-americana, ao contrário do que acontece na cultura brasileira, a sociedade civil, como comunidade das pessoas, tem vida efetivamente marcada pelo exercício soberano do poder. Já no Brasil, na ausência de uma sociedade civil mais articulada, o aparelho estatal assumiu papel preponderante na condução da vida da própria sociedade que, desarticulada e fragmentada, não consegue se expressar mediante essa mediação que é então apropriada e manipulada por grupos mais coesos e poderosos. Desse modo, é de todo antecipatória essa pretensão de querer, num passe de mágica, descartar o Estado e entregar às leis do mercado a condução da história, até porque a universalização desse modelo pressupõe, de início, e em coerência com os pressupostos do liberalismo, um mínimo universalizado de igualdade entre as pessoas, na constituição prévia do tecido social, o que está longe de acontecer no Brasil. Não adianta fazer o elogio da livre — iniciativa, que, como todos os princípios do liberalismo, é teoricamente inquestionável mas que, numa realidade histórica esgarçada, não tem condição de se efetivar e se torna imediatamente um enviesamento ideológico. E não adianta também acreditar que, sem uma articulação intencional, na perspectiva de um projeto político universalizante, os princípios liberais venham a se tornar historicamente reais.

4. O discurso, os princípios e as mediações

É nesse contexto que se impõe a leitura da nossa LDB. Composta agora de 9 títulos e de 97 artigos, a lei inicia-se pela conceituação da educação (art. 1º), coloca os princípios e fins da educação nacional (arts. 2º-7º), descreve sua organização (arts. 8º- 20), define seus níveis e modalidades, quais sejam, a educação básica, incluindo a educação infantil, o ensino fundamental, o ensino médio, a educação de jovens e adultos e a educação profissional), a educação superior e a educação especial (arts. 21-60), aborda a seguir a condição dos profissionais da educação (arts. 61-67), estabelece a procedência e os critérios de uso dos recursos financeiros alocados para a educação (arts. 68-77) e estipula as disposições gerais e as transitórias para a aplicação da lei.

A LDB trata especificamente da educação escolar que é entendida, no entanto, como diretamente vinculada ao mundo do trabalho e à prática social. Entendida também como dever da família e do Estado, inspira-se nos princípios de liberdade e nos ideais de solidariedade humana e visa o pleno desenvolvimento do educando, seu preparo para o exercício da cidadania e sua qualificação para o trabalho. No que diz respeito ao âmbito específico do educacional, são elencados 11 princípios em que o ensino deverá se basear: igualdade de condições para o acesso e permanência na escola; liberdade de aprender, de ensinar, de pesquisar; respeito à pluralidade de ideias e concepções pedagógicas; respeito à liberdade e à tolerância; coexistência de instituições públicas e privadas de ensino; gratuidade do ensino público em estabelecimentos oficiais; valorização do profissional da educação; gestão democrática do ensino público; garantia de padrão de qualidade; valorização da experiência extraescolar; vinculação entre educação escolar, o trabalho e as práticas sociais.

Em se tratando de direito de todos à educação, a lei define o dever do Estado para sua garantia: o Estado deve assegurar o ensino fundamental, obrigatório e gratuito a todos, inclusive aos que a ele não tiveram acesso na idade própria; deve estender progressivamente a obrigatoriedade e a gratuidade ao ensino médio, dar atendimento educacional especializado aos educandos com necessidades especiais; atender gratuitamente as crianças de 0 a 6 anos em creches e pré-escolas; garantir o acesso aos níveis mais elevados de ensino, da pesquisa e da criação artística, segundo a capacidade de cada um;

oferecer ensino noturno regular; oferecer educação regular para jovens e adultos, levando-se em conta sua eventual condição de trabalhadores; desenvolver programas suplementares de material didático, de transporte, de alimentação e de assistência à saúde; garantir padrões mínimos de qualidade de ensino. O acesso ao ensino fundamental é direito público subjetivo e os poderes públicos poderão ser responsabilizados por sua eventual negação. Aos pais e responsáveis cabe efetuar a matrícula dos menores, a partir dos 7 anos, no ensino fundamental. O ensino é livre à iniciativa privada sob três condições: cumprimento das normas gerais da educação nacional; autorização de funcionamento e avaliação de qualidade pelo poder público; capacidade de autofinanciamento.

Os princípios e fins a que se refere a Lei, de modo formal e explícito, constantes dos primeiros artigos, foram literalmente retomados do texto constitucional (arts. 205-207). Com efeito, estes princípios constantes dos arts. 2º e 3º na verdade retomam, *ipsis litteris*, os artigos 205 e 206 da Constituição de 1988. Por sinal, o mesmo acontece com o art. 4º, que versa sobre o dever do estado com a educação, retomando o art. 208 da Constituição. Estranhamente, o legislador não se preocupou em ampliar e em desdobrar as conceituações feitas, de modo a especificar melhor a significação desses princípios, concretizando-os mediante uma delimitação de seu alcance. Não é esse o papel do legislador ao elaborar as leis criadas para implementar os princípios estatuídos na Constituição?

Os referidos princípios podem ser reagrupados nas seguintes categorias:

1. Condições de garantia da universalidade do ensino escolar: incisos I (igualdade de condições de acesso e permanência na escola); VI (gratuidade do ensino público).
2. Princípio da expressão da liberdade. incisos II (liberdade de pensamento e de sua expressão); III (pluralidade de ideias e de concepções pedagógicas); IV (respeito à liberdade e à tolerância); V (espaço para a livre — iniciativa na oferta do ensino).

3. Princípios relacionados ao conteúdo do ensino: incisos IX (garantia de padrão de qualidade); X (valorização da experiência humana).
4. Princípios relacionados com o mundo sociocultural: inciso XI (vinculação entre a educação, o trabalho e as práticas sociais).
5. Princípio de democratização do poder: inciso VIII (gestão democrática do ensino público).

Quando se considera esses princípios, o que é que se pode observar? Várias constatações podem ser feitas e várias hipóteses podem ser formuladas. Minha abordagem refere-se basicamente aos fundamentos da lei, consubstanciados nesses princípios. E em primeiro lugar, em termos de princípios, a "nova" Lei não inovou muito, uma vez que retoma, ainda que com pequenos retoques, os próprios princípios liberais da nossa Constituição do liberalismo, agora lustrados com verniz neoliberal; o processo de enxugamento sofrido pelo texto originário da Câmara, na verdade, correspondeu ao expurgo de algumas definições mais avançadas em termos ideológicos, no sentido de que, produzidas por um trabalho mais participativo, expressavam conquistas mais universais; a incorporação de fragmentos do texto originário com essa conotação não parece garantir sua implementação, uma vez que não conseguem reverter as tendências consolidadas da orientação neoliberal que domina não só o texto e o espírito da lei mas todo o contexto da história sociopolítica brasileira do momento; em razão de tudo isso, prevalece o caráter ideológico da lei disfarçado em sua retórica, não respondendo, mais uma vez, às reais necessidades da população brasileira, em matéria de educação. Enquanto formulações universais, esses princípios, em teoria, não podem ser questionados. O problema todo é que a retórica liberal tem servido quase que exclusivamente para encobrir ideologicamente o total descompromisso com a efetivação desses princípios. De um lado, porque sabemos muito bem que as condições histórico-sociais do Brasil não oferecem possibilidades para que a maioria das pessoas possa usufruir das mediações concretas desses princípios.

Em segundo lugar, no próprio texto, os princípios são driblados, ou seja, os dispositivos legais não comprometem os agentes a efetivá-los. Eles são afirmados, mas não se vinculam a eles os meios históricos para sua realização. Desse modo, a lei conceitua mas não obriga, não assegura seu próprio cumprimento. Por isso mesmo, tudo passa a depender das medidas que os gestores do sistema venham a tomar. E, quanto a isso, as coisas já começaram mal: a LDB acabou sendo precedida de uma série de iniciativas do governo, consubstanciadas seja em emendas constitucionais, seja em outras leis, como aconteceu com a criação do Conselho Nacional de Educação, com a criação do Fundo de Manutenção e Desenvolvimento do Ensino Fundamental e de Valorização do Magistério (Lei n. 9.424, de 24 de dezembro de 1996) e a criação dos Exames Nacionais de Cursos de Graduação.

Em terceiro lugar, a Lei continua totalmente comprometida com a dicotomia público/privado, disfarçando mal sua verdadeira opção. Ao mesmo tempo em que formula conceituações e diretrizes para a educação pública, com relação à educação conduzida por entidades privadas, consagra sua total soberania, de fato. As exigências parecem ficar exclusivamente com o ensino público! Se a avaliação da atuação da rede privada de ensino ficar mesmo por conta das provas ranqueadoras do Enade, então não se pode esperar nada mais. No fundo, a proposta parece ter como pano de fundo uma tendência à privatização generalizada do ensino. Como não se quer fazer isso declaradamente, dadas as resistências políticas ainda existentes, o processo vai sendo induzido aos poucos. O texto da lei é pouco explícito e não formula exigências à rede privada no sentido de se comprometer com o projeto educacional de interesse para toda a população, já que se trata de uma concessão. Embora falando do sistema público oficial, o texto da lei se aplicaria igualmente ao sistema privado: só que quando se trata das exigências mais rigorosas, elas são estabelecidas especificamente para as instituições públicas, o legislador sendo totalmente condescendente com as instituições privadas, a quem cabe cumprir apenas as diretrizes gerais, mais amplas e, por isso mesmo, genéricas, pouco detalhadas. Isto salta aos olhos, mesmo aos mais desatentos, no caso do ensino superior (arts. 43-57). Além disso, a questão do repasse de verbas públicas a instituições privadas continua envolta na penumbra de ambiguidade que sempre obscurece a política de utilização dos recursos financeiros de origem pública no custeio da educação.

Em quarto lugar, a Lei não consegue sustentar o princípio da gestão democrática. Afirmado, ainda que um tanto isoladamente, no art. 2º, quase não reaparece mais ao longo do texto, com exceção dos arts. 14 e 56, embora de maneira um tanto vaga e ambígua, além de restrita aos sistemas públicos! Foi quanto a este aspecto que o novo texto mais perdeu se comparado ao projeto aprovado pela Câmara dos Deputados. Naquele texto, havia uma intenção explícita de se avançar um pouco, superando-se não só o centralismo do poder executivo mas, também, os nossos costumes um tanto quanto autoritários na gestão do dia a dia! O novo texto foi expurgado de tudo aquilo que gerava algum compromisso nesse sentido. Sem falar do Fórum Nacional de Educação, o texto cuidou de não tratar da processualística de indicação dos membros do Conselho Nacional de Educação, atropelada, por sinal, pela Lei n. 9.131, dando muito poder de controle ao Executivo na sua formação. Além disso, o Conselho perdeu muito no valor de suas atribuições, ficando seriamente comprometida sua necessária e desejada autonomia. A lei mantém a forte tendência centralizadora do sistema, refletindo o autocratismo do exercício do poder na sociedade brasileira, que até hoje não se livrou dos arquétipos de suas relações escravagistas dos tempos coloniais.[5]

Em quarto lugar, fica evidente que a nova lei não decorreu de um compromisso político mais amplo e profundo da sociedade brasileira no sentido de se implementar, pela mediação da educação, mudanças substantivas na sua realidade concreta. Ao mesmo tempo

5. E nem se aposte muito nos resultados dos PNE 2001-2010 e PDE 2007, pois as medidas neles consubstanciadas não avançam de modo significativo, de tal modo que se garantisse que a prática assegurasse, de forma mais concreta e efetiva, aquilo que ainda é abstrato na Lei.

em que oculta seus verdadeiros objetivos, revela claramente seu significado ideológico, fazendo um discurso universal, mas garantindo apenas uma prática particularizada. Manifesta a postura pragmática e até mesmo fatalista, tão típica da elite brasileira. Com efeito, no dizer do próprio relator, o senador Darcy Ribeiro (1997, p. 10),

> a nova lei muda muita coisa, porém o faz mais incentivando transformações nos vários níveis de ensino do que ordenando rigidamente normas estatutárias. Os sistemas estaduais de educação são fortalecidos e incentivados a ir adaptando a educação em seus estados às prescrições da lei, mas fazendo com respeito às suas próprias tradições e singularidades.

Os prazos excessivamente longos para a implementação de determinados dispositivos não deixa de aparecer como forma de condescendência, de tolerância e mesmo de falta de crença em sua viabilização.[6]

5. Conclusão

Reconhecer e afirmar o caráter ideologizado da nova LDB não significa, porém, desconhecer-lhe o importante papel que lhe caberá na formulação e no gerenciamento de uma política educacional para nossa sociedade. Todo texto legal, ainda quando eivado de interesses ideológicos, é atravessado pela contradição, tornando-se, por isso mesmo, referência necessária e instrumento eficaz para a ação e a interação dos segmentos sociais envolvidos. Impõe-se reconhecer que o texto final da LDB é o resultado histórico possível frente ao jogo de forças e de interesses em conflito no contexto da conjuntura política da sociedade brasileira, na época de sua aprovação. O que realmente

6. Essa lentidão continua presente, como se pode ver pelo atraso na discussão e aprovação do PNE 2011-2020.

pesou foi a própria condição histórico-cultural dessa sociedade, a sua trama constitutiva, a teia de suas relações econômico-sociais que definem, previamente e com força total, os lugares políticos de cada indivíduo ou grupo. É nessa arena que se desenrolam as ações, harmoniosas e/ou conflitivas, mediante as quais a nossa história irá se construir. Daí a necessidade de se cobrar, com incisiva insistência, os compromissos declarados no texto da lei. Há que reconhecer também que as alterações nela ocorridas traz sim uma contribuição importante no tocante à pressão pela implementação de programas e ações, já que nascem no âmbito de debates que acabam envolvendo os grupos ativos da sociedade.

No balanço que se pode fazer ao final destes últimos dezessete anos, a efetivação da anunciada "década da educação" deu-se apenas discretamente na retórica formal, as medidas até agora tomadas não conseguiram operar uma mudança qualitativa realmente significativa. Nem mesmo avanços quantitativos, expressos nos diferentes índices do desenvolvimento educacional, são suficientemente fortes e marcantes para reverter o quadro deficitário da política educacional hegemônica no país. Nem mesmo as metas fixadas pelas Disposições Transitórias foram atingidas.

Mas, cabe reiterar que, no conteúdo da lei, diversos pontos acabam destacando algumas que podem ser consideradas conquistas substantivas, por cuja implementação impõe-se lutar, no sentido de torná-las, pela própria prática histórica, mais efetivas e consistentes, especificadas que foram, ainda mais, pelas emendas que a Lei incorporou. Não há como não registrar algumas ênfases em pontos substantivos para o exercício consistente e fecundo da educação: uma visão menos tecnicista da formação dos jovens; maior clareza das relações da educação com o mundo do trabalho; uma vinculação mais clara dos recursos financeiros aos objetivos visados; a maior preocupação com a formação do educador e com suas condições de trabalho; a explicitação da determinação de se elaborar os Planos Nacionais de Educação; a reafirmação da universalização do direito à educação; a referência explícita ao compromisso de avanços progressivos rumo a essa universalização; a abertura de espaço para a injunção do poder público em situação de omissão frente a suas responsabilidades; a determinação da chamada escolar; o destaque dado aos sujeitos/educandos em condições especiais, geradoras de processos de exclusão social; o reconhecimento de identidades e culturas plurais em articulação com a unidade nacional; a ênfase na necessidade de se explorar os novos recursos tecnológicos no trabalho pedagógico, inclusive para a implantação de programas de educação a distância etc. Ampliou-se o tempo do ensino fundamental e se deu atenção mais enfática à formação profissional tecnológica, em nível médio e superior. Como se pode observar, nem sempre estes pontos estão devidamente assegurados pelos dispositivos legais, mas o simples fato de estarem conceituados já é de per si relevante, na exata medida em que se configuram como referências de cobrança e de avaliação das políticas educacionais a serem desencadeadas pelo poder público.

Referências

BOLLMANN, M. da Graça N. Revendo o Plano Nacional de Educação: proposta da sociedade brasileira. *Educ. Soc.*, Campinas, v. 31, n. 112, p. 657-676, jul./set. 2010.

BRASIL. *Lei de Diretrizes e Bases da Educação Nacional.* Lei n. 9.394, de 20 de dezembro de 1996. 8. ed. Brasília: Câmara dos Deputados. Edições Câmara, 2013. 45 p. (Série Legislação, 102.) Disponível em: <http://bd.camara.leg.br>.

BRASIL. MEC. Plano de *Desenvolvimento da Educação:* razões, princípios e programas. Brasília: MEC, 2007. Disponível em: <http://portal.mec.gov.br/arquivos/livro/livro.pdf>.

BRZEZINSKI, Iria (Org.). *LDB interpretada*: vários olhares se entrecruzam. São Paulo: Cortez, 1997.

DOURADO, Luiz F. Plano Nacional de Educação: avaliações e retomada do protagonismo da sociedade civil organizada na luta pela educação. In:

FERREIRA, Naura S. C. *Políticas públicas e gestão da educação*: polêmicas, fundamentos e análises. Brasília: Líber Livros, 2007. p. 21-50.

SEVERINO, Antônio J. *Educação, sujeito e história*. São Paulo: Olho d'Água, 2001.

______. A nova LDB e a política de formação de professores: um passo à frente e dois atrás. In: FERREIRA, Naura S. C.; AGUIAR, Márcia A. da S. (Orgs.). *Gestão da educação*: impasses, perspectivas e compromissos São Paulo: Cortez, 2000.

______. *Educação, ideologia e contraideologia*. São Paulo: EPU, 1986.

2
A Lei de Diretrizes e Bases da Educação Nacional e a base nacional comum

Carlos Roberto Jamil Cury

1. Introdução

As diretrizes e bases da educação nacional respondem, sob a forma de lei ordinária, ao disposto no artigo 22, XXIV, da Constituição Federal de 1988. Tal dispositivo mantém uma recorrência desde a Constituição de 1934 como competência privativa da União.

O processo de tramitação legal dos projetos de LDBEN, seja no âmbito da sociedade civil, seja no do legislativo e no executivo, sofreu vicissitudes pelos diferentes textos que foram sendo escritos desde o seu início. Isso evidencia, de novo, como no Brasil tem sido tradicional, difícil e propriamente contencioso quando o assunto é um marco regulatório da educação escolar. Muitas foram também as avaliações relativas ao texto final da lei com copiosa bibliografia a respeito.[1]

1. Cf. Alves de Brito (1997); Brzezinski (2003); Cury, (1997, 2003); Demo (1997); Frauches (2000); Catani e Oliveira (2000); Saviani (1997), entre outros.

Uma vez aprovadas as diretrizes e bases sob a Lei n. 9.394/1996, tais contenciosos não ficaram tão silenciados a ponto de não se proporem alterações legislativas no texto original. Quando se compara o texto atualizado com o original, percebe-se o elevado número de mudanças processadas. Contando apenas o número de leis que incidiram sobre o texto original, sem contar o âmbito de dispositivos alterados (como incisos, parágrafos e revogação parcial ou total das alterações), foram 31 leis. A primeira delas, sobre o ensino religioso, se deu ainda em 1997. Uma das últimas, talvez a mais impactante, respondendo à Emenda Constitucional n. 59/2009, é a Lei n. 12.796/2013.

Dentro do objetivo deste estudo, ao lado de alterações significativas, como a ampliação da obrigatoriedade escolar, houve a alteração do artigo 26, que inclui, na *base nacional comum*, a educação infantil e substitui o termo *clientela* por *educandos.*

Desse modo, seja pelo repensar dessa expressão (base nacional comum), à luz da exigência de *formação comum* e de *cidadania* (art. 22), seja pelas críticas feitas às avaliações externas de larga escala e seu impacto sobre os sistemas, mais uma vez se postula a que os estudiosos, pesquisadores, especialistas e gestores se debrucem sobre os limites e possibilidades do artigo 210 da Constituição. E, dadas as possibilidades da educação escolar com jornada integral, torna-se mais importante ainda não ignorar que esse assunto é sempre polêmico, seja pelo seu caráter componente de uma política educacional nacional e federativa, seja pela importância do currículo no exercício do ato pedagógico no interior da "estrutura e funcionamento" da educação escolar brasileira.

O currículo é o trabalho da escola, um trabalho pedagógico. E o trabalho é a adequação, por meios pertinentes, aos fins projetados e definidos, em nosso caso, pelo ordenamento jurídico. Logo, esse trabalho pedagógico só tem sentido se atender a tais fins estabelecidos pelo Estado Democrático de Direito.

Currículos mínimos, currículos básicos, currículos unificados, conteúdos mínimos, diretrizes comuns nacionais, parâmetros curriculares nacionais ou qualquer outro nome que se lhes tenham sido atribuídos são dimensões da política educacional que, adequadas ou não aos fins, sempre estiveram às voltas com duas questões substantivas: a *questão democrática* e a *questão federativa*. São elas que dão o sentido maior às considerações que serão feitas.

Evidentemente, o nome atribuído pode ter ou não uma ligação mais estreita com uma concepção de fundo que subjaz a qualquer política educacional. Diretrizes podem ser linhas gerais reguladoras, e currículos únicos podem significar mais do que uma listagem mínima e geral de disciplinas obrigatórias para todo o País, podendo dar uma ideia de "medida" ou de uma "linha" geométrica, constante e invariável.

De qualquer maneira, sempre fica a pergunta: De que tamanho deve ser esse "mínimo", a fim de que o comum não se perca e a criatividade também possa transparecer nas unidades federadas e nas próprias unidades escolares? E, não menos importante: Qual é o sujeito titular do "serão fixados conteúdos mínimos [...]" do art. 210 da Constituição, de modo a atender à gestão democrática, evitando-se tanto a burocratização vertical quanto um democratismo pulverizado?[2]

2. A questão democrática

A questão democrática, cuja interface com a educação pode ser vista de diferentes pontos de vista, impõe-se frente a uma sociedade impregnada de várias formas de seletividade social. Mesmo na correlação com os currículos, várias são as teorias que os confrontam com os problemas de seletividade.

---

2. Em Anísio Teixeira, já em 1952 criticando o parecer centralizador de G. Capanema para o projeto de LDB enviado pelo Min. Clemente Mariani, lê- se que os educadores não podem ser transformados em "rígidos intérpretes de leis e regulamentos uniformes, [...] em executores rígidos de programas oficiais, e os livros didáticos em manuais 'oficializados' e conformes linearmente com os pontos dos 'programas'" (1952, p. 85).

Nesse sentido, a Constituição Federal de 1988 nos oferece artigos muito explícitos que são mais do que diretrizes para os currículos. Há objetivos a atingir e valores a respeitar. O inciso IV do art. 3º intenta a promoção do "bem de todos, sem preconceitos de origem, raça, sexo, cor, idade e quaisquer outras formas de discriminação".

Essa ênfase na democracia como valor se vê ainda contemplada no art. 6º, que põe a educação como o primeiro dos direitos sociais, o que remete agora a educação para o âmbito do coletivo.

Tais princípios, objetivos e valores são arrematados com a formulação solene do capítulo da educação com seus arts. 205 e 206. Certamente, ler-se-á o art. 22 da LDB à luz de tais fins, o que escoa, então, para a nova formulação do art. 26-A da mesma lei. A democracia não pode conviver com uma "base nacional comum", de tal modo que ela retroaja aos tempos mais nefastos de uma dupla rede que segregue um segmento social. Segregação que se expresse por meio de uma pobreza de conteúdo, de conhecimentos que gere, em vez de cidadãos, súditos. "Base comum nacional" comunga com "conteúdos mínimos de modo a assegurar formação básica comum e respeito aos valores culturais e artísticos, nacionais e regionais".

Ora, a questão democrática visa construir a igualdade pela redução das desigualdades sociais, tendo em vista maior participação de todos no bem de todos. O sentido da igualdade como norte da própria república implica, por sua vez, a redução das disparidades regionais. Essas, por seu lado, têm a ver com a questão federativa em que se postula maior equilíbrio entre as regiões e as unidades federativas.

Por outro lado, quem exerce a docência, o sujeito do ato pedagógico, é quem "sente" o peso dessa tarefa, tarefa muitas vezes desanimadora pelo tanto de descontinuidade administrativa, fruto de programas rotativos em vez de políticas permanentes. E, nesse "sentir", o docente "sabe" um caminho que nem sempre chega a quem administra os sistemas e, por vezes, acha que "entende".

É possível uma proposta curricular, em qualquer nível administrativo, em que a legitimidade de uma proposta não passe pela subjetividade, isto é, pelo "sentir" dos profissionais da educação? Será que tantos anos de "fazer" não geraram um "saber" cuja auscultação seria fundamental para perquirir os caminhos do "comum"?

Desafio permanente para qualquer democracia é a natureza e o grau de participação que deve pautar a relação "dirigentes e dirigidos". Desafio permanente para todos é o grau de flexibilidade dos dispositivos normativos para que não impeçam a crítica e a criatividade.

Nesse sentido, deve-se afirmar que, em uma democracia, o produto almejado deve estar contido no processo de produção de uma norma — ou mesmo das normas — que vise regulamentar um princípio geral. Nunca é demais recordar as advertências de Bobbio (1986, p. 36):

> [...] a democracia tem a demanda fácil e a resposta difícil; a autocracia, ao contrário, está em condições de tornar a demanda mais difícil e dispõe de maior facilidade para dar respostas.

Por outro lado, o mesmo autor alerta:

> Mas como pode o governo responder se as demandas que provêm de uma sociedade livre e emancipada são sempre mais numerosas, sempre mais urgentes, sempre mais onerosas? (Idem)

Por fim, enfatizado o princípio da igualdade como cerne da modernidade, a participação democrática também não convive com discriminações de qualquer natureza. O "repúdio ao racismo" é um "princípio fundamental" da República Federativa do Brasil (art. 4º, VIII), e a condenação a essa forma de discriminação (art. 5º, XLII) e a outras que lhe são similares faz parte do capítulo de direitos e garantias fundamentais. Eles são consequentes com a "cidadania" e a "dignidade da pessoa humana" (art. 1º, II e III) e com a igualdade expressa no *caput* do art. 5º. A desconstrução das discriminações faz parte dos campos democrático e republicano.

3. A questão federativa

A questão federativa, conquanto não limitada à educação escolar, sempre esteve na primeira linha das discussões, quer no Brasil Império, quer no Brasil República. Ela já se impunha ao País antes mesmo da transição da cultura centralizada e centralista do Império para a descentralização federada da República.

Reconhecimento da diversidade culturalmente rica e socialmente nem tanto, montante de verbas, distribuição de rendas, captação de impostos se cruzam com divisão de responsabilidades, diversificação de competências e atribuições dentro de léxicos mais unionistas ou mais descentralizadores. E o justo equilíbrio entre esses polos, no caso de uma nação federativa, foi definido, em 1988, como o do regime de colaboração (art. 211), sempre ansiado como o melhor.[3]

Verbas, recursos, competências e atribuições, comumente em clima de disputa no interior de regimes democráticos e federados, são voltados para fins mais amplos, fins estes que devem ser consensuais. Entre eles, pode-se citar as funções clássicas do Estado Nacional como guardião da soberania, da moeda, da segurança e da coesão social. Pode-se, então, dizer que a coesão, uma função permanente dos Estados Nacionais, se impõe através de vários caminhos. A educação escolar é um deles, e aí ocupa lugar destacado.

Ora, se as instituições de ensino sempre foram consideradas relevantes no sentido da coesão social (o bem comum republicano) e da cidadania (a participação democrática) é porque elas ensinam, isto é, deixam sinais. Elas socializam, culturalizam e instilam comportamentos e valores. Mas, enquanto tais, elas só se consubstanciam quando se aproximam do trabalho pedagógico, marca registrada da escola. Este, por sua vez, enquanto síntese do aprender-ensinar, é

---

3. Um exemplo da magnitude dessas discussões já na Velha República pode ser encontrado no livro de Lêda Boechat Rodrigues, *História do Supremo Tribunal Federal, 1899-1910, A defesa do Federalismo* (1968), no qual a autora apresenta os problemas relacionados à questão federativa através de sentenças e processos do STF.

mediado por currículos oficiais, manifestos ou ocultos no interior dos sistemas de ensino.[4]

Nesse sentido, currículos *nacionais*, *mínimos* curriculares, *diretrizes* gerais têm muito a ver com a questão *federativa*, pois neles estão presentes a ideia e a prática de conteúdos gerais válidos para toda uma nação. Caso contrário, não faria sentido a expressão "base nacional comum". Mas sua efetivação enfrenta uma dupla problemática: qual é a medida que articula *comum* e *mínimos*? Para além dos *mínimos*, qual é a medida máxima que contempla "as características regionais e locais da sociedade, da cultura, da economia e dos educandos"? (art. 26 da LDB/1996)

As perguntas clássicas sobre os justos limites dos entes juridicamente autônomos no jogo União × Unidades Federadas se reproduzem também no âmbito de currículos para todos os cidadãos, em qualquer Estado ou Município.

Assim, pode-se interrogar: invade-se o território da autonomia dos Estados, dos Municípios e do Distrito Federal quando a Constituição define a necessidade de *conteúdos mínimos* em áreas de conhecimento operados por disciplinas que, ao final e ao cabo, serão objeto de *processo nacional de avaliação do rendimento escolar*, segundo o art. 9º da LDB? Se há constitucionalmente a obrigação de *conteúdos mínimos*, qual é o limite do detalhamento do art. 210 da Constituição? Bastam as Diretrizes Curriculares Nacionais, nos termos definidos, para que o objetivo da coesão social e da participação democrática, em âmbito nacional, seja preenchido? Trata-se de uma peculiaridade dos Conselhos Nacionais no sentido de sua explicitação? Qual é a tarefa dos Conselhos de Educação (ou de quem quer que lhe faça as vezes)? Qual é o papel dos pesquisadores e estudiosos, nesse caso?

Um princípio de entendimento para algumas dessas questões pode ser buscado a partir dos modos pelos quais se respondeu ao tema aqui proposto, delimitando-as no plano do ensino que hoje

---

4. Aliás, isso já está posto na origem do termo *currículo*, seja como dimensão estática (cadastro, reunião de dados), seja como dimensão dinâmica (curso, movimento de reunião).

conhecemos como fundamental. Assim, uma breve retrospectiva histórica da polêmica currículo × federação pode ser útil.

4. Memória histórica

Pode-se dizer que a ideia de um currículo nacional se cruza com a evolução e a importância da educação escolar, sobretudo a chamada primária, elementar, primeiro grau ou fundamental, entendida como direito do cidadão e dever do Estado. Embora vários cruzamentos possam ser estabelecidos, pode-se dizer que um currículo *nacional* se cruza com uma função social do Estado, que é a de atender a um direito do cidadão que busca na educação escolar uma via de cidadania compartilhada com seus concidadãos e um acesso digno na partilha dos bens produzidos.

E o acesso a essa dupla referência (direito × dever) é tardia enquanto inscrição e escritura em Constituições brasileiras. O que não quer dizer que, a despeito da inexistência desses princípios em algumas Constituições, não houvesse discussões sobre currículos.

Mas até onde podem ir as "diretrizes"? E como se pode defini-las? Como discriminar especificamente as várias competências e responsabilidades? Pode-se dizer que se criou um entendimento geral de que a União tem, em relação ao ensino primário, apenas uma função supletiva. Já em relação ao ensino médio e sobretudo em relação ao ensino superior, seu papel seria bem mais diretivo e até mesmo interferidor (CF/1891 art. 35, par. 2º, 3º, 4º).

E será no interior dessas duas dinâmicas — a educação como direito e dever e a educação enquanto constante de uma federação republicana (após o Império) — que o tema dos currículos será sempre reposto como instrumento de coesão nacional. Certamente, como se verá, essa questão tem história junto à história das políticas educacionais no Brasil.

A Constituinte de 1823, antes de sua dissolução pelo Imperador, já se debatia com essa questão e não conseguiu efetivar a proposta de um *tractatus* de educação válido para toda a juventude brasileira, sob a forma de um compêndio a ser levado a todos os rincões do País (Chizzotti, 1996).

O Império inscreve a gratuidade das escolas primárias pelo art. 179 n. 32, mas reconhecendo-a *como direito* dos considerados cidadãos. Até 1834, o Império tinha a responsabilidade de manter tais escolas com *oferta gratuita* aos que viessem procurá-las. E, ao que parece, na medida de suas possibilidades e vontade política, as províncias não deixaram de considerar as disciplinas listadas pela primeira lei geral de ensino do Brasil, assinada por D. Pedro I. Publicada a 15/10/1827, nela se prescrevia um currículo mínimo para todo o País no seu art. 6º:

> Os professores ensinarão a ler, escrever; as quatro operações de arthmética, prática de quebrados, decimaes e proporções, as noções mais geraes de geometria prática, a gramática da língua nacional, e os princípios de moral christã e da doutrina da religião cathólica e apostólica romana, proporcionados à compreensão dos meninos; preferindo para as leituras a Constituição do Império e da História do Brazil.

Mais do que isso, estabelecia como método de ensino o *ensino mútuo* de corte lancasteriano.[5]

Entretanto, nada havia de imperativo em relação ao detalhamento dessa lista como ementas, guias ou programas predefinidos.

O Ato Adicional de 1834 introduz não só a divisão de competências entre "os poderes gerais" e as províncias relativas ao ensino, como também deixa na ambiguidade se tal responsabilidade deveria ser concorrente com os poderes gerais ou se privativa das províncias (Ato Adicional, art. 10, par. 1º e 2º).

Essa ambiguidade sempre acabou permeando as discussões sobre a dinâmica centralização × descentralização, mesmo antes de nossa República proclamada se dizer Federativa. Daí o "jogo de empurra"

---

5. Sobre as cartilhas que aparecem no final do Império, cf. Botto (1997). Cf. também: *Cadernos Cedes*, ano XX, n. 52, nov. 2000.

entre os poderes gerais e os provinciais, evidenciando a não prioridade do ensino para nenhum dos níveis de governo.

De acordo com Sucupira, citando Pimenta Bueno, lê-se o seguinte após a crítica do Visconde à abstenção dos poderes gerais no que concerne à instrução primária:

> Entendemos, porém, que os poderes gerais não devem de modo algum abdicar a atribuição que esse mesmo parágrafo lhes confere de concorrer de sua parte para tão útil fim, e mui principalmente no intuito de criar uma educação nacional homogênea e uniforme, que gere e generalize o caráter brasileiro em todas as províncias [...] (apud SUCUPIRA, 1996, p. 62).

Grosso modo, pode-se dizer que, pela descentralização havida, coube sempre às Províncias (depois aos Estados) a competência em prover o ensino fundamental, e sempre coube aos "poderes gerais" (depois União) o controle do ensino superior e, em boa parte, do ensino secundário (em especial na Capital do Império/República). A organização da educação estava, assim, cadenciada por uma dupla rede, visualizada tanto no âmbito social quanto no administrativo. A rede que atendia à passagem do ensino secundário para o superior e a continuidade neste último tinha como incumbente o poder geral (na República, o poder federal) e como destinatários as elites da época. Já o atendimento do ensino primário e a formação de docentes tinham como titulares as Províncias (depois os Estados).

A partir de 1837, com a criação do Colégio Pedro II, as disciplinas do ensino secundário passaram a contar com um centro de referência. As instituições de ensino das Províncias, oficiais ou não, conquanto não imperativamente, miravam-se no espelho dos currículos e até mesmo dos livros didáticos adotados pelo Colégio Pedro II. E a existência de exames de admissão para o ingresso no primeiro ciclo do ensino secundário (Ginásio) criava uma situação em que aqueles exames condicionavam os conteúdos dos estudos anteriores, ainda que pautados pela lei geral de 1827 nas Províncias.

Quanto à organicidade institucional do ensino primário, não se pode negar que ele foi bem mais lento que os graus relativos ao ensino médio e ao superior. Boa parte dele tinha uma dimensão doméstica, nem sempre se realizando em instituições escolares.[6]

Aliás, não se ignora que católicos e positivistas, embora com fundamentações diferenciadas, tinham preferência pela educação primária dada na família, com ênfase no papel feminino de educadora, a ser cumprido pela mulher.

A proclamação da República não altera significativamente esse quadro. Aliás, no que se refere à dinâmica direito × dever, a República não inscreveu em sua Constituição de 1891 sequer a afirmação da gratuidade do ensino primário. Tal possibilidade poderia vir a ser inscrita nas Constituições Estaduais.[7] Mas, por outro lado, a Lei Maior determinou a laicidade nos estabelecimentos oficiais de qualquer nível, inclusive os sob responsabilidade dos Estados e Municípios (CF/1891 art. 72, par. 6º). Uma disciplina até então vigente no currículo geral das escolas do Império — a de doutrina religiosa católica — foi cortada dos currículos dos estabelecimentos oficiais da República.

Excetuada, porém, a presença paradigmática do Colégio Pedro II, as competências face ao ensino primário (e, em certa medida, face ao ensino secundário) ficaram com os Estados ou Municípios, os quais poderiam exercitar sua autonomia no âmbito dos currículos e na formação de docentes para esse nível de ensino.

E não deixa de ser notável uma certa oscilação entre centralização e descentralização no âmbito das reformas educacionais na denominada Velha República (Marques Jr., 1967 e Tanuri, 1981). Entretanto, a temática do nacionalismo se implantando de modo bastante enfático fez com que, no terreno educacional, o governo federal na-

---

6. A própria Lei de Diretrizes e Bases de 1961 diz textualmente, no seu art. 2º: *a educação é direito de todos e será dada no lar e na escola.* Sobre histórico do ensino no lar (Cury, 2013; Vasconcelos, 2004; grifo nosso).

7. A associação entre gratuidade e obrigatoriedade só foi inscrita em MG, MT, SC e SP.

cionalizasse e financiasse as escolas primárias e normais no sul do País, estabelecidas em núcleos de população imigrada.[8]

E a já conhecida dispersividade regional em relação a um currículo básico não passou despercebida dos movimentos sustentadores de uma democratização da rede pública escolar brasileira. (Nagle, 1974) E tal foi o vigor desses movimentos que a Revisão Constitucional de 1925-1926 tratou do tema com bastante abundância, em especial através do ângulo da formação de um "caráter nacional" (Cury, 1992). A educação escolar mediaria vínculos nacionais através dos quais se garantiria uma dimensão da coesão nacional. Tal mediação ganharia ímpeto pelo abalo trazido pelos movimentos sociais proletários e pelos movimentos políticos internos, com destaque para a Coluna Prestes. Contudo, não houve mudança face ao estabelecido em 1834.

O que não quer dizer que só essa Revisão houvesse buscado o princípio de uma diretriz geral e nacional para a educação. Sucessivos projetos de reforma do ensino público encaminhados por parlamentares, durante a chamada Velha República, não lograram êxito em seus propósitos. (Moacyr, 1944) Além disso, não se pode deixar de lembrar os esforços pelos quais instituições de ensino estaduais, oficiais ou livres, ansiavam pelo mérito de serem equiparados ao Colégio Pedro II.

No que tange ao ensino superior e secundário, a definição minuciosa dos currículos pode ser verificada nas sucessivas reformas desses níveis, levadas adiante pelos governos nacionais da Velha República. Tal é o caso da Reforma Benjamin Constant, pelo Decreto n. 981, de 8/11/1890. Modelar para o País, seu plano curricular seria o critério para qualquer tipo de equiparação face aos seus similares estaduais ou livres. Esse ministro promoveu a criação de um Conselho de Instrução Superior e aprovou o Regulamento das Instituições

8. Esta é a primeira intervenção direta e financiada da União no ensino primário, por meio do Ministério da Justiça, nos Estados do Paraná, Rio Grande do Sul e Santa Catarina, respectivamente, mediante os Decretos n. 13.175, de 6/9/1918, n. 13.390, de 8/1/1919, e n. 13.460, de 5/2/1919.

de Ensino Superior, dependentes do Ministério da Instrução Pública por meio do Decreto n. 12.326, de 2/1/1891.

A segunda reforma é dada pelo Decreto n. 1.159, de 3/12/1892, assinado pelo Mal. Floriano e pelo ministro Fernando Lobo, aprovando "para as instituições de ensino superior dependentes do Ministério da Justiça e Negócios Interiores" um código que mantém o ensino oficial superior da União como parâmetro de qualquer instituição congênere. Contém 317 artigos no corpo permanente do Código e mais três nas disposições transitórias, sendo minucioso no que se refere aos currículos do ensino secundário e do ensino superior.

A terceira reforma sob a República é a do Decreto n. 3.890, de 1º/1/1901, assinado pelo presidente Campos Salles e por Epitácio Pessoa, ministro da Justiça e Negócios Interiores. Ele estabelece outro Código dos Institutos Oficiais do Ensino Superior e Secundário, com 384 artigos e mais três nas disposições provisórias.

A quarta reforma é sancionada pelo presidente Hermes da Fonseca e o ministro Rivadávia Correia, por meio do Decreto n. 8.659, de 5/4/1911. Inspirado na doutrina positivista, a Lei Orgânica do Ensino Superior e do Fundamental na República, com 140 artigos, é o primeiro documento em que a desoficialização do ensino é explicitamente assumida.

Com 201 artigos, dos quais 144 no corpo permanente, o Decreto n. 11.530, de 18/3/1915, assinado pelo presidente Wenceslau Braz e por Carlos Maximiliano, ministro da Justiça e Negócios Interiores, "reorganiza o ensino secundário e o superior na República" pela quinta vez.

A sexta e última reforma da Velha República é a denominada Reforma João Alves, ministro da Justiça e Negócios Interiores. Também conhecida como Reforma Rocha Vaz, assinada pelo presidente Artur Bernardes, em 13 de janeiro de 1925, é referida pelo Decreto n. 16.782-A, que a estabeleceu. O decreto contém 310 artigos.

A Revolução de 1930 haveria de trazer algumas alterações significativas no quadro até então existente.

O ano de 1931 traz, pelo menos, três importantes mudanças: a introdução do ensino religioso nas escolas oficiais; a oficialização dos estabelecimentos do ensino secundário, pela aceitação do regimento e currículos do Colégio Pedro II; e a criação do Conselho Nacional de Educação, órgão consultivo e opinativo do Ministério da Educação e Saúde Pública, de cujas atribuições fazia parte "firmar as diretrizes gerais do ensino primário, secundário e superior", de tal modo que nelas os "interesses do País" se sobrepujassem a quaisquer outros.

O Manifesto dos Pioneiros da Educação Nova, no interior de movimentos civis em prol da valorização da educação, além da defesa da gratuidade, obrigatoriedade e laicidade da escola pública como dever do Estado, afirma a importância de um processo de homogeneização básica, a partir da escola primária, visando "a identidade da consciência nacional", homogeneização básica defendida como alternativa criadora à uniformidade rejeitada, aliás, bastante distante dos métodos ativos defendidos pelo escolanovismo.

A Constituição de 1934, ao inscrever a educação como direito do cidadão e obrigação dos poderes públicos, a tornou gratuita e obrigatória no primário, responsabilizou os Estados em termos de sua efetivação, impôs percentuais vinculados para o bom êxito dessa efetivação (CF/34, capítulo sobre Educação) e firmou a existência de Conselhos Estaduais ao lado do Conselho Nacional de Educação, a quem competiria elaborar o Plano Nacional de Educação (art. 152). Introduziu também a "competência privativa" da União no estabelecimento de diretrizes da educação nacional e na fixação do Plano Nacional de Educação (art. 5, XIV), sem deixar de reconhecer a competência concorrente da União e dos Estados quanto ao objetivo de difundir em todos os graus a instrução pública (art.10, VI).

Dentro desse espírito que congregava a tarefa de fazer cumprir a Constituição, o então eleito governo de Vargas reorganiza o Conselho Nacional de Educação pela Lei n. 174, de 6/1/1936, com a função precípua de elaborar o Plano Nacional. Desse Plano abortado pelo golpe de 1937 — mais uma lei de diretrizes e bases do que um plano —, havia uma comissão específica voltada para o ensino primário. Já no discurso de instalação das reuniões especiais para a elaboração do Plano, Gustavo Capanema, ministro de Estado da Educação e Saúde, assim se expressou:

> Quanto ao ensino primário, que cumpre incentivar intensamente em todo País, pois cerca de 60% de nossa população infantil em idade escolar não dispõe de escola, bem é que se padronizem, ainda que com o mínimo de característicos, diferentes tipos de cursos, que possam ser adequadamente, e com facilidade, adotados nos vários pontos do território nacional, nas zonas urbanas e rurais, afim de que, fazendo-se rápida difusão da educação primária, se facilite a formação de fundo comum uma enorme e rica variedade de psique brasileira (Cury, 2014).

Em uma das respostas ao Conselho, a partir do questionário enviado pelo colegiado, o Instituto Histórico e Geográfico Brasileiro assim respondeu quanto à escola primária:

> O padrão da escola primária deve ser um só em todo o País, convindo apenas, quanto aos horários e divisão dos dois períodos letivos anuais, que haja um tipo especial para as escolas rurais, porquanto as condições de vida doméstica no campo, divergem bastante das da cidade [...] (Cury, 2014, p. 11)

O projeto enviado para a Câmara dos Deputados assim dispunha sobre o ensino primário e seu currículo:

> Art. 45 — A instrução ministrada nas escolas primárias deverá abranger, no mínimo, o ensino das seguintes disciplinas: leitura, escrita e linguagem; aritmética prática; noções de geometria e desenho, geografia do Brasil e noções de geografia geral; História do Brasil; noções de ciências físicas e naturais e de higiene; cantos corais e ginástica.
>
> § único: A União promoverá acordo com os Estados e o Distrito Federal para o fim de estabelecer os diferentes padrões de duração do curso primário e os programas mínimos correspondentes (Cury, 2014, p. 72).

Em sua tramitação pela Câmara, Raul Bittencourt, relator, pasmo com os 504 artigos e sua minudência, disse que a organização da educação nacional sob a Constituição de 1891 não teria sido efetivada no seu todo. Ela acabou sendo uma organização dual, na qual "a União açambarcava a competência relativa a ensino secundário e superior e sobre eles legislava com exclusividade, para todo o País. Aos Estados só restou legislarem sobre o ensino primário" (Cury, 2014, p. 83).

Em um outro momento de grande agudeza de visão, ele escreve:

> A par da democracia, a Carta de 1891 consagrava a Federação, os Estados autônomos, com liberdade relativa, sujeitos a princípios gerais, e só a União soberana. Quando se tratava da educação primária, entretanto, os Estados se comportavam como nações livres, e, quando consideravam os problemas do ensino secundário e superior os Estados eram reduzidos a departamentos de um governo central, como se fôramos uma República Unitária. (*Diário do Poder Legislativo*, de 24 ago. 1937, p. 39889)
>
> Com 504 artigos, estende-se por todos os setores da educação, não apenas para lhes ditar princípios normativos gerais, porém, descendo a minúcias só cabíveis na organização dos sistemas educativos, ou até em regulamentos e instruções,e, destarte, sufoca as iniciativas da legislação estadual complementar, anquilosando o instrumento flexível com que a Constituição dotou o País para congregar as atividades educacionais de todos os poderes públicos. (Idem, p. 39894)

Mais especificamente face à questão curricular, a Constituição de 1934 impôs como constante dos currículos oficiais o ensino religioso como disciplina de oferta obrigatória e matrícula facultativa. Tal dispositivo atravessará todas as Constituições Federais após 1934. (Cury, 1993; Horta, 1993)

Se para o ensino secundário vai havendo, cada vez mais, a presença paradigmática do currículo do Colégio Pedro II, a instrução primária, vista desse ângulo, confirma-se como competência dos Estados.[9]

---

9. Nunca é demais insistir na necessidade de maiores investigações quanto aos currículos e programas nas unidades federadas.

Essa orientação federalista, tanto descentralizadora quanto garantidora de aspectos nacionais, firmada no princípio da educação como direito do indivíduo, impressa pela Constituição de 1934, foi rompida pela outorga da Constituição de 1937. Esta voltava a centralizar quase tudo no âmbito do executivo federal. Não reconhecendo a educação como direito de todos, mas como dever das famílias, cortando a vinculação obrigatória, previa como competência privativa da União a fixação das "diretrizes da educação nacional". Mesmo quando o Estado Novo procurou discriminar atribuições de Estados e Municípios pelo decreto-lei de 8/4/1939, impunha claros limites à atuação destes. No âmbito da educação, os decretos-leis estaduais só teriam vigência após a aprovação do chefe de Estado, aí compreendida a regulamentação do ensino primário.

A criação efetiva do Instituto Nacional do Livro, sob a direção de Gustavo Capanema, imprimiria nos currículos uma espécie de ideologia oficial nos textos, já que os livros, para efeito de publicação e de divulgação, deveriam ter a autorização do Departamento de Imprensa e Propaganda (DIP).

O Decreto-lei n. 93 cria o Instituto Nacional do Livro, em 21/12/1937. O DIP censurava os livros em geral, embora o livro didático ficasse a cargo do ministro da Educação. Já o Decreto-lei n. 1.006/38 "estabelece que sem autorização do Ministério, os livros didáticos não poderão ser adotados no ensino das escolas pré-primárias, primárias, normais, profissionais e secundárias em toda a República (Pereira, 1995, p. 148). Este último decreto-lei cria também a Comissão Nacional do Livro Didático, à qual competiria autorizar ou não determinada obra.

A Lei Orgânica do Ensino Primário (Decreto-lei n. 8.529/1946), já assinada por José Linhares, impunha disciplinas válidas e obrigatórias para todo o território nacional no ensino primário elementar, no primário complementar e no supletivo:

> Art. 7º O curso primário elementar, com quatro anos de estudos, compreenderá:
>
> I. Leitura e linguagem oral e escrita.

II. Iniciação matemática.
III. Geografia e história do Brasil.
IV. Conhecimentos gerais aplicados à vida social, à educação para a saúde e ao trabalho.
V. Desenho e trabalhos manuais.
VI. Canto orfeônico.
VII. Educação física.
Art. 8º O curso primário complementar, de um ano, terá os seguintes grupos de disciplinas e atividades educativas:
I. Leitura e linguagem oral e escrita.
II. Aritmética e geometria.
III. Geografia e história do Brasil, e noções de geografia geral e história da América;
IV. Ciências naturais e higiene.
V. Conhecimentos das atividades econômicas da região.
VI. Desenho.
VII. Trabalhos manuais e práticas educativas referentes às atividades econômicas da região.
VIII. Canto orfeônico.
IX. Educação física.
Parágrafo único. Os alunos do sexo feminino aprenderão, ainda, noções de economia doméstica e de puericultura.
Art. 9º O curso supletivo, para adolescentes e adultos, terá dois anos de estudos, com as seguintes disciplinas:
I. Leitura e linguagem oral e escrita.
II. Aritmética e geometria.
III. Geografia e história do Brasil.
IV. Ciências naturais e higiene.
V. Noções de direito usual (legislação do trabalho, obrigações da vida civil e militar).
VI. Desenho.
Parágrafo único. Os alunos do sexo feminino aprenderão, ainda, economia doméstica e puericultura.
[...]

> Art. 12. O ensino primário obedecerá a programas mínimos e a diretrizes essenciais, fundamentados em estudos de caráter objetivo, que realizem os órgãos técnicos do Ministério da Educação e Saúde, com a cooperação dos Estados.
>
> Parágrafo único. A adoção de programas mínimos não prejudicará a de programas de adaptação regional, desde que respeitados os princípios gerais do presente decreto-lei.
>
> Art. 13. É lícito aos estabelecimentos de ensino religioso. Não poderá, porém, esse ensino constituir objeto de obrigação de mestres ou professores, nem de frequência obrigatória para os alunos.

Programas regionais teriam o caráter de complementar a programação geral fixada pelo Ministério para todo o País.

O decreto-lei ainda regula minuciosamente os "sistemas de ensino primário" e os enquadra em uma espécie de estrutura e funcionamento.

Embora não viessem à luz durante a ditadura, as leis orgânicas relativas ao ensino primário, normal e agrícola, preparadas durante o regime varguista por comissões nacionais, tiveram continuidade sob o Estado de Direito da Constituição de 1946. Tal fenômeno se deu devido ao longo processo de tramitação da Lei de Diretrizes e Bases da Educação Nacional, aprovada em 1961. Com isso, houve um relativo choque entre a orientação estado-novista, centralizadora e autoritária e aquela promanada da Constituição liberal e descentralizadora de 1946.

Com efeito, a Constituição de 1946, ao repor o Estado de Direito, traz consigo também a dimensão liberal-descentralizadora e reinsere a educação como direito do indivíduo e obrigação do poder público. Também são repostos os preceitos de 1934, que a ditadura havia cortado. A definição da lei de diretrizes e bases permanece como competência privativa da União, e o choque entre as orientações mencionadas será eliminado pelos termos de compromisso trazidos com a promulgação da Lei de Diretrizes e Bases da Educação Nacional, de 1961.

Esta, excetuadas as disciplinas obrigatórias impostas a todos os sistemas de ensino, como educação física e ensino religioso, deixava aos Estados ampla liberdade na construção de conteúdos curriculares. Isso quer dizer que determinadas disciplinas constavam nacionalmente dos currículos, mas seus conteúdos não tinham definições específicas por parte da União.[10]

A Lei n. 4.024/1961 não fixa um currículo mínimo obrigatório para o ensino primário, mas o art. 25 assinala que o *fim* desse nível de ensino "é o desenvolvimento do raciocínio e das atividades de expressão da criança e a sua integração no meio físico e social".[11]

> Art. 9º Ao Conselho Federal de Educação, além de outras atribuições conferidas por lei, compete:
> [...]
> e) indicar disciplinas obrigatórias para os sistemas de ensino médio (artigo 35, parágrafo 1º) e estabelecer a duração e o currículo mínimo dos cursos de ensino superior, conforme o disposto no artigo 70;
> Art. 20. Na organização do ensino primário e médio, a lei federal ou estadual atenderá:
> a) à variedade de métodos de ensino e formas de atividade escolar, tendo-se em vista as peculiaridades da região e de grupos sociais;
> b) ao estímulo de experiências pedagógicas com o fim de aperfeiçoar os processos educativos.
> [...]
> Art. 35. Em cada ciclo haverá disciplinas e práticas educativas, obrigatórias e optativas.
> § 1º Ao Conselho Federal de Educação compete indicar, para todos os sistemas de ensino médio, até cinco disciplinas obrigatórias, cabendo

---

10. No art. 66 do projeto de LDB proposto por Clemente Mariani, em 1946, pode-se ler que seria competência do Estado aperfeiçoar e baratear o livro didático. Além disso, os livros didáticos, para serem divulgados nas escolas, deveriam ser registrados no Ministério e, quando "impróprios aos fins educativos", seriam proibidos, ouvido o Conselho Nacional de Educação.

11. Mariani também defendia a "unicidade do sistema educacional, cujas variedades estaduais obedecerão ao princípio de equivalência pedagógica em substituição ao falso princípio da uniformidade pedagógica" (p. 328).

> aos conselhos estaduais de educação completar o seu número e relacionar as de caráter optativo que podem ser adotadas pelos estabelecimentos de ensino.
>
> § 2º O Conselho Federal e os conselhos estaduais, ao relacionarem as disciplinas obrigatórias, na forma do parágrafo anterior, definirão a amplitude e o desenvolvimento dos seus programas em cada ciclo.
>
> § 3º O currículo das duas primeiras séries do 1º ciclo será comum a todos os cursos de ensino médio no que se refere às matérias obrigatórias.
>
> Art. 36. O ingresso na primeira série do 1º ciclo dos cursos de ensino médio depende de aprovação em exame de admissão, em que fique demonstrada satisfatória educação primária, desde que o educando tenha onze anos completos ou venha a alcançar essa idade no correr do ano letivo.
>
> [...]
>
> Art. 70. O currículo mínimo e a duração dos cursos que habilitem à obtenção de diploma capaz de assegurar privilégios para o exercício da profissão liberal [...] vetado [...] serão fixados pelo Conselho Federal de Educação.

O CFE, instalado em 12/2/1962, prevê uma comissão de ensino primário e médio; quanto ao primário, a Portaria n. 60, de 21/2/1962, prevê a competência do Conselho na *análise dos efeitos da ação supletiva* da União face a essa modalidade de ensino.

Ora, o Conselho Federal de Educação, no interior do Parecer n. 121/1963, ao discutir os exames de admissão disposto no art. 36 da LDB, *reconhece quatro grandes departamentos do ensino primário*: língua pátria, aritmética, ciências naturais e ciências sociais. E o mesmo parecer se socorre do Pabaee/MG para um detalhamento da consistência conteudística dessas quatro áreas. E reconhece não só a autonomia dos Estados a esse respeito, como também a existência de escolas com atividades "assistemáticas" de ação educativa e de instrução no lar.

O que é novo na Lei n. 4.024/1961 é a permissão dada pelo art. 104 de se constituírem escolas experimentais com currículos próprios, o que faz jus ao art. 12 da mesma lei, em que se reconhece a correlação entre "sistemas de ensino" e "flexibilidade dos currículos".

O regime autoritário-militar de 1964 manteve pró-forma o funcionamento precário das Constituições e do Congresso. Procurou também deixar sua marca na educação escolar. Contudo, no que se refere ao regimento do CFE, trazido pelo Decreto n. 64.902, de 29/7/1969, o art. 3º, § 2º, ao expressar a competência do Plenário em interpretar a LDB, ressalvava a "competência dos sistemas estaduais do ensino, definida na Lei n. 4.024, de 20 de dezembro de 1961".

Grande mudança, entretanto, será trazida pela Lei n. 4.024/1961, com a redação dada pela Lei n. 5.692/1971 no que se refere ao ensino primário. Ampliado para oito anos pela Constituição de 1967, agora sob a nova denominação de "ensino de 1º grau", ele compreenderá tanto o que antes era o ensino primário (4 anos) quanto o que era o 1º ciclo do ensino médio (ginásio/4 anos).

O ensino de 1º grau passou, então, a ter 8 anos obrigatórios. De acordo com essa lei:

> Art. 4º Os currículos do ensino de 1º e 2º graus terão um núcleo comum, obrigatório em âmbito nacional, e uma parte diversificada para atender, conforme as necessidades e possibilidades concretas, às peculiaridades locais, aos planos dos estabelecimentos e às diferenças individuais dos alunos.
>
> § 1º Observar-se-ão as seguintes prescrições na definição dos conteúdos curriculares:
>
> I — O Conselho Federal de Educação fixará para cada grau as matérias relativas ao núcleo comum, definindo-lhes os objetivos e a amplitude.
>
> II — Os Conselhos de Educação relacionarão, para os respectivos sistemas de ensino, as matérias dentre as quais poderá cada estabelecimento escolher as que devam constituir a parte diversificada.
>
> III — Com aprovação do competente Conselho de Educação, o estabelecimento poderá incluir estudos não decorrentes de materiais relacionadas de acôrdo com o inciso anterior.
>
> § 2º No ensino de 1º e 2º graus dar-se-á especial relêvo ao estudo da língua nacional, como instrumento de comunicação e como expressão da cultura brasileira.

§ 3º Para o ensino de 2º grau, o Conselho Federal de Educação fixará, além do núcleo comum, o mínimo a ser exigido em cada habilitação profissional ou conjunto de habilitações afins.

§ 4º Mediante aprovação do Conselho Federal de Educação, os estabelecimentos de ensino poderão oferecer outras habilitações profissionais para as quais não haja mínimos de currículo prèviamente estabelecidos por aquêle órgão, assegurada a validade nacional dos respectivos estudos.

Art. 5º As disciplinas, áreas de estudo e atividades que resultem das matérias fixadas na forma do artigo anterior, com as disposições necessárias ao seu relacionamento, ordenação e seqüência, constituirão para cada grau o currículo pleno do estabelecimento.

§ 1º Observadas as normas de cada sistema de ensino, o currículo pleno terá uma arte de educação geral e outra de formação especial, sendo organizado de modo que:

a) no ensino de primeiro grau, a parte de educação geral seja exclusiva nas séries iniciais e predominantes nas finais;

b) no ensino de segundo grau, predomine a parte de formação especial.

[...]

Art. 7º Será obrigatória a inclusão de Educação Moral e Cívica, Educação Física, Educação Artística e Programas de Saúde nos currículos plenos dos estabelecimentos de 1º e 2º graus, observado quanto à primeira o disposto no Decreto-Lei n. 369, de 12 de setembro de 1969.

Parágrafo único. O ensino religioso, de matrícula facultativa, constituirá disciplina dos horários normais dos estabelecimentos oficiais de 1º e 2º graus.

Art. 8º A ordenação do currículo será feita por séries anuais de disciplinas ou áreas de estudo organizadas de forma a permitir, conforme o plano e as possibilidades do estabelecimento, a inclusão de opções que atendam às diferenças individuais dos alunos e, no ensino de 2º grau, ensejem variedade de habilitações.

Extenso e detalhado comentário sobre o núcleo comum dos currículos nacionais será trazido pelo Parecer CFE n. 853/1971 e pela Resolução CFE n. 8/1971, logo após a publicação da Lei n. 5.692/1971. E num trecho do parecer lê-se claramente:

Por já virem tais atividades prescritas no art. 7º da lei, só as consideraremos aqui na medida em que tenhamos de relacioná-las com os demais componentes do currículo. Associado a elas, o núcleo comum configura o conteúdo mínimo abaixo do qual se terá por incompleta qualquer formação de 1º e de 2º graus, assim quanto aos conhecimentos em si mesmos, como, sobretudo, do ponto de vista da unidade nacional de que a escola há de ser causa e efeito a um tempo. Daí a sua obrigatoriedade.

Já se vê que o Conselho Federal foi, como dantes o fora o Conselho Nacional, o órgão responsável pela tradução desses conteúdos mínimos para todo o conjunto do sistema escolar brasileiro. Assim, o regimento do CFE, de acordo com a portaria ministerial n. 691/1981, define, no seu art. 2º, XVIII, como sua competência

> fixar as matérias do núcleo comum dos cursos de 1º e 2º graus, definindo-lhes os objetivos e amplitude, bem como o mínimo a ser exigido em cada habilitação profissional ou conjunto de habilitações afins.

E na organização do CFE como colegiado se prevê uma Câmara de Ensino de 1º e 2º graus e uma Comissão Central de Currículos.[12]

Com isso foram se consubstanciando duas orientações relativamente recorrentes: a primeira, de certo modo, já posta pelo Ato Adicional de 1834, a de que o ensino fundamental é competência dos Estados e Municípios e a de que o ensino superior tenha maior controle por parte da União, ficando relativamente cinzentos os espaços das competências concorrentes e/ou comuns. A segunda é a de que o estabelecimento de diretrizes e bases para educação nacional continua sendo competência privativa da União, e sua tradução específica, no que se refere aos mínimos programáticos, seja elaborada através de um Conselho Nacional (1931-1961) ou Federal de Educação (1961-1994).

Tais orientações, ainda que recheadas de novos dispositivos colocados pela Constituição Federal de 1988 quanto à gratuidade, ges-

12. Eis aqui um campo pouco explorado nas pesquisas da Pós-Graduação em Educação.

tão democrática, direito público subjetivo, municipalização e outros, foram nela reafirmadas, sem contudo se fazer referência à existência de um Conselho Nacional ou Federal (que só aparecerá nas propostas da LDB).

Esses dispositivos representaram um avanço, pelo intenso processo de participação que norteou os educadores no afã de garantir na própria Constituição uma resposta, em termos de princípios, para os problemas sentidos na área.

A longevidade da tramitação do projeto de LDB, a mudança das condições internacionais no que se refere à correlação trabalho/emprego, a vontade da União em diminuir seus gastos, a necessidade de especificar a vinculação orçamentária e, sobretudo, a consciência da importância do ensino fundamental — cuja situação lamentável o País mais uma vez reconhece — obrigaram a que tanto os parlamentares quanto o Executivo tomassem iniciativas mais rápidas no enfrentamento da questão.

Por outro lado, a educação escolar foi definida (ainda que de modo especificado em alguns aspectos e nem tanto em outros) competência privativa da União, competência concorrente entre União e Estados e competência comum entre União, Estados e Municípios, segundo os art. 22, XXIV; 24, IX, e 23, V, respectivamente. Sob a égide do "regime de colaboração", de acordo com o art. 211, o art. 24, § 1º, diz que "no âmbito da legislação concorrente, a competência da União limitar-se-á a estabelecer normas gerais". Finalmente, o art. 30 supõe a ação supletiva da União e dos Estados em relação à obrigação dos municípios em manter uma rede ensino voltada para o pré-escolar e o fundamental.

Urgia, pois, o enfrentamento da questão, até porque o texto constitucional, em seu art. 210, reza que "serão fixados conteúdos mínimos para o ensino fundamental, de maneira a assegurar formação básica comum e respeito aos valores culturais e artísticos, nacionais e regionais".

O tom imperativo não deixa dúvida. Não menos claro é o adjetivo "mínimo". E se "serão fixados", alguém deve ser o responsável. A tradição dessa matéria constata iniciativa do Executivo através do Conselho Nacional (Federal) de Educação.[13] Mas o Congresso seria um sujeito legítimo tanto quanto a sociedade através de um projeto de lei fazendo uso do mecanismo da iniciativa popular (art. 14 e art. 61, § 2º).

Nesse sentido, torna-se ilustrativo citar o projeto de Lei de Diretrizes e Bases da Educação Nacional, em tramitação em 1994 no Congresso, que dizia em seu art. 10, inciso IV, que a União deve "estabelecer, em colaboração com os Estados, o Distrito Federal e os Municípios, competências e diretrizes para a educação infantil, o ensino fundamental e o ensino médio, que nortearão os currículos e os seus conteúdos mínimos, de modo a assegurar formação básica comum".

Outro documento importante é aquele sobre o assunto Plano Decenal de Educação para Todos (1993). Esse documento, de cuja declaração o Brasil é signatário, expressa uma agenda de compromissos assumidos na Conferência de Jomtien. Contando com a sociedade civil e com presença significativa do governo federal, deu uma redação equilibrada aos atores políticos, de tal modo que o MEC, ouvida a sociedade civil, torna-se proponente das diretrizes curriculares em atenção ao dispositivo da "fixação dos conteúdos mínimos determinados pela Constituição" como uma de suas linhas de ação estratégica:

> O MEC, com o concurso das representações educacionais e da sociedade, deverá propor e especificar os conteúdos nacionais capazes de pautar a quantidade de educação socialmente útil e de caráter universal a ser oferecida a todas as crianças, consideradas suas diferenças. Complementações curriculares serão propostas em cada sistema de ensino e escolas, respeitando a pluralidade cultural e as diversidades locais. Igualmente pesquisas serão desenvolvidas para fundamentar

13. A CF/1988 traz, em seu conjunto, várias entradas no currículo. Há o ensino religioso (art. 210, § 1º), há a indicação de educação e etnia (art. 210, § 2º), há a correlação entre educação e herança cultural (art. 242, § 4º), além de várias sugestões transversais, como meio ambiente (art. 225, VI) e desporto (art. 217, II).

> avanços no âmbito das competências sociais, visando enriquecer o processo curricular da escola. (p. 45)

Em certa medida, esse texto do Plano Decenal fez eco à proposta da LDB, Projeto de Lei Complementar n. 101/1993, do senador Cid Saboia de Carvalho, ao dizer, em seu art. 23, VI, que cabe ao Conselho Nacional de Educação:

> fixar, após ouvir educadores e comunidades científicas das áreas envolvidas, diretrizes curriculares gerais, definindo uma base nacional de estudos para o ensino fundamental, médio e superior de educação.

Essa formulação resume o conteúdo mais explícito e detalhado sobre o assunto, tal como já estava expresso no mesmo artigo 23, VI, pelo qual caberia ao Conselho Nacional de Educação "fixar as diretrizes curriculares gerais, definindo uma base nacional de estudos para cada nível de ensino". Já o art. 34, além de reconhecer a competência dos Estados e/ou Municípios na plenificação do currículo, além de estimular a vida concreta dos estudantes como ponto de partida, diz, no seu *caput*, que "os currículos do ensino fundamental e médio abrangerão, obrigatoriamente, o estudo de língua portuguesa e da matemática, o conhecimento do mundo físico e natural e da realidade social e política, especialmente do Brasil".

Finalmente, deve-se registrar a (re)criação do Conselho Nacional de Educação, através da Lei n. 9.131/1995. A lei de criação do Conselho busca conciliar a ponderabilidade entre sociedade política e sociedade civil, com inclinação para o Executivo. Veja-se a esse respeito o art. 6º da Lei n. 9.131/1995 e seu par. único:

> O Ministério da Educação e do Desporto exerce as atribuições do poder público federal em matéria de educação, cabendo-lhe formular e avaliar a política nacional de educação, zelar pela qualidade do ensino e velar pelo cumprimento das leis que o regem.
>
> § 1º No desempenho de suas funções, o Ministério da Educação e do Desporto contará com a colaboração do Conselho Nacional de Educação e das Câmaras que o compõem.

Por outro lado, cabe a esse Conselho, segundo o art. 7º da lei, o dever de *assegurar a participação da sociedade no aperfeiçoamento da educação nacional.*

Órgão de articulação entre a sociedade política e a sociedade civil, esse órgão colegiado responde, por meio de suas Câmaras de Educação (Básica e Superior) à atribuição, posta no art. 9º da Lei n. 4.024/1961, com a redação dada pela Lei n. 9.131/1995, respectivamente: "deliberar sobre as diretrizes curriculares propostas pelo Ministério da Educação e do Desporto; deliberar sobre as diretrizes curriculares propostas pelo Ministério da Educação e do Desporto, para os cursos de graduação".

Os princípios constitucionais de "diretrizes e bases da educação nacional" e de "coesão nacional", associados ao dispositivo de "conteúdos mínimos" nacionais, determinaram, de um lado, diretrizes curriculares nacionais emanadas pelo Conselho e, de outro, parâmetros curriculares nacionais propostos pelo MEC.[14] Ambas as iniciativas buscaram respaldo quer na Lei n. 9.131/1995, quer nas diretrizes e bases da educação da Lei n. 9.394/1996. Esta lei, especialmente no caso da educação básica, elaborou diretrizes curriculares nacionais para o conjunto das etapas e modalidades desse nível da educação escolar.

Entretanto, a questão federativa continua presente e ela continua mesmo após tentativas de clareamento na Constituição de 1988. Aliás, tendo a educação se tornado ao mesmo tempo (mas não do mesmo ponto de vista) competência privativa da União, concorrente entre a União, os estados, o distrito federal e os municípios e competência comum entre os quatro entes federativos, é que a questão retorna com mais urgência.

Prova disso é o questionamento da parte de Conselhos de Educação, inclusive com sentenças advindas do Judiciário (nem sempre conhecedor profundo da legislação educacional), a respeito do caráter das decisões do Conselho Nacional. As decisões deliberativas pelos Pareceres e as normativas pelas Resoluções têm um caráter autoriza-

14. A esse respeito, ver Parecer CNE/CEB n. 03/1997.

tivo ou imperativo? No primeiro caso, trata-se de uma desejabilidade quanto ao cumprimento da norma; já no segundo caso, diz-se que ela tem *força de lei* (embora não seja lei).

Sem os deslindamentos dessa questão fulcral, de pouco valia será a determinação constitucional do fixar *conteúdos mínimos* para a educação obrigatória.

Por outro lado, o próprio Conselho Nacional de Educação, à luz da flexibilidade trazida pela LDB de 1996, enfatizou que as diretrizes tinham dimensões gerais, tendo estas muito mais a prevalência de um rumo, de uma direção, de um caminho tendente a um fim do que de *fixação de conteúdos mínimos*.

Vê-se que o problema não é novo e sempre esteve, de algum modo, nas preocupações do governo federal e dos governos estaduais, municipais e distrital.

Certamente que à oscilação autoritarismo *versus* Estado de Direito não correspondeu linearmente dirigismo curricular *versus* liberdade de criação. Mas é notório que "vigiar" de modo mais direto a estruturação de currículos, programas e a produção de livros didáticos se aproxima mais dos regimes fechados. Sabe-se que nestes o detalhamento é mais uma forma de verticalismo homogeneizador do que um respeito às diferenças. E nos regimes politicamente mais abertos, o programa dos currículos nacionais unificados é mais flexível e propositivo. Espera-se, pois, destes maior sensibilidade, respeito à diferença sem deixar de contemplar aquilo que deve ser comum em um Estado Nacional.

Essa característica de regimes abertos, contudo, se defronta com dois eixos fundamentais: a questão federativa e a questão da participação dos sujeitos interessados na formulação dos conteúdos face às diferentes concepções que os inspiram e mesmo face às metodologias existentes em relação às ciências naturais e sociais.

A questão federativa sempre deve merecer um enfrentamento cuidadoso. Como vimos, a tradição descentralizada criou na escola pública culturas institucionais que variam de uma unidade federada para outra. Dentro delas, as regiões e as disparidades oferecem outras heterogeneidades, isso sem falar nos "capitais culturais" distintivos de classes sociais.

Entretanto, no caso do Brasil, em matéria de legislação, abundam dispositivos referentes à criação de uma cultura de avaliação e mesmo de sua efetivação. Boa parte dessa avaliação já é legalmente determinada em nosso País; cumpre refletir por que tem sido tão difícil chegar a um acordo sobre como efetivá-la de modo que ela pondere aquilo que de fato está sendo ensinado à luz de conteúdos mínimos. Reflexão penosa e difícil para gestores e docentes, pois, abandonando qualquer posição maniqueísta, a avaliação pode promover um diálogo dentro de um encontro profissional em vista de garantir uma melhoria na prática, a qual, no fundo, não é mais do que efetivar o direito dos estudantes de aprender com a devida qualidade.

Logo, uma discussão sobre os conteúdos comuns mínimos dos currículos em sua dimensão nacional deve desaguar no caminho próprio defendido pelos grandes nomes da educação: o diálogo que a Constituição denomina *regime de colaboração* sob a égide da *gestão democrática*. Ou, no mesmo diapasão, a participação da sociedade civil na definição de critérios para tal, conforme a Lei n. 9131/1995.

Nesse diálogo, tão importante quanto ele, cabe conhecer a "radiografia" das escolas e dos *educandos* realmente existentes, suas peculiaridades, seus *ethos*. As escolas brasileiras não são iguais. Suas condições de funcionamento são extremamente diversificadas por regiões, por classes, não sendo desprezível a presença de uma pluralidade étnica e cultural.

É preciso partir dessa "radiografia" para imaginar um método criativo de tal modo que a unidade nacional pretendida seja unidade, não uniformidade, seja igualdade complementada pelo enfrentamento da diversidade.

Por outro lado, algo semelhante se passa com os métodos. Estes variam muito no âmbito das ciências naturais e sociais, fazendo com que emerja essa outra diferença. De novo, o diálogo é o caminho para evitar tanto uma homogeneidade metodológica como uma síncrese distante da análise científica.

A Pós-Graduação está conseguindo formar pesquisadores e estudiosos que, institucionalmente, vêm investigando áreas de conhecimento e fazendo intercâmbio internacional. E uma das áreas de atuação é justamente o estudo de currículos e de história de disciplinas escolares. As associações científicas, por seu lado, criam, dentro de seus grupos de trabalho, a alimentação contínua desse tema e de outros. Além do que, não se pode ignorar que o currículo das quatro primeiras séries envolve o ato pedagógico da alfabetização, pelo qual o acesso à leitura e à escrita dá ao educando mais um modo de ler o mundo.

A bibliografia não é pequena. Surgem livros, publicam-se pesquisas, dissertações e teses. As revistas se multiplicam. O mercado editorial apresenta, não sem uma variedade qualitativa, um enorme espectro de publicações.

Também os docentes se organizaram em associações profissionais, seja em frentes salariais, seja em frentes voltadas para a questão pedagógica.

5. Conclusão

Uma discussão sobre conteúdos mínimos não pode ignorar o quanto ela exige uma radiografia e uma auscultação da realidade multifacetada da escola pública brasileira, nem desconhecer o tanto de dever cabível ao Executivo Federal em efetivar o mandamento constitucional do art. 210.

E ao passar do mandamento de fixação de conteúdos mínimos como uma das bases do ensino obrigatório, é preciso reconhecer uma tradição que joga não só com a tormentosa questão federativa, mas com toda essa gama de realidades novas surgidas nas últimas três décadas.

Que síntese se pode retirar dessa memória histórica?

A questão federativa se impõe pela modalidade de República Constitucional que o Brasil adota desde 1889. Nosso País é uma só entidade soberana pela união de suas entidades federadas. Logo, a federação deve conter tanto laços de união e de unidade entre as unidades federadas, quanto a autonomia destas no quadro da Constituição Federal. Essa autonomia dos membros federados inclui tanto competências exclusivas e privativas da União quanto outras tantas relativas às dimensões concorrentes e comuns, trazendo uma realidade dialética de vários polos de poder concernentes à gestão da coisa pública.

No caso da educação escolar de ensino fundamental, firmou-se toda uma tradição jurídica que, desde o Ato Adicional, o atribuía aos membros federados. A gestão desse serviço público nessa modalidade de ensino coube — e continua cabendo — aos estados e municípios.

Entretanto, dada a situação lamentável e dispersa do ensino primário nos estados, lutou-se muito para que a União, por ter maiores fundos financeiros e por ser o ponto da soberania e da unidade na diversidade, se obrigasse a interferir também na educação escolar primária, visando a superação de lacunas e a assinalação de uma identidade nacional em todo cidadão. Um nível de explicitação foi aquele relativo aos princípios educacionais, sobretudo àquele do direito à educação primária, gratuita, obrigatória.

Outro nível, porém, de exercício da união nacional foi o do estabelecimento de disciplinas escolares. Aí a evidência maior fica por conta das oscilações em torno da laicidade. O Estado "negativo" de 1889 afirma a laicidade, enquanto o Estado interventor de 1930 afirma o princípio e, no modo operatório de fazê-lo, tece dispositivos flexíveis.

O Império, consagrando a dupla rede pelo Ato Adicional, deixou como herança para as províncias o art. 6º da Lei de 1827 e um currículo mínimo preenchido por regulamentos dos órgãos estaduais e, como apoio, cartilhas e livros didáticos. A Revolução de 1930 impôs, por decreto, que o Conselho Nacional firmaria "diretrizes gerais" para o ensino primário. Essas "diretrizes", com o avançar dos anos, nem sempre ficaram por aí. É que a elas se adicionou um conjunto de disciplinas obrigatórias para toda a nação. Como fica explícito em 1946, a Lei Orgânica do Ensino Primário fala claramente em "programas mínimos". Isso também parece ter firmado tradição, apesar do caráter mais liberal-descentralizador da Lei n. 4.024/1961. Essa tradição se vê legalizada pela Lei n. 5.692/1971 e confirmada pelo Parecer n. 853/1971 do Conselho Federal. Diretrizes Gerais e Programas Mínimos se sintetizam na concepção de "Núcleo Comum" dos currículos nacionais.

Duas observações agora se impõem: a União sempre se acautela adjetivando os currículos ou programas ou diretrizes de "mínimos" ou "gerais". Pode-se aplicar aqui o princípio da lógica formal de "quanto menor a compreensão, maior a extensão". Uma diretriz mínima torna-se mais geral porque, exatamente por ser mínima, pode ser estendida a maior número de entes federados. E os elos mediadores dessa dimensão nacional, respeitada a autonomia dos Estados e Municípios em legislar complementarmente sobre o assunto, serão formalmente o Conselho Nacional (ou Federal) de Educação e, em certo sentido, o livro didático.

Finalmente, na Constituição Federal de 1988, a ideia de "diretrizes gerais" adequáveis aos conteúdos dos currículos nacionais foi constitucionalizada, e sua tradução, sábia e prudente, no corpo da Lei Maior, foi a de uma "fixação". Essa "fixação", no âmbito jurídico significando determinação, limitação, estabelecimento, se restringe aos "conteúdos mínimos". O mínimo é que deve ser fixado, limitando-se a União a essa tarefa imperativa a um conjunto que expresse a igualdade e o comum sem desrespeitar a devida diversidade regional e local. E seu conteúdo indica *o quê* está contido em outra coisa que lhe serve de continente. Esse continente é, de um lado, o processo ensino-aprendizagem, em que se realiza a relação pedagógica, e de outro aquela grandeza (certamente acoplada ao mínimo) que compete aos entes federados (e que se ampliaram com a Constituição Federal de 1988, pela inclusão dos Municípios).

A relação implícita no pacto federativo supõe a resolução de questões e pendências pelo "contrato" democrático entre União federada e unidades federadas. Já a conexão com o processo ensino/aprendizagem, no âmbito da institucionalização social da escola, se faz pelo "contrato social" e democrático entre dirigentes e dirigidos, cujo âmago é a capacidade de participação.

Ora, a participação se inclui no processo de "ocidentalização" da sociedade brasileira e, em especial, da organização dos educadores. A vida sociocultural brasileira, desenvolvida no âmbito da sociedade civil, vem-se tornando cada vez mais complexa e plural. Ao lado de partidos, sindicatos e outras modalidades de "aparatos privados" de hegemonia, deve-se registrar a organização de educadores e intelectuais em torno de associações profissionais e científicas. É delas que provém um saber com sabor de prática e com suor da pesquisa. É de ambas que se pode esperar uma participação efetiva e fundamentada para que a relação dirigentes/dirigidos se aproxime cada vez mais do ideal de uma "vontade geral" consensual.

É no interior dessa complexidade que se podem compreender as proposições mais ou menos pendulares ora em torno dos dirigentes, ora em torno dos dirigidos, face à questão de como efetivar tais "conteúdos mínimos". Daí a necessidade de que uma proposta concreta de conteúdos mínimos seja elaborada sem pressa e com diálogo. Sem pressa, a fim de que a necessária administração eficiente do mandato constitucional não se converta em posturas verticais, sobretudo no que se refere à formação dos professores. Com diálogo, a fim de que a pluralidade de setores competentes no assunto, individuais e sobretudo coletivos, possa suscitar pelo debate um razoável consenso em torno de questão tão fundamental para o ato pedagógico e para um federalismo democrático.

A educação nacional só teria a ganhar na medida em que pudesse assinalar um caminho diferenciado para sua democratização e para a democratização da sociedade brasileira.

Se ao Conselho Nacional de Educação cabe o dever de *assegurar a participação da sociedade no aperfeiçoamento da educação nacional*, cabe às organizações dessa mesma *sociedade* pleitear seu espaço legítimo de crítica ao existente e de proposição ao desejável. Nesse sentido, cabe falar de uma espécie de mesa interfederativa entre a sociedade política e a sociedade civil para dar conta de tal tarefa. Essa missão torna-se ainda mais cogente quando, após longa espera, a Emenda Constitucional n. 59/2009 constitucionalizou o *sistema nacional de educação.*

À luz de um sistema nacional em que, pretensamente, o cidadão vai subindo nos níveis e etapas da escolaridade, tais níveis e etapas podem comportar vazios, lacunas ou diferenças tais que o comum não seja garantido? Recusado um currículo disperso, por ofensa ao princípio federativo à luz de uma união federativa, de um plano nacional e de uma avaliação sistemática hoje estabelecida; recusado um currículo único e integral, por ofensa à diversidade regional e adequação aos valores culturais diferenciados, pode-se recusar um currículo nacional sob o qual se assinalem os conteúdos necessários a uma formação básica comum? Como garantir uma avaliação fiável, tipo Saeb e Enem, se não há formação básica comum?

À luz dos direitos fundamentais da cidadania, somos, antes de tudo, cidadãos nacionais, brasileiros. Basta ler os primeiros artigos de nossa Constituição, com ênfase no 3º, no 4º e no 5º. Por decorrência, nós, brasileiros, fazemos escoar nossa cidadania *nacional* (base e formação comuns) como cidadãos de uma cidade, ente federativo no interior de outro ente federativo estadual. Logo, ao brasileiro, enquanto *nacional*, cabe uma formação comum que seja básica para "o pleno desenvolvimento da pessoa, seu preparo para o exercício da cidadania e sua qualificação para o trabalho".

Referências

AZEVEDO, F. et al. *A reconstrução educacional no Brasil (ao povo e ao governo)*: manifesto dos pioneiros da Escola Nova. São Paulo: Companhia Editora Nacional, 1932.

BOBBIO, N. *O futuro da democracia*: uma defesa das regras do jogo. Rio de Janeiro: Paz e Terra, 1986.

BOTTO, C. *Ler, escrever, contar e se comportar*: a escola primária como rito do século XIX português (1820-1910). Tese (Doutorado) — Faculdade de Filosofia, Letras e Ciências Humanas da USP, São Paulo, 1997.

BRASIL. Câmara dos Deputados. Proposta de emenda à Constituição n. 233/A, de 1995, Mensagem n. 1.078/95.

BRASIL. *Constituição da República Federativa do Brasil*: 1988. Brasília: MEC, 1989.

______. Senado Federal. Substitutivo ao Projeto de Lei da Câmara n. 101, de 1993 (n. 1.258, de *1988, na Casa de Origem)*. Brasília, 1996.

BRITO, V. L. A. de Projetos de LDB: histórico da tramitação. In: CURY, C. R. J.; HORTA, J. S. B.; BRITO, V. L. A. de *Medo à liberdade e compromisso democrático*: LDB e Plano Nacional de Educação. São Paulo: Editora do Brasil, 1997.

BRZEZINSKI, I. (Org.). *LDB interpretada*: diversos olhares se entrecruzam. São Paulo: Cortez, 2003.

CAMPANHOLE, A.; CAMPANHOLE, H. L. *Todas as Constituições do Brasil*. São Paulo: Atlas, 1976.

CHIZZOTTI, A. A Constituinte de 1823 e a Educação. In: FÁVERO, O. (Org.). *A educação nas Constituintes Brasileiras, 1823-1988*. São Paulo: Autores Associados, 1996.

CONSELHO Federal de Educação. Parecer 121/63, *Documenta*, n. 14, maio 1963.

______. Parecer 853/71, *Documenta*, n. 132, nov. 1971.

CURY, C. R. J. *A educação na revisão constitucional de 1925-26*. Relatório de pesquisa. Belo Horizonte: Ed. da UFMG, 1992. (Mimeo.)

______. Ensino religioso e escola pública: o curso histórico de uma polêmica entre Igreja e Estado no Brasil. *Educação em Revista*, Belo Horizonte, UFMG, n. 17, 1993.

______. Educação escolar e educação no lar (*homeschooling*). In: VIDAL, D. G.; SÁ, E. F. de; SILVA, V. L. G. de. *Obrigatoriedade escolar no Brasil*. Cuiabá: Ed. da UFMT, 2013.

______. *O Conselho Nacional de Educação (1931-1961)*: memória e funções. Pesquisa inédita, 2014.

DEMO, P. *A nova LDB*: ranços e avanços. São Paulo: Papirus, 1997.

FRAUCHES, C. C. (Org.). *LDB anotada e legislação complementar*. Marília: Consultoria de Administração, 2000.

HORTA, J. S. B. O ensino religioso na Itália fascista e no Brasil 1930-45. Belo Horizonte: UFMG, *Educação em Revista*, n. 17, 1993.

LEI de Diretrizes e Bases da Educação Nacional: texto aprovado na Comissão de Educação, Cultura e Desporto da CD, com comentários de Demerval Saviani et al. São Paulo: Cortez/Ande, 1990.

MARIANI, C. Exposição de Motivos ao Projeto de Lei de Diretrizes e Bases da Educação Nacional apresentado à Câmara dos Deputados em 1948. In: NÓBREGA, V. L. N. *Enciclopédia da Legislação do Ensino*. Rio de Janeiro, [19--].

MARQUES JR., R. *Política Educacional na República (o ciclo da desoficialização do ensino)*. Tese (Doutorado) — Faculdade de Filosofia, Ciências e Letras da Unesp, Araraquara, 1967. (Mimeo.)

MOACYR, Primitivo. *A instrução e a República*. Rio de Janeiro: Ministério da Educação e Saúde/Imprensa Nacional, 1944. v. 5.

NAGLE, J. *Educação e sociedade na Primeira República*. São Paulo: Edusp/EPU, 1974.

NUNES, C. (Org.). *Cadernos Anped* (nova fase), Niterói, n. 2, 1989.

PEREIRA, A. G. *O livro didático na educação brasileira*. Belo Horizonte: Faculdade de Educação/UFMG, 1995. (Mimeo.)

RODRIGUES, L. B. *História do Supremo Tribunal Federal, 1899-1910*: a defesa do Federalismo. Rio de Janeiro: Civilização Brasileira, 1968.

SAVIANI, D. *A nova lei da educação*: LDB, trajetória, limites e perspectivas. Campinas: Autores Associados, 1997.

SCHUCH, V. F. (Org.). *Legislação mínima da educação no Brasil*. Porto Alegre: Sagra, 1976.

SUCUPIRA, N. O Ato Adicional de 1934 e a descentralização da educação. In: FÁVERO, O. (Org.). *A educação nas Constituintes Brasileiras*: 1823-1988. São Paulo: Autores Associados, 1996.

TANURI, L. M. A administração do ensino no Brasil: centralização × descentralização. *Revista Didática*, São Paulo, s/e, n. 17, 1981.

TEIXEIRA, A. Estudo sobre o projeto de Lei das Diretrizes e Bases da Educação Nacional. *Revista Brasileira de Estudos Pedagógicos*, Rio de Janeiro, v. 18, n. 48, out./dez. 1952.

VASCONCELOS, M. C. C. *A casa e seus mestres*: a educação no Brasil dos Oitocentos. Rio de Janeiro: Griphus, 2004.

3

O público e o privado na educação: uma (in)distinção polêmica

Sofia Lerche Vieira
Eloisa Maia Vidal

> Do ponto de vista dos direitos, há um encolhimento do espaço público; do ponto de vista dos interesses econômicos, um alargamento do espaço privado.
>
> (Chaui, 2013, p. 228)

O debate sobre o público e o privado comporta distintas aproximações. Trata-se de questão de forte conotação ideológica que, tanto ontem como hoje, tem merecido apaixonadas reflexões e defesas. O texto ora apresentado procura revisitar essa polêmica histórica buscando resignificá-la à luz do presente. Considerando o princípio orientador da coletânea, o ensaio toma por fio condutor o intervalo compreendido entre dois importantes marcos: a Lei de Diretrizes e Bases da Educação (LDB), promulgada em 1996, e o Plano Nacional de Educação (PNE) 2011-2020, na versão aprovada pela Comissão de Assuntos Econômicos (CAE) do Senado, em maio de 2013.

O texto foi concebido com base na ideia de retomar uma discussão anterior à luz de um distanciamento maior no tempo.[1] Vistos sob o olhar de hoje, alguns temas considerados essenciais à LDB, em 1996, podem já não sê-los. Seria este o caso do público e do privado? A resposta não é simples. Se é verdade que parte da polêmica parece ter sido diluída sob os efeitos do fluir do tempo e da emergência de novas configurações políticas, econômicas e sociais, a outra parte permanece viva; é chama que não se apaga e, por isso mesmo, faz sentido mantê-la acesa.

A escolha da epígrafe do texto, extraída de um escrito de Marilena Chaui, não é fortuita; antes, contribui para esclarecer algo que está na raiz da construção do público e do privado no Brasil. Por isso mesmo, é assunto que permeia a reflexão. Além de tais considerações, são apresentados alguns argumentos de modo a situar os *tempos, espaços* e *sujeitos* deste complexo embate.

Contrapondo-se aos elementos de uma análise qualitativa, são apresentados os indicadores da distribuição de matrículas de modo a visualizar como tem evoluído a oferta desse direito social indispensável à construção da cidadania. Os dados sobre educação infantil, ensino fundamental, ensino médio e educação superior percorrem o período de 1995 a 2011, intervalo que permite observar as tendências emergentes em matéria de indicadores educacionais. Aqui, se as linhas gerais da evolução de matrículas são mantidas, é importante detectar a emergência de possíveis novos fenômenos. Por que projetar luz sobre os números quando o fulcro da discussão é política? Por que não dizer ideológica? Porque os números... Ora, os números falam por si. Explicitada a organização do pensamento, é hora de prosseguir com a análise.

1. Este texto reafirma ideias e posições dos capítulos sobre o assunto apresentados nas coletâneas anteriores. Como os limites do presente ensaio inviabilizam uma exploração mais aprofundada do tema, caso o leitor tenha interesse, poderá neles obter referências adicionais.

1. Tempos, espaços e sujeitos

O público e o privado representam uma questão impregnada de *historicidade*. Se hoje simbolizam um terreno propício para a manifestação dos conflitos que marcaram uma das grandes "dicotomias do mundo contemporâneo" (Bobbio, 1992), eles nem sempre foram marcantes. Nesse caso, pode-se dizer que os conceitos de um e de outro são passíveis de sentidos diversos a depender do recorte no *tempo*. A educação jesuítica ministrada no Brasil colonial, por exemplo, era compreendida como um serviço público. Tanto é que, por todo o longo período de sua permanência no Brasil, as referências à educação pública eram associadas à sua atuação como primeiros educadores da nascente Colônia. A ruptura com tal situação ocorre no contexto da separação entre Estado e Igreja no interior do qual se coloca a questão da laicidade da educação, tema emergente nas reformas pombalinas, cujos contornos se aprofundam com o movimento republicano no apagar das luzes do século XIX. Ainda assim, os limites entre o público e o privado nem sempre são claros e essa é uma questão tanto do passado quanto do presente.

Considerando os múltiplos fios com os quais se tece a história, ao empreender uma análise do público e do privado, é oportuno atentar para o fato de que tais conceitos são refeitos. E nessas metamorfoses, por vezes, corre-se o risco de perder de vista o essencial do debate. Assim, caberia a pergunta: "Em que consiste o nó da questão?". Na vida de todos — indivíduos e coletivos —, existe a esfera do público e do privado e esta é uma noção importante. Tal separação se coloca desde a Grécia Antiga quando se explicita a oposição entre a praça (*ágora*), lugar do coletivo, e a casa (*oikos*), lugar do indivíduo e da família. Aos cidadãos, membros da cidade (*polis*), desde tempos imemoriais, cabia distinguir as fronteiras entre uma e outra esfera, dado que os espaços do público e do privado não se confundiam, ainda que pudessem justapor-se em determinados momentos e circunstâncias. Essa distinção, válida para o passado, mantém seu sentido no presente. Tanto ontem como hoje há que se saber — sempre

— que a casa não é a praça. É preciso, pois, começar por refletir sobre as origens de tal indiferenciação no Brasil.

A história da colonização brasileira é forjada sob o signo da "indistinção entre o público e o privado" (Chaui, 2013, p. 227). Sem meios para a empreitada de ocupação do vasto território, a Coroa portuguesa lança mão da doação, do arrendamento e da venda de suas terras a particulares que "dirigiam senhorialmente seus domínios e dividiam a autoridade burocrática com o estamento burocrático". É dessa "partilha de poder" que se constitui a "forma mesma de realização da política e da organização do aparelho do Estado", onde governantes e parlamentares "reinam". Nasce daí toda sorte de "relações pessoais de favor, clientela e tutela" entre governantes e cidadãos, sob o vicejar da "corrupção sobre os fundos públicos. Do ponto de vista dos direitos, há um encolhimento do espaço público; do ponto de vista dos interesses econômicos, um alargamento do espaço privado" (Idem, p. 228).

Passados tantos séculos, esse traço corruptor da *anima* brasileira se mantém intacto, não sendo outras as origens das manifestações populares de 2013. O gesto de basta contra a corrupção nos mais diversos âmbitos da esfera pública pode até não ser assimilado por políticos, parlamentares e governantes. Seu sentido, porém, é inconfundível aos olhos de quem não teme ver que "o rei está nu". É neste cenário, onde a cada dia parecem surgir novos bailes da Ilha Fiscal, que se tecem os meandros da "indistinção entre o público e o privado" nas mais distintas esferas da vida coletiva.

A educação não foge a essa regra. Importa lembrar que, aqui também, tal permanência suscita uma resistência cidadã indignada cujas raízes estão no passado. Lembremos que, *mutatis mutantis*, não foram muito diferentes os motivos dos pioneiros da Educação Nova, que, em 1932, redigiram seu Manifesto em defesa de uma escola pública, gratuita e laica. Ainda sob os vestígios da celebração dos 80 anos desse movimento completado em 2012, é oportuno assinalar que tal documento é emblemático não apenas de uma época, mas, sobretudo, de uma ideia. Assume, assim, a perspectiva de "monumento", no sentido atribuído por Le Goff[2] e, enquanto tal, expressivo de um momento e das formas como em diferentes *tempos* podem ser veiculadas as ideias e convicções inspiradoras dos movimentos.

Assim como existem *tempos*, há *espaços* específicos por onde os sujeitos desses embates circulam. Alguns desses locais são públicos e, portanto, passíveis de observação; outros, nem tanto, pois é nos bastidores que muitas das ações em favor da indistinção proliferam.

As casas legislativas em suas diferentes expressões, desde as Câmaras Municipais até o Congresso Nacional, estão entre os fóruns onde essa polêmica ganha materialidade. O *locus* deste debate, todavia, não se circunscreve ao Legislativo, mas espraia-se pelos conselhos de educação em seus diversos âmbitos — nacional, estaduais e municipais. Para além desses teatros públicos de ação, há que mencionar outros, nem sempre visíveis a olho nu, onde as negociações se dão: espaços privados. A exemplo de gabinetes e restaurantes, eles são palcos preferenciais por onde se movimentam com desenvoltura tanto poderosos, como assessores e lobistas. É nesse terreno que prosperam as ideias e soluções inventivas de "alargamento do espaço privado" do ponto de vista econômico, em detrimento "do encolhimento do espaço público; do ponto de vista dos direitos", denunciados por Chaui (2013, p. 228).

Observando esses cenários sob a ótica dos "contextos de influência" (Mainardes, 2006, p. 51), é possível perceber a presença de diferentes *sujeitos* históricos em cena. Quem são, afinal, os atores do embate público e do privado? Trata-se de uma polêmica alimentada por uma minoria ou persiste sendo um debate de interesse amplo? Em termos de protagonistas, sem a menor dúvida, o número de interessados nos embates entre o público e o privado é menor do que o de beneficiários dos serviços educacionais. Entre eles estão os formuladores e executores de políticas, os legisladores, as associações científicas, profissionais e sindicais, o empresariado, para citar os

2. Nesta perspectiva "todo documento é um monumento que deve ser desestruturado, desmontado" (Le Goff, 2003, p. 110), de modo a ser compreendido no âmbito de um contexto mais geral onde se insere.

protagonistas mais óbvios. Nos diversos segmentos, ou pelo menos em boa parte deles, é possível encontrar defensores de interesses do público e do privado.

Tendo examinado alguns aspectos relativos aos *tempos*, *espaços* e *sujeitos* desta memorável polêmica, é oportuno prosseguir, direcionando o pensamento para outra dimensão importante ao estudo do público e do privado — a legislação. Esta tem sido uma vertente fecunda para a análise dos movimentos de construção das políticas educacionais no país, como mostram estudos diversos.[3] Nos mesmos termos antes aludidos e referidos ao Manifesto dos Pioneiros, também os instrumentos normativos configuram-se como "monumentos" expressivos de ideologias e épocas. Ilustram nesse sentido tanto expectativas de mudança como de permanência. Ao fazê-lo, constituem manifestações concretas dos projetos em disputa que eventualmente ganham materialidade na legislação e permitem a institucionalização de uns ou outros interesses. Considerando, pois, seu significado para o entendimento das políticas, vale a pena analisar alguns deles.

2. Instrumentos normativos

Ao longo da história, os dispositivos legais sempre foram uma importante dimensão da política educacional brasileira. No caso específico do público e do privado, representam um terreno mapeado pela pesquisa tanto no passado quanto no presente. A memorável polêmica entre católicos e liberais dos anos 1920 e 1930, objeto da arguta análise de Cury (1978), é reeditada nos anos 1940 e 1950 sob novas cores e nuances, sinal de que a indistinção aludida por Chaui é mais profunda e larga do que possam indicar as aparências.

Sem pretender voltar às raízes desse *passado mais remoto*, a reflexão irá ater-se ao *passado mais recente*, concentrando-se, de modo breve e panorâmico, em alguns *flashes* sobre os instrumentos norma-

3. Conferir: Saviani (1987, 1997); Vieira (2008), dentre outros.

tivos produzidos no campo educacional no contexto da redemocratização do país, em que a Constituição de 1988 é um ponto de culminância. Além da LDB, tema obrigatório desta reflexão, outras sinalizações importantes para a educação brasileira estão no Plano Nacional de Educação (PNE) 2001-2010 (Brasil, Lei n. 10.172, de 9 de janeiro de 2001), no Documento da Final da Conferência Nacional da Educação — Conae (2010) e, mais recentemente, nas diferentes versões do novo PNE 2011-2020, ora em tramitação no Congresso Nacional. A reflexão a seguir se detém nos três instrumentos normativos que apresentam dispositivos sobre o tema da presente reflexão: a Constituição de 1988, a LDB e o projeto do PNE 2011-2020.

3. Constituição de 1988

Como em outros momentos do passado, a polêmica do público e do privado permeou os debates da Assembleia Nacional Constituinte que resultou na nova Carta Magna do país, em 1988.[4] Matéria de disputa entre *lobbies* de representantes dos dois setores, sua versão final acaba por traduzir-se em uma conciliação pelo alto, em que o público termina por ceder terreno ao privado.

As primeiras referências ao público e ao privado no capítulo da educação aparecem nos princípios do ensino quando se diz da "liberdade de aprender, ensinar, pesquisar, divulgar o pensamento, a arte e o saber" (art. 206, II). Noutras palavras, há lugar para a presença de uns e outros. É nesse sentido que deve ser compreendido também o princípio que estabelece o "pluralismo de ideias e concepções pedagógicas, e coexistência de instituições públicas e privadas de ensino" (art. 206, III). Finalmente cabe mencionar ainda o princípio da "gratuidade do ensino público nos estabelecimentos oficiais" (art. 206, IV), introduzido no texto da Constituição por força das pressões dos grupos defensores do ensino público e gratuito.

4. As considerações aqui apresentadas sobre a Constituição de 1988 e a LDB, de 1996, retomam a reflexão dos artigos sobre o tema publicados nas coletâneas antes referidas.

Os defensores da educação pública lutaram por inserir no texto constitucional o princípio da destinação exclusiva de recursos públicos ao setor público. Embora aprovado como princípio geral, o texto terminou por admitir que eles pudessem também ser dirigidos a outras modalidades da escola, como é possível perceber nos termos do artigo 213: "os recursos públicos serão destinados às escolas públicas, podendo ser dirigidos a escolas comunitárias, confessionais ou filantrópicas". Na interpretação dos publicistas, tal dispositivo abria a brecha que se desejava evitar: a drenagem de recursos públicos para o setor privado.

Vale mencionar que a Constituição previa algumas salvaguardas à concessão de recursos ao setor privado. Poderiam recebê-los as escolas que comprovassem "finalidade não lucrativa" e aplicassem seus excedentes financeiros em educação, assegurando "a destinação de seu patrimônio a outra escola comunitária, filantrópica ou confessional, ou ao poder público, no caso de encerramento de suas atividades" (art. 213, I e II).

É verdade que, embora tais ressalvas tenham sido definidas em lei, foi mantida a possibilidade de destinar recursos públicos para a concessão de bolsas de estudos, como se vê no parágrafo primeiro do mesmo artigo, o qual define que tais recursos:

> poderão ser destinados a bolsas de estudos para o ensino fundamental e médio na forma da lei, para os que demonstrarem insuficiência de recursos quando houver falta de vagas e cursos regulares da rede pública na localidade da residência do educando, ficando o poder público obrigado a investir prioritariamente na expansão de sua rede na localidade (art. 213, § 1º).

Uma última abertura prevista pela Constituição foi de que os recursos públicos também pudessem ser destinados às "atividades universitárias de pesquisa e extensão" (art. 213, § 2º). Esse dispositivo visava instituir um mecanismo que assegurasse o financiamento público de tais atividades.

Admitindo-se que "ensino é livre à iniciativa privada", são previstas duas condições para o seu funcionamento: "I, cumprimento das normas gerais da educação nacional" e "autorização e avaliação de qualidade pelo poder público" (art. 209, I e II). Em linhas gerais, essas são as disposições constitucionais que situam a questão do público e do privado e estabelecem o quadro a partir do qual se define a LDB, cujas definições relativas ao tema serão apresentadas a seguir.

4. LDB/1996

No âmbito da sociedade civil organizada, o debate sobre a nova LDB se iniciou antes mesmo da promulgação da Constituição de 1988. No Congresso Nacional, o primeiro projeto da LDB surgiu em 1988, tendo sido aprovado, após sucessivos turnos de votação na Câmara, em junho de 1990. Além desse projeto, houve outros, tanto na Câmara como no Senado (Vieira, 2008, p. 83-84). O texto aprovado, traduzido na Lei n. 9.394/1996, foi o do Senado, com suporte decisivo do governo federal.

Um exame dos artigos que tratam do público e do privado na LDB mostra que a lei está em sintonia com a Constituição de 1988 e incorpora seus principais dispositivos sobre a matéria, em alguns casos repetindo o texto constitucional. A LDB reitera os princípios da "coexistência de instituições públicas e privadas de ensino" (art. 3º, V), nos mesmos termos da Constituição. Do mesmo modo, estabelece que o ensino é livre à iniciativa privada, atendidas determinadas condições, mencionadas a seguir: "cumprimento das normas gerais da educação nacional e do respectivo sistema de ensino" e a "autorização de funcionamento e avaliação de qualidade pelo poder público" (art. 7º, I e III).

Em sintonia com o primeiro projeto da Câmara, a Lei n. 9.394/1996 delimita a natureza das instituições de ensino ao classificá-las em duas categorias administrativas: as públicas, "assim entendidas as criadas ou incorporadas, mantidas e administradas pelo poder público" e as privadas, que constituem as "mantidas ou administradas por pessoas físicas ou jurídicas de direito privado" (art. 19, I e II). As instituições privadas se enquadram em "particulares em sentido estrito, comunitárias, confessionais e filantrópicas" (art. 20, I-IV). É interessante observar os termos em que essas categorias são definidas:

> I. particulares em sentido estrito, assim entendidas as que são instituídas e mantidas por uma ou mais pessoas físicas ou jurídicas de direito privado que não apresentem características dos incisos abaixo;
> II. comunitárias, assim entendidas as que são instituídas por grupos de pessoas físicas, inclusive cooperativas de professores e alunos que incluam na sua entidade mantenedores representantes da comunidade;
> III. confessionais, assim entendidas as que são instituídas por grupos de pessoas físicas ou por uma ou mais pessoas jurídicas que entendem a orientação confessional e ideologia específicas e ao disposto no inciso anterior;
> IV. filantrópicas, na forma de lei (art. 20).

É preciso lembrar que, em conformidade com os dispositivos constitucionais, a LDB abre a possibilidade de os recursos públicos serem dirigidos a escolas comunitárias, confessionais e filantrópicas (art. 77, I a IV, e §§ 1º e 2º). O confronto entre os artigos 20 e 77 permite constatar que a abertura à concessão de recursos públicos ao ensino privado é bastante elástica. No limite, qualquer instituição é passível de receber recursos. Parecem por demais ambíguas e maleáveis as definições de comunitário e confessional, escapando o filantrópico a qualquer controle mais rígido.

É importante mencionar que, ao lado da "maleabilidade" mencionada no parágrafo anterior, a LDB inclui a "capacidade de autofinanciamento" como uma condição de iniciativa privada, "ressalvado o previsto no artigo 213 da Constituição Federal" (art. 7º, III). Aqui cabe observar que a LDB nada mais faz do que reiterar algo já definido pela Constituição. Assim, o texto estabelece as situações em que as escolas comunitárias, confessionais e filantrópicas podem receber recursos públicos (art. 77, I a IV) mediante as exigências que:

> I. comprovem finalidade não lucrativa e não distribuam resultados, dividendos, bonificações, participações ou parcelas de seu patrimônio sob nenhuma forma ou pretexto;

II. apliquem seus excedentes financeiros em educação;

III. assegurem a destinação de seu patrimônio a outra escola comunitária, filantrópica ou confessional, ou ao Poder Público, no caso de encerramento de suas atividades;

IV. prestem contas ao poder público dos recursos recebidos.

Admite-se também a concessão de recursos "destinados a bolsas de estudos para a educação básica" para aqueles que possam demonstrar "insuficiência de recursos, quando houver falta de vagas e cursos regulares na rede pública de domicílio do educando". Mesmo assim, fica o poder público obrigado a expandir sua rede para absorver tais alunos (art. 77, § 1º).

Como já estabelecera a Constituição, "as atividades universitárias de pesquisa e extensão poderão receber apoio financeiro do poder público, inclusive mediante bolsas de estudo" (art. 77, § 2º). Se lembrarmos os termos do artigo 213, § 2º, da Constituição, que dispôs sobre a matéria, constataremos que houve aqui um acréscimo que não foi casual e representou mecanismo para beneficiar o ensino superior privado, por meio da concessão de bolsas para pesquisa e extensão.

Tendo examinado os dispositivos que tratam do público e do privado na nova LDB, é oportuno observar que depois de sua aprovação ocorreu certo arrefecimento nos embates públicos sobre o tema. O contexto brasileiro já não era o mesmo dos anos da chamada Abertura. A privatização — marca decisiva da chegada de Fernando Collor ao poder — tem continuidade nos governos subsequentes, ganhando força e legitimidade institucional. Se há um relativo refluxo no debate, não se pode dizer que as forças em disputa tivessem arrefecido plenamente seus ânimos. Com apoio do setor público, a educação privada superior conquistou espaço sem precedentes na oferta de vagas. E tudo isso ocorreu sob o beneplácito da sociedade. Talvez faça sentido afirmar que o embate tenha se travado em outros fóruns e, nesse cenário, os instrumentos normativos não se configuraram como foco central de atenção.

5. PNE 2001-2010 e Conae/2010: uma trégua no embate?

Depois da LDB/1996, conforme antes referido, outros momentos de mobilização em torno de instrumentos normativos ocorreram. No governo Fernando Henrique Cardoso (1995-2002), o debate sobre o PNE 2001-2010 transcorre de forma nem sempre amena, uma vez que governo e sociedade civil colocam-se em trincheiras distintas.[5] Com a ascensão de Lula ao poder (2003-2010), a relação entre as organizações do campo educacional e o governo é de natureza menos conflitiva. A ideia de um grande fórum nacional para a manifestação das bases, buscada por associações de educadores que se opunham politicamente ao governo Fernando Henrique Cardoso, por meio dos Congressos Nacionais de Educação (Coned), é abraçada pelo Ministério da Educação.

Em 2008, ocorre a Conferência Nacional de Educação Básica (Coneb), quando o governo federal assume o compromisso institucional de organizar um grande debate nacional sobre o PNE, cuja culminância nacional viria a ser a Conferência Nacional de Educação (Conae), realizada de 28 de março a 1º de abril de 2010.[6]

Produzidos em diferentes momentos no tempo, os documentos resultantes desses dois processos de mobilização — PNE 2001-2010 e Conae/2010 — silenciam sobre o objeto de atenção deste ensaio. O PNE 2001-2010 só trata do público e do privado ao referir oferta de matrículas, o que ocorre em várias de suas passagens. Entretanto, quando são mencionados dados sobre o tema, em nenhum momento se contrapõe o significado da evolução em uma ou outra rede. O documento final da Conae, por sua vez, contém apenas uma breve

---

5. A esse respeito conferir a análise de Beisiegel (1999) sobre os dois projetos então encaminhados ao Congresso Nacional: um, do governo federal, e outro de educadores de oposição, em documento aprovado no II Congresso Nacional de Educação (Coned), realizado em Belo Horizonte, em 1997.

6. Para uma descrição e análise do significado histórico da Conae, conferir seu Documento Final (Brasil, MEC/SE, 2010), publicação de 164 páginas, reunindo as principais propostas apresentadas e aprovadas no evento.

referência ao tema ao discutir o controle do Estado.[7] O que explicaria este silêncio? Seria outro o *timing* do debate? Talvez. Fato é que as defesas, antes apaixonadas do público, não logram êxito em se fazer presentes nos textos como ocorrera em relação à Constituição de 1988 e à LDB de 1996. Essa discussão, contudo, reaparece no horizonte da discussão do PNE 2011-2020 e protagoniza nova disputa política reeditando a polêmica entre o público e o privado. O próximo tópico apresenta uma breve síntese da evolução desse embate quando o projeto chega ao Congresso.

6. PNE 2011-2020: prioridade adiada

As contribuições da Conae ofereceram matéria substantiva para a elaboração do PNE do governo Lula, muitas das quais incorporadas ao Projeto de Lei (PL) n. 8.035/2010 (BRASIL, 2011), encaminhadas pelo Executivo ao Congresso Nacional, em dezembro de 2010. Como costuma ocorrer na esfera do Legislativo, a tramitação do projeto foi mais lenta do que uma expectativa otimista levaria a supor. Entre debates, emendas e alterações, o texto demorou quase dois anos para ser aprovado na Comissão de Educação da Câmara dos Deputados, em outubro de 2012.[8] Depois disso, seguiu para o Senado onde o Substitutivo do Relator foi votado pela Comissão de Assuntos Econômicos (CAE), em final de maio de 2013.

---

7. Para mais informações, conferir: Eixo I: Papel do Estado na Garantia do Direito à Educação de Qualidade: Organização e Regulação da Educação Nacional (Brasil, MEC, 2010, p. 30-31).

8. Ver: "Câmara conclui votação do PNE, que amplia recursos da Educação". *Câmara Notícias*, 16 out. 2012. Disponível em: <www2.camara.leg.br/camaranoticias/noticias/EDUCACAO-E-CULTURA/427976-CAMARA-CONCLUI-VOTACAO-DO-PNE,-QUE-AMPLIA-RECURSOS-DA-EDUCACAO.html>. Acesso em: 26 mar. 2013. Conferir também: MEC. FNE. PNE aprovado na Câmara prevê 10% do PIB em educação até 2023. Disponível em: <http://fne.mec.gov.br/index.php/noticias/127-pne-aprovado-na-camara-preve-10-do-pib-em-educacao-ate-2023e26 mar. 2013>. Acesso em 1 dez. 2013.

A polêmica entre o público e o privado, outra vez, é reeditada justamente no ponto nevrálgico da destinação dos recursos públicos para a educação, como ocorreu na Constituição de 1988. O Quadro I permite comparar os termos das três versões da Meta 20, que trata do tema:

QUADRO I

Projetos PNE — 2011/2020

Projeto de Lei n. 8.035, de 2010	Projeto de Lei da Câmara n. 103, de 2012	Substitutivo aprovado pela CAE em 28/5/2013
Meta 20: Ampliar progressivamente o investimento público em educação até atingir, no mínimo, o patamar de 7% do Produto Interno Bruto do País.	**Meta 20:** Ampliar o investimento público em educação pública de forma a atingir, no mínimo, o patamar de 7% do Produto Interno Bruto (PIB) do País no quinto ano de vigência desta Lei e, no mínimo, o equivalente a 10% do PIB ao final do decênio.	**Meta 20:** Ampliar o investimento público em educação de forma a atingir, no mínimo, o patamar de 7% do Produto Interno Bruto (PIB) do País no quinto ano de vigência desta Lei e, no mínimo, o equivalente a 10% do PIB ao final do decênio.
20.1: Garantir fonte de financiamento permanente e sustentável para todas as etapas e modalidades da educação pública.	**20.1:** Garantir fontes de financiamento permanentes e sustentáveis para todos os níveis, etapas e modalidades da educação básica, observando-se as políticas de colaboração entre os entes federados, em especial as decorrentes do art. 60 do Ato das Disposições Constitucionais Transitórias e do § 1º do art. 75 da Lei n. 9.394, de 20 de dezembro de 1996, que trata da capacidade de atendimento e do esforço fiscal de cada ente federado, com vistas a atender suas demandas educacionais à luz do padrão de qualidade nacional.	**20.1:** Garantir fontes de financiamento permanentes e sustentáveis para todos os níveis, etapas e modalidades da educação básica, observando-se as políticas de colaboração entre os entes federados, em especial as decorrentes do art. 60 do Ato das Disposições Constitucionais Transitórias e do § 1º do art. 75 da Lei n. 9.394, de 20 de dezembro de 1996, que trata da capacidade de atendimento e do esforço fiscal de cada ente federado, com vistas a atender suas demandas educacionais à luz do padrão de qualidade nacional.

Sem aprofundar os "contextos de influência" sob os quais foram produzidas as diferentes versões do projeto do PNE, é simples constatar que, no caso da Meta 20, a versão encaminhada pelo Executivo ao Congresso Nacional, em dezembro de 2010, e aquela aprovada no Senado, em maio de 2013, coincidem na previsão de aumento do investimento público em educação sem diferenciação entre os destinatários que podem ser agentes públicos ou privados. O texto aprovado na Câmara, por sua vez, explicita a exclusividade da destinação do investimento público para a educação pública. Tais diferenças explicitam a força dos sujeitos políticos e econômicos em disputa, em que a ausência da expressão "educação pública" evidencia a presença da educação privada.

Antes de finalizar a análise dos dispositivos do PNE, uma observação é oportuna. Se no enunciado principal da Meta 20 há clareza de posições sobre a destinação de recursos, ao se colocar a questão das "fontes de financiamento permanentes e sustentáveis" (Meta 20.1), essa diferença se dilui. Aqui, a posição do texto encaminhado pelo Executivo é uma e a da Câmara dos Deputados e do Senado, outra. Se em algum lugar ficaram diferenças entre os beneficiários das verbas públicas, não foi no texto.

Para concluir este tópico, cabe lembrar que não se pode prever por quanto tempo o PNE ainda irá tramitar até sua votação final e aprovação pelo(a) Presidente da República. O vazio gerado pelo descompasso entre o envio do projeto pelo Executivo ao Congresso Nacional e o momento da elaboração deste texto (novembro/2013) é inegável. Tal processo não difere de outros momentos similares e memoráveis da história da legislação educacional brasileira, sempre sujeita a avanços e recuos. Os emperramentos ao fluxo dos acontecimentos sinalizam um descaso para com o que seria um projeto de futuro para a educação brasileira. A energia gerada pela contribuição de tantas forças vivas acaba por ceder lugar a um clima de frustração motivado pela incerteza do que virá.

Se os instrumentos normativos são elementos importantes da constituição da política educacional, outros de seus componentes contribuem para visualizá-la de forma concreta. É o caso dos dados de crescimento do sistema educacional, expressão material da complexa relação entre o público e o privado. Para perceber esse movimento, o próximo tópico aprofundará alguns indicadores de expansão por dependência administrativa. Tal procedimento contribuirá para verificar as tendências dos dois segmentos entre 1995, ano imediatamente anterior à promulgação da LDB, e 2011, ano relativo aos dados mais recentes sobre o assunto.

7. Indicadores de expansão

A aprovação da Lei n. 9.394/1996 confunde-se com um momento de universalização da oferta de ensino fundamental e de grande expansão das taxas de atendimento no ensino médio e no Ensino Superior no país. Importante não esquecer a ocorrência de uma significativa mudança demográfica nesse contexto: a redução da taxa de crescimento da população em idade escolar em todas as etapas da educação básica. Por isso mesmo, a observação dos números do crescimento da oferta no intervalo de dezesseis anos deve considerar valores absolutos e relativos. O Quadro II mostra os números gerais do fenômeno em questão.

Embora os limites deste artigo não permitam explorar todas as possibilidades de análise desses números, alguns aspectos merecem registro. Em sintonia com a observação relativa ao crescimento demográfico, percebe-se que, a despeito do considerável período de tempo, há uma queda nos valores absolutos das matrículas no ensino fundamental. Isso não ocorre nas demais etapas da educação básica em virtude do histórico *deficit* de atendimento.

Retomando o tema central da análise, vários são os aspectos interessantes a observar em termos da relação entre o público e o privado, o que será feito mediante um rápido exame dos dados por etapas de atendimento.

QUADRO II

Matrículas por Dependência Administrativa (1995-2011)

	Educação Infantil		Ensino Fundamental		Ensino Médio		Ensino Superior	
Ano	**Público**	**Privado**	**Público**	**Privado**	**Público**	**Privado**	**Público**	**Privado**
1995	4.366.859	1.382.375	28.870.418	3.798.320	4.210.346	1.164.485	700.540	1.059.163
%	76,0%	24,0%	88,4%	11,6%	78,3%	21,7%	39,8%	60,2%
2000	3.914.411	1.423.785	32.528.707	3.189.241	7.039.529	1.153.419	887.026	1.807.219
%	73,3%	26,7%	91,1%	8,9%	85,9%	14,1%	32,9%	67,1%
2005	5.156.467	2.048.546	30.157.792	3.376.769	7.933.713	1.097.589	1.192.189	3.260.967
%	71,6%	28,4%	89,9%	10,1%	87,8%	12,2%	26,8%	73,2%
2007	4.948.390	1.561.478	28.928.605	3.193.668	7.472.301	897.068	1.240.968	3.639.413
%	76,0%	24,0%	90,1%	9,9%	89,3%	10,7%	25,4%	74,6%
2009	4.988.516	1.774.115	27.927.139	3.778.389	7.364.153	973.007	1.351.168	3.764.728
%	73,8%	26,2%	88,1%	11,9%	88,3%	11,7%	26,4%	73,6%
2011	5.012.545	1.958.508	26.256.179	4.102.461	7.378.660	1.022.029	1.773.315	4.966.374
%	71,9%	28,1%	86,5%	13,5%	87,8%	12,2%	26,3%	73,7%

8. Educação infantil

O Gráfico 1 apresenta dados relativos à educação infantil:

GRÁFICO 1. Matrículas Educação Infantil — Brasil (1995-2011)

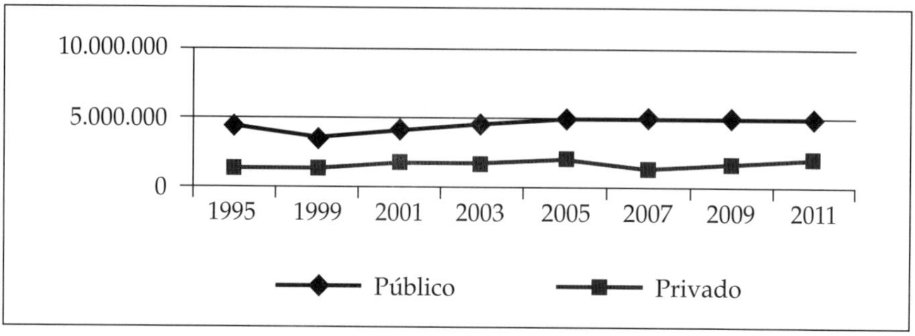

Os dados sobre a educação infantil mostram a predominante presença do setor público nesse segmento da educação básica. Há uma tendência de crescimento dessa participação até 2005, quando ocorre uma reversão indicando não apenas estabilização, mas ligeiro decréscimo. Note-se que, em 1995, 76% (4.366.859) das matrículas estavam no setor público e 24% (1.382.375) no privado; em 2011, esses números são respectivamente 71,9% (5.012.545) e 28,1% (1.958.508), sendo que a matrícula no setor privado vem aumentando mais rapidamente que no setor público.

9. Ensino fundamental

A redução na oferta é fenômeno visível a olho nu no ensino fundamental, cuja evolução do crescimento é apresentada no Gráfico 2. Em 1995, as matrículas na rede pública correspondiam a 28.870.418 (88,4%) e, na rede privada, a 3.798.320 (11,6%); em 2011, os números caem para 26.256.179 (86,5%) e 4.102.461 (13,5%) respectivamente. Nesta etapa de ensino, além do comportamento demográfico da população na faixa etária correspondente, destaca-se o aumento percentual da rede privada na matrícula total, especialmente a partir de 2007.

GRÁFICO 2. Matrículas Ensino Fundamental — Brasil (1995-2011)

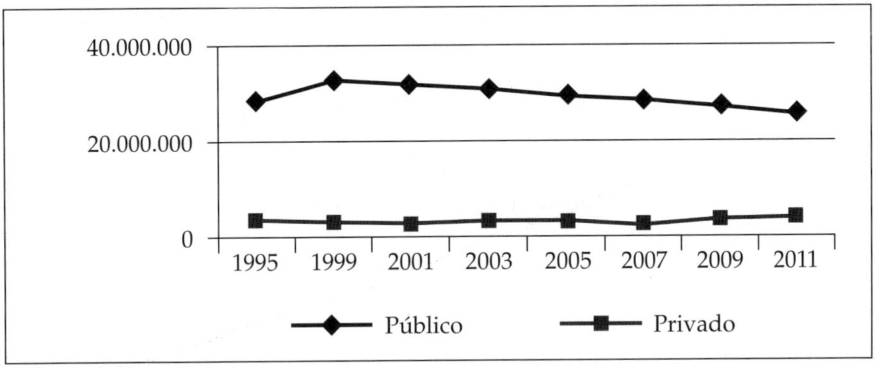

Impossível negar uma preocupação com o evidente significado dos dados apresentados no Gráfico 2: de um lado, o decréscimo absoluto da oferta; de outro, a redução na participação do setor público nela. O ano de maior otimismo em dupla direção em termos estatísticos é 2000 quando se tem as maiores taxas de matrícula de toda a década e a maior participação do setor público que chegou a contar com 91,1% (32.528.707), enquanto o privado tinha 8,9% (3.189.241).

10. Ensino médio

Os dados sobre o ensino médio no período considerado são um tanto mais animadores, embora não de todo isentos de preocupação.

Eles indicam aumento do número absoluto de matrículas e redução na participação do setor privado. O Gráfico 3 permite visualizar essa tendência.

GRÁFICO 3. Matrículas Ensino Médio — Brasil (1995-2011)

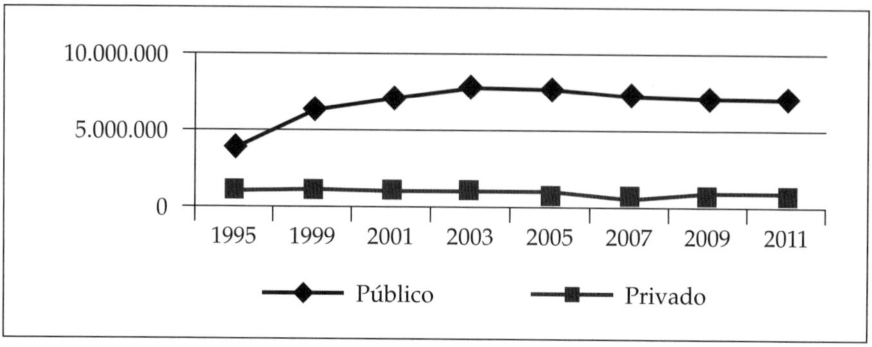

Em 1995, o ensino médio público concentrava 4.210.346 de matrículas, contrapondo-se a uma oferta de 1.164.485 no setor privado, o que significava 78,3% e 21,7%, respectivamente. Em 2011, os números absolutos quase dobraram chegando a 7.378.660 no setor público e 1.022.029 no setor privado, com uma participação de 87,8% e 12,2%. Embora o Gráfico 3 possa não deixar visível, um olhar sobre os números permite perceber uma leve mudança de tendência de queda no percentual da oferta do setor público. Tendo atingido um percentual de 89,3% das matrículas em 2005, esse valor se reduz para 88,3% em 2007 e para 87,8% em 2009, o que pode significar uma reversão no movimento aparentemente esboçado de aumento da participação do público.

11. Ensino Superior

No Ensino Superior, desde há muito tempo, mantém-se a tendência da presença cada vez maior da rede privada na oferta de vagas.

O Gráfico 4 não deixa margem a dúvidas. Apenas no período considerado, a rede pública cresceu 153% e a rede privada, 369%.

GRÁFICO 4. Ensino Superior — Brasil (1995-2011)

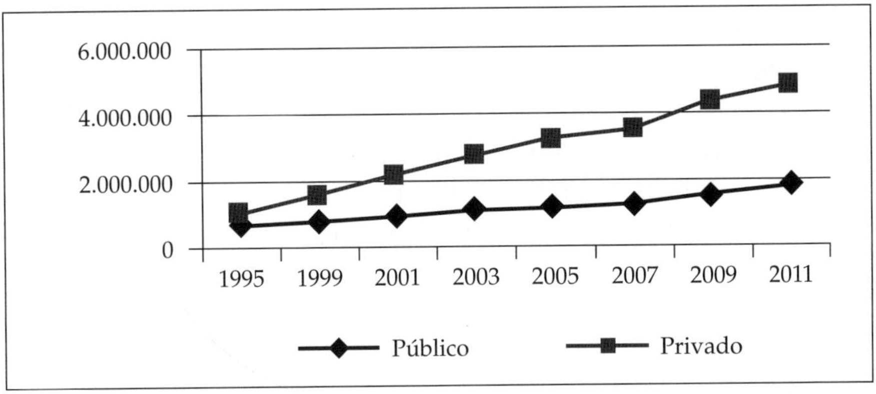

O aumento de vagas nesse nível de ensino foi proporcionalmente muito maior que em qualquer etapa da educação básica. Apesar do crescimento considerável, de 700.540 matrículas, em 1995, para 1.773.315, em 2011, em termos percentuais, isso significou uma redução da oferta pública de 39,8% para 26,3% no período considerado. A presença privada, por sua vez, saltou de 1.059.163 vagas para 4.966.374 de 1995 para 2011, com um aumento de 60,2% para 73,7%.

Esta breve e panorâmica apreciação dos dados sobre a oferta de educação pública e privada confirma a tendência de "publicização da educação básica e privatização da educação superior" já indicada em *LDB Dez anos depois* (Vieira, 2008, p. 93). Entretanto, há novos elementos em cena a considerar: o aprofundamento da presença do setor privado no Ensino Superior e o que pode estar se configurando como o início de retomada desse mesmo setor na educação básica, movimento já perceptível nos números de todas as etapas desse nível de ensino.

12. Para finalizar

Diante dos limites impostos a um ensaio breve como este, optou-se por abordar duas dimensões da política educacional ilustrativas da (in)distinção entre o público e o privado: os instrumentos normativos e os indicadores de expansão. O assunto, cuja configuração se tornou muito mais complexa no intervalo considerado, por certo, não se esgota aqui.

As novas interfaces entre o público e o privado são de diversas ordens e impõem um olhar atento não apenas sobre os aspectos discutidos nesta aproximação, como em outros. O campo de atuação do setor privado ampliou-se consideravelmente nesses dezessete anos que separam a promulgação da LDB do presente. À oferta em estabelecimentos oficiais, mantidos pelo poder público, vieram se somar novas formas de oferta privada. Dois exemplos ilustrativos e extremos são emblemáticos desse novo desenho do campo. Um deles é representado pelas pequenas associações comunitárias, as quais respondem por boa parte da oferta de educação infantil. Outro é a expressão dos grandes conglomerados responsáveis pelo segmento do ensino superior privado de empresas de capital aberto,[9] que têm criado desenhos institucionais insuspeitáveis em passado relativamente recente.

Convivem com essas situações modalidades tradicionais de ensino não aprofundadas neste estudo, a exemplo da educação profissional que tem no chamado "Sistema S" (Sesc, Sesi, Senai e Senac) importante base de sustentação e forte apoio de financiamento público. Também merecem atenção neste cenário formas antigas e recentes de financiamento de apoio público ao setor superior privado, caso do sistema de bolsas de estudos por meio de programas do governo

---

9. Exemplo deste novo arranjo econômico foi a fusão entre os conglomerados Kroton e Anhanguera, que resultou na criação do maior grupo de educação do mundo. Juntas as "empresas terão cerca de um milhão de alunos e valor de mercado de R$ 12 bilhões". Disponível em: <http://economia.ig.com.br/mercados/2013-04-22/kroton-e-anhanguera-educacional-firmam-acordo-de-associacao-e-acoes-disparam.html>. Acesso em: 17 nov. 2013.

federal,[10] importante esteio no crescimento da educação superior privada. Outra dimensão pouco visível da presença do privado no público são os chamados "sistemas apostilados de ensino" (ADRIÃO et al., 2009). Também merece registro a presença de grandes editoras internacionais que ocuparam o mercado brasileiro ao longo desse espaço de tempo em busca de recursos do maior programa editorial do mundo — o Programa Nacional do Livro Didático (PNLD). Sem dúvida há diversos outros exemplos da ampliação da presença do setor privado no campo educacional, sendo as referências aqui feitas apenas uma ilustração da complexidade do tema no contexto atual, cuja pesquisa contemporânea está a mapear.

Um mergulho de poucas páginas neste complexo universo pode fazer parecer que a construção dessa clássica dicotomia se passou num piscar de olhos. É oportuno lembrar, porém, que o *tempo* de construção dos contornos do público e do privado tal como hoje se apresentam foi e permanece sendo de *longa duração*. As sementes foram lançadas com o gesto colonizador sobre o gentio e os brotos cresceram sob o sol da indistinção entre um e outro ao longo da história.

Referências

ADRIÃO, Theresa et al. Uma modalidade peculiar de privatização da educação pública: a aquisição de sistemas de ensino por municípios paulistas. *Educação & Sociedade*, Campinas,v. 30 n. 108, p. 799-818, out. 2009. Disponível em: <www.scielo.br/pdf/es/v30n108/a0930108.pdf>. Acesso em: 17 nov. 2013.

BEISIEGEL, Celso de Rui. O plano nacional de Educação. *Cadernos de Pesquisa*, São Paulo, n. 106, p. 217-231, mar. 1999.

10. As duas principais iniciativas governamentais neste sentido são: o Programa Universidade para Todos (PROUNI) e o Fundo de Financiamento Estudantil (FIES). Para mais informações, ver: <http://prouniportal.mec.gov.br/index.php?option=com_content&view=article&id=124&Itemid=140> e <http://portal.mec.gov.br/index.php? option=com_content&view=article&id=198&Itemid=303>. Acesso em: 17 nov. 2013.

BOBBIO, Norberto. *Estado, governo, sociedade*: para uma teoria geral da política. 2. ed. Rio de Janeiro: Paz e Terra, 1992.

BRASIL. Câmara dos Deputados. Projeto de Lei do Plano Nacional de Educação (PNE — 2011-2020). Projeto em tramitação no Congresso Nacional — PL n. 8.035/2010. *Edições Câmara*, 2011. Disponível em: <http://bd.camara.gov.br/bd/bitstream/handle/bdcamara/5826/projeto_pne_2011_2020.pdf?sequence=1>. Acesso em: 17 nov. 2013.

______. Ministério da Educação. Projeto de Lei n. 8.035/2010. Aprova o Plano Nacional de Educação para o decênio 2011-2020, e dá outras providências. Dez. 2010. Disponível em: <www.camara.gov.br/sileg/integras/831421.pdf>. Acesso em: 17 nov. 2013.

______. Conferência Nacional de Educação (Conae). Documento Final. Brasília, 28 mar.-1º abr. 2010. Disponível em: <http://conae.mec.gov.br/images/stories/pdf/pdf/documetos/documento_final_sl.pdf>. Acesso em: 12 nov. 2013.

______. Presidência da República. Casa Civil. Subchefia para Assuntos Jurídicos. *Constituição da República Federativa do Brasil de 1988*. Disponível em: <www.planalto.gov.br/ccivil_03/constituicao/constituicao.htm>. Acesso em: 12 nov. 2013.

______. Lei n. 9.394, de 20 de dezembro de 1996. Estabelece as diretrizes e bases da educação nacional. Disponível em: <www.planalto.gov.br/ccivil_03/leis/l9394.htm>. Acesso em: 13 nov. 2013.

______. Lei n. 10.172, de 9 de janeiro de 2001. Aprova o Plano Nacional de Educação e dá outras providências. Disponível em: <www.planalto.gov.br/ccivil_03/leis/leis_2001/l10172.htm>. Acesso em: 13 nov. 2013.

______. Senado Federal. Projeto de Lei da Câmara n. 103, de 2012 (PL n. 8.035/2010 na Casa de origem) (de iniciativa da Presidência da República). Aprova o Plano Nacional da Educação (PNE) e dá outras providencias. Disponível em: <www.senado.gov.br/atividade/materia/getPDF.asp?t=115871&tp=1>. Acesso em: 2 dez. 2013.

BRZEZINSKI, Iria (Org.). *LDB interpretada*: diversos olhares se entrecruzam. São Paulo: Cortez, 1997.

______. *LDB dez anos depois*: reinterpretação sob diversos olhares. 2. ed. São Paulo: Cortez, 2008.

CHAUI, Marilena. *Manifestações ideológicas do autoritarismo brasileiro*. Belo Horizonte: Autentica; São Paulo: Fundação Perseu Abramo, 2013.

CURY, Carlos Roberto Jamil. *Ideologia e educação brasileira*: católicos e liberais. São Paulo: Cortez e Moraes, 1978.

LE GOFF, Jacques. *História e memória*. 5. ed. Campinas: Ed. da Unicamp, 2003.

MAINARDES, Jefferson. Abordagem do ciclo de políticas: uma contribuição para a análise de políticas educacionais. *Educação & Sociedade*, Campinas, v. 27, n. 94, jan./abr. 2006. Disponível em: <www.scielo.br/pdf/es/v27n94/a03v27n94.pdf>. Acesso em: 17 nov. 2013.

PIMENTEL, José. Projeto de Lei do Plano Nacional de Educação (Substitutivo do Relator Sen. José Pimentel. Maio 2013. Disponível em: <www.josepimentel.com.br/texto-final-do-pne-aprovado-na-cae-no-dia-28052013>. Acesso em: 17 nov. 2013.

SAVIANI, Dermeval. *Política e educação no Brasil*: o papel do Congresso Nacional na legislação do ensino. São Paulo: Cortez, 1987.

______. *A nova lei da educação*: trajetória, limites e perspectivas. Campinas: Autores Associados, 1997.

VIEIRA, Sofia Lerche. *Desejos de reforma*: legislação educacional no Brasil Império e República. Brasília: Líber Livro, 2008.

______. O público e o privado nas tramas da LDB. In: BRZEZINSKI, Iria (Org.). *LDB interpretada*: diversos olhares se entrecruzam. São Paulo: Cortez, 1997. p. 65-81.

______. O público e o privado na educação: cenários pós LDB. In: BRZEZINSKI, Iria (Org.). *LDB dez anos depois*: reinterpretação sob diversos olhares. 2. ed. São Paulo: Cortez, 2008. p. 77-98.

4 Formação de profissionais da Educação e mudanças da LDB/1996: dilemas e desafios? Contradições e compromissos?

Iria Brzezinski

1. Contexto introdutório

Neste capítulo, o propósito é buscar a sintonia da temática *formação de profissionais da educação* com as mudanças pelas quais passou a Lei n.9.394, promulgada em 20 de dezembro de 1996.

Instigada pelo interesse de colocar em evidência as mudanças da Lei no período de 1997 a 2013, intento discutir a contraposição entre dilemas e desafios, contradições e compromissos concernentes às políticas de formação de profissionais da educação.

Dermeval Saviani explica o significado do termo *dilema*, com apoio na etimologia. É uma palavra de origem grega que "tem o sentido de 'premissa dupla', o que levou, também, ao sentido de uma argumentação com duas conclusões contraditórias igualmente possíveis" (SAVIANI, 2007, p. 134). Com os ensinamentos do autor, passei a entender que os dilemas dispõem homens e mulheres, em determinado momento e espaço históricos, à necessidade de escolha entre duas saídas contraditórias, mas logicamente possíveis. A depender de como se posicione o sujeito da ação perante o dilema "de um e de outro lado", existirão argumentações plausíveis de solução, no entanto, a tomada de decisão é emblemática. É muito difícil optar quando há dois caminhos íngremes, porém, viáveis.

Os desafios consistem em movimentos que encorajam sujeitos e grupos organizados da sociedade a fazer algo que demonstre ir além das possibilidades concretas circunstanciadas a determinado espaço-tempo. É ousadia. Tal entendimento sustenta a ideia de que dilemas precedem desafios, os quais, por sua vez, são movidos por aqueles. Os desafios sinalizam a projeção de utopias, alargando horizontes para uma concretização futura.

Contradição é categoria essencial da dialética. Está presente na realidade objetiva fundamentada nas leis da unidade e na luta dos contrários. A trajetória evolutiva da contradição se manifesta pela reflexão sobre o movimento do real, sobre a dinâmica interna dos elementos que são negados pelo seu contrário, que é negado e superado por novos elementos, em uma sequência de afirmação, negação e superação com qualidade.

Compromisso refere-se a um acordo político, pacto, como consta em *Houaiss* (2009). Trata-se de uma promessa que gera uma obrigação "assumida por uma ou diversas partes". Já para Lalande, compromisso, comprometimento, engajamento, engajado são

> termos da linguagem corrente tornados muito usuais em filosofia há alguns anos, no sentido de que se diz de um homem que ele tem um compromisso com um assunto, um empreendimento, um partido. Um 'pensamento engajado' é, por um lado, aquele que leva a sério as consequências morais e sociais que ele implica e, por outro, aquele que reconhece a obrigação de ser fiel ao projeto (o mais das vezes coletivo) de que ele precedentemente adotou o princípio. (Lalande, 1999, p. 176-177)

No tocante a *compromisso*, é pertinente relembrar que, quando da tramitação no Congresso Nacional do Projeto de Lei de Diretrizes e

Bases da Educação Nacional, *compromisso político*, para o Fórum Nacional em Defesa da Escola Pública na LDB (FNDEP)[1], consistia em ocupar os mais diferentes espaços públicos, democráticos ou não, com manifestações em defesa da escola pública, laica, gratuita em todos os níveis e todas as modalidades para todos os brasileiros, acesso garantido e permanência bem-sucedida com qualidade social da educação.

Até os dias atuais, em tempos de tramitação no Congresso Nacional do Plano Nacional de Educação (PNE)[2] e de intensa mobilização dos educadores para a realização da Conferência Nacional de Educação/2014, esse *compromisso político* reverbera um "pensamento engajado", que é fortalecido no "Princípio I — Educação como direito de todos e dever do Estado", da Declaração de Princípios, Objetivos e Ações (FNEDP, 2011, p. 1).

No que tange ao *compromisso político* com a formação e valorização dos profissionais da educação, as entidades de estudos e pesquisas em educação,[3] assumiram a defesa de que a formação inicial de professores deve ser feita na Universidade, lugar "[...] das ideias de

---

1. Espaço constituído pelas entidades nacionais de educação para debates, ações e formulação de propostas para a educação nacional. A origem do fórum foi o movimento, ancorado nas Conferências Brasileiras da Educação (CBE), desde 1980, compreendidas como projeto de participação no processo de redemocratização da sociedade brasileira, de reorganização do campo da educação, de análise e formulação de políticas públicas da educação, tendo em vista a construção de um projeto para a educação nacional. Na Declaração de Princípios do FNDEP (2011, p. 1), sua identidade foi reavivada: "constitui-se em uma articulação de entidades e movimentos sociais organizados da sociedade brasileira, com representação nacional, que, partilhando princípios, valores, concepções e ideais, buscam defender, de forma autônoma e independente, a educação pública, estatal, gratuita, democrática, laica e de qualidade social, para todos os cidadãos e cidadãs brasileiros(as)".

2. Denominado PL n. 8.035/2010 na Câmara de Deputados e PLC n.103/2012 no Senado Federal.

3. Tais entidades, assim identificadas desde a Conferência Nacional da Educação/2010, nos documentos do Fórum Nacional da Educação (FNE), comungam princípios e desenvolvem ações conjuntas mantendo uma organização em rede. São elas: Associação Nacional pela Formação dos Profissionais da Educação (Anfope), Associação Nacional de Pós-graduação e Pesquisa em Educação (Anped); Associação Nacional de Políticas e Administração da Educação (Anpae); Centro de Estudos Educação & Sociedade (Cedes); e Fórum Nacional de Diretores de Faculdades, Centros de Educação ou equivalentes das Universidades Públicas Brasileiras (Forumdir).

formação, reflexão, criação e crítica [lugar que] tornou-se também uma instituição social inseparável da ideia de democracia e de democratização do saber [...]" (CHAUI, 1999).

Os compromissos anteriormente destacados estão inscritos na Declaração do Fórum: "IX — Garantia de formação inicial presencial e de oportunidades sistemáticas de formação continuada para os profissionais da educação; X — Valorização dos profissionais da educação por meio de ingresso na carreira por concurso público, planos de carreira, piso salarial profissional e condições adequadas de trabalho" (FNDEP, 2011, p. 1).

Como já anunciado, o objetivo neste capítulo é analisar as mudanças realizadas na LDB/1996. Considerando que uma leitura a-histórica oculta ideologias, concepções epistemológicas, sentidos e significados, a análise aqui empreendida é realizada à luz das condições históricas dessas modificações. Assim, primeiramente importa revelar a que projeto de sociedade, educação, cultura e formação de professores me filio. No contexto educacional brasileiro, há mais de um projeto que sustenta as políticas de formação de professores e, entre eles, existe uma tensão permanente, manifestada na arena de poder, por meio da disputa antagônica e conflitante perante suas bases epistemológicas e concepções de formação do professor.

Compartilho concepções, princípios, objetivos e práticas expressas no projeto a que o Fórum em Defesa da Escola Pública e as entidades de estudos e pesquisas em educação se alinham. Reporto-me ao projeto fundamentado na concepção histórico-social e que tem como paradigma educacional as relações entre cultura, sociedade e educação. Esse paradigma influencia e é influenciado pelas transformações sociais, pelas modificações nas forças produtivas e no mundo do trabalho, alterações que, dialeticamente, provocam mudanças no papel social esperado do professor, diante das mudanças paradigmáticas da ciência e das inovações tecnológicas. Nesse paradigma, a formação do profissional para atuar na educação brasileira é entendida como um processo que começa com a formação inicial e segue ao longo de sua vida profissional. Esse processo é marcado pela complexidade do conhecimento, pela reflexão, pela criatividade, pela ação, pela crítica, pelo reconhecimento da identidade cultural dos envolvidos nos processos formativos e pelas relações instauradas entre formadores e discentes.

Destaco que esse projeto entra em conflito com o outro, que encara a educação como mercadoria e nega a formação para o trabalho que é firmada em bases humanistas e praxiológicas indispensáveis à construção, na teia das relações sociais, de um professor capaz de ser mediador entre o conhecimento, a tecnologia, os saberes e o ser que aprende. Os protagonistas desse outro projeto submetem-se às diretivas da educação advindas dos financiadores internacionais. As exigências dessas diretivas apoiam-se na qualidade total e determinam que a formação de professores passe a centrar-se nas competências operativas — trabalho de execução, pouco qualificado cientificamente, sub-remunerado e com condições de exploração incivilizatória e desumana.

A qualidade total descarta o conhecimento como base fundamental da formação docente e propala que as questões relativas à educação e à formação humana estejam "predominantemente subsumidas ao capital" (Rummert, Algebaile e Ventura, 2013, p. 718) e se regulem pelas leis de mercado.

Em seus estudos, as autoras analisam a sociedade brasileira no momento atual, qual seja, período de atuação do Partido dos Trabalhadores (PT) na Presidência da República, cujos parâmetros de gestão inspiram-se conceitualmente pelo "capital-imperialismo", em continuidade à direção dada pelo presidente Fernando Henrique Cardoso (FHC), do Partido Social Democrata Brasileiro (PSDB).

As estudiosas valem-se da caracterização do "capital-imperialismo" delineada por Fortes (2005), que comporta três vetores: "predomínio do capital monetário"; "dominação da pura propriedade capitalista"; "impulso avassaladoramente expropriador" (Fortes, 2005 *apud* Rummert, Algebaile e Ventura, 2013, p. 718).

As autoras alegam que as desigualdades socioeconômicas que penalizam cada vez mais a classe trabalhadora são associadas às educacionais, e a democracia no "capital-imperialismo" é reduzida a um modelo de atuação política de "padrão bifurcado": o padrão para o capital é internacionalizado; para o trabalho restam a precarização e a expropriação do saber da classe trabalhadora. Esse padrão é bastante eficaz para a classe detentora dos bens materiais e dos meios de produção ao "reduzir ainda mais os custos do trabalho, por exemplo, o empreendedorismo, o cooperativismo induzido, a terceirização, a quarteirização, a subcontratação, o trabalho domiciliar" (Rummert, Algebaile e Ventura, 2013, p. 718-719).

Emoldurada por esse contexto, a governabilidade do País na década de 2010 (governo Dilma Rousseff) é fragilmente assegurada por algumas estratégias gerencialistas, visíveis tanto na esfera econômica quanto na social. A implementação de políticas de incentivos ao consumo pelas classes populares é um artifício da área econômica, usado como indutor da deflação, enquanto na esfera social investe-se na domesticação passiva da classe trabalhadora, apaziguada pelos próprios sindicatos das categorias.

Já as políticas da educação se configuram por céleres ações governamentais que, conforme Rummert, Algebaile e Ventura (2013, p. 723), desenvolvem-se de modo diverso, sob a histórica forma de desenvolvimento desigual e combinado, todavia, com um novo componente

> [...] constituído pelas ofertas educativas que propiciam possibilidades de acesso a diferentes níveis de certificação, falsamente apresentados como portadores de qualidade social igual a das certificações às quais têm acesso as burguesias. Obscurece-se assim, cada vez mais, o fato de que não há, efetivamente, ações destinadas à elevação igualitária do nível educacional da classe trabalhadora em sua totalidade.

As medidas governamentais são atravessadas por contradições. Cita-se somente um exemplo: os objetivos, metas e estratégias traçados no PNE, em tramitação no Congresso Nacional, replicam o que foi estabelecido como prioridade pela Lei n. 10.172, de 9/1/2001 (PNE2001-2010) quanto à assunção pelo Estado da tarefa de erradicação do analfabetismo. Na realidade, os indicadores da Pesquisa Nacional por Amostra de Domicílios (PNAD) comprovam o não atendimento a essa prioridade, pois, segundo dados recentes, o analfabetismo no País aumentou em relação a 2011. Neste ano contavam 12,9 milhões de pessoas analfabetas, enquanto em 2012 foram registradas 13,2 milhões de pessoas, o equivalente a 8,7% da população total com 15 anos de idade ou mais.

Ferraro (2009, p. 24), estudioso dos índices do analfabetismo absoluto, assegura que "[...] este é o único indicador que permite traçar a trajetória secular do estado da educação no Brasil". Com esse exemplo, o autor tem sua tese ratificada, qual seja, o analfabetismo é uma história inacabada que marca a sociedade brasileira.

A situação do analfabetismo brasileiro apresenta-se mais aguda se considerados os dados do Instituto Paulo Montenegro e Ação Educativa (2013), relativos aos anos de 2001 a 2009. Esses dados acusam que, de acordo com o Indicador do Analfabetismo Funcional (Inaf), 38% dos universitários brasileiros são analfabetos funcionais. Isso significa que esses estudantes não conseguem interpretar aquilo que escrevem e não associam informações.

Para o senso comum, parece que o índice de analfabetismo não tem relação com a formação de professores. É consabido, entretanto, que o analfabetismo tem relação direta com a desigualdade econômica, social, educacional e de gênero. Quanto às relações indiretas, este é também consequência da falta de profissionais da educação qualificados para atuar em regiões de difícil acesso, o que avilta a qualidade de vida e a condição humana, em virtude da precariedade das condições de trabalho e da baixa remuneração. Sobre esse aspecto, verifica-se que o valor do piso salarial profissional nacional (PSPN), estabelecido pela Lei n. 11.738/2008 para os professores da escola pública, é tão irrisório que não permite qualquer comparação com a remuneração percebida por outros profissionais com o mesmo nível de formação, que atuam no setor público. Para 2013, foi determinado oficialmente o valor de R$ 1.567,00/mês para remunerar o professor normalista com atuação de 40 horas semanais. A Confederação Nacional dos Trabalhadores em Educação (CNTE) contradita esse valor, pois, segundo cálculos dessa Confederação, o piso real importa em R$ 2.327,00, consideradas 40 horas semanais de atuação, com 33,33% de horas-atividade. São 14 estados da Federação que não cumprem sequer o valor oficial determinado para o PSPN, o que implica desafios com enfrentamento tanto pela sociedade organizada em movimentos sociais que defendem a valorização do professor quanto pelo poder judiciário para fazer valer o previsto em lei.

Perante a situação vivida pelos professores, muitos são os desafios e contradições que devem ser superados com soluções que levem ao cumprimento do pacto político entre a sociedade civil e a sociedade política. Um país rico como o Brasil, que ostenta a posição de sétima economia do mundo, tem de ser, cada vez mais, educado.

No item a seguir, serão discutidas as mudanças na LDB/1996, em sua maioria, provocadas por modificações na Constituição Federal de 1988. Diante da impossibilidade de rever boa parte das modificações da LDB/1996, neste capítulo, assumo o compromisso que julgo estar ao meu alcance. Procuro fazer algumas análises nas seguintes óticas: a de pesquisadora e professora deste campo e a de militante nas entidades que defendem a formação de professores em *loci* públicos e gratuitos de nível superior, a cujo *ethos* formativo estão associados o ensino, a pesquisa, a extensão, as práticas culturais e a gestão democrática.

2. LDB/1996, seus desdobramentos, demais leis que a alteram: Dilemas e desafios? Contradições e compromissos?

Em 1998, na obra intitulada *LDB interpretada: diversos olhares se entrecruzam*, adverti que não seria possível admitir que o caráter de excepcionalidade e de transitoriedade, prescrito no art. 87 da LDB/1996, acerca da permanência de leigos nos sistemas de ensino e de ingresso de profissionais para atuar na educação infantil e anos iniciais do ensino fundamental, com formação apenas na modalidade Normal, fosse convertido em permanente. Essas são práticas conservadoras do mundo do sistema que impedem ultrapassar o caráter emergencial e provisório de certas políticas de formação de professores que contribuem para a desprofissionalização docente.

Mesmo conhecendo as dificuldades e assimetrias regionais brasileiras e reconhecendo a prudência e o realismo do legislador em admitir que a formação de professores fosse feita de forma gradual e progressiva até o ano de 2007 (final da Década da Educação), mantenho minhas convicções — e atrevo-me a indicar isso, como já fiz em 1998 e também, em 2008, na obra *LDB dez anos depois: reinterpretação sob diversos olhares*. Esse dispositivo previsto nas Disposições Transitórias deveria fazer parte do corpo da lei com a seguinte redação: *a formação de todos os profissionais da educação em nível superior é obrigatória*.

Dilema? Desafio? Contraposição ao sistema? Sim, mas, muito mais, *compromisso* com a oferta de uma educação com qualidade, que necessita contar com pessoal formado adequadamente. Compromisso também com a valorização dos profissionais da educação! Mantenho-me engajada e, cada vez mais, instada a fortalecer a luta da Anfope para que todos os profissionais sejam formados em cursos de nível superior.

É inaceitável, para o mundo dos educadores, que o sistema de ensino da educação básica mantenha 8.339 funções docentes ocupadas por professores que cursaram apenas o ensino fundamental; 115.456 funções ocupadas por professores com ensino médio sem formação pedagógica; e 335.418 funções em que atuam professores formados no ensino médio, no curso de Magistério (Brasil/Inep, 2013a). Esse conjunto é representado por um elevado número de 459.213 funções docentes, evidência de que continuam ingressando e permanecendo no sistema de ensino brasileiro professores não licenciados, apesar da LDB/1996.

No entanto, há que se fazer justiça admitindo-se o esforço dos órgãos governamentais em capacitar professores "em serviço". Em 2013, diminuiu substancialmente o número de leigos nos sistemas de ensino que atuam no fundamental de 1º ao 9º ano. Ao tomar por base dados estatísticos de 1995, ano pré-LDB, somavam 64.830 funções docentes no sistema da educação básica, cujos ocupantes sequer tinham integralizado sua escolaridade no ensino fundamental, portanto, não tinham completado estudos da 1ª à 8ª séries do Primeiro Grau,[4] nível em que ministravam aulas, contra 8.339 funções em 2013. Ainda que se configure como dilema a permanência de leigos dando aulas nos sistemas públicos de educação básica, consiste avanço a redução de 87% de leigos que assumiam funções docentes nas escolas públicas de ensino fundamental.

Por ocasião dos dez anos de LDB/1996, afirmei que, no governo FHC, a União chamou a si a responsabilidade de incluir no ensino fundamental toda a população com idade para frequentar esse nível de ensino e o Ministério da Educação (MEC) tornou-se "pedagogo" do "treinamento em serviço" do professor, em atendimento ao previsto no art. 87, § 4º, da LDB/1996. Com o propósito de assumir-se "pedagogo", o MEC incentivou programas de capacitação para leigos atuantes na educação básica, elaborou parâmetros curriculares nacionais para este nível de ensino, ao mesmo tempo em que instituiu as diretrizes curriculares nacionais para a formação de professores em nível superior. E ainda eliminou o entulho do governo militar autoritário, qual seja, o currículo mínimo dos cursos da educação superior, entre estes as Licenciaturas.

Transcorridos oito anos do governo popular do presidente Luíz Inácio Lula da Silva e três do mandato Dilma Rousseff, o Estado, pelas evidências, deverá manter por muito tempo o *status* de "pedagogo" do "treinamento em serviço" de professores, haja vista a quantidade de pessoas que praticam a docência sem a devida formação. A estatística divulgada pelo Inep (2013a) mostra que das 2.101.408 funções docentes, 1.418.418 são ocupadas por professores graduados em cursos de Licenciatura, portanto, 692.990 deles são leigos. Não é

4. Preservo a nomenclatura da época. Atualmente, com o advento da LDB/1996, este nível é denominado ensino fundamental da educação básica.

demais destacar que esses dados comprovam a distorção entre admissões de professores para atuar na educação básica e a falta de qualificação preconizada em lei.

Com efeito, a Anfope tem lutado para que as instituições da educação básica, públicas ou privadas, admitam somente professores preparados em nível superior, em cursos de Licenciaturas, respeitada a compatibilização entre sua atuação e a área de conhecimento para a qual eles foram formados.

É certo que muitas mudanças feitas na Constituição Federal de 1988 e na LDB/1996 são bem recebidas pelo mundo dos educadores. Elas ressignificam o papel social dos professores que vão se comprometendo com a transformação da escola pública em uma instituição emancipadora para o exercício da cidadania, com toda a potencialidade que esse conceito encerra. Cabe lembrar que, entre as modificações significativas trazidas pela LDB/1996, um avanço em comparação ao período em que vigia a legislação do governo militar atém-se ao conceito de educação escolar como a que tem finalidade primordial de promover a aquisição de conhecimentos. A apropriação do saber é um direito do cidadão, e é dever da educação escolar proporcioná-la, já que o conhecimento é requisito necessário para que as crianças, jovens, adolescentes, adultos e idosos participem na vida social. É preciso permitir a eles acesso à cultura, ao trabalho, às tecnologias, à cidadania, na atual fase de desenvolvimento da sociedade da informação e do conhecimento, no contexto da revolução tecnológica e da globalização do capital e do trabalho. Assim, os sujeitos vão se construindo nas relações sociais, à medida que se tornam partícipes de um projeto coletivo, que poderá conduzi-los à superação dos condicionamentos socioeconômicos e culturais que lhe determinam a ação. É possível deduzir, então, apoiada em Adorno (1995), que a educação deve visar primordialmente à emancipação humana.

Na esteira das mudanças conceituais, a maior relevância da LDB/1996 está em os legisladores adotarem a expressão *profissionais da educação*, como no Título VI — "Dos Profissionais da Educação" (art. 61 a 67). Em seu art. 62, inaugurou a expressão "Formação de

Docentes para Atuar na Educação Básica" e determinou a criação de um novo lócus formativo, o Instituto Superior de Educação (ISE), como pode ser conferido no art. 63, inciso I.

Em 2004, novo lócus de formação de professores foi instituído por meio do Decreto n. 5.224, que dispôs sobre a competência do Centro Federal de Educação Tecnológica (CEFT) para ministrar cursos de Licenciatura. Em 2008, por força da Lei n. 11.892, foram criados os Institutos de Educação, Ciência e Tecnologia, aos quais compete também formar professores, hoje em franca expansão com diversos *campi* em todo o território nacional. As expressões Curso de Licenciatura e Curso de Formação de Professores são usadas com frequência nesses dois diplomas legais, confirmando os diferentes significados atribuídos aos termos.

Relativamente à ressignificação conceitual de formação de profissionais da educação básica, os formadores de professores das universidades e os docentes engajados no movimento nacional de educadores reafirmam a importância do fortalecimento da formação. Nesse sentido, chamo a atenção para o texto da Lei n. 12.014, de 6/8/2009, que modificou o art. 61 da LDB/1996, tornando claro quem é o profissional e qual é a sua formação:

> Art. 61. Consideram-se profissionais da educação escolar básica os que, nela estando em efetivo exercício e tendo sido formados em cursos reconhecidos, são:
> I — professores habilitados em nível médio ou superior para a docência na educação infantil e nos ensinos fundamental e médio;
> II — trabalhadores em educação portadores de diploma de pedagogia, com habilitação em administração, planejamento, supervisão, inspeção e orientação educacional, bem como com títulos de mestrado ou doutorado nas mesmas áreas;
> III — trabalhadores em educação, portadores de diploma de curso técnico ou superior em área pedagógica ou afim.

A abrangência conceitual constante da referida Lei veio corrigir um desvio histórico ao incluir entre os trabalhadores da educação os funcionários da escola na categoria *profissionais da educação*. Isso resultou de uma longa jornada legislativa do poder instituído — no Senado Federal, PLS n. 507/2003 e na Câmara dos Deputados PL n. 1.592/2003 — e de uma jornada normativa no Conselho Nacional de Educação (CNE). Desde 2005, a Resolução CNE/CEB n. 5, cujo *corpus* doutrinário encontra-se no Parecer CNE/CEB n. 16/2005, instituiu a Área de Serviços de Apoio Escolar como 21ª área de educação profissional técnica de nível médio, à qual se vinculam os trabalhadores da educação (pessoal de apoio escolar) referidos no inciso III, do art. 61 da LDB/1996.

A CNTE foi protagonista primordial dessa mudança operada na Lei n. 9.396/1996, garantindo a especificidade dos funcionários da escola, na totalidade da categoria. A Confederação irrompeu uma intensa luta e permanente vigilância pelos direitos do trabalhador da educação. Tais mudanças consistiam em dilema, que instigava desafios, e, com a Lei, foi pactuado o compromisso entre o poder instituído e a sociedade civil organizada, após muitos embates e posicionamentos marcados pela contradição entre o "estabelecido" e o "a estabelecer".

Outro dispositivo legal que repercutiu no campo da Educação e interferiu na práxis da formação de professores foi a Lei n. 11.274/2006, que instituiu o ensino fundamental de 9 anos, com matrícula obrigatória a partir de 6 anos de idade. Ela alterou os artigos 6º, 29, 30, 32 e 87 da LDB/1996. Na realidade, o legislador fez uso do princípio da aplicação gradativa da lei que estabeleceu um prazo de adequação das escolas públicas e privadas às suas normas. Com a Lei n. 11.274/2006, esse prazo estendeu-se até 2010. O CNE, entretanto, já havia antecipado algumas mudanças ao publicar a Resolução CNE/CEB n. 3/2005, que definiu normas para a educação infantil. Esta deve realizar-se em creche, e abrange crianças de zero a 3 anos. Crianças de 4 e 5 anos devem frequentar a pré-escola. Já o ensino fundamental passou a atender crianças e jovens de 6 a 14 anos, em dois ciclos sucessivos: anos iniciais (de 6 a 10 anos) e anos terminais (de 11 a 14 anos).

Essas modificações descortinaram desafios para a qualidade da formação inicial e continuada de professores, implicando o redimensionamento dos projetos pedagógicos das instituições formadoras, pois as matrizes curriculares dos cursos de formação de professores para a educação básica não contemplavam estudos para o atendimento de crianças de zero a 3 anos. Novos desafios foram enfrentados também no campo de estudos e pesquisas sobre a formação de professores para atuar em escolas do ensino fundamental organizadas por ciclos de desenvolvimento da aprendizagem, pois as experiências solicitavam aprofundamentos, em particular, das teorias do desenvolvimento e da aprendizagem.

O previsto na Lei n. 11.274/2006 foi motivo de preocupação, em face do despreparo dos professores para atender às exigências impostas pela reestruturação do ensino fundamental e as mudanças na educação infantil, instituídas formalmente em 2006. A tradicional organização curricular em séries foi rompida, e as redefinições suscitaram polêmicas administrativas e insegurança nos gestores da educação básica e também nos pais. Essa insegurança demandou infinitas indagações e pedidos de esclarecimentos encaminhados ao CNE. Nesse episódio, o que causou espanto foi o fato de que, de modo geral, os gestores das escolas preocuparam-se muito pouco com as questões pedagógicas decorrentes dessa mudança radical no ensino fundamental. Bastou, naquela época, uma consulta ao Portal do MEC/CNE, e lá estavam registradas as questões mais frequentes acerca do assunto. Todas eram de caráter técnico-administrativo, nenhuma dúvida teórica ou conceitual foi registrada. Os gestores escolares sequer questionavam acerca do preparo do professor (Brasil/mec-cne 2006).

No mesmo ano, em 28 de dezembro, foi instituído o Fundo de Manutenção e Desenvolvimento da Educação Básica e de Valorização do Magistério (Fundeb), pela Medida Provisória n. 339, convertida na Lei n. 11.494, de 20/6/2007. Esse ato político do presidente Lula foi recebido pelo mundo dos educadores com loas ao governo popular, visto que desfez o dilema imposto pelo Fundo de Manutenção e Desenvolvimento do Ensino Fundamental e de Valorização do Magistério (Fundef, Lei n. 9.424, de 24/12/1996), ao qual a academia brasileira disparou severas críticas por não destinar recursos extensivos a toda a educação básica.

Críticas são construtivas quando atingem o alvo, como foi o caso da não cobertura desse Fundo à educação infantil, à educação de jovens e adultos e ao ensino médio. Sua operacionalização, no entanto, foi uma estratégia que valorizou o Magistério, pelo menos no que concerne ao requerido de as Secretarias de Educação dos Municípios elaborarem plano de cargos e salários como um dos requisitos para receber recursos, redistribuídos pela União.

No início de 2007, agora no segundo mandato do governo Lula, outros projetos coordenados pelo MEC destinaram-se ao campo educacional. Eram conjugados ao Plano de Desenvolvimento da Educação (PDE) e ao Plano de Metas Compromisso Todos pela Educação. Foram normatizados por meio do Decreto n. 6.094, de 24/4/2007. Simultaneamente, o MEC divulgou o Índice de Desenvolvimento da Educação Básica (IDEB) e a ele atrelou diversas ações já implementadas, atualizando algumas delas, como a da formação de professores a distância por meio da Universidade Aberta do Brasil (UAB).[5]

O Sistema UAB "não propõe a criação de uma nova instituição de ensino, mas sim, a articulação das já existentes, possibilitando levar ensino superior público de qualidade aos Municípios brasileiros que não possuem cursos de formação superior". (Brasil/mec/Capes/ded, 2013). Ainda que não se instalasse como uma nova instituição formadora, desde sua criação o Sistema UAB teve uma expansão exponencial com oferta de cursos para formação de professores após sua inserção na Capes, por força da Lei n. 11.502, de 11/7/2007.

Alerto, todavia, que com a expansão não regulada pela Capes a UAB rompeu compromissos firmados originalmente, segundo os quais

---

5. O Sistema UAB foi criado pelo Decreto n. 5.800, de 8/6/2006. É constituído por uma rede voltada para o desenvolvimento da modalidade de educação a distância. Diversas universidades públicas federais, estaduais, municipais, institutos federais de educação, ciência e tecnologia, universidades filantrópicas, comunitárias fazem parte dela. Informações mostram que, em setembro de 2013, somavam 142 Instituições de Ensino Superior que ofertavam cursos a distância. Disponível em: <http://g1.globo.com/jornal-hoje/noticia/2013/09/cursos-distancia-crescem-no-brasil.html>. Acesso em: 30 out. 2013.

os cursos a distância seriam ofertados somente em locais de difícil acesso, onde não existissem cursos presenciais de nível superior, ou em localidades em que a demanda ultrapassasse muito o número de vagas em cursos regulares disponibilizadas pelas instituições formadoras públicas. A oferta desordenada de ensino superior na modalidade a distância em territórios econômicos e educacionais muito desenvolvidos, com boa cobertura de cursos de formação de professores presenciais, revela o equívoco do Estado em relação ao atendimento da população excluída.

A Lei em pauta atingiu a estrutura organizacional da Capes e suas competências. Quando o Comitê Técnico Científico da Educação Básica foi criado, incorporou-se entre as finalidades desse órgão o fomento da formação inicial e continuada de profissionais da educação para a educação básica, por meio da política nacional de formação e valorização dos profissionais da educação.

Essa política resulta de estudos de iniciativas e reivindicações do âmbito tanto da sociedade organizada em associações científicas e sindicatos, quanto do interesse do poder instituído acerca da necessidade de criação de um Sistema Nacional Público de Formação de Profissionais do Magistério. Esse sistema foi proposto pelo MEC com base em um diagnóstico, feito pela Capes da Educação Básica (Capes/EB), do nível de formação dos docentes atuantes na educação básica. A criação desse sistema foi anunciada nos dispositivos legais do PDE. Na sequência, o MEC disponibilizou em seu *site* uma minuta de Decreto que subsidiaria a criação do Sistema Nacional, a fim de coletar sugestões dos educadores. Diante das evidentes incongruências internas à minuta, houve manifestações contrárias, sobretudo das universidades estaduais e particulares, que se sentiram excluídas.

À oportunidade, a Anfope fez críticas e apresentou sugestões ao MEC em 24/11/2008, em documento elaborado com base nos debates ocorridos no 14º Encontro Nacional da entidade. De modo sucinto, recuperam-se algumas das sugestões:

a) a natureza e objeto do futuro Decreto devem contemplar um sistema nacional de formação e de valorização dos profissionais da educação, entendido como uma articulação orgânica entre políticas, programas e ações, que viabilize a formação com qualidade dos formadores de crianças, adolescentes, jovens, adultos e idosos; assegure a implementação da carreira do magistério; faça valer a Lei do piso salarial nacional e garanta condições dignas de trabalho;

b) faz-se necessária a inclusão no Decreto dos princípios da *base comum nacional*[6] concebida pela Anfope e recomendada no Documento Final da Conferência Nacional de Educação (2010);

c) o fortalecimento das faculdades e centros de educação das universidades públicas como instituições formadoras, em virtude de seu histórico compromisso com o preparo científico, pedagógico e político de licenciados e pós-graduados.

Após a frustrada tentativa do MEC de organizar um Sistema Nacional Público de Formação de Profissionais da Educação, a prioridade da Anfope tem sido o movimento em prol da organização de um Subsistema Nacional de Formação e Valorização dos Profissionais da Educação.[7] A Anfope e entidades parceiras propuseram emenda

6. A *Base Comum Nacional* concebida pela Anfope é princípio orientador das diretrizes curriculares norteadoras dos cursos de formação dos profissionais da educação, assim constituídas: a) *sólida formação teórica e interdisciplinar* sobre o fenômeno educacional e seus fundamentos históricos, políticos e sociais, bem como o domínio dos conteúdos da educação básica, de modo a criar condições para o exercício da análise crítica da sociedade brasileira e da realidade educacional; b) *unidade teoria-prática* atravessando todo o curso e não apenas a prática de ensino e os estágios supervisionados, de modo a garantir o trabalho como princípio educativo na formação profissional; c) *trabalho coletivo e interdisciplinar* como eixo norteador do trabalho docente; d) *compromisso social do profissional da educação*, com ênfase na concepção sócio-histórica de leitura do real e nas lutas articuladas com os movimentos sociais; d) *gestão democrática* entendida como superação do conhecimento de administração enquanto técnica e compreendida como manifestação do significado social das relações de poder reproduzidas no cotidiano escolar; c) *incorporação da concepção de formação continuada*, visando ao aprimoramento do desempenho profissional aliado ao atendimento das demandas coletivas da escola; d) *avaliação permanente dos cursos de formação* dos profissionais da educação, como responsabilidade coletiva a ser conduzida à luz do projeto político-pedagógico de cada curso/instituição. Mais informações são encontradas em Brzezinski (2011, p. 21-22).

7. Meta 15. Implantar o Sistema Nacional de Formação e Valorização dos Profissionais da Educação (SNFVPE), em nível superior, congregando um grande esforço nacional para a for-

substitutiva à Meta 15 do PL n. 8.035/2010, em audiências públicas e por meio de diversos deputados que encamparam a proposta de que esse sistema fosse articulado ao Sistema Nacional da Educação. O substitutivo do relator deputado Ângelo Vanhoni, aprovado na Câmara dos Deputados e encaminhado ao Senado Federal, em 25/10/2012, não atendeu à postulação dos educadores.

Com efeito, a iniciativa de organização do Sistema (ou Subsistema) Nacional Público de Formação de Professores não logrou êxito. Parte de seus princípios, todavia, foi incorporada ao Decreto n. 6.755, de 29/1/2009, que instituiu a "Política Nacional de Formação de Profissionais do Magistério da Educação Básica".

Esse ordenamento legal estabeleceu que, em âmbito dos Fóruns Permanentes de Apoio à Formação Docente (FPAFD), constituídos por membros representantes do mundo do sistema e do mundo dos educadores, devem ser elaborados os Planos Estratégicos de Formação de Profissionais da Educação dos Estados e do Distrito Federal. Os fóruns devem acompanhar a implementação dos planos e avaliar essa política nacional, que passou a ser conhecida por Parfor. Considero que os fóruns constituem potenciais espaços democráticos, plurais e mediadores das políticas de formação de professores. São, também, mecanismos de melhoria das relações estabelecidas entre os entes federados, favorecendo o regime de colaboração.

O regime em pauta é princípio constitucional, e a Lei n. 11.502/2007, que não provocou mudanças diretas na LDB/1996 em relação à formação de professores, no entanto, deu-lhe destaque, em razão de favorecer o desenvolvimento de propostas da Capes com a finalidade de colocar em movimento o regime de colaboração entre os entes federados: União, estados, municípios e Distrito Fe-

mação docente, presencial, em atuação conjunta dos entes federados, estabelecendo um plano estratégico que apresente diagnóstico das necessidades de formação e valorização dos profissionais da educação e da capacidade de atendimento por parte de instituições públicas de educação superior existentes nos estados, municípios e Distrito Federal, e defina obrigações recíprocas entre os partícipes, considerando a obrigatoriedade da implementação da Lei n. 11.738/2008, que institui o piso salarial nacional para os profissionais do magistério. Disponível em: <www. pgpege.org.br>. Acesso em: 23 out. 2013.

deral. Esse movimento visa a fomentar com recursos financeiros e assistência técnica a formação de professores em cursos emergenciais, em parceria com as Secretarias de Estado, com a universidade e os institutos federais. Nessa perspectiva, a União representada pela Capes promove a articulação entre a educação básica e a superior, dando amplo apoio à implementação dos cursos de primeira e segunda licenciatura e de complementação pedagógica, cujo público-alvo é o leigo atuante nos sistemas de educação públicos estaduais e municipais.

De acordo com a Diretoria de Formação de Professores da Educação Básica Presencial da Capes (DEB), o Parfor iniciou em 2009, com 4.273 professores/cursistas, e "encerrou o ano de 2012 com 62.198 professores matriculados em 1.920 turmas especiais ofertadas por 92 IES" (Brasil/Capes/ded, 2013, p. 5).

Acautelo-me com esse alarde oficial da evolução de matrículas, que teve intensa divulgação pela mídia, porque os resultados da pesquisa em desenvolvimento pela Anfope, em 2011, constatou *in loco* alta evasão nos cursos de primeira e segunda licenciatura presenciais, pois, os Estados e Municípios não honraram o acordo firmado na oportunidade de sua adesão à política de capacitação de leigos de seus sistemas e redes de ensino. Esses entes federados romperam com o pacto de financiar a logística, que engloba apoio para transporte, hospedagem, alimentação ou concessão de bolsa de estudos. As condições para frequência aos cursos foram ainda mais precarizadas, porque as Secretarias Municipais de Educação recusavam-se a providenciar substitutos para suas aulas.

O grande desafio imposto ao professor/cursista foi capacitar-se em serviço, às suas expensas, sofrer a pena de ter de pagar seu substituto e o constrangimento de ter de receber a menos em razão do desconto dos dias não trabalhados enquanto marcava presença no curso de formação. Essas medidas avultam o direito previsto no art. 67, inciso II da LDB/1996, de aperfeiçoamento profissional contínuo. Essa atitude do poder instituído demonstra uma imposição autoritária que impede o professor de ter o direito de ter seu direito respeitado.

A abertura de turmas especiais pelo Parfor fez elevar o número de cursos ofertados no território nacional, mas, como os dados do Censo da educação superior (2012) não discriminam os cursos do Parfor dos demais, não foi possível identificar quantos desse programa estavam em andamento, em 2012. Foi possível, todavia, registrar o número de cursos ministrados em IES públicas e privadas, nas modalidades presencial e a distância. Dos 1.834 de Pedagogia, que formam professores para atuar na educação infantil e no ensino fundamental (de 1º ao 5º ano) e para exercer a gestão em espaços escolares e não escolares, 715 (39%) foram ministrados em instituições públicas e 1.119 (61%) em instituições privadas, 73% dos quais funcionando em faculdades e 110 cursos oferecidos na modalidade a distância.

No tocante aos cursos de Licenciatura[8] presenciais, estes somam 4.674. Destes, 2.860 (61%) foram ministrados em instituições públicas e 1.814 (39%) em IES privadas. Os cursos de Licenciatura a distância contam 384, dos quais 243 (63%) foram ofertados em IES públicas e 141 (37%) em IES privadas. Boa parte dos cursos a distância vincula-se à UAB, que é também responsável por fomentar a oferta de três mestrados profissionais nas áreas de Matemática, Letras e Física. Esses cursos foram criados no período 2010-2013.

Chamo a atenção para a oferta de cursos de Licenciatura em Filosofia e Sociologia (cf. nota 7). Essas áreas são muito importantes quando configuradas em cursos que formam professores para atuar no ensino médio. As disciplinas Sociologia e Filosofia foram banidas dos currículos da educação básica pelo governo militar e passaram a figurar na LDB/1996, em seu art. 36, inciso § 1, inciso III como exigência do domínio dos conhecimentos necessários ao exercício da cidadania, por força da Lei n. 11.684.

---

8. O conjunto dos cursos de Licenciatura engloba os de Artes, Artes Visuais, Artes Plásticas, Antropologia, Biologia, Ciências, Ciências Sociais, Ciências Políticas, Desenho, Educação Religiosa, Estatística, Filosofia, Física, Geografia, História, Letras, Língua e Literatura Estrangeira Moderna, Língua e Literatura Estrangeira Vernácula e Língua Estrangeira Moderna, Língua e Literatura Vernácula: Português, Linguística, Matemática, Química e Sociologia.

Uma mudança nas prescrições da LDB/1996 ocorreu também com a Lei n. 12.056, de 13/10/2009, que redimensionou o art. 62 da LDB/1996 ao acrescentar os seguintes parágrafos:

> § 1º A União, o Distrito Federal, os Estados e os Municípios, em regime de colaboração, deverão promover a formação inicial, a continuada e a capacitação dos profissionais de magistério.
> § 2º A formação continuada e a capacitação dos profissionais de magistério poderão utilizar recursos e tecnologias de educação a distância.
> § 3º A formação inicial de profissionais de magistério dará preferência ao ensino presencial, subsidiariamente fazendo uso de recursos e tecnologias de educação a distância.

Esses acréscimos denotam compromissos com a melhoria da qualidade da formação e valorização de professores, quais sejam: a) regime de colaboração para promover formação inicial, continuada e a capacitação dos profissionais de magistério; b) oferta da primeira licenciatura em cursos presenciais.

A Anfope postula que a formação inicial seja realizada exclusivamente em cursos de licenciatura presencial, o que foi aprovado pela Conae/2010, consoante o texto que se segue.

> A formação inicial deverá se dar de forma presencial, inclusive aquelas destinadas aos/às professores/as leigos/as que atuam nos anos finais do ensino fundamental e no ensino médio, como aos/às professores/as de educação infantil e anos iniciais do fundamental em exercício, possuidores/as de formação de nível médio. Assim, a formação inicial pode, de forma excepcional, ocorrer na *modalidade de EAD* para os/as profissionais da educação em exercício, onde não existam cursos presenciais, cuja oferta deve ser desenvolvida sob rígida regulamentação, acompanhamento e avaliação (Brasil/mec/fne, 2010, p. 83) (grifos do autor).

Desafortunadamente, o substitutivo do relator Vanhoni ao PNE n. 8.035/2012 não respeitou os encaminhamentos da Conae/2010, porém, foram retomados graças ao Relatório do Senador Álvaro Dias, aprovado na Comissão de Educação do Senado Federal, em 27/11/2013, e aprovado em Plenário em 11/12/2013.

Outro ordenamento legal que trouxe acréscimos à LDB/1996 foi a Lei n. 12.796, de 4/4/2013. Na minha avaliação, esse dispositivo provocou grande impacto na educação brasileira por prescrever alterações nas políticas educacionais, no financiamento da educação, na formação e valorização dos profissionais da educação, na reorganização da dinâmica organizacional da educação básica e nas diretrizes curriculares nacionais da educação básica e superior. Além disso, incluiu na LDB/1996 o art. 62-A, no qual o legislador dedicou especial atenção aos funcionários das escolas da educação básica.

> Art. 62-A. A formação dos profissionais a que se refere o inciso III do art. 61 far-se-á por meio de cursos de conteúdo técnico-pedagógico, em nível médio ou superior, incluindo habilitações tecnológicas.
>
> Parágrafo único. Garantir-se-á formação continuada para os profissionais a que se refere o *caput*, no local de trabalho ou em instituições de educação básica e superior, incluindo cursos de educação profissional, cursos superiores de graduação plena ou tecnológicos e de pós-graduação.

A observância desse dispositivo poderá vir a superar o seguinte dilema, transformando-o em compromisso a ser assumido pelo Estado: garantia aos funcionários da educação básica do direito de se capacitar, quer seja no local de trabalho, quer seja em instituições formadoras em cursos profissionais que melhor os qualifiquem para exercer funções técnicas imprescindíveis à qualidade social da educação básica.

De acordo com Cury (2010, p. 1097), há indícios de maior presença do Estado em relação aos avanços na legislação educacional, porém "os avanços obtidos são ainda insuficientes para dar conta das realidades a serem superadas e são incapazes de retirar da comunidade científica um grau de insatisfação face as promessas e expectativas postas no atual governo federal". O Estado Mínimo, que perdura há décadas, terá necessariamente de refutar o atual modelo neoliberal, o qual, como vocifera Chico de Oliveira (2000, p. 81), foi "construído de pedaços de social-democratas, antigos e novos oligarcas do Nordeste, populistas de direita, trânsfugas de esquerda, numa articulação presidida pelo 'príncipe dos sociólogos'". Sai governo social-democrata, entra governo de esquerda popular, e o modelo "capital-imperalista" não sofre abalos sísmicos; há continuidade e continuísmo, embora os governantes das últimas três décadas aparentemente abracem ideologias político-partidárias antagônicas.

É nesse contexto que ainda destacarei outras mudanças pertinentes ao objeto deste capítulo. Após a Lei n. 12.796/2013, a LDB/1996 passou a vigorar com alterações, entre outras, nos incisos I, II, III, IV, VIII, do art. 4º, como se constata:

> Art. 4º. [...]
>
> I — educação básica obrigatória e gratuita dos 4 (quatro) aos 17 (dezessete) anos de idade, organizada da seguinte forma:
>
> a) pré-escola;
>
> b) ensino fundamental;
>
> c) ensino médio;
>
> II — educação infantil gratuita às crianças de até 5 (cinco) anos de idade;
>
> III — atendimento educacional especializado gratuito aos educandos com deficiência, transtornos globais do desenvolvimento e altas habilidades ou superdotação, transversal a todos os níveis, etapas e modalidades, preferencialmente na rede regular de ensino;
>
> IV — acesso público e gratuito aos ensinos fundamental e médio para todos os que não os concluíram na idade própria;
>
> [...]
>
> VIII — atendimento ao educando, em todas as etapas da educação básica, por meio de programas suplementares de material didático-escolar, transporte, alimentação e assistência à saúde;

A conquista de gratuidade da escola pública básica dos 4 (quatro) aos 17 (dezessete) anos de idade — direito do cidadão brasileiro para maior alcance de sua cidadania — foi consequência de ações dos mais diferentes e contraditórios atores sociais; de um lado, o poder instituído, representado tanto pelo Parlamento quanto pelo Executivo ou pelo Judiciário; de outro, os movimentos sociais que em suas incessantes lutas aproximou, por meio de uma sintonia, as entidades científicas aos sindicatos, às entidades estudantis, aos fóruns, às organizações não governamentais, entre outros.

Compartilho posições daqueles que reconhecem o alto impacto quantitativo do que preceituou a EC n. 59/2009 e a Lei n. 12.796/2013, no tocante à obrigatoriedade e gratuidade do ensino. Ao mesmo tempo, me preocupo em conhecer as razões de a oferta da educação infantil obrigatória ter limite mínimo de ingresso, de apenas 4 (quatro) anos de idade. Por contradição, foi negado às crianças de zero a 3 anos o atendimento pedagógico pela educação pública, gratuita e obrigatória.

Após a EC n. 59/2009 ter sido promulgada, a reivindicação para atendimento de crianças de zero a 3 anos na escola pública passou a constituir luta acirrada dos movimentos sociais, em especial do Movimento Interfóruns de educação infantil do Brasil (MIEIB). Esse movimento tem, entre seus princípios, a indissociabilidade entre o cuidar e o educar, visando ao bem-estar, ao crescimento e ao pleno desenvolvimento da criança de zero a 6 anos. Entre seus objetivos está o de concitar a sociedade brasileira ao reconhecimento e à consciência coletiva a respeito do significado do atendimento pedagógico do desenvolvimento do ser humano nos primeiros anos de vida.

Na realidade, o preceito constitucional de não obrigatoriedade de atendimento de crianças de zero a 3 anos pela escola pública impulsiona a oferta por instituições privadas. A falta de atendimento às crianças de zero a 6 anos traz sérias dificuldades aos pais, que não têm alternativa senão a escola pública para atendimento de seus filhos, enquanto eles trabalham.

A Lei n. 12.786, que veio reafirmar o previsto na EC n. 59/2009, desafiou a longa inércia das políticas educacionais relativas ao ensino, pois transformou-o em gratuito e público. A não conclusão dessa etapa da educação básica em cursos regulares pelos jovens resulta da negligência do poder público, segundo o Relatório da Comissão Especial no CNE, intitulado *Escassez de professores no ensino médio: propostas estruturais e emergenciais* (2006). Essas propostas de mudança atingem o ponto fulcral da formação de professores para atuar no ensino médio, em face da inexistência na educação pública de docentes, sobretudo de Matemática, Física, Química, Geografia, Sociologia e Filosofia. Para minimizar o *deficit*, o SOS emergencial ao ensino médio surgiu com algumas medidas do poder instituído, desde 2009, com a instalação dos cursos propiciados pelo regime de colaboração da União com os Estados pelo Programa Parfor. Ademais, metas ousadas passaram a constar do PNE 2010-20...?,[9] assunto intensamente debatido na Conae/2010 e que teve continuidade nas conferências municipais, intermunicipais e livres que subsidiarão os debates na Conferência Nacional de Educação, prevista para realizar-se de 17 a 21/2/2014, porém adiada para o período de 19 a 23/11/2014.

Os dados do Educacenso/Inep, de 2012, revelam um cenário desalentador em relação a esse nível de ensino: embora acusem a existência de 8.376.852 matrículas com 89% na escola pública no ensino médio regular contra 1.345.864 matrículas na Educação de Jovens e Adultos com 15 anos de idade e mais, contradizem os dados que resultam da Pesquisa Nacional por Amostra de Domicílios/Instituto Brasileiro de Geografia e Estatística (PNAD/IBGE), pois cerca de 5 mil jovens com idade de 15 a 17 anos não frequentam esse nível de ensino.

As taxas de escolarização líquida — que medem a porcentagem da população com essa faixa etária que está matriculada na etapa própria para a idade — mostram que os índices são baixos em todo o País e demarcados por fortes assimetrias regionais. Trata-se de uma enorme distorção idade/série nessa etapa final da educação básica, que provavelmente poderá vir a ser corrigida ao longo dos anos, caso seja de fato implementada a universalização do ensino médio público e gratuito.

9. A interrogação (?) é intencionalmente usada, porque não se sabe quando o Parlamento brasileiro levará a cabo a aprovação ou não do futuro PNE, que lá tramita desde dezembro de 2010.

Diante dessa concretude do real, é preciso interrogar sobre quais as condições de atendimento ao ensino médio que exige um financiamento próprio para impulsionar jovens a concluir a educação básica em sistemas públicos, tanto com vistas ao ingresso no mercado do trabalho, como para prosseguimento dos estudos no ensino superior.

Uma análise da Meta 3 do futuro Plano Nacional de Educação leva a crer na inaplicabilidade da prescrição da progressiva universalização do ensino médio, não só por falta de recursos, mas pelo anacronismo em relação ao programado na referida meta. Não resta dúvida de que essa meta está fadada ao insucesso, como ocorreu nas previsões feitas para o ensino médio no PNE/2001. Nessa oportunidade, o legislador concebeu o direito, mas não gerou na mesma medida a obrigação do Estado para fazer valer esse direito. Da mesma forma, nos dias atuais não são assegurados recursos suficientes para a implementação das metas e estratégias previstas no projeto de lei do PNE que tramita no Congresso Nacional. Nessa perspectiva, avalio que a legislação acabou por criar um dilema: o Estado não terá condições materiais para firmar compromissos com o ensino médio, abrindo flancos para maior expansão da escola privada. Ou o Estado brasileiro deliberadamente reservará aos jovens que pretendem concluir o ensino médio para encontrar um posto de trabalho no mercado, os cursos profissionais do Sistema S,[10] que vem usufruindo de recursos públicos. Essa é uma perversa parceria entre o Estado e a escola particular.

Outros acréscimos à LDB/1996, em seu art. 62, são previstos na Lei em pauta no que tange à formação de profissionais da educação, como se comprova a seguir.

---

10. Formado por entidades corporativas, voltadas para o treinamento profissional, assistência social, consultoria, pesquisa e assistência técnica. As entidades têm o nome iniciado com a letra S e características organizacionais similares, e dele fazem parte: "Serviço Nacional de Aprendizagem Industrial (Senai); Serviço Social do Comércio (Sesc); Serviço Social da Indústria (Sesi); e Serviço Nacional de Aprendizagem do Comércio (Senac). Existem ainda os seguintes: Serviço Nacional de Aprendizagem Rural (Senar); Serviço Nacional de Aprendizagem do Cooperativismo (Sescoop); e Serviço Social de Transporte (Sest)". Disponível em: <http://www12.senado.gov.br/noticias/glossario-legislativo/sistema-s>. Acesso em: 1 nov. 2013.

> Art. 62. A formação de docentes para atuar na educação básica far-se-á em nível superior, em curso de licenciatura, de graduação plena, em universidades e institutos superiores de educação, admitida, como formação mínima para o exercício do magistério na educação infantil e nos 5 (cinco) primeiros anos do ensino fundamental, a oferecida em nível médio na modalidade normal.
>
> [...]
>
> § 4º A União, o Distrito Federal, os Estados e os Municípios adotarão mecanismos facilitadores de acesso e permanência em cursos de formação de docentes em nível superior para atuar na educação básica pública.
>
> § 5º A União, o Distrito Federal, os Estados e os Municípios incentivarão a formação de profissionais do magistério para atuar na educação básica pública mediante programa institucional de bolsa de iniciação à docência a estudantes matriculados em cursos de licenciatura, de graduação plena, nas instituições de educação superior.
>
> § 6º O Ministério da Educação poderá estabelecer nota mínima em exame nacional aplicado aos concluintes do ensino médio como pré-requisito para o ingresso em cursos de graduação para formação de docentes, ouvido o Conselho Nacional de Educação — CNE.

As associações de estudos e pesquisa em educação sofreram um grande golpe com a homologação da Lei n. 12.796, no que concerne ao postulado historicamente assumido pelas entidades já citadas: *todo professor da educação básica deve ser formado em nível superior.* Em que pesem as disparidades regionais do País e a configuração de "muitos brasis" em um só Brasil, é inadmissível a manutenção da formação de professores para a educação infantil e dos primeiros anos do ensino fundamental em nível médio na modalidade Normal.

Outro golpe foi desferido naquilo que as associações comungavam com a LDB/1996, em seu art. 87, § 4º, das Disposições Transitórias: "Até o fim da Década da Educação somente serão admitidos professores habilitados em nível superior ou formados por treinamento em serviço".

Corre-se o risco de transformar a educação brasileira em um gigante de pés de barro com a insistência dos governos estaduais e municipais de fazer estagnar a formação de professores no nível mais elementar de formação. Esses governos se pautam notadamente em dois aspectos: a) a União estimula a manutenção desse nível elementar destinando recursos a programas emergenciais para formar o professor normalista; b) os Municípios contratantes desses professores advogam que, para o trabalho docente na educação infantil e no ensino fundamental, é suficiente a formação na modalidade Normal. Ademais, o poder instituído no Município (prefeito e secretário Municipal de Educação) ovaciona o inexpressivo impacto da remuneração do professor normalista na folha de pagamento.

Reincidentemente, volto a confessar, como fiz em 2008, ao concluir o capítulo publicado na obra *LDB dez anos depois: reinterpretada sob diversos olhares*, que busquei com ansiedade outro desfecho para as considerações finais deste texto, mas por tudo o que foi aqui afirmado não posso me furtar de ser repetitiva, ainda que transcorridas quase duas décadas de implementação da LDB.

Existe uma grande distância entre os valores proclamados para a formação de profissionais da educação e os valores reais da educação brasileira. O campo de disputa ainda está muito acirrado entre o projeto de sociedade, de educação e de formação de professores do mundo do sistema e o projeto construído pelo mundo real. Ambos subsistem na educação brasileira. A disputa na arena de poder é cada vez mais fortalecida pela luta dos educadores que defendem a escola pública de qualidade social para todos os brasileiros.

Enquanto os gestores de maior expressão nacional se dedicam a investir recursos na construção de obras faraônicas para o Brasil sediar a Copa do Mundo/2014, os educadores asseguram as duas pontas da corrente, como militantes e como professores. Segundo Snyders (2001), eles provocam revolução social no ensino e garantem presença na aula a ser dada no dia seguinte bem cedo.

Quiçá as mudanças substantivas determinadas pela Lei n. 12.796/2013 sejam um marco delimitador para a resolução de alguns problemas crônicos do campo da educação, tais como a usurpação do respeito ao direito do cidadão brasileiro de ter ao seu alcance, independentemente de sua classe social, uma educação pública universalizada, laica, gratuita e de qualidade social em todos os níveis e modalidades.

Referências

ADORNO, T. W. *Educação e emancipação*. 3. ed. Trad. Wolfgang Leo Maar. Rio de Janeiro: Paz e Terra, 1995.

BRASIL/PR. Lei n. 9.394, de 20/12/1996. Estabelece as diretrizes e bases da educação nacional. Brasília, *DOU*, ano CXXXIV, n. 248, p. 27833-27841.

______. Lei n. 10.172, de 9/1/2001. Aprova o Plano Nacional de Educação. Brasília, *DOU* de 10 jan. 2001.

______. Decreto n. 5.622, de 19/12/2005. Regulamenta o art. 80 da Lei n. 9.394, de 20/12/1996, que estabelece as diretrizes e bases da educação nacional. Disponível em <www://planalto.gov.br>. Acesso em: 4 maio 2012.

______. Lei n. 11.274, de 6/2/2006. Altera a redação dos arts. 29, 30, 32 e 87 da Lei n. 9.394, de 20/12/1996, que estabelece as diretrizes e bases da educação nacional, dispondo sobre a duração de 9 (nove) anos para o ensino fundamental, com matrícula obrigatória a partir dos 6 (seis) anos de idade. Disponível em: <www.planalto.gov.br>. Acesso em: 15 dez. 2012.

______. Decreto n. 6. 094, de 24/4/2007. Dispõe sobre a implementação do Plano de metas compromisso todos pela educação, pela união federal, em regime de colaboração com Municípios, Distrito Federal e Estados, e a participação das famílias e da comunidade, mediante programas e ações de assistência técnica e financeira, visando a mobilização social pela melhoria da qualidade da educação básica. Brasília, DOU de 25/4/2007, p. 5.

BRASIL/PR. Lei n. 11.502, de 1/7/2007. Modifica as competências e a estrutura organizacional da fundação Coordenação de Aperfeiçoamento de Pessoal de Nível Superior (Capes). Brasília, *DOU* de 12 jul. 2007.

______. Lei n. 11.684, de 2/6/2008. Altera o art. 36 da Lei n. 9.394, de 20/12/1996, que estabelece as diretrizes e bases da educação nacional, para incluir a Filosofia e a Sociologia como disciplinas obrigatórias nos currículos do ensino médio. Brasília, *DOU* de 3 jun. 2008.

______. Lei n. 11.502, de 11/7/2007. Modifica as competências e a estrutura organizacional da fundação Coordenação de Aperfeiçoamento de Pessoal de Nível Superior. Disponível em: <www.planalto.gov.br/CCIVIL/_Ato2007-2010/2007/Lei/L11502.htm>. Acesso em: 31 jul. 2007.

______. Lei n. 11.738, de 16/7/2008. Regulamenta a alínea "e" do inciso III do *caput* do art. 60 do Ato das Disposições Constitucionais Transitórias, para instituir o piso salarial profissional nacional para os profissionais do magistério público da educação básica. Disponível em: <www.planalto.gov.br/ccivil_03/_Ato2007-2010/2008/Lei/L11738.htm>. Acesso em: 9 nov. 2013.

______. Decreto n. 6.755, de 29/1/2009. Institui a política nacional de formação de profissionais do magistério da educação básica, disciplina a atuação da coordenação de aperfeiçoamento de pessoal de nível superior. Brasília, *DOU* de 30 jan. 2009.

______. Emenda Constitucional n. 59, de 11/11/2009. Acrescenta § 3º ao art. 76 do Ato das Disposições Constitucionais Transitórias para reduzir, anualmente, a partir do exercício de 2009, o percentual da Desvinculação das Receitas da União incidente sobre os recursos destinados à manutenção e desenvolvimento do ensino de que trata o art. 212 da Constituição Federal, dá nova redação aos incisos I e VII do art. 208, de forma a prever a obrigatoriedade do ensino de quatro a dezessete anos e ampliar a abrangência dos programas suplementares para todas as etapas da educação básica, e dá nova redação ao § 4º do art. 211 e ao § 3º do art. 212 e ao *caput* do art. 214, com a inserção neste dispositivo de inciso VI. Brasília, *DOU* de 12 nov. 2009.

______/Senado Federal. *Sistema S*. Disponível em: <www12.senado.gov.br/noticias/glossario-legislativo/sistema-s>. Acesso em: 1º nov. 2013.

______/IBGE. *Pesquisa Nacional por Amostra de Domicílios (Pnad/2012)*. Disponível em: <www.ibge.com.br/home/estatistica/populacao/pnad2012/default.shtm>. Acesso em: 28 dez.2013

BRASIL/MEC/CNE. Resolução CNE/CP n. 1, de 30/9/1999. Dispõe sobre os Institutos Superiores de Educação. Brasília, *DOU* de 7 out. 1999, seção 1, p. 50.

______. Resolução CNE/CP n. 1, de 18/2/2002. Institui Diretrizes Curriculares Nacionais para a Formação de Professores da Educação Básica, em nível superior, curso de licenciatura, de graduação plena. Brasília: *DOU* de 9 abr. 2002, seção 1, p. 31.

______. Resolução CNE/CEB n. 1, de 20/8/2003. Dispõe sobre os direitos dos profissionais da educação com formação de nível médio, na modalidade Normal, em relação à prerrogativa do exercício da docência, em vista do disposto na Lei n. 9.394/1996, e dá outras providências. Brasília, *DOU* de 22 ago. 2003, seção 1, p. 12.

______. *Escassez de professores no ensino médio*: propostas estruturais e emergenciais. Brasília: CNE/CEB, 2006.

______. *Ensino fundamental de nove anos*: perguntas mais frequentes. Disponível em: <http://portal.mec.gov.br/cn>. Acesso em: 15 dez. 2006.

______/MEC/SEA. *CONAE/2010*: Documento Final. Brasília: MEC/SEA, 2010.

______/MEC/CAPES. *Histórico do Sistema Universidade Aberta do Brasil*. Disponível em: <www.uab.capes.gov.br>. Acesso em: 1° nov. 2013.

______/MEC/Capes/DEB. Relatório de gestão 2009-2012. Disponível em: <www.uab.capes.gov.br>. Acesso em: 1° nov. 2013.

______/MEC/Inep. *Sinopse estatística da educação básica 2012*. Disponível em: <www.portal.inep.gov.br>. Acesso em: 15 set. 2013a.

______. *Censo da educação superior 2012*. Disponível em: <www.portal.inep.gov.br>. Acesso em: 30 out. 2013b.

BRZEZINSKI, I. (Org.). *LDB interpretada*: diversos olhares se entrecruzam. 10. ed. São Paulo: Cortez, 2008.

______. *Anfope em movimento 2008-2010*. Brasília: Liber Livro, 2011.

______. *LDB dez anos depois*: reinterpretação sob diversos olhares. 3. ed. São Paulo: Cortez, 2010.

______. *Fundamentos e contribuições à elaboração do Plano Nacional de Educação (2011-2022) com base nas emendas ao PL 8.035/2011*. Disponível em: <www.pgpege.org.br/home/index.asp>. Acesso em: 28 out. 2013.

______. *Relatório de Pesquisa*. Observatório da formação e valorização docente: configurações e impactos da implementação dos Fóruns Permanentes de Apoio à Formação do Magistério. Brasília: CNPq, 2013. (CD-ROM.)

CNTE. *Tabela de vencimentos, remunerações e jornadas de trabalho das carreiras de magistério público da educação básica* (Redes Estaduais). Referência mar. 2013. Disponível em: <www.cnte.org.br>. Acesso em: 9 nov. 2013.

CHAUI, M. *A universidade operacional*. Disponível em: <www1.folha.uol.com.br>. Acesso em: 21 out. 2008.

FERRARO, A. R. *História inacabada do analfabetismo no Brasil*. São Paulo: Cortez, 2009.

FORTES, V. A política e a arte da desqualificação. In: *Reflexões im-pertinentes*: história e capitalismo contemporâneo. Rio de Janeiro: Bom Texto, 2005. p. 271-316.

FÓRUM NACIONAL EM DEFESA DA ESCOLA PÚBLICA. *Declaração de princípios, objetivos e ações*. Brasília, 30 mar. 2011. (Mimeo.)

HOUAISS, A. *Dicionário eletrônico da língua portuguesa*. Objetiva, 2009.

IPM. *Instituto Paulo Montenegro e Ação educativa mostram evolução do alfabetismo funcional na última década*. Disponível em: <www.ipm.org.br/ipmb_pagina.php?mpg=4.02.01.00.00&ver=por>. Acesso em: 20 de set. 2013

LALANDE, A. *Vocabulário técnico e crítico da filosofia*. São Paulo: Martins Fontes, 1999.

OLIVEIRA, F de. Privatização do público, destruição da fala e anulação da política: o totalitarismo neoliberal. In: OLIVEIRA, F. de; PAOLI, M. C. (Org.). *Os sentidos da democracia*: políticas do dissenso e hegemonia global. 2. ed. Petrópolis: Vozes; Brasília: Nedic, 2000. p. 55-81.

PINO, I. R. Fórum Nacional em Defesa da Escola Pública. In: OLIVEIRA, D. A.; DUARTE, A. C.; VIEIRA, L. F. *Dicionário*: trabalho, profissão e condição docente. Belo Horizonte: UFMG, 2010. (CD-ROM.)

RUMMERT, S. M.; ALGEBAILE, E.; VENTURA, J. Educação da classe trabalhadora brasileira: expressão do desenvolvimento desigual e combinado. *Revista Brasileira de Educação*, v. 18, n. 54, p. 717-738, jul./set. 2013.

SAVIANI, D. Pedagogia: o espaço da educação na universidade. *Cadernos de Pesquisa*, São Paulo, v. 37, n. 130, p. 99-134, jan./abr. 2007.

SNYDERS, G. *Para onde vão as pedagogias não-diretivas?* 3. ed. São Paulo: Centauro, 2001.

5

A educação infantil na LDB/1996:
mudanças depois de 2007

Vital Didonet

A legislação é, por natureza, mutável. Deve acompanhar a dinâmica da sociedade e atender às necessidades que vão surgindo no processo de desenvolvimento do país, de sorte que este corresponda aos fundamentos, aos objetivos e aos princípios e valores da nação. A educação é um dos valores mais sagrados de um povo e uma ação fundamental para realizar a justiça, a igualdade, a dignidade, a participação cidadã de todos. Em razão disso, ela deve estar no topo das prioridades sociais e receber os cuidados mais zelosos dos Poderes da República para cumprir suas finalidades. Portanto, também do Poder Legislativo.

Por ser o Brasil uma República Federativa, constituída de entes autônomos (nos limites que lhes estabelece a Constituição Federal) com competências próprias e para respeitar o espaço das diversidades culturais, étnicas, sociais, ambientais e geográficas, à União compete apenas estabelecer as diretrizes e bases da educação nacional, consoante o art. 22, XXIV, da Constituição Federal:

Art. 22. Compete privativamente à União legislar sobre:

[...]

XXIV — diretrizes e bases da educação nacional;

[...]".

A LDB, como seu próprio nome diz, é uma lei de princípios e de diretrizes nacionais para a educação. A legislação educacional se completa, então, com leis estaduais e municipais. O equilíbrio sobre a corda bamba desse princípio resulta de um processo constante e onipresente de diálogo entre os entes federados. Mas nem sempre ele é realizado ou bem-sucedido. A própria definição de diretrizes e bases e seus limites até onde elas devem ou podem ir não estão claros, permitindo incursões às vezes consideradas ingerências em áreas restritas. O fato de ser a Educação um dever do Estado (art. 205 e 208 da Constituição Federal), quer dizer, do poder público, que engloba a União, os Estados, os Municípios e o Distrito Federal (art. 23, V), e de cada ente federado ter competências e área de atuação próprias, contribui para manter uma zona cinzenta no traçado dos limites entre definições legislativas federais, estaduais e municipais.

É sintomático que até hoje, 25 anos depois de promulgada a Constituição Federal, o parágrafo único do art. 23, que anuncia leis complementares com normas para a cooperação entre a União e os Estados, o Distrito Federal e os Municípios, foi atendido. Aguardamos, ainda, a lei complementar que regule a atuação conjunta, cooperativa, entre os sistemas de ensino da União, dos Estados e Distrito Federal e dos Municípios.

Parte dessa tarefa foi antecipada pela Constituição Federal (art. 211) e cumprida pela LDB (arts. 9°, 10° e 11°) ao determinarem enfoques prioritários aos entes federados na atenção às diferentes etapas da educação básica e à educação superior. Nesta e na formação técnica de nível médio, a União tem um papel mais amplo e intenso, por isso, a legislação federal, nesses campos, é mais detalhada. A educação infantil, desde o texto original da LDB, de 1996, foi agraciada por uma admirável parcimônia de apenas três breves artigos.

Seria essa economia legislativa federal derivada da compreensão de que aos Municípios competia definir mais detalhadamente as condições operacionais da educação infantil? Ou de um menor interesse por essa etapa da educação básica? As duas hipóteses são possíveis, sendo que a segunda ganhou maior consistência recentemente: a Emenda Constitucional n. 59/2009 e a Lei n. 12.796/2013 demonstram um interesse nacional mais forte pela educação infantil, inserindo parte dela — a pré-escola — no campo da obrigatoriedade para as crianças e determinando, com isso, a sua universalização.

Este capítulo analisa as alterações na educação infantil operadas na LDB depois de 2007[1], mas essa análise tem, necessariamente, que ser feita com o olhar posto simultaneamente na política pública de educação e, em particular, da educação infantil, o que, aliás, mantém coerência com o dito anteriormente sobre a relação entre legislação e dinâmica social.

Em vez do critério cronológico, da sequência temporal das leis, começamos pelas alterações centrais para depois analisar as consequentes ou complementares.

1. Lei n. 12.796, de 4 de abril de 2013

A história do caminho legislativo desta lei ajuda a entendê-la melhor. Sua origem é o Projeto de Lei n. 5.395/2009, da Presidência da República, cujo objetivo era alterar o art. 62 da LDB. Ele pretendia retirar a possibilidade de admissão de professores formados em nível médio na modalidade normal para o magistério nas primeiras quatro séries do ensino fundamental, mas a mantinha para a educação infantil. E acrescentava um parágrafo autorizando o MEC a estabelecer nota mínima no ENEM para ingresso nos cursos de graduação, de formação de professores.

---

1. As alterações feitas por leis anteriores foram objeto de análise publicada em: Brzezinski, Iria (Org). *LDB dez anos depois*: reinterpretação sob diversos olhares. São Paulo: Cortez, 2008.

Aquele Projeto de Lei (PL) foi alterado por iniciativa do próprio Poder Executivo, que enviou Mensagem ao Legislativo, ampliando o número de itens que pretendia modificar na LDB. A nova versão a) adequava a *idade de frequência na educação infantil* à estabelecida pela EC n. 53/2006 (até 5 anos); b) alterava a expressão *educandos com necessidades especiais* para *"com deficiência"*; c) mantinha a *exclusão de admissão de professores com formação de nível médio*, presente na redação original, mas acrescentava um parágrafo ao art. 62 da LDB para conceder direito à contratação de professores para a educação infantil e séries iniciais do ensino fundamental com formação de nível médio onde não houvesse disponibilidade de formados em nível superior.

Na Câmara, o Projeto recebeu vários acréscimos e, depois de aprovado, foi encaminhado ao Senado. Naquela Casa, designado de PLC n. 280 (o C indica que o projeto provém da Câmara), foi objeto de prolongados debates e emendas. A mais substancial foi apresentada pela senadora Fátima Cleide e se referia à ementa, que era o tema central do projeto — a formação dos profissionais da educação básica. Tendo essa senadora sido designada relatora, realizou um intenso processo de negociação interna e, com o MEC, promoveu audiências públicas e ouviu órgãos da sociedade civil e apresentou um Substitutivo, que foi aprovado. Ele mantinha a formação de nível superior e de nível médio, mas acrescentava vários dispositivos tendentes a disciplinar a formação inicial e continuada, como responsabilidade da União, dos Estados e Municípios. Esse tema foi contemplado em 2009, pela Lei n. 12.056, que acrescentou três parágrafos ao art. 62 da LDB, responsabilizando a União, os Estados, o Distrito Federal e os Municípios pela formação inicial e continuada, admitindo a formação a distância, mas concedendo preferência à presencial para a formação inicial.

Um dos temas de maior interesse da sociedade civil, naquele PLC n. 280, era clarear a controversa questão da idade na educação infantil — até cinco anos ou cinco anos, onze meses e trinta dias —, bem como a idade de ingresso no ensino fundamental — cinco anos e um dia ou seis anos completos ou a completar até 31 de março do ano da matrícula... A redação pretendida por vários órgãos da educação para a idade de frequência à educação infantil e, consequentemente, de ingresso no ensino fundamental não teve acolhida por não encontrar apoio suficiente entre os membros da Comissão de Educação do Senado. Ela continua presente em projetos de lei, com Parecer Técnico e Substitutivo pronto desde 2010 e, com novo relator, novo Parecer e novo Substitutivo, prestes a ser votado na Comissão de Educação da Câmara dos Deputados (PL n. 6.755/2010).

O prolongado tempo em que o PLC n. 280 esteve no Congresso pesou contra ele: nesse ínterim foi proclamada nova Emenda Constitucional — a de n. 59, de novembro de 2009 —, mas lhe trouxe como presente a chance de regulamentar dispositivos dessa Emenda.

Embora estejamos tratando aqui das alterações na LDB, é conveniente comentar, pelo menos brevemente, as mudanças no texto constitucional produzidas pela EC n. 59, pois a Lei n. 12.796 objetiva, centralmente, regulamentar aquelas mudanças.

A EC n. 59/2009 tem origem na Proposta de Emenda Constitucional n. 277-A, de 2008, que visava à excepcionalização progressiva dos recursos da União vinculados à manutenção e ao desenvolvimento do ensino (18% da arrecadação de impostos) do percentual previamente separado pela DRU (Desvinculação dos Recursos da União). A ela foram acrescentados dispositivos alheios ao tema da PEC como a extensão da obrigatoriedade da frequência à pré-escola para as crianças de quatro e cinco anos de idade e à escola aos adolescentes até dezessete. O Parecer do relator diz que essas inserções resultavam de entendimento com a Mesa da Comissão Especial e com o ministério da Educação. Curioso é que eles tenham sido enxertados numa Proposta de Emenda Constitucional que tratava de assunto totalmente diverso e cujo tema originário era de grande interesse da educação — aumento de recursos financeiros — e que recebia enorme pressão social para aprovação imediata, em vista do risco de ser rejeitada se a crise econômica mundial, de 2008, trouxesse maiores consequências sobre a economia brasileira.

Em vista disso, esses novos dispositivos não foram objeto de audiência pública nem houve debate na sociedade sobre eles. Até se evitou abrir esse debate, para não atrasar a tramitação da PEC. Sequer as imperfeições de redação no novo art. 208 da Constituição Federal puderam ser corrigidas.

A obrigatoriedade da pré-escola, aos 4 e 5 anos de idade, e a imposição aos pais da obrigação de matricular seus filhos nessas idades careciam de uma análise compreensiva de suas razões e consequências. A matrícula e a frequência compulsória à pré-escola envolvem questões conceituais e pedagógicas que merecem ser consideradas.

Pergunta-se por que obrigar os pais a colocar seus filhos de quatro e cinco anos numa pré-escola. Sem serem obrigados, eles estão demandando educação infantil para seus filhos, por necessidade ou por conhecerem o valor dessa educação para o desenvolvimento e a aprendizagem das crianças. Os sistemas de ensino é que não estão dando conta de atender a toda a demanda. São conhecidos os problemas de falta de vagas na pré-escola e, mais ainda, na creche. Era necessário, então, que o Estado se voltasse aos pais para lhes impor essa obrigação, quando quem está falhando é o próprio Estado no seu dever de garantir o direito à educação infantil?

O inciso I do art. 208 dessa EC n. 59 pressupõe que os pais estão se omitindo — e negando um direito das crianças — em não inscrever seus filhos na pré-escola. Não há dúvida de que, havendo oferta acessível e de qualidade, as famílias em número ainda maior acorrerão à educação infantil. A questão, portanto, não está na demanda, mas na oferta. São recorrentes os Termos de Ajuste propostos pelo Ministério Público aos gestores municipais de educação a fim de garantir o atendimento em creches e pré-escolas das crianças que, na fila de espera, aguardam por uma vaga. A medida constitucional para garantir educação infantil aos quatro e cinco anos de idade parece recair equivocadamente sobre as crianças e os pais, quando deveria incidir sobre o Estado, a fim de garantir o cumprimento do seu dever de atender a toda a demanda.

Concede-se ao argumento da EC n. 59 a intenção de trazer para a pré-escola as crianças de 4 e 5 anos das famílias de renda mais baixa e dos lugares mais afastados das atuais pré-escolas. O Estado ver-se-á na obrigação de disseminar estabelecimentos de educação infantil nas áreas em que essas famílias residem e, assim, haverá progresso na democratização do acesso e da aprendizagem naqueles anos cruciais do desenvolvimento infantil. No entanto, mais uma vez, a questão não está nos pais que seriam relapsos ou desinteressados nessa educação, mas no tradicional comportamento dos sistemas de ensino de deixar as populações mais pobres ou isoladas mal servidas de pré-escolas de qualidade. A medida justa, portanto, não seria atribuir nova obrigação aos pais, mas especificar, no dever do Estado para com o direito à educação infantil, a oferta democrática de tal sorte que as famílias hoje excluídas possam tomar parte nos benefícios da educação infantil. E isso poderia ser obtido estendendo, literalmente, o conceito de direito público subjetivo à educação infantil, não precisando recorrer ao princípio da obrigatoriedade. A Lei n. 12.796 fez essa explicitação.

A EC n. 59 ressuscita a ameaça que a PEC n. 233 trouxe ao sentido da educação infantil quando propôs a criação do Fundeb, excluindo a creche. Na esteira de uma intensa mobilização da sociedade civil, essa PEC, convertida na Emenda Constitucional n. 53, de 2006, incluiu a creche no Fundo e salvou-a do ostracismo, não só por lhe assegurar financiamento, mas também por mantê-la intrinsecamente unida à pré-escola. Assegurou-se, assim, a unidade interna da educação infantil do nascimento aos cinco anos de idade, como a Constituição Federal a concebeu, em 1988, como direito da criança e dos pais.

Agora, corre-se o risco de cindir novamente a educação infantil em duas partes — a pré-escola, obrigatória, que ascende ao patamar de prioritária, ressaltando sua importância educacional; e a creche, não obrigatória, que perde relevância. Essa dicotomia induzirá os sistemas de ensino a alocar a parte mais substancial da ação administrativa, que envolve a expansão do atendimento, e os recursos financeiros para a pré-escola e deixar a creche em plano secundário, marginal.

Se efetuada na prática, essa cisão retrocede aos anos 60 e 70 do século passado, quando a creche ainda não era vista pelas políticas públicas como instituição educacional e, na área social, ocupava-se do cuidado físico, da alimentação, saúde, higiene e proteção contra acidentes. Se isso vier a ocorrer, estaremos na contramão do que revelam as ciências sobre a importância dos primeiros três anos de vida para a formação da personalidade e das estruturas de base, cognitivas, sociais e afetivas, para o desenvolvimento e a aprendizagem ao longo da vida.

Sob o ponto de vista jurídico, a declaração de obrigatoriedade para a pessoa visa garantir um direito irrecusável, inalienável e necessário que ela, e que, por desconhecimento ou desinteresse, poderia não usufruir. Assim, o ensino primário foi declarado obrigatório em 1834, pela Constituição Política do Império do Brasil (art. 179, XXXII); aumentado para oito anos, em 1971, com o nome de ensino de 1º grau (Lei n. 5.692) e novamente aumentado, em 2006, agora para nove anos (Lei n. 11.274), para assegurar que todas as crianças adquirissem o conhecimento mínimo necessário na sociedade em que viviam. Hoje não bastam nove anos de escolaridade, daí sua extensão ao ensino médio. Em relação à pré-escola, há evidências, sustentadas por pesquisas, sobre os efeitos positivos da frequência a esse estabelecimento de ensino. Mas não há estudos que indiquem eventuais vantagens de torná-la compulsória. Além do mais, a demanda pela educação infantil sempre tem antecedido a oferta, e esta geralmente vem como resposta à procura manifestada pelos pais.

Alterações na educação infantil, na LDB, pela Lei n. 12.796/2013:

1. Acrescenta, no art. 3º, um novo princípio ao ensino: a "consideração com a diversidade étnico-racial".

A expressão "consideração com a diversidade" é tão imprecisa quanto genérica, mas tem o mérito de trazer para o rol de princípios da educação nacional o tema da diversidade. Ele, aqui, se refere a toda a educação e, por inclusão, à educação infantil. A atenção à diversidade está presente no discurso e já impregnado sólida e capilarmente em algumas políticas públicas, mas continua não sendo vista nem atendida em outras, que parece entenderem que todas as crianças, todos os adolescentes e todos os jovens são iguais.

O olhar para a diversidade como direito dos "diversos" e como riqueza de uma sociedade vem crescendo em importância no mundo inteiro e, em particular, no Brasil. E não somente no que diz respeito às etnias e culturas constitutivas da sociedade brasileira, mas também às relativas a gênero, às identidades sexuais, à diversidade ambiental e geográfica. A repercussão desse princípio se dará no currículo, nos projetos e nas atividades educacionais. Na creche e na pré-escola, a diversidade cultural já faz parte da proposta pedagógica há longo tempo. As diferentes manifestações da cultura brasileira e universal são trabalhadas na educação infantil. As demais começam a ser trazidas por força das mudanças de olhar da sociedade nos últimos anos sobre essa questão. Itens particulares que distinguem as subjetividades e as questões de gênero, cor e etnia ainda são vistos e tratados com superficialidade, quando não simplesmente omitidos.

2. O novo art. 4º dá uma redação melhor do que o fez a EC n. 59 para o art. 208 da Constituição Federal[2].

Essa redação, no entanto, padece, ainda, de falha redacional, compreensível, pois há limites à lei ordinária relativamente ao texto constitucional. A falha, que se poderia situar na técnica legislativa, embute ambiguidade conceitual entre os incisos I e II, como se houvesse dois tipos de *educação básica* — uma, "educação básica obrigatória", e outra, "educação básica geral": parte do II já se encontra no I. Mas tem o mérito de reorganizar, para efeitos operacionais, a estrutura do sistema da educação básica, que a redação do art. 208 da CF deixa confusa.

---

2. O *caput* do art. 208 simplesmente suprimiu a expressão ensino fundamental. Seus incisos falam em educação infantil, ensino médio, educação especial... Ainda bem que mais adiante outros dispositivos tratam do ensino fundamental.

Temos, assim:

- *educação básica obrigatória*, dos 4 aos 17 anos, em três etapas: pré-escola, ensino fundamental e ensino médio; e
- *educação básica (de 0 a 17 anos)*: educação infantil, ensino fundamental e ensino médio. O ensino fundamental e médio público e gratuito, embora não obrigatórios, continuam sendo direito de todos aqueles que a eles não tiveram acesso na idade própria.

Uma redação técnica mais precisa e clara seria:

Art. 4º O dever do Estado com a educação escolar pública será efetivado mediante a garantia de:

I — Educação Básica, organizada da seguinte forma:

a) Educação infantil, a partir do nascimento até cinco anos de idade;

b) Ensino fundamental, a partir de seis anos completos ou a completar em 31 de março do ano da matrícula;

c) Ensino Médio, na sequência etária do ensino fundamental.

II — Educação Superior.

§ 1º A Educação Básica é gratuita e obrigatória para todos dos quatro aos dezessete anos de idade;

§ 2º Os educandos com deficiência, transtornos globais de desenvolvimento e altas habilidades ou superdotação terão atendimento educacional especializado gratuito, transversal a todos os níveis, etapas e modalidades de ensino, preferencialmente nas escolas comuns;

§ 3º O acesso aos ensinos fundamental e médio é assegurado para todos os jovens e adultos que não os concluíram, e com características e modalidades adequadas à idade e ao exercício do trabalho;

Art. 4º B. Para assegurar a qualidade na Educação Básica, o Estado:

I — definirá padrões mínimos de qualidade, que incluem variedade e quantidade de insumos por aluno indispensáveis aos processos de ensino e da aprendizagem;

II — manterá programas suplementares de material didático-escolar, transporte, alimentação e assistência à saúde;

III — vaga na escola pública de educação infantil e de ensino fundamental mais próxima da residência da criança e do adolescente.

3. Suprime, substituindo por outros conteúdos, os incisos I e II, não mais necessários, porque presentes no *caput* do artigo (embora a Constituição mantenha o inciso III no art. 208: "ensino médio progressivamente obrigatório", que diverge do *caput*, segundo o qual a faixa etária que lhe corresponde é obrigatória, sem progressividade);

4. Adequa a faixa etária da educação infantil àquela definida pela EC n. 53: às crianças de *até cinco anos de idade*, subentendida a partir do nascimento (conforme o art. 7º, XXIV, da mesma Constituição). A redução da idade de seis para cinco anos foi introduzida na Constituição em 2006 para estabelecer a sequência ao ensino fundamental de nove anos, que começa aos seis, conforme determina a Lei n. 11.274/2006. No entendimento do legislador, para não haver superposição, a educação infantil teria que terminar um ano antes, portanto, aos cinco (§ 2º do art. 4º). O que não ficou claro é se com cinco anos e um dia a criança já deve estar no ensino fundamental, como preferem alguns, ou se ela entraria no primeiro ano desse ensino quando já tivesse seis anos ou celebraria o sexto aniversário até 31 de março, conforme entende o Conselho Nacional de Educação;

5. No inciso III desse mesmo art. 4º, muda a redação de "educandos com necessidades especiais" para "educandos com deficiência" e acrescenta os educandos "com transtornos globais de desenvolvimento e altas habilidades ou superdotação" no atendimento educacional especializado, transversal a todos os níveis, etapas e modalidades, preferencialmente na rede regular de ensino. A Lei faz a mesma alteração em todos os demais lugares em que a LDB se refere a essas características do educando (art. 58, 59 e 60);

6. O inciso VIII amplia a cobertura dos programas de material didático, transporte, alimentação escolar e assistência à saúde a todas as etapas da educação básica (sua oferta era obrigatória apenas no ensino fundamental público);

7. O art. 5º declara ser o acesso à educação básica obrigatória um direito público subjetivo. Até então, esse direito se restringia ao ensino fundamental. Embora esse fosse o entendimento da EC n. 59, a LDB dá clareza e segurança para a demanda de ensino médio e de educação infantil na faixa da pré-escola. Em consequência, qualquer cidadão, grupo de cidadãos, associação comunitária, organização sindical, entidade de classe ou outra legalmente constituída, e, ainda, o Ministério Público, têm o direito de acionar o poder público para exigir o cumprimento do direito à educação infantil (art. 5º, § 2º);

8. O recenseamento escolar, que até então era voltado ao ensino fundamental, tanto na idade regular quanto além dela, agora, pela Lei n. 12.796, abrange a educação básica obrigatória — portanto dos 4 aos 17 anos — segundo o *caput* do art. 5º. Ou toda a educação básica, portanto, a partir do nascimento até à idade adulta (para identificar jovens e adultos que não concluíram a educação básica), segundo o inciso I do mesmo art. 5º. A incongruência entre o *caput* e o inciso I carece de revisão, pois, segundo o *caput*, devem ser recenseadas as crianças de 4 e 5 anos, para a pré-escola obrigatória; e segundo o inciso I, todas em idade escolar, ou seja, as que estão na faixa da educação infantil, que começa com o nascimento;

A responsabilidade por esse levantamento é dos municípios (§ 1º desse mesmo artigo).

9. O dever dos pais de matricular seus filhos na escola começa quando eles chegam à idade de quatro anos, também em coerência com a EC n. 59, que tornou a pré-escola obrigatória para as crianças de 4 e 5 anos (art. 6º);

10. Os currículos da educação infantil passam a ter uma base nacional comum e uma parte diversificada, tal como a LDB determinava para o ensino fundamental e médio (alteração feita no art. 26).

Até hoje, o Conselho Nacional de Educação, em sintonia com a política nacional de educação infantil, tem optado por fixar diretrizes curriculares nacionais, que orientam obrigatoriamente a formulação das Propostas Pedagógicas pelos estabelecimentos de ensino, com a participação dos professores. A partir de agora, a tendência deverá ser de aproximar os procedimentos de composição do currículo da educação infantil aos do ensino fundamental e médio. Os que vinham defendendo a necessidade ou conveniência de um currículo nacional de educação infantil, ou, mesmo, a fixação de mínimos de aprendizagem têm respaldo legal para prosseguir na defesa dessa tese. Os gestores, especialistas e professores de educação infantil estarão, certamente, atentos para não submeterem a liberdade, a criatividade, a fértil imaginação das crianças na pesquisa e exploração do mundo físico, nas linguagens e nas artes, características da educação infantil, ao ensino em vista da aprendizagem dos conteúdos mínimos em linguagem, matemática e ciências (mencionados no § 1º do art. 26). Trata-se de enriquecer a educação das crianças pequenas, não de as bitolar às expectativas dos adultos;

11. A mudança nos art. 29 e 30 é apenas na idade para a frequência na educação infantil: até cinco anos;

12. A alteração do art. 31 é uma das mais radicais para a educação infantil: ela passa a ter um número mínimo de dias letivos por ano (200), carga horária anual (800) e diária (7 para o tempo integral e 4 para o parcial) e frequência mínima (60%). Ou seja, desde os quatro ou seis meses de idade, na creche, as crianças terão que cumprir obrigatoriamente o mínimo de 60% de frequência sobre 200 dias e 800 horas no caso de jornada parcial ou 1.400 horas, se integral;

Os mínimos funcionam também para os sistemas de ensino e para os estabelecimentos: eles são obrigados a oferecê-los. Não pode haver creche ou pré-escola com menos dias por ano e menos horas por dia e por ano de atendimento educacional do que aqueles fixados pela lei. Esse dispositivo visa assegurar o direito das crianças a uma certa intensidade de interações e de experiências que produzam aprendizagem;

13. As creches, pré-escolas ou centros de educação infantil terão que expedir documento escolar que ateste os processos de desenvolvimento e aprendizagem das crianças. O texto não explicita se será um relatório das atividades desenvolvidas ou se deve conter registro do desenvolvimento e aprendizagem das crianças. Se for o segundo caso, entra em cena a avaliação individual;

14. A exigência de formação para o magistério da educação básica continua inalterada: a formação em nível superior, como regra geral e prioritária; e admitida a formação de nível médio para atuação na educação infantil e nas cinco primeiras séries do ensino fundamental (antes era até à 4ª);

Mantém a responsabilidade da União, do Distrito Federal, dos Estados e Municípios pela formação; explicita formação inicial e continuada; e inclui a formação em serviço, mas para a formação inicial dá preferência à presencial;

Acrescenta quatro parágrafos explicitando regras para a formação: a) adoção de mecanismos de acesso aos cursos de formação inicial e continuada; b) programa de bolsa de iniciação à docência a estudantes de licenciatura, de graduação plena, como incentivo; c) possibilidade de exigência de nota mínima no Enem para ingresso nos cursos de graduação em docência;

A presidenta vetou o § 7º (e, por coerência, o art. 87-A, que a ele se referia), que dava prazo de seis anos, a partir da posse no cargo de magistério público, para os docentes formados em nível médio, modalidade normal, completarem a licenciatura plena. Os que já se encontravam no exercício do magistério na data da promulgação da lei não teriam essa exigência (de completar a formação com o curso superior).

15. A Lei n. 12.014/2009 já havia alterado o art. 61, substituindo a referência aos fundamentos da formação pela categorização dos

profissionais da educação escolar: a) professores habilitados para a docência; b) trabalhadores em educação com curso de pedagogia e pós-graduação e habilitação para administração, planejamento, supervisão, inspeção e orientação educacional; e c) trabalhadores em educação com curso técnico ou superior em pedagogia. A Lei n. 12.796 acrescenta que a formação dos profissionais referidos em c) se fará por meio de cursos de conteúdo técnico-pedagógico, incluindo habilitações tecnológicas;

16. A União passa a ter obrigação de prestar assistência técnica aos Municípios, ao DF e aos Estados na elaboração de concursos para seleção de profissionais da educação.

2. Questões especiais de debate

Em síntese, a Lei n. 12.796/2013 traz algumas novidades que podem incrementar a formação em nível superior dos professores da educação infantil e das cinco séries iniciais do ensino fundamental, corrige a terminologia e omissões na modalidade da educação especial, restaura o ensino fundamental como etapa da educação básica (omitido no *caput* do art. 208 da CF), estende a toda a educação básica obrigatória (4 a 17 anos) o princípio do direito público subjetivo, pois este acompanha a obrigatoriedade, explicita — o que era óbvio, a partir da compulsoriedade da pré-escola — que os pais estão obrigados a matricular seus filhos na educação infantil.

Ao lado dessas melhorias e atualizações, a nova lei introduz na LDB disposições controversas no meio educacional e itens com redação passível de interpretação divergente. Entre as questões que carecem de um debate qualificado estão as seguintes:

1. **A identidade da creche**: Ela pertence à educação básica, por ser parte da educação infantil, que é primeira etapa da educação básica, mas tem tratamento diferenciado, por não pertencer à

faixa obrigatória: qual é o verdadeiro sentido educacional da creche para a criança, para o sistema de ensino e para o país?

Ela traz de herança uma imagem de "lugar de guarda, proteção social e cuidado físico da criança enquanto seus pais trabalham" e um viés assistencialista, com trabalhadores voluntários, ou mal remunerados e formação de nível fundamental ou médio. Com a Constituição Federal de 1988, a creche adquiriu status de instituição educacional e a educação nela oferecida um direito da criança. A partir, sobretudo, da LDB, encetou-se um esforço de redesenhá-la como instituição educacional, animada por uma proposta pedagógica, em espaço adequado e com profissionais formados em pedagogia. Esse esforço pode sofrer uma desaceleração a partir da Lei n. 12.796. A crise de identidade pode agravar-se ou, se encarada com competência, pode ensejar um avanço conceitual e político nos próximos anos.

Quais são os componentes dessa crise?

Ser direito da criança do nascimento aos três anos, mas não ser direito público subjetivo. Com isso, a exigibilidade dessa educação não tem a mesma força que a da pré-escola, a do ensino fundamental e a do médio.

De um lado, a lei confirma o que já vem acontecendo no âmbito das políticas públicas de educação: mesmo não sendo obrigatória, ela recebe os mesmos programas suplementares — material didático, alimentação e transporte escolar, saúde — que a pré-escola, o ensino fundamental e o ensino médio. De outro, a ela serão destinados os professores com menor formação (nível médio). A não definição do quadro de profissionais da creche — além dos professores — está ensejando, em significativo número de municípios, a criação de cargos não pertencentes à categoria magistério, que a reaproxima da sua anterior alocação na assistência social.

Mesmo não sendo obrigatória — acertadamente! — mas um direito da criança constitucionalmente reconhecido, o que falta fazer para que a creche seja efetivamente uma instituição educacional pertencente ao sistema de ensino, responsável pelos três primeiros anos da etapa inicial da educação básica? Que cuidados são necessários, agora, para que ela não seja um mistura não homogênea de educação e assistência, um meio-termo entre a família e o estabelecimento educacional? E, ainda, como educação e assistência podem — e devem — se dar as mãos para assegurar um atendimento conforme as necessidades das crianças e suas famílias?

2. **A obrigação dos pais de matricular seus filhos de 4 e 5 anos na pré-escola (art. 6º) quer defender o direito das crianças** a pelo menos dois anos de educação infantil. A obrigação se estende a toda a faixa obrigatória da educação básica, mas aqui comentamos apenas a relativa à pré-escola.

   Por serem pequenas, as crianças não podem ir sozinhas. Quem é responsável por elas deve assumir a responsabilidade de providenciar sua ida ao estabelecimento de ensino. A obrigação está presente, mas a lei é omissa sobre as medidas a serem adotadas com os pais que não a cumprem. A única medida disciplinar presente na lei se refere à indisponibilidade de vaga na pré-escola, portanto, aplicável às autoridades responsáveis pela oferta.

   Cabe perguntar: como as famílias que moram muito longe de uma pré-escola, nas pequenas propriedades rurais, nas grandes fazendas e lavouras, na floresta amazônica, as famílias ribeirinhas cumprirão esse dever? Inventar-se-ão modalidades de educação infantil diferentes do modelo formal, dos estabelecimentos educacionais equipados com os instrumentos e materiais recomendados pelos parâmetros de qualidade e que reúnem grupos? Essa situação é universal e mais aguda nos países de grande extensão territorial e diversidade geográfica.

3. **Há uma racionalidade na exigência de frequência**. Poderia ser expressa desta forma: os bebês estão ocupando vagas na creche que não são suficientes para todos. Não é justo que sua frequência seja tão irregular a ponto de não se beneficiarem das oportunidades de aprendizagem, enquanto outras crianças estão fora, esperando uma vaga.

Mas há interrogações que questionam essa racionalidade: a) a creche iria desvincular a criança infrequente, para ceder a vaga a outra? b) em que época do ano o faria? c) e o faria independentemente do motivo que levou a criança a faltar? d) como compatibilizar a exigência de frequência mínima na creche com a liberdade que as crianças têm de usufruir desse direito?

Em relação à pré-escola, o raciocínio é semelhante. A criança que fica ausente quase metade do tempo está aproveitando muito pouco das oportunidades de aprendizagem e desenvolvimento e contribuindo para a baixa eficácia dos recursos públicos investidos na educação infantil. É justo que se exija dos pais o cuidado para que seus filhos participem o máximo possível do programa pedagógico da pré-escola.

Novamente aqui as perguntas se impõem. O direito à educação infantil é intrínseco da criança. Não está condicionado a uma determinada quantidade de experiências pedagógicas no estabelecimento de educação infantil. E o Estado tem dever de assegurar a todas o cumprimento desse direito. Mais, enquanto a criança tiver quatro e cinco anos, além de ser seu direito, está obrigada a frequentar a pré-escola. A obrigação não se cumpre com a matrícula, e sim com a participação regular no processo pedagógico. Que acontecerá se não alcançar a presença mínima em 60% dos dias ou das horas de atividade? Não poderá ser excluída...

A exigência dos mínimos de frequência tem uma função conceitual: até esse mínimo pode-se dizer que a criança se beneficiou da educação infantil; abaixo dele, não. E uma função pedagógica: que os pais compreendam a importância da presença diária da criança na creche e na pré-escola e, não havendo outro fator impeditivo, a levem regularmente ao estabelecimento educacional.

A lei fixa em 60% o comparecimento mínimo. Não há pesquisa que indique um percentual abaixo do qual a ausência teria comprometido o ano escolar para uma determinada criança. Nem há condição de medir o tempo mínimo de frequência para concluir que é suficiente para o ano escolar ter produzido o efeito educacional pretendido. Nas outras etapas da educação básica, é exigido o mínimo de 75% de presença. Há alguma razão educacional para estabelecer essa diferença de percentuais de frequência mínima? Ou apenas uma concessão à criança pequena para que falte menos?

4. **A idade de término da pré-escola e de ingresso no ensino fundamental permanece confusa**

A nova lei não resolveu o conflito de interpretação gerado pela redação do inciso do art. 208 da CF. Manteve a mesma expressão do texto constitucional, quando poderia tê-lo elucidado, ou seja, interpretado a intenção do legislador ao alterar o texto constitucional em vista do início do ensino fundamental aos seis anos, determinado pela Lei n. 11.274. Outra fonte legislativa que dá suficiente base para equacionar esse problema é a Lei n. 11.494/2010, que regulamenta a EC n. 53, que criou o Fundeb. Diz seu art. 10, § 4º, que fica assegurado o direito à educação infantil às crianças até o término do ano letivo em que completarem seis anos de idade.

A solução desse impasse continuará se dando no âmbito do Judiciário, quando deveria sê-lo no da educação, pois se trata de um assunto essencialmente psicopedagógico. É possível que, em breve, seja aprovado o PL n. 6.755/2010, que dirime esse problema, ao propor a seguinte redação para o *caput* do art. 31: "O ensino fundamental obrigatório, com duração de 9 (nove) anos, gratuito na escola pública, iniciando-se aos 6 (seis) anos completos ou a completar até 31 de março do ano de matrícula, terá por objetivo a formação básica do cidadão, mediante...".

5. **Desde os primeiros dias da creche, a educação infantil entra no formato escolar**: currículo com uma parte nacional e outra local, mínimo de dias letivos, mínimo de horas anuais, mínimo de horas diárias, mínimo de frequência obrigatória.

Os gestores dos sistemas de ensino precisam de parâmetros para saber se estão cumprindo o significado da obrigatoriedade. O legislador entendeu que o parâmetro é a quantidade de horas e dias de frequência anual. Formalmente, esse parâmetro expressa a participação nas oportunidades de convivência, interação e experiências educativas no espaço da creche e da pré-escola. Mas ele nada diz sobre a qualidade do processo pedagógico e quanto este preencheu o direito à educação. Não é prudente identificar direito à educação com matrícula ou presença num estabelecimento educacional.

A prática dirá se a formalização da educação infantil em mínimo de dias e horas de atividade, controle de frequência e documentação do processo pedagógico é benéfica ou perniciosa para a realização do objetivo principal, que é a qualidade da experiência pedagógica que produz desenvolvimento e aprendizagem. Vale a pena apostar em que ela dá um contorno de apoio a essa experiência. Aos educadores cabe fazer com que a qualidade não seja identificada com requisitos formais.

6. Qual o teor do documento escolar que a creche e a pré-escola deverão expedir sobre os processos de desenvolvimento e aprendizagem?

Uma descrição geral sobre a turma e as atividades desenvolvidas, para informar à próxima professora ou estabelecimento de ensino sobre as experiências de aprendizagem que a escola oportunizou? Ou um relatório individualizado sobre cada criança, com o registro das observações e reflexões pedagógicas sobre a participação dela? Não haverá uma corrida dos professores para os testes de avaliação, que lhes facilitarão escrever o documento?

7. E os profissionais da educação com formação de nível médio?

O veto ao § 7º do art. 62 tem fundamento técnico. No entanto, a retirada da obrigação de os novos contratados com formação de nível médio fazerem o curso superior de pedagogia no prazo de seis anos a contar da data da tomada de posse no cargo de magistério manterá indefinidamente um quadro de professores sem formação de nível superior.

A razão mais forte que motivou o veto, salvo melhor interpretação, não estaria no argumento apresentado ao Congresso Nacional de que a lei não prevê consequências para quem não concluir a graduação plena no prazo de seis anos, mas na deliberada intenção de muitos sistemas municipais de ensino contratarem profissionais de nível médio (sob o nome de Técnico de Desenvolvimento Infantil, Auxiliar de Desenvolvimento Infantil, Monitor etc.) para a creche e pretenderem manter esse quadro de nível médio, por razão financeira.

A questão do magistério da educação básica, na educação infantil e nas séries iniciais do ensino fundamental, continua aberta. Ainda se está em busca de melhor definição do perfil profissional e de uma fonte de recursos que sustente um quadro de profissionais qualificados.

É ponto de partida tanto da definição do perfil profissional quanto da remuneração o princípio de que os educadores da infância devem ter formação à altura das exigências que a fase mais importante da vida na formação humana apresenta. A complexidade da formação da criança, principalmente nos anos iniciais da vida, que envolve ciência e mistério, previsibilidade e surpresa, constituição dos sujeitos com individualidades únicas ao mesmo tempo vinculadas afetiva e socialmente com as demais, construção das estruturas cognitivas, sociais e afetivas que sustentarão o edifício da personalidade ao longo da vida... requer um elevado preparo acadêmico e uma formação pessoal que dialoga com a criança-em-formação.

O sistema de ensino brasileiro continua com uma contradição interna estupenda: determina formação menor para os profissionais do magistério da fase mais decisiva da formação da pessoa e das aprendizagens que embasam o conhecimento ao longo da vida. A busca e o encontro de soluções para essa contradição não é nova, mas o surpreendente é que, após avanços significativos, o projeto de lei abandona essa questão e mantém a redação que pretendeu alterar.

A lei não deu solução ao que era o objetivo inicial do projeto enviado ao Congresso Nacional e configurado mais amplamente no Substitutivo do Senado Federal: o perfil e a formação dos professores da educação básica. A meu ver, essa é uma tarefa necessária para a educação infantil. Em que pese a dificuldade de realizá-la, pois terá que ser antecedida de amplos debates entre os sistemas de ensino, com a participação dos professores e de outros profissionais, é urgente que seja feita, antes que se enverede por soluções aleatórias ditadas mais por questões financeiras do que por concepções educacionais.

2. Outras leis que alteram a LDB na etapa da educação infantil

Lei n. 11.700, de 2008: Art. 4º, X, da LDB determina que o Estado garanta vaga na escola pública de educação infantil mais próxima de sua residência a toda criança a partir do dia em que completar quatro anos de idade. A redação deste inciso está coerente com o entendimento do Conselho Nacional de Educação sobre o "corte etário" para matrícula no ensino fundamental. Ao dizer "a partir do dia em que completar quatro anos de idade", o legislador entende que a vaga na pré-escola, que é para crianças de 4 e 5 anos, não começa no primeiro dia após a criança completar três anos, mas quando ela tenha percorrido os 365 dias que compõem o quarto ano de vida. O mesmo raciocínio deveria ser feito para interpretar o início do ensino fundamental aos seis anos de idade, estabelecido pela Lei n. 11.274/2006.

Lei n. 11.769, de 2008: Explicita que, no ensino da arte, a música será conteúdo obrigatório. Também esse item, novo na LDB a partir de 2008, não causa alteração na atividade pedagógica da educação infantil, pois nela as diferentes artes, inclusive a música, são objeto de experiência e conhecimento das crianças.

Lei n. 12.013, de 2009: Os estabelecimentos de educação infantil devem informar o pai e a mãe ou o responsável legal sobre a frequência de seus filhos ou dependentes, bem como sobre a execução da Proposta Pedagógica da creche e da pré-escola (art. 12, VII).

Lei n. 12.287, de 2010: explicita que o ensino da arte, componente curricular obrigatório, deve expressar principalmente as expressões regionais. Embora essa explicitação seja novidade no texto da LDB, não constitui inovação na educação infantil.

3. Finalizando com uma reflexão

A educação infantil avançou vigorosamente no Brasil nos últimos anos, nos aspectos conceituais e pedagógicos, nas definições legislativas, na gestão dos sistemas municipais de ensino, na qualidade e quantidade da oferta, na expressão da demanda.

Esses avanços são fruto de variadas fontes, entre as quais destaco a disseminação dos conhecimentos produzidos pelas ciências no campo do desenvolvimento infantil, o empenho dos gestores no âmbito federal e municipal, a mobilização social, a determinação política, a produção acadêmica, a competência dos especialistas da área.

Especificamente no marco legal, temos vários fatores determinantes.

A EC n. 53, que acolheu a creche no Fundeb, tem o mérito para além do financiamento. A exclusão inicial da Proposta de Emenda Constitucional enviada ao Congresso Nacional, que estarreceu os profissionais da educação infantil e as organizações sociais nela envolvidas, suscitou um grande debate nacional e no recinto do Poder Legislativo. A creche tomou mais espaço de estudo, análise e debate do que tiveram outros temas tradicionalmente hegemônicos. Foi seu grande momento político. Mais do que discussões sobre o financiamento da creche, afloraram argumentos sobre o seu valor pedagógico, sua relevância na formação da pessoa, seu pertencimento à educação básica do cidadão.

A EC n. 59 provocou arranhões que poderiam ter sido evitados se os novos dispositivos pretendidos tivessem composto outra proposta de emenda constitucional que não a da desvinculação da educação do mecanismo da DRU. Pois, nesse caso, teriam sido debatidos e aperfeiçoados, tanto nos aspectos conceituais quanto redacionais.

A Lei n. 12.796/2013 também aporta avanços. Mas por estar cingida aos dispositivos da EC n. 59, seu espaço de regulamentação foi bastante restrito. É tímida em itens que poderia ter resolvido, como a celeuma em torno da "idade de corte" para ingresso no ensino fundamental, na creche e na pré-escola. Embora a idade para matrícula na pré-escola esteja precisa e claramente definida na Lei n. 11.700/2008 ("a partir do dia em que completar quatro anos de idade"), enquanto o ingresso no ensino fundamental continuar regulado por decisões judiciais (cinco anos e um dia de idade), a pré-escola obrigatória sofrerá demanda de matrícula aos três anos de idade. Sendo essa constituída de dois anos, para compatibilizá-la com um ensino fundamental iniciado aos cinco, terá que começar aos três. Aguardam-se outras iniciativas legislativas que dirimam as dúvidas de interpretação do texto constitucional e legal. Uma dessas iniciativas é o PL n. 6.755/2010, que equaciona o problema relativamente ao ensino fundamental.

Várias interrogações, apontadas neste texto, que as recentes alterações na LDB fizeram emergir para a educação infantil poderão contribuir para definir melhor sua identidade e o lugar que lhe corresponde na educação básica.

Referências

BRASIL. Presidência da República. Casa Civil. Subchefia para Assuntos Jurídicos. *Constituição da República Federativa do Brasil*. Atualizada com as Emendas Constitucionais promulgadas até 2013. Disponível em: <http://www.planalto.gov.br/ccivil_03/constituicao/constituicao.htm.>

______. Presidência da República. Casa Civil. Subchefia para Assuntos Jurídicos. Emenda Constitucional n. 53, de 19 de dezembro de 2006. Disponível em: http://www.planalto.gov.br/ccivil_03/constituicao/Emendas/Emc/emc53.htm; <http://legis.senado.leg.br/legislacao/ListaTextoIntegral.action?id=234142&norma=255167>.

______. Presidência da República. Casa Civil. Subchefia para Assuntos Jurídicos. Emenda Constitucional n. 59, de 11 de novembro de 2009. Disponível em: <http://www.planalto.gov.br/ccivil_03/constituicao/Emendas/Emc/emc59.htm>.

______. Câmara dos Deputados. Proposta de Emenda à Constituição Federal n. 536, de 1997, que deu origem à EC n. 53/2006. Dá nova redação aos arts. 23, 30, 206 e 212 da Constituição Federal e ao art. 60 do Ato das Disposições Constitucionais Transitórias e acrescenta § 5º ao art. 211 da Constituição Federal. Dispõe sobre o Fundo de Manutenção e Desenvolvimento da Educação Básica e de Valorização dos Profissionais da Educação (Fundeb). *Diá-*

rio da Câmara dos Deputados, 25 nov. 1997, p. 38200 ss. Disponível em: <http://www.camara.gov.br/proposicoesWeb/fichadetramitacao?idProposicao=14809>; <http://imagem.camara.gov.br/Imagem/d/pdf/DCD25NOV1997.pdf#page=306>.

BRASIL. Câmara dos Deputados. Proposta de Emenda à Constituição n. 277, de 2008. Acrescenta § 3º ao art. 76 do Ato das Disposições Constitucionais Transitórias para reduzir, anualmente, a partir do exercício de 2009, o percentual da Desvinculação de Receitas da União incidente sobre os recursos destinados à manutenção e desenvolvimento do ensino de que trata o art. 212 da Constituição Federal. Disponível em: <http://www.camara.gov.br/proposicoesWeb/prop_mostrarintegra?codteor=583937&filename=PEC+277/2008>. O Substitutivo, com redação final, incluindo as alterações introduzidas na Câmara dos Deputados, e que deu origem à Emenda Constitucional n. 59/2009. Disponível em: <http://www.camara.gov.br/proposicoesWeb/prop_mostrarintegra?codteor=697997&filename=REDACAO+FINAL+-+PEC+277/2008>.

______. Presidência da República. Casa Civil. Subchefia para Assuntos Jurídicos. Lei de Diretrizes e Bases da Educação Nacional (LDB), Lei n. 9.394, de 1996. Redação atualizada até abril de 2013, incluindo a Lei n. 12.796/2013. Disponível em: <http://www.planalto.gov.br/ccivil_03/leis/l9394.htm>.

______. Presidência da República. Casa Civil. Subchefia para Assuntos Jurídicos. Lei n. 11.274, de 2006. Altera a redação dos arts. 29, 30, 32 e 87 da Lei n. 9.394, de 20 de dezembro de 1996, que estabelece as diretrizes e bases da educação nacional, dispondo sobre a duração de 9 (nove) anos para o ensino fundamental, com matrícula obrigatória a partir dos 6 (seis) anos de idade. Disponível em: <http://www.planalto.gov.br/ccivil_03/_Ato2004-2006/2006/Lei/L11274.htm>.

______. Presidência da República. Casa Civil. Subchefia para Assuntos Jurídicos. Lei n. 11.494, de 2007. Regulamenta o Fundo de Manutenção e Desenvolvimento da Educação Básica e de Valorização dos Profissionais da Educação (Fundeb), de que trata o art. 60 do Ato das Disposições Constitucionais Transitórias; altera a Lei nº 10.195, de 14 de fevereiro de 2001; revoga dispositivos das Leis n. 9.424, de 24 de dezembro de 1996, n. 10.880, de 9 de junho de 2004, e n. 10.845, de 5 de março de 2004; e dá outras providências. Disponível em: <http://www.planalto.gov.br/ccivil_03/_ato2007-2010/2007/Lei/L11494.htm>.

BRASIL. Presidência da República. Casa Civil. Subchefia para Assuntos Jurídicos. Lei n. 11.700, de 2008. Acrescenta inciso X ao *caput* do art. 4º da Lei n. 9.394, de 20 de dezembro de 1996, para assegurar vaga na escola pública de educação infantil ou de ensino fundamental mais próxima de sua residência a toda criança a partir dos 4 (quatro) anos de idade. Disponível em: <http://www.planalto.gov.br/ccivil_03/_Ato2007-2010/2008/Lei/L11700.htm>.

______. Presidência da República. Casa Civil. Subchefia para Assuntos Jurídicos. Lei n. 11.769, de 2008. Altera a Lei n. 9.394, de 20 de dezembro de 1996, Lei de Diretrizes e Bases da Educação, para dispor sobre a obrigatoriedade do ensino da música na educação básica. Disponível em: <http://www.planalto.gov.br/ccivil_03/_Ato2007-2010/2008/lei/L11769.htm>.

______. Presidência da República. Casa Civil. Subchefia para Assuntos Jurídicos. Lei n. 12.013, de 2009. Altera o art. 12 da Lei n. 9.394, de 20 de dezembro de 1996, determinando às instituições de ensino obrigatoriedade no envio de informações escolares aos pais, conviventes ou não com seus filhos. Disponível em: <http://www.planalto.gov.br/ccivil_03/_ato2007-2010/2009/lei/l12013.htm>.

______. Presidência da República. Casa Civil. Subchefia para Assuntos Jurídicos. Lei n. 12.287, de 2010. Altera a Lei n. 9.394, de 20 de dezembro de 1996, que estabelece as diretrizes e bases da educação nacional, no tocante ao ensino da arte. Disponível em: <http://www.planalto.gov.br/ccivil_03/_Ato2007-2010/2010/Lei/L12287.htm>.

______. Presidência da República. Casa Civil. Subchefia para Assuntos Jurídicos. Lei n. 12.014, de 2009. Altera o art. 61 da Lei n. 9.394, de 20 de dezembro de 1996, com a finalidade de discriminar as categorias de trabalhadores que se devem considerar profissionais da educação. Disponível em: <http://www.planalto.gov.br/ccivil_03/_Ato2007-2010/2009/Lei/L12014.htm>.

______. Presidência da República. Casa Civil. Subchefia para Assuntos Jurídicos. Lei n. 12.056, de 2009. Acrescenta parágrafos ao art. 62 da Lei n. 9.394, de 20 de dezembro de 1996, que estabelece as diretrizes e bases da educação nacional. Disponível em: <http://www.planalto.gov.br/ccivil_03/_Ato2007-2010/2009/Lei/L12056.htm>.

______. Presidência da República. Casa Civil. Subchefia para Assuntos Jurídicos. Lei n. 12.796, de 4 de abril de 2013. Altera a Lei n. 9.394, de 20 de dezembro de 1996, que estabelece as diretrizes e bases da educação nacional, para dispor sobre a formação dos profissionais da educação e dar outras providências. Disponível em: <http://www.planalto.gov.br/ccivil_03/_Ato2011-2014/2013/Lei/L12796.htm>.

BRASIL. Câmara dos Deputados. Projeto de Lei n. 5.395, de 2009. Altera o art. 62 da Lei n. 9.394, de 20 de dezembro de 1996, que estabelece as diretrizes e bases da educação nacional, para dispor sobre a formação de docentes para atuar na educação básica. Disponível em: <http://www.camara.gov.br/proposicoesWeb/prop_mostrarintegra?codteor=663503&filename=PL+5395/2009>. No Senado Federal tomou o n. PLC n. 280/2009 e, na forma de substitutivo. Disponível em: <http://legis.senado.leg.br/mateweb/arquivos/mate-pdf/68352.pdf>. Foi devolvido à Câmara dos Deputados, Casa de origem, aprovado e transformado na Lei n. 12.796/2013.

______. Senado Federal. PLS n. 414, de 2008. Disponível em: <http://legis.senado.leg.br/mateweb/arquivos/mate-pdf/14220.pdf>. Na Câmara dos Deputados tomou o PL n. 6.755/2010, onde recebeu Substitutivo do Relator Dep. Joaquim Beltrão (sem ser votado) e novo Substitutivo do Relator Dep. Paulo Rubem Santiago, apresentado à Comissão de Educação em 2 de outubro de 2013. Disponível em <http://www.camara.gov.br/proposicoesWeb/prop_mostrarintegra?codteor=1146469&filename=Tramitacao-PL+6755/2010>.

CÂMARA DOS DEPUTADOS. Comissão de Educação e Cultura. *Cadernos CEC*, n. 02/2010. O Direito da Criança à Educação Infantil: Projetos em tramitação no Congresso Nacional. PLC n.414/2008 e PL n. 6755/2010 e manifestos das organizações da sociedade civil. Publicação organizada por Marcia Abreu e Marcos Cordiolli. Brasília, 2010.

6

Reexaminando a educação básica na LDB: ganhos e perdas após dezessete anos

Eva Waisros Pereira
Zuleide Araújo Teixeira

1. Introdução

Ao longo de quase duas décadas que se seguiram à promulgação da LDB/1996, houve inúmeras iniciativas visando alterar o seu texto. Em grande parte, as demandas vieram da sociedade civil organizada e se materializaram em propostas formuladas nas Conferências de Educação — municipais, intermunicipais, estaduais, distrital e nacional — e em outros fóruns especializados, buscando recuperar perdas que lhe foram impingidas no processo de sua elaboração. Diferentemente dessas, surgiram também pleitos oriundos de outros segmentos da sociedade, pautados por interesses econômicos, políticos, sociais, educacionais, culturais e religiosos diversos. Ao desaguarem no Congresso Nacional, essas propostas geraram polêmicas e disputas entre parlamentares e entre partidos políticos.

Nesse processo de atualização dos dispositivos legais, configura-se como fator determinante a pressão exercida sobre os Poderes constituídos. Encontram-se ainda presentes na memória coletiva as recentes manifestações populares ocorridas em todo o País, clamando por mudanças em setores estratégicos, como educação, saúde e transporte público, tornando factível a formulação de novos compromissos do Estado com a educação brasileira.

No presente texto, busca-se refletir sobre o conjunto de mudanças havidas na LDB/1996 referente à educação básica, em suas diferentes etapas de escolarização, com especial atenção à educação fundamental e ao ensino médio. A educação profissional se faz presente neste capítulo, a partir de uma referência ao ensino médio integrado, que traduz uma integração possível entre as duas modalidades de ensino, como se verifica no conceito e na estruturação do ensino profissional e tecnológico em oferta.

A análise que aqui se procede sobre as alterações introduzidas na Lei Maior adota como premissa as linhas orientadoras do projeto da LDB, construídas pelo Fórum Nacional em Defesa da Escola Pública, no decorrer do processo democrático e qualificado de sua elaboração, e se respalda nos ideais republicanos que preconizam a ampliação de direitos mediante a universalização da educação básica e a consolidação de uma escola pública unitária, gratuita, obrigatória, laica e de qualidade.

2. Democratização do acesso, permanência e sucesso

2.1 Extensão da escolaridade obrigatória e gratuita de quatro aos 17 anos de idade

Entre as mudanças introduzidas na educação básica, durante o período de vigência da Lei, avanço significativo concerne à ampliação do dever do Estado com a educação. A iniciativa teve origem no Poder Legislativo, mediante a Emenda Constitucional n. 59/2009, que, aprovada no Congresso Nacional, alterou o art. 208, inciso I da

Constituição Federal, estendendo a obrigatoriedade e a gratuidade da educação básica à população na faixa etária dos quatro aos dezessete anos. Além de assegurar a sua oferta gratuita para os que a ela não tiveram acesso na idade própria. Nos termos do art. 6º da referida emenda, o prazo para a sua implantação é até 2016.

Trata-se de uma mudança basilar no que tange à obrigatoriedade e gratuidade escolar, que agora se estende da pré-escola ao ensino médio. Em decorrência, a regulamentação da citada emenda constitucional, por meio da Lei n. 12.796, de 4/4/2013, introduziu alterações no art. 4 da LDB/1996, que passa a ter a seguinte redação:

> Art. 4º O dever do Estado com educação escolar pública será efetivado mediante a garantia de:
>
> I — educação básica obrigatória e gratuita dos 4 (quatro) aos 17 (dezessete) anos de idade, organizada da seguinte forma:
>
> a) pré-escola;
>
> b) ensino fundamental;
>
> c) ensino médio;
>
> II — educação infantil gratuita às crianças de até 5 (cinco) anos de idade;
>
> II — atendimento educacional especializado gratuito aos educandos com deficiência, transtornos globais do desenvolvimento e altas habilidades ou superdotação, transversal a todos os níveis, etapas e modalidades, preferencialmente na rede regular de ensino;
>
> [...]
>
> IV — acesso público e gratuito aos ensinos fundamental e médio para todos os que não os concluíram na idade própria;
>
> [...]

A ampliação do acesso à educação básica representa importante conquista das instituições representativas da sociedade civil integrantes do Fórum, cuja ação política junto ao Congresso Nacional teve influência significativa no processo legislativo de elaboração dessa Lei, especialmente em sua fase inicial. Haja vista que a demanda pela universalização da educação básica já se encontrava expressa no projeto original da LDB/1988, bem como no respectivo texto substitutivo, aprovado, em 1990, pela Comissão da Educação da Câmara Federal. Contudo as disputas e polêmicas que emergiram no Congresso Nacional, no decorrer da tramitação da Lei, às vezes provocadas pela interferência do Poder Executivo, como ocorreu com a intervenção do então ministro José Goldenberg, limitaram à época o período de obrigatoriedade e gratuidade ao ensino fundamental.

Assim, embora a Lei n. 9.394, de 20/12/1996, ao instituir a obrigatoriedade e a gratuidade para o ensino fundamental de oito anos de duração representasse um avanço em relação à lei precedente — Lei n. 4.024, de 20/12/1961—, que estabelecia como obrigação do Estado exclusivamente o então ensino primário de quatro anos, a atual LDB não efetivou a incorporação da pré-escola e do ensino médio na faixa de obrigatoriedade e gratuidade escolar, ora conquistada como direito social. Daí a propriedade das palavras proferidas naquela ocasião pelo deputado Florestan Fernandes ao referir-se à LDB: "[...] o projeto de lei que resultará da elaboração final será um projeto descosido, com marchas e contramarchas, deixando de responder às exigências educacionais da presente situação histórica" (Fernandes, 1993, p. 19-20).

O fato é que o direito à educação vem alcançando novos patamares no País. Assim é que, num primeiro momento, passados dez anos da promulgação da LDB, a ampliação desse direito efetivou-se com a instituição do ensino fundamental de nove anos de duração, consoante a Lei n. 11.274/2006. A inovação tornava obrigatória a matrícula no ensino fundamental a partir de seis anos de idade e, em consequência, acarretou a reestruturação das etapas iniciais da educação básica, que permanecem até a atualidade com o seguinte formato: a) educação infantil destinada a crianças de até cinco anos, na pré-escola, de quatro a cinco anos; e, na creche, até três anos; b) ensino fundamental para crianças e jovens de seis a 14 anos.

Novo passo em direção à ampliação do direito à educação deu-se com a Lei n. 12.061, de 27/12/2009, ao instituir a "universalização do ensino médio", alterando, assim, o inciso II do art. 4º da LDB, que antes estabelecia, de forma vaga, "a progressiva extensão da obrigatoriedade e gratuidade no ensino médio".

Atualmente, em face das mudanças introduzidas pela Lei n. 12.796/2013, o direito à educação vai além dos nove anos do ensino fundamental, uma vez que a LDB incluiu em seu art. 4º, como responsabilidade do poder público, a oferta da pré-escola à população infantil de quatro a cinco anos, assim como a do ensino médio aos jovens de até 17 anos, totalizando 14 anos de escolaridade obrigatória.

Configura-se nessa reforma a intenção primordial de promover a inclusão social dos brasileiros, considerando que, além de ampliar a faixa etária de escolarização obrigatória e gratuita, também assegura o direito de acesso ao ensino fundamental e médio gratuito aos jovens, adultos e idosos, bem como aos alunos com deficiência e aos superdotados, mediante atendimento especializado gratuito, preferencialmente na escola pública. Outro item importante decorrente da Emenda Constitucional n. 59/2009 é a mudança no art. 214 da Constituição Federal que definiu novas diretrizes para o investimento público em educação.

Desse modo, o atual ordenamento jurídico da educação brasileira, se efetivado em conformidade com os dispositivos legais aqui referidos, poderão imprimir novo ritmo à expansão histórica da escolarização obrigatória no Brasil. É mister, porém, que se indague sobre as reais condições para a sua realização, considerando as estratégias políticas que com essa finalidade estão sendo propostas pelo Estado Brasileiro.

O panorama atual mostra que a universalização do acesso ao ensino fundamental já é um fato em nosso País. Os dados do IBGE (2011) revelam que 98%, das crianças brasileiras de sete a 14 anos de idade, frequenta esse nível escolar. Preocupante é o fato de não ser pequeno o número de alunos de 15 a 17 anos também frequentando o ensino fundamental e o de jovens entre 18 e 24 anos matriculados no ensino médio. Segundo dados da mesma pesquisa, somente pouco mais da metade dos jovens entre 15 e 17 anos (51,8%) estava matriculada no ensino médio, e o número de alunos entre 18 e 24 anos compunha o restante de alunos matriculados nessa etapa de ensino. Essa defasagem idade-série é, historicamente, um dos maiores gargalos da educação brasileira. Há ainda um agravante relativamente ao ensino médio: o abandono escolar que, em 2011, chegou a 32,2% dos jovens de 18 a 24 anos, majoritariamente alunos pobres e de raça preta ou parda.

Assim, um dos principais dilemas da educação contemporânea é o acesso e a permanência dos adolescentes e jovens nos bancos escolares do ensino médio. Pesquisas evidenciam que, atraídos pelo número de estímulos e pela velocidade do movimento da sociedade, a escola lhes pareça enfadonha, o que os leva a considerar fora de propósito experiências sociais, relações pessoais, conhecimentos, e outros valores afins. Face a esse indicador, o abandono escolar tem sido provocado não somente pelo fator socioeconômico.

O desinteresse dos adolescentes e jovens pela vida escolar tem gerado muitas reflexões por parte dos educadores e de grande parte de seus familiares, que buscam encontrar possíveis caminhos de fazer com que o ensino médio seja vivido e percebido como significativo na construção do processo formativo. O grande desafio, com certeza, envolve a capacidade de se organizar um projeto pedagógico e um programa curricular que consigam, ao mesmo tempo, formar os jovens não somente para continuar os estudos no ensino superior e/ou ingressar no mercado de trabalho.

No Brasil, busca-se vencer os desafios deste nível de formação, por parte da rede escolar, bem como por algumas proposições do governo, visando elevar o índice de conclusão do ensino médio regular para o patamar de países mais desenvolvidos.

Conforme o Gabinete de Estatísticas da União Europeia (Eurostat), a média de conclusão nessa faixa etária entre os 27 membros é de 79%. Nos Estados Unidos, chega a 89%. No Brasil, conforme a Síntese dos Indicadores Sociais divulgada pelo IBGE em 2010, somente 37% dos jovens de 18 a 24 anos já completaram a etapa. Segundo pesquisa recente divulgada pelo Instituto Unibanco junto à rede estadual paulista, de cada 100 alunos que terminam o ensino fundamental com a idade correta, 83 vão para o ensino médio. Destes, apenas 47 terminam o médio em três anos. Considerando a evasão do início do fundamental ao final do ensino médio, de cada 100 estudantes que entram saem 23 no período correto.

Tendo em vista superar essa situação, encontra-se em desenvolvimento uma proposta para garantir a qualidade do ensino médio e manter o número de estudantes durante todo o período, por meio da integração entre o ensino médio propedêutico e a educação profissional tecnológica. Denominado ensino médio inovador e integrado, sai da perspectiva anterior baseada na pedagogia da competência, adotando como princípio o "ensino médio para a vida".

Um movimento contra-hegemônico a favor do currículo integrado teve início nos anos 2000. Foi derrubado o Decreto n. 2.008 de 1997, que separava o ensino médio propedêutico da educação profissional e tecnológica, e substituído pelo Decreto n. 5.154/2004, que buscou superar esta segmentação na formação de nível médio.

A síntese de dados apresentada no Documento-Referência — II Conae 2014 — confirma o cenário preocupante: taxa média de educação escolarizada da força de trabalho, no Brasil, de apenas 7,5 anos, com elevado número de analfabetos (cerca de 14 milhões), baixa taxa de escolarização líquida da população de 15 a 17 anos, no ensino médio (cerca de 50%) e baixa taxa líquida da população de 18 a 24 anos na educação superior (cerca de 14%). Esses indicadores mostram que, apesar do progresso evidenciado nos níveis de escolarização da população brasileira, persiste a desigualdade no processo quantitativo de democratização escolar, numa clara alusão às condições adversas que ainda perduram para uma sociedade inclusiva.

Enquanto os países desenvolvidos já caminham em direção à universalização do ensino superior, aspira-se hoje, no Brasil, concretizar a universalização dos dois ciclos — fundamental e médio —, correspondente a 12 anos de estudo completos, e que se constituem o mínimo necessário para a formação do cidadão, de modo a que possa sobreviver com dignidade e contribuir para o desenvolvimento e o bem-estar dos brasileiros.

2.2 A educação como direito público subjetivo

No intuito de adequar-se às novas exigências educacionais, a Lei n. 12.795/2013 modificou também o art. 5º da LDB, no referente ao direito público subjetivo, anteriormente restrito ao ensino fundamental. Com a mudança havida, o *caput* do referido artigo passa a ter a seguinte formulação:

> Art. 5º O acesso à educação básica obrigatória é direito público subjetivo, podendo qualquer cidadão, grupo de cidadãos, associação comunitária, organização sindical, entidade de classe ou outra legalmente constituída e, ainda, o Ministério Público, acionar o poder público para exigi-lo.

Significa dizer que o poder público poderá ser acionado pela não oferta da educação escolar na faixa etária de escolarização obrigatória, ou seja, desde a pré-escola, para crianças a partir de quatro anos de idade, até o término do ensino médio, os adolescentes de 15 a 17 anos, como também os que não tiveram oportunidade de realizar seus estudos na idade própria. Vale enfatizar a relevância dessa iniciativa pelo fato de o direito público subjetivo se constituir em um "instrumento jurídico institucional capaz de transformar esse direito num caminho de efetivação de uma democracia educacional" (Cury et al., 1996, p. 26).

Em decorrência, a citada lei alterou o parágrafo primeiro e o inciso I do art. 5º da LDB, ampliando o dever do poder público no que tange ao recenseamento anual das crianças e adolescentes em idade escolar, como também de jovens e adultos que não concluíram a educação básica.

O recenseamento escolar que se destinava à previsão anual de matrículas para o ensino fundamental, agora se torna um processo mais complexo e abrangente, que inclui as diversas etapas da educação básica abrangidas pela obrigatoriedade escolar, demandando para a sua realização o compartilhamento de responsabilidades e ação conjugada de diferentes instâncias governamentais.

Acrescente-se ainda que, em face da antecipação do período de escolarização obrigatória, a citada Lei alterou também o art. 6º da LDB/1996, atribuindo aos pais ou responsáveis o dever de matricular as crianças na educação básica, a partir dos quatro anos de idade.

Esse dispositivo revela outra face da moeda, ou seja, não apenas o Estado como também os pais ou responsáveis têm deveres a assumir em relação à educação das crianças em idade escolar. É de sua responsabilidade a efetivação da matrícula de seus filhos ou das crianças sob a sua guarda a partir dos anos iniciais da educação básica obrigatória, sem o que serão passíveis de sanções legalmente estabelecidas, como "crime de abandono intelectual", segundo o art. 246 do Código Penal Brasileiro, ou simplesmente de "omissão", nos termos do Estatuto da Criança e do Adolescente (Horta, 2013; Cury, 2013). Observe-se, porém, que em relação às autoridades competentes será imputado "crime de responsabilidade", conforme § 4º, art. 5º da LDB.

A obrigatoriedade de matrícula na pré-escola é uma inovação na legislação educacional do País. Embora essa etapa se assente numa concepção eminentemente educacional e, ao mesmo tempo, contemple uma demanda social decorrente da inserção das mulheres no mercado de trabalho, a matrícula na pré-escola ainda suscita polêmica no que tange ao seu caráter compulsório. Ademais, há de se levar em conta as dificuldades concretas para o atual cumprimento da norma, devido às carências existentes em relação à infraestrutura e à insuficiência de profissionais especializados para o atendimento às crianças dessa faixa etária.

Paralelamente à garantia da matrícula, os pais e responsáveis são corresponsabilizados pelo poder público no que tange à permanência dos alunos na escola. Cabe lembrar que o projeto original da LDB já inscrevia, no seu art. 12, inciso VII, a incumbência dos estabelecimentos de ensino de "informar os pais e responsáveis sobre a frequência [...]", o que atualmente foi complementado pela proposição da Lei n. 10.287, de 20 de setembro de 2001, que incluiu no referido artigo o inciso VIII, atribuindo à instituição escolar o encargo de

> [...] notificar ao Conselho Tutelar do Município, ao juiz competente da Comarca e ao respectivo representante do Ministério Público a relação dos alunos que apresentem quantidade de faltas acima de cinquenta por cento do percentual permitido em Lei.

Configura-se nesse dispositivo um novo mecanismo de pressão visando à efetividade da escolarização compulsória. Após doze anos de sua vigência na LDB, há que se indagar: Em que medida vem se dando o seu cumprimento? Quais as consequências que podem advir de sua aplicação? E acrescentar a questão formulada por Chartier (2013, p.427): "Para os contraventores, é preciso prever uma legislação repressiva?". Ou, ainda, replicar a pergunta de Vidal (2013, p.15): "Poderia o Estado interferir na autoridade do pai no sentido de obrigá-lo a escolarizar seu filho?". Não há respostas unânimes sobre essas questões.

O fato é que a escolarização compulsória tem sido tema de debate no País desde o seu surgimento, há quase dois séculos, e ainda hoje continua sendo problematizada sobre a sua pertinência e limites. É o caso dos grupos ou pessoas que argumentam em defesa do *home schooling* (Cury, 2013) ou daqueles que divergem em relação à idade ideal de escolarização (Arelaro, 2013). Contudo, a defesa da garantia de acesso e permanência é hoje uma bandeira levantada por diferentes grupos sociais e entendida como fator de desenvolvimento humano e das nações. Daí, considerar-se que

> [...] todas as conquistas legais relacionadas com o direito à educação, a obrigatoriedade escolar e a sua extensão, fruto de muita mobilização e resultado de muitos embates e lutas, só adquirem o seu verdadeiro sentido quando os Poderes Públicos se revestem de vontade política de torná-las efetivas e a sociedade civil organizada se mobiliza no sentido de defendê-las e exigir o seu cumprimento na justiça e nas ruas, quando necessário. (Horta, 1998, p. 31)

É perscrutando as políticas educacionais que se tem a dimensão das condições que estão sendo criadas pelo Estado brasileiro para que se materialize o imprescritível direito de acesso e permanência da população brasileira no processo de escolarização obrigatória.

2.3 Programas de apoio ao educando e à escola

Há de se considerar, preliminarmente, que fatores externos à educação condicionam o nível de vida dos brasileiros, com reflexos para o êxito ou fracasso das políticas educacionais. Nesse sentido, as ações governamentais voltadas à população socialmente marginalizada — ainda que decorrentes de medidas emergenciais, compensatórias e de caráter temporário —, visando à melhoria das condições de vida e elevação dos segmentos mais pobres a novos patamares da escala social, ecoam no processo de democratização da educação.

Embora as políticas sociais em crescente expansão nas últimas décadas venham alcançando resultados positivos na diminuição da pobreza, a desigualdade na sociedade brasileira continua enorme, em face da concentração de renda para poucos. Nesse contexto, as políticas públicas voltadas para a inclusão educacional vêm ampliando a oferta de programas assistenciais que visem favorecer a permanência e sucesso do aluno na escola.

O texto original da LDB já estabelecia, em seu art. 4º inciso, VII, o dever do Estado na oferta de programas suplementares para atendimento aos educandos no ensino fundamental público, e que ora estão sendo ampliados, por força da Lei n. 12.796/2013, para beneficiar alunos e escolas das diversas etapas da educação básica.

Para ajustar-se a essas mudanças, o governo federal encaminhou ao Congresso Nacional a Medida Provisória n. 455, de 2008, posteriormente convertida na Lei n. 11.947, de 16 de junho de 2009, que estabeleceu novos objetivos, estratégias e critérios para a operacionalização de diversos programas assistenciais, a saber: a) Programa Nacional de Alimentação Escolar (PNAE); b) Programa de Desenvolvimento Direto na Escola (PDDE); e c) Programa de Apoio ao Transporte Escolar (PNATE).

Importante mencionar ainda o Programa Nacional do Livro Didático (PNLD), que foi criado pelo Decreto n. 91.542 (BRASIL, 1995) em substituição ao Programa do Livro Didático — Ensino Fundamental (PLIDEF). Com a sua abrangência ampliada para além do ensino fundamental, assume também a distribuição de livros didáticos para o ensino médio, em áreas como Português, Matemática e Biologia (CURY, 2009).

Pelas novas regras que os regem, esses programas são executados por meio de recursos orçamentários do Fundo Nacional de Desenvolvimento da Educação (FNDE) e adotam mecanismos de gestão, controle e fiscalização estabelecidos em lei. A sua finalidade é prover a escola e os alunos de meios para que possam enfrentar, no cotidiano, problemas e dificuldades que a própria obrigatoriedade coloca para a maioria da população, especialmente para as camadas mais pobres. Não há mais necessidade de persuasão, do convencimento de alunos e pais sobre a importância de acesso e frequência regular à escola, pois a escolarização tornou-se hoje um valor consensual na sociedade. Trata-se agora da adoção de medidas interventivas do Estado para superar ou minimizar fatores que corroboram para a desescolarização. Cite-se, como uma das situações típicas de restrição à escolarização, a distância a percorrer entre o local de moradia e a escola, especialmente na zona rural, devido à dispersão populacional. Segundo Vidal (2013, p, 19)

> No escopo da desobrigatoriedade que a legislação desenha emergia a figura da criança pobre, residente das zonas rurais. Imagem que permanece ainda hoje como signo da exclusão, quando observamos os dados relativos à alfabetização. Apenas no que tange à relação campo-cidade, o relatório produzido pela Unesco em 2008 indica que enquanto nas zonas urbanas metropolitanas o número de pessoas não alfabetizadas é de 4,5%, nas áreas rurais esta percentagem chega a 24,2%.

Mudar essa realidade, ainda que sob a forma de assistência, é um caminho válido para atenuar a desigualdade e, assim, dotar a população mais pobre de meios que favoreçam a efetivação de um direito.

2.4 *Qualidade da educação escolar: políticas e perspectivas*

A inclusão social, preocupação nuclear na formulação das atuais políticas públicas, requer a garantia do direito à educação a todos aqueles que ainda estão fora da escola e, ao mesmo tempo, a promoção de novo padrão de qualidade na formação dos alunos que já a frequentam. A propósito desse tema, Dermeval Trigueiro Mendes já afirmava, na década de 1960, que não bastava aumentar os números sem modificar as coisas numeradas. Argumentando nesse sentido, dizia o ilustre educador:

> Parece-me que o reforço da educação reclamado pela sociedade tecnológica decorre nem tanto de soluções aumentativas, mas, sobretudo, de soluções qualitativas. [...] A pretendida extensão da escolaridade nos moldes atuais talvez não chegue a acrescentar nada de substancial à escola primária; prolonga-lhe o ensino ineficaz, deteriorado, segundo a caracterização feita, insistentemente, pelos nossos educadores. (Mendes, apud Horta, 2013, p. 996)

O conceito de escola de qualidade varia ao longo da trajetória do sistema educacional e, no presente estágio, envolve uma gama de aspectos inter-relacionados, como: custeio adequado para prover a escola de condições materiais para a oferta de uma educação efetiva; valorização dos sujeitos envolvidos no processo de ensino e de aprendizagem e atenção à gestão escolar; organização e currículos escolares; expectativas da comunidade em relação aos saberes ministrados pela escola (Alves e Silva, 2013). Especial destaque cabe aos profissionais da educação — principais agentes do processo de escolarização — que, atuando diretamente junto aos alunos, desempenham papel determinante para a qualidade da educação.

As análises desenvolvidas pelos coautores deste livro enfatizam diferentes aspectos atinentes à qualidade da educação. O presente texto se atém a questões propriamente organizacionais e pedagógicas da educação básica, consideradas à luz das mudanças introduzidas na legislação educacional.

2.5 *Currículos, espaços e tempos escolares: inovações e permanências na educação básica*

A incorporação de crianças de 4 a 5 anos de idade na faixa de obrigatoriedade escolar originou mudanças significativas na educação infantil, no que tange à organização didática, currículo e avaliação. Essas mudanças, ainda recentes, foram instituídas pela já mencionada Lei n. 12.796, de 4 de abril de 2013, alterando os artigos 29, 30 e 31 da LDB.

As mudanças mais contundentes aparecem no art. 31, que equipara a organização da educação infantil à dos ensinos fundamental e médio, que passa a ter carga horária mínima anual de 800 horas, distribuídas por um mínimo de 200 dias de trabalho educacional, sendo o atendimento diário de, no mínimo, quatro horas para o turno parcial e sete horas para a jornada integral.

Segundo dispõe o referido artigo, a avaliação, o acompanhamento e o registro do desenvolvimento das crianças na educação infantil continuarão a ser realizados na forma usual, ou seja, sem o objetivo de promoção, mesmo para o acesso ao ensino fundamental, estando prevista a expedição de documentação para atestar os processos de desenvolvimento e aprendizagem da criança. Outra inovação refere-se ao controle de frequência pela instituição de educação pré-escolar, até então inexistente, sendo doravante exigida a frequência mínima de 60% do total de horas.

Embora tendo como escopo fortalecer o processo de escolarização, essas mudanças geram polêmicas e interpretações dissonantes. As divergências acentuam-se em torno da inclusão no ensino fundamental de criança a partir de seis anos de idade. Para uns, trata-se de estratégia válida de democratização de acesso à escola, especialmente para as crianças mais pobres; para outros, uma possibilidade para que tenha tempo mais longo para as aprendizagens de alfabetização e do letramento. Para outros, ainda, essa medida coloca em risco o desenvolvimento pleno das crianças, em face da crescente formalização do processo educativo. Nesse sentido, Arelaro (2013) argumenta que elas seriam compelidas a "abrir mão das brincadeiras, da fantasia, do ócio criativo, dos desenhos, da pintura, da poesia" (p. 418). Se, por um lado, aplaude-se a inclusão da pré-escola na faixa de obrigatoriedade, como direito do aluno e dever do Estado, por outro, teme-se que o novo espaço escolar, planificado a partir de pressupostos exclusivamente formais, venha a se refletir negativamente na formação da criança. No que tange às alterações introduzidas na Lei de Diretrizes e Bases da Educação Nacional no ensino fundamental, de modo geral, são pontuais, exceção feita à já mencionada ampliação da escolaridade para nove anos. Essas mudanças referem-se à inclusão de conteúdos e novos temas transversais no currículo escolar, assim como dizem respeito a normas destinadas a orientar a operacionalização de determinadas disciplinas escolares, como é o caso do ensino religioso.

Resumidamente, menciona-se o teor das alterações que incidem no currículo escolar:

a) Torna obrigatório o estudo da história e cultura afro-brasileira e indígena nos ensinos fundamental e médio (art. 26-A);
b) Institui no calendário escolar o "Dia Nacional da Consciência Negra" (art. 79-B);
c) Afirma o ensino de arte "especialmente em suas expressões regionais" (art. 26, parágrafo 2º (bem como destaca a música como conteúdo obrigatório do referido componente curricular (art. 26, parágrafos 2º e 6º);
d) Inclui estudo sobre os símbolos nacionais como tema transversal no currículo do ensino fundamental (art. 32, parágrafo 6º);
e) Inclui no currículo do ensino fundamental conteúdo sobre os direitos das crianças e adolescentes (art. 32, parágrafo 5º);
f) Determina a admissão nos currículos do ensino fundamental e médio dos "princípios da proteção e defesa civil e a educação ambiental", de forma integrada aos conteúdos obrigatórios (art. 26, parágrafo 7º);
g) Estabelece as condições e requisitos para a prática facultativa da educação física (art. 26, parágrafo 3º).

Acrescentem-se, ainda, duas importantes iniciativas que tendem a repercutir na qualidade da educação básica:

a) Criação do Conselho Técnico Científico da Educação Básica, da Coordenação de Aperfeiçoamento de Pessoal de Nível Superior do Ministério da Educação, e

b) Instituição da política de formação de profissionais do magistério da educação básica (Decreto n. 6.755/2009).

As alterações curriculares decorrem de leis aprovadas no Congresso Nacional[1] que tiveram sua origem a partir de demandas específicas, em sua maioria visando o reconhecimento e a valorização de identidades culturais presentes no tecido social ou, até mesmo, de determinados conteúdos curriculares de restrita presença na vida escolar. Sem descartar a importância dos conteúdos aqui tratados, cabe registrar preocupação com o excessivo número de projetos de lei em tramitação na Câmara dos Deputados e no Senado propondo mudanças curriculares[2], cuja análise e aprovação, se realizadas de forma isolada, poderão impor dificuldades à organização do currículo e da escola.

Vale destacar, finalmente, as modificações no tocante ao ensino religioso. Passados apenas alguns meses da promulgação da Lei Maior,

---

1. Vale mencionar as leis que determinaram alterações na LDB referentes ao currículo escolar: Lei n. 11.645, de 10/3/2008, torna obrigatório o estudo da história e cultura afro-brasileira e indígena; Lei n. 10.639, de 9/1/2003, inclui o dia 20 de novembro no calendário escolar como "Dia Nacional da Consciência Negra"; Lei n. 12.287, de 13/7/2010, determina que o ensino da arte se desenvolva especialmente em suas expressões regionais; Lei n. 11.769, estabelece a obrigatoriedade da música como componente curricular obrigatório do ensino da arte e estabelece o prazo de três anos para os sistemas de ensino se adequarem a essas exigências educacionais; Lei n. 12.472, de 1/9/2011, inclui o estudo sobre os símbolos nacionais como tema transversal no currículo do ensino fundamental; Lei n. 11.525, de 25/09/2007, inclui no currículo do ensino fundamental conteúdo que trate dos direitos das crianças e dos adolescentes; Lei n. 12.608, de 10/4/2012, introduz nos currículos do ensino fundamental e médio os princípios da proteção e defesa civil e a educação ambiental de forma integrada aos conteúdos obrigatórios; Lei n. 10.793, de 1º/12/2003, explicita as condições e requisitos para a prática facultativa da educação física.

2. De acordo com levantamento realizado pela ONG Ação Educativa, há 250 projetos de lei na Câmara dos Deputados e no Senado que propõem a criação de novas disciplinas ou mudanças nos conteúdos do currículo escolar (Cunha, 2013).

houve a intempestiva aprovação da Lei n. 9.475, de 22 de junho de 1977, alterando o art. 33 da LDB, que passou a ter a seguinte redação:

> O ensino religioso, de matrícula facultativa, é parte integrante da formação básica do cidadão e constitui disciplina dos horários normais das escolas públicas de ensino fundamental, assegurado o respeito à diversidade cultural religiosa, vedadas quaisquer formas de proselitismo.
> § 1º Os sistemas de ensino regulamentarão os procedimentos para a definição dos conteúdos do ensino religioso e estabelecerão as normas para habilitação e admissão dos professores.
> § 2º Os sistemas de ensino ouvirão, entidade civil, constituída pelas diferentes denominações religiosas, para a definição dos conteúdos do ensino religioso.

O art. 33 da Lei de Diretrizes e Bases da Educação Nacional ratifica o preceito constitucional relativo à inclusão do ensino religioso no ensino fundamental, como disciplina de matrícula optativa, a ser ofertada nos horários normais das escolas públicas. Essa formulação já constava do referido artigo desde a promulgação da LDB, em 1996, atendendo a inserção do ensino religioso na Constituição Brasileira. A iniciativa contrariava o princípio republicano de laicidade na educação, sendo, à época, veementemente contestada pelas entidades integrantes do Fórum Nacional em Defesa da Escola Pública (Pereira e Teixeira, 1997, 2008).

A redação original do artigo estabelecia que a oferta do ensino religioso far-se-ia de acordo com as preferências dos alunos, em caráter confessional ou interconfessional, sob a responsabilidade das instituições religiosas e sem ônus para os cofres públicos. Esta última expressão, que contara com o endosso das instituições religiosas em negociações então estabelecidas, não tardou, porém, a ser contestada pelos grupos religiosos de pressão, especialmente o clero católico, culminando com a sua retirada, sem mais delongas, por meio da Lei n. 9.475/1977. Apesar de terem sido apresentadas emendas parlamentares no sentido de reinserção da proibição do uso de recursos públicos no ensino religioso, a nova redação manteve-se inalterada.

O texto atual é omisso em relação a gastos com o ensino, não impedindo, portanto, a sua assunção pelos sistemas de educação estaduais e municipais. Cunha (s/d) ressalta que essa omissão abriu caminho para a direção da Igreja Católica estabelecer negociação com governadores e prefeitos em busca de apoio financeiro para a sua ação religiosa nas escolas públicas.

Assim, os professores de ensino religioso passaram a ser selecionados no interior do próprio quadro docente, ficando a definição dos conteúdos da disciplina subordinadas às instituições religiosas, nos termos do parágrafo 2º do art. 33. Cumpria-se, de certa forma, a exigência do clero no sentido de que o ensino religioso fosse colocado no mesmo plano das disciplinas essenciais do currículo. Embora não tivesse logrado a sua inclusão no rol de disciplinas que compõem a base nacional comum (art. 26, LDB/1996), essa demanda foi parcialmente atendida, no *caput* do art. 33, ao caracterizar o ensino religioso como "parte integrante da formação básica do cidadão". Em tais condições, o que era facultativo tornou-se, na prática, obrigatório, já que o seu sentido ficou diluído na atual versão da Lei.

3. Formação profissional e tecnológica

Conforme vimos discutido ao longo do texto, a educação profissional e tecnológica poderá dar-se de forma integrada à educação básica, especialmente ao ensino médio, mediante variadas formas de organização que assegurem sua função formativa para todos os estudantes: concebida como conjunto orgânico, sequencial e articulado.

Dentre as formas da oferta e organização do ensino médio integral, destaca-se das Diretrizes Curriculares Nacionais para o Ensino Médio:

> Art. 14 [...]
>
> I — [...]
>
> II — [...]
>
> IV — [...]

> V — [...]
>
> VI — atendida a formação geral escolar, incluindo a preparação básica para o trabalho, o Ensino Médio pode preparar para o exercício das profissões técnicas, por integração com a Educação Profissional e Tecnológica, observadas as Diretrizes específicas, com as cargas horárias mínimas de:
>
> a) 3.200 horas (três mil e duzentas) horas, no Ensino Médio regular integrado com a Educação Profissional Técnica de Nível Médio;
>
> b) 2.400 (duas mil e quatrocentas) horas, na Educação de Jovens e Adultos integrada com a Educação Profissional Técnica de Nível Médio, respeitado o mínimo de 1.200 (mil e duzentas) horas de educação geral;
>
> c) 1.400 (mil e quatrocentas) horas, na Educação de Jovens e Adultos integrada com a formação inicial e continuada ou qualificação profissional, respeitado o mínimo de 1200 (mil e duzentas) horas de educação geral.
>
> Quanto à Educação Especial, à Educação Quilombola, à Educação do Campo, à Educação Escolar Indígena, pessoas em regime de acolhimento ou internação e em regime de privação de liberdade, e na Educação a Distância, devem ser observadas as respectivas Diretrizes e normas nacionais.

Apesar do esforço contra-hegemônico de mudança a partir do início dos anos 2000,

> [...] do ponto de vista prático, os educadores brasileiros do ensino médio e da educação profissional, assim como a própria sociedade em geral, não incorporaram como sua a concepção de ensino médio integrado na perspectiva da formação omnilateral e politécnica. Ao contrário, predomina uma visão retrógrada vinculada ao ensino médio profissionalizante e compensatória ou, ainda, a defesa do ensino médio propedêutico e da profissionalização com processo específico e independente. (Ramos, 2011, p. 784).

Considerando, ainda, a baixa qualidade de nossa escola pública de nível médio, portanto, não se pode desconsiderar a educação profissional e tecnológica como uma alternativa para ingresso no mundo do trabalho. A oferta concomitante e sequencial segue a mesma lógica. Ainda Ramos afirma que "[...] o exposto nos parece esclarecer que as dificuldades de implantação do ensino médio integrado se manifestam, inicialmente como sendo de ordem conceitual,[...]" (Ramos, 2011, p. 785).

Embora se entenda que grande contingente de jovens necessita buscar trabalho e integrar-se no mercado, a oferta da educação profissional e tecnológica não pode se limitar a um interesse imediato, pragmático e utilitário, aprofundando o dualismo entre o ensino propedêutico e o profissional. Um ensino integrado, mesmo que concomitante ou sequencial, deverá ser organizado de maneira que promova uma formação que considere a vida social e produtiva, pressupondo a vinculação da ciência com a prática, de forma que supere a dicotomia histórica predominante no país, entre humanismo e tecnologia, entre a formação teórica geral e a técnica instrumental. Neste sentido, os estudiosos da área deverão se manter atentos, acompanhando os resultados alcançados com a expansão da rede do ensino profissional e tecnológico, especialmente a partir da implantação do Programa Nacional de Acesso ao Ensino Técnico e Emprego (Pronatec).

O Pronatec, entre outros objetivos, se propõe a:

- expandir, interiorizar e democratizar a oferta de educação profissional técnica de nível médio e de cursos e programas de formação inicial e continuada ou qualificação profissional;
- fomentar o apoio à expansão da rede de educação profissional e tecnológica;
- melhorar a qualidade do ensino médio público, por meio da articulação com a educação profissional; além de
- ampliar oportunidades de formação e qualificação profissional dos trabalhadores.

Essa formação poderá se dar de maneira presencial ou a distância, em conjunto com entidades sem fins lucrativos, ou entidades privadas, com prioridade para as instituições públicas. No processo de fomentar a expansão do Programa, está previsto incentivar as redes públicas; ampliar a rede física das entidades dos serviços nacionais de aprendizagem; ofertar bolsas de estudos para estudantes e trabalhadores; além de fomentar a educação a distância.

É um programa que, implantado conforme proposto, poderá contribuir com a superação da concepção taylorista/fordista da organização do trabalho levando à mudança da concepção de tarefa, que deixa de requerer um aprendizado de simples operações repetitivas, para requerer formas mais amplas e organizadas, com base no conhecimento contextualizado e crítico, no qual o ato de pensar preside o ato de fazer.

Essa modalidade de ensino atinge um grande contingente populacional e exige um acompanhamento por parte da sociedade civil organizada, além da fiscalização e controle a ser exercido pelo Ministério da Educação e órgãos afins. Em 2011, a matrícula do ensino médio integrado à educação profissional era de 257.713 (96%) no meio urbano e 29.699 (1,5%) no meio rural. Da educação profissional concomitante e subsequente era de 1.037.630, sendo 96,5% no meio urbano e 3,5% no meio rural. Dados que demonstram a necessidade da interiorização da rede no seu processo de expansão, especialmente junto ao meio rural.

Ressalve-se, porém, que ainda se faz necessária a regulamentação para a realização dessa modalidade de educação, a exemplo da formação inicial e continuada dos trabalhadores. O mesmo se dá com a certificação profissional.

Por fim, merece uma referência o Parfor — Plano Nacional de Formação de Professores da Educação Básica —, resultante de um conjunto de ações articuladas entre a União, Estados, Distrito Federal e Municípios, visando ministrar cursos de nível superior para professores em exercício nas escolas públicas que ainda não tenham a formação adequada. Por meio do Decreto n. 6.755/2009, o MEC instituiu a Política Nacional de Formação dos Profissionais do Magistério da Educação Básica. Esse Decreto disciplina a atuação da Capes — Coordenação de Aperfeiçoamento de Pessoal de Nível Superior — no fomento a programas de formação inicial e continuada do magistério.

4. Considerações finais

A ampliação da obrigatoriedade escolar lança enormes desafios para o futuro. Há uma grande distância a percorrer entre a proclamação do direito à educação e a sua efetivação. Em cumprimento ao dever de educar, cabe ao Estado continuar empreendendo esforços para o aumento da cobertura horizontal mediante a expansão da rede escolar, o provimento material e humano das instituições de ensino, promovendo condições para o acesso à educação escolar aos que ainda nela não tiveram oportunidade de ingressar. Contudo, o impasse maior se coloca em relação à dimensão qualitativa da escola abrangida pela obrigatoriedade escolar, que implica a formação adequada e a efetiva permanência do aluno ao longo de todo o processo de escolarização obrigatória.

A opção pelo aumento vertical do período abrangido pela obrigatoriedade escolar impôs-se como prioridade, nas atuais mudanças da política educacional, deixando, de certo modo, em segundo plano, as mudanças relativas ao alargamento horizontal da oferta, que implica a ampliação da jornada diária, semanal ou anual da escola, com exceção ao estabelecido para a educação infantil, que define a opção por tempo integral de permanência na escola.

Em defesa do alargamento do tempo argumenta-se com base em questões sociais mais amplas, como o ingresso maciço das mulheres no mercado de trabalho; as transformações na instituição familiar; a ausência de espaços públicos de compartilhamento e integração social nas grandes metrópoles; a desorientação dos pais em relação a valores e expectativas na educação das crianças. Mas, também, advoga-se em favor da ampliação do tempo de permanência na escola por razões estritamente educacionais, tendo em vista a possibilidade de colocar em prática um modelo de organização escolar que ofereça condições para a realização de um projeto educacional efetivamente democrático e de qualidade (Coelho e Cavaliere, 2002).

O horário integral é hoje opção na maioria dos países desenvolvidos, onde as crianças permanecem na escola, no mínimo, por seis horas.

É também alternativa adotada em escolas do setor privado da educação brasileira, especialmente as que se destinam às elites econômicas. Nas instituições públicas, experiências de educação em tempo integral foram desenvolvidas no Rio de Janeiro, Bahia e Brasília, ainda no século passado, sob a inspiração do ideário de Anísio Teixeira, e tiveram curta existência, embora agora se retomem, mediante políticas públicas de âmbito nacional e local, diferentes iniciativas em torno da ampliação de tempo e espaços para a permanência das crianças na escola.

A própria LDB/1996 determina, nas Disposições Transitórias, que "serão conjugados todos os esforços objetivando a progressão das redes escolares públicas urbanas do ensino fundamental para o regime de escolas de tempo integral" (art. 87, parágrafo 5º). É nessa perspectiva a proposição do PNE de "educação em tempo integral em, no mínimo, 50% das escolas públicas [...], de forma a atender, pelo menos, 25% dos alunos da educação básica" (1.6). O Projeto de Plano Nacional de Educação, em tramitação no Congresso Nacional, tem recebido apoio das duas Casas (Câmara e Senado) para que seja adotada no país a educação em tempo integral.

Esse cenário aponta para proposições e metas bastante ousadas para atender às atuais necessidades educacionais, nos planos vertical e horizontal, mediante políticas públicas voltadas para a mudança do quadro de injustiça social historicamente mantido por meio da educação.

Referências

ARELARO, Lisete Regina Gomes. O ensino fundamental de nove anos e o direito à educação. In: VIDAL, Diana Gonçalves; SÁ, Elizabeth Figueiredo de; SILVA, Vera Lucia Gaspar de (Orgs.). *Obrigatoriedade escolar no Brasil.* Cuiabá: Ed. da UFMT, 2013.

BRASIL. *Constituição da República Federativa do Brasil.* Brasília: Senado Federal, 1988. Disponível em: <http://planalto.gov.br/ccivil_02/constituição/constituição.htm>. Acesso em: nov. 2013.

BRASIL. Decreto n. 91.542, de 19 de agosto de 1985. Institui o Programa Nacional do Livro Didático, dispõe sobre sua execução e dá outras providências. Disponível em: <http6.senado.gov.br/sicon/ExecutarPesquisaLegislação.action>. Acesso em: nov. 2013.

______. Emenda Constitucional n. 59, de 11 de novembro de 2009. Acrescenta o Parágrafo Terceiro do Ato das Disposições Constitucionais Transitórias para reduzir, anualmente, a partir do exercício de 2009, o percentual da Desvinculação das Receitas da União incidente sobre os recursos destinados à manutenção e desenvolvimento do ensino de que trata o art. 212 da Constituição Federal, dá nova redação aos incisos I e VII do art. 208, de forma a prever a obrigatoriedade do ensino de quatro a dezessete anos e ampliar a abrangência dos programas suplementares para todas as etapas da educação básica, dá nova redação ao parágrafo 4º do art. 211 e ao parágrafo 3º do art. 212 e ao *caput* do art. 214, com a inserção neste dispositivo do inciso VI. Disponível em: <http://planalto.gov.br/ccivil_02/constituição/emendas/emc/emc59.htm. Acesso em: nov. 2013.

______. Lei n. 9.394, de 20 de dezembro de 1996. Estabelece as diretrizes e bases da educação nacional. Brasília, *DOU*, ano CXXXIV, n. 248, 23 dez. 96, p. 27833-27841.

______. Lei n. 9.475, de 22 de junho de 1977. Dá nova redação ao art. 33 da Lei n. 9.394, de 20 de dezembro de 1996, que estabelece as diretrizes e bases da educação nacional. Disponível em: <www.planalto.gov.br/ccivil_03/Leis/l9475.htm>. Acesso em: nov. 2013.

______. Lei n. 10.287, de 20 de setembro de 2001. Altera dispositivo da Lei n. 9.394, de 20 de dezembro de 1996, que estabelece as Diretrizes e Bases da Educação Nacional. Disponível em: <www.planalto.gov.br/ccivil_03/leis/LEIS_2001/L10287.htm>. Acesso em nov. 2013.

______. Lei n. 11.947, de 16 de junho de 2009. Dispõe sobre o atendimento da alimentação escolar e do Programa Dinheiro Direto na Escola aos alunos da educação básica; altera as Leis n. 10.880, de 9 de junho de 2004, n. 11.273, de 6 de fevereiro de 2006, 11.507, de 20 de julho de 2007; revoga dispositivos da Medida Provisória n. 2.178-36, de 24 de agosto de 2001, e a Lei n. 8.913, de 12 de julho de 1994; e dá outras providências. *Diário Oficial da União*, 17 jun. 2009. Disponível em: <www.planalto.gov.br/ccivil_03/_ato2007-2010/2009/lei/l11947.htm>. Acesso em: nov. 2013.

______. Lei n. 11.274, de 6 de fevereiro de 2006. Altera a redação dos arts. 29, 30, 32 e 87 da Lei n. 9.394, de 20 de dezembro de 1996, que estabelece as diretrizes e bases da educação nacional, dispondo sobre a duração de 9 (nove) anos para o ensino fundamental, com matrícula obrigatória a partir dos 6 (seis) anos de idade. Disponível em: <www.planalto.gov.br/ccivil_03/_Ato2004-2006/2006/Lei/L11274.htm>. Acesso em: nov. 2013.

______. Lei n. 11.947, de 16 de junho de 2009. Dispõe sobre o atendimento da alimentação escolar e do Programa Dinheiro Direto na Escola aos alunos da educação básica; altera as Leis n. 10.880, de 9 de junho de 2004, n. 11.273, de 6 de fevereiro de 2006, 11.507, de 20 de julho de 2007; revoga dispositivos da Medida Provisória n. 2.178-36, de 24 de agosto de 2001, e a Lei n. 8.913, de 12 de julho de 1994; e dá outras providências. Disponível em: <www.planalto.gov.br/ccivil_03/_ato2007-2010/2009/lei/l11947.htm>. Acesso em: nov. 2013.

______. Lei n. 12.061, de 27 de outubro de 2009. Estabelece dentre os deveres do Estado com a educação a universalização do ensino médio gratuito. Disponível em: <www.direitoaeducacao.org.br/1306/lei-n%C2%BA-12-061-estabelece-dentre-os-deveres-do-estado-com-a-educacao-a-universalizacao-do-ensino-medio-gratuito>. Acesso em: nov. 2013.

______. Lei n. 12.796, de 4 de abril de 2013. Altera a Lei n. 9.394, de 20 de dezembro de 1996, que estabelece as diretrizes e bases da educação nacional, para dispor sobre a formação dos profissionais da educação e dar outras providências. Disponível em: <www.planalto.gov.br/ccivil_03/_Ato2011-2014/2013/Lei/L12796.htm>. Acesso em: nov. 2013.

______. Medida Provisória n. 455, de 28 de janeiro de 2009. Dispõe sobre a alimentação escolar e do Programa Dinheiro Direto na Escola aos alunos da educação básica, altera a Lei n. 10.880, de 9 de junho de 2004, e dá outras providências. Disponível em </www.planalto.gov.br/ccivil_03/_Ato2007-2010/20099/Mpv/455.htm>. Acesso em: 5 nov. 2013.

CHARTIER, Anne-Marie. Paradoxos da obrigatoriedade escolar. In: VIDAL, Diana Gonçalves; SÁ, Elizabeth Figueiredo de; SILVA, Vera Lucia Gaspar de (Orgs.). *Obrigatoriedade escolar no Brasil*. Cuiabá: Ed. da UFMT, 2013.

COELHO, Lígia Martha Coimbra da Costa; CAVALIERE, Ana Maria Villela (Orgs.). *Educação brasileira e(m) tempo integral*. Petrópolis: Vozes, 2002.

CONFERÊNCIA NACIONAL DA EDUCAÇÃO (CONAE), 2010. Brasília: Documento final. Brasília: MEC, 2010. Disponível em: <http://conae.mec.gov.br/images/stories/pdf/pdf/documentos/documento_final_sl.pdf. Acesso em: nov. 2013.

CUNHA, Luiz Antonio. O Sistema Nacional de Educação e o ensino religioso nas escolas públicas. *Educação & Sociedade*, Campinas, v. 34, n. 124, jul./set. 2013.

______. *Hegemonia e confronto religioso na segunda LDB*. Rio de Janeiro, s/d. (Mimeo.)

CURY, Carlos Roberto Jamil. Livro didático como assistência ao educando. *Revista Diálogo Educacional*, Curitiba, v. 9, n. 26, p. 119-130, jan./abr. 2009.

______. Educação escolar e educação no lar (homeschooling). In: VIDAL, Diana Gonçalves; SÁ, Elizabeth Figueiredo de; SILVA, Vera Lucia Gaspar de (Orgs.). *Obrigatoriedade Escolar no Brasil*. Cuiabá: Ed. da UFMT, 2013.

______ et al. A relação educação, sociedade e Estado pela mediação jurídico-constitucional. In: FÁVERO, Osmar (Org.). *A educação nas constituintes brasileiras 1823-1988*. Campinas: Autores Associados, 1996.

FERNANDES, Florestan. *Pronunciamentos*. Brasília: Câmara dos Deputados, Centro de Documentação e Informação, 1993.

HORTA, José Silvério Bahia. Direito à educação e obrigatoriedade de escola. *Cadernos de Pesquisa* (on-line), Fundação Carlos Chagas, São Paulo, n. 104, p. 5-34, jul. 1998. Disponível em: <http://educa.fcc.org.br/pdf/cp/n104/n104a01.pdf>. Acesso em: 5 nov. 2013.

______. Direito à educação, obrigatoriedade escolar e extensão de escolaridade. In: VIDAL, Diana Gonçalves; SÁ, Elizabeth Figueiredo de; SILVA, Vera Lucia Gaspar de (Orgs). *Obrigatoriedade escolar no Brasil*. Cuiabá: Ed. da UFMT, 2013.

INSTITUTO BRASILEIRO DE GEOGRAFIA E ESTATÍSTICA (IBGE). Síntese de Indicadores Sociais — Uma análise das condições de vida da população brasileira, 2012. *Estudos & Pesquisas*. Informações demográfica e socioeconômica, Rio de Janeiro, n. 29, 2012.

PEREIRA, Eva Wairos; TEIXEIRA, Zuleide Araújo. A educação básica redimensionada. In: BRZEZINSKI, Iria (Org.). *LDB interpretada*: diversos olhares se entrecruzam. São Paulo: Cortez, 1997.

______. Reexaminando a educação básica na LDB: o que permanece e o que muda. In: BRZEZINSKI, Iria (Org.). *LDB dez anos depois*: reinterpretação sob diversos olhares. São Paulo: Cortez, 2008.

RAMOS, Marise Nogueira. O Ensino Médio em suas diferentes modalidades: concepções, propostas e problemas. *Educação & Sociedade*, revista de ciências da educação, v. 32, jul./set. 2011.

SILVA, Vera Lucia Gaspar de. Obrigatoriedade escolar em Santa Catarina: da obrigatoriedade pela força à força da obrigatoriedade. In: VIDAL, Diana Gonçalves; SÁ, Elizabeth Figueiredo de; SILVA, Vera Lucia Gaspar de (Orgs). *Obrigatoriedade escolar no Brasil*. Cuiabá: Ed. da UFMT, 2013.

VIDAL, Diana Gonçalves. Faces da obrigatoriedade escolar: lições do passado, desafios do presente. In: VIDAL, Diana Gonçalves; SÁ, Elizabeth Figueiredo de; Vera Lucia Gaspar de (Orgs). *Obrigatoriedade escolar no Brasil*. Cuiabá: Ed. da UFMT, 2013.

7

Políticas de formação de profissionais da Educação:

professores e funcionários da educação básica

Iria Brzezinski
Juçara Vieira

A perscrutação dialética e a presentificação de conexões do passado são a prova de verdade da ação presente (Benjamin, 2006, p. 21).[1]

1. A título de introdução

Intenta-se neste capítulo assumir a "perscrutação dialética" adotada por Walter Benjamin para perquirir a respeito do tema *políticas de formação de profissionais da educação*. A delimitação temporal, neste

1. *Passagens* é trabalho inacabado de Walter Benjamin, iniciado em 1927. Foi publicado, em 1982, com o título *Das Passagen-Werk*, com nota introdutória de Rolf Tiedemann. Traduzido para português em 2006.

capítulo, é a promulgação da Lei n. 9.394,[2] de 20/12/1996, que estabeleceu as Diretrizes e Bases da Educação Nacional para fazer conexões com o passado e chegar à presente contemporaneidade — 2013. Objetiva-se rediscutir as políticas de formação de profissionais da educação e atualizar o debate com base nas mudanças operadas na referida LDB/1996 ou em outros dispositivos legais que nela interferiram por um período de quase duas décadas.

Para tal rediscussão e atualização, reafirma-se o postulado assumido na obra *LDB dez anos depois: reinterpretação sob diversos olhares* (2008): a garantia de legitimidade à política educacional em um Estado Democrático de Direito não deve advir, exclusivamente, da deliberação unilateral da sociedade política. Antes, deverá constituir-se de conquista do coletivo organizado, que luta pelos seus direitos. Na verdade, a construção de uma política educacional necessita do envolvimento de interesses que provêm de complexa relação estabelecida entre o Estado e as forças sociais. Um processo realmente democrático em um Estado, como o brasileiro, deveria legitimar uma política educacional que contemplasse o interesse coletivo diante do aparato estatal. É postulado, portanto, é ponto de partida, e o desafio consiste em torná-lo realidade.

No ano de 2013, como em outras ocasiões, os movimentos sociais de educadores que disputam interesses no campo da educação organizaram-se e fizeram manifestações de, pelo menos, duas ordens, nas quais estão em jogo os rumos da educação brasileira para os próximos dez anos. Uma delas é a tramitação do Plano Nacional de Educação no Congresso Nacional. Em 3/11/2010, o PL n. 8.035 foi enviado ao Presidente da República por meio de mensagem do ministro de Estado da Educação (EM n. 033). Seu encaminhamento pela Presidência da República à Câmara dos Deputados ocorreu em 20/12/2010. Tramitou no Senado Federal de 25/10/2012 a 18/12/2013, sob a de-

2. O projeto original com o qual as entidades de estudos e pesquisa comungavam foi apresentado na Câmara dos Deputados pelo deputado Octavio Elísio, em 28/11/1988. Recebeu o n. 1.258 e, assim, tramitou na Câmara. Recebeu diversos substitutivos: PL n. 1258-A; 1.258-B; 1.258-C.

nominação PLC n. 103/2012,[3] sendo aprovado e remetido à Casa Propositora. A outra é a mobilização impulsionada pelo Fórum Nacional de Educação do MEC (FNE), ocorrida em todo o território nacional, materializada em conferências livres, municipais, intermunicipais e estaduais, as quais subsidiarão as discussões da Conferência Nacional da Educação II, prevista para realizar-se de 17 a 21/2/2014, porém adiada para o período de 19 a 23/11/2014.

Paripassu a essas manifestações da área da educação acontecidas em relação aos poderes Legislativo e Executivo "nas ruas eclodiu outra espécie de *ethos* inconformista" (Educação & Sociedade, 2013, p. 649) das classes populares, clamando por atendimento a justas reivindicações no tocante ao transporte urbano coletivo público e gratuito para estudantes e respeito aos direitos dos professores da educação básica, em greve no Estado do Rio de Janeiro.

Com efeito, a história da educação brasileira traz a marca do inconformismo das forças sociais organizadas que se manifestam em momentos de decisões acerca de políticas educacionais. Essa demarcação ora se viabiliza por ações de resistência às imposições, ora em forma de proposições como contra movimento à tradicional estratégia utilizada pela sociedade política de tentar legitimar decisões previamente tomadas por ela. Bom exemplo do protagonismo da sociedade civil foi o processo de tramitação do Projeto de Lei n. 1.258/1988 para estabelecer as diretrizes e as bases da educação nacional. Esse processo, arrastado por longos oito anos no Parlamento brasileiro, permite revisitar o passado, quando a energia dos educadores reunidos no Fórum em Defesa da Escola Pública (FDEP/FÓRUM) também foi despendida nas disputas conceituais e o texto foi aprovado em 20/12/1996. As disputas conceituais são verificáveis não somente pelo que foi modificado, como também pelo que foi omitido.

No que se refere ao objeto deste capítulo, a primeira omissão é concernente à identidade dos profissionais da educação. De fato, os

3. Maiores informações. Cf. Portal do Senado. Disponível em: <www.senado.gov.br>. Acesso em: 20 dez. 2013.

artigos que compunham originalmente o Título VI — "Dos Profissionais da Educação", da LDB/1996, tratavam da formação e da valorização do professor. Naquele instante, o Congresso Nacional entendeu que seria difícil contemplar as diversas terminologias correspondentes a funções exercidas por professores e especialistas em educação em todo o País. Optou, então, por reiterar as áreas de formação de tendência tecnicista, vigentes na legislação educacional dos anos 1970: administração, planejamento, inspeção, supervisão e orientação educacional (BRASIL, LDB/1996, art. 64), contra as quais se insurgia o Fórum mencionado.

Nesse contexto, não prosperou a iniciativa da Associação Nacional pela Formação dos Profissionais da Educação (Anfope) e outras parceiras do conjunto de associações de estudos e pesquisa em educação para proscrever a formação tecnicista que penetrou os currículos de formação de professores por imposição da ideologia do governo militar, refletida no art. 64 da LDB/1996. Por essa exigência, manteve-se a fragmentação do Curso de Pedagogia em habilitações, que também poderiam ser ministradas "em nível de pós-graduação, a critério da instituição de ensino".

Nessa mesma direção, não vingou a tentativa da Confederação Nacional dos Trabalhadores em Educação (CNTE) de incluir, na LDB/1996, os funcionários da educação, na categoria profissional da educação, nem diretamente, nem por associação às suas funções.

Tanto as omissões como as inclusões constantes da LDB/1996, advindas das mudanças nela introduzidas a respeito das políticas de formação de profissionais da educação, serão aqui recuperadas e discutidas com maior profundidade, nos dois itens que se seguem.

2. Políticas de formação e a valorização de professores da educação básica

Uma das mudanças conceituais feitas na LDB/1996 de maior relevância para os professores, especialistas e funcionários está em os legisladores adotarem a expressão profissionais da educação, ao se dedicarem à matéria no Título VI — "Dos Profissionais da Educação" (LDB/1996, art. 61 a 67). Apesar de o Parlamento não delinear com traços fortes essa identidade abrangente de profissionais da educação, antes da mencionada lei já havia uma distinção registrada na CNE/CEB n. 3, de 8/10/1997 e replicada na Resolução CNE/CEB n. 2, de 28/5/2009. Esta fixou as Diretrizes para os Planos de Carreira e Remuneração dos Profissionais do Magistério Público da Educação Básica como se verifica em seu Art 2º, §1º:

> § 1º São considerados *profissionais do magistério* aqueles que desempenham as atividades de docência ou as de suporte pedagógico à docência, isto é, direção ou administração, planejamento, inspeção, supervisão, orientação e coordenação educacionais, exercidas no âmbito das unidades escolares de Educação Básica, em suas diversas etapas e modalidades (Educação Infantil, Ensino Fundamental, Ensino Médio, Educação de Jovens e Adultos, Educação Especial, Educação Profissional, Educação Indígena), com a formação mínima determinada pela legislação federal de Diretrizes e Bases da Educação Nacional. (Grifos meus)

Ainda que tais Resoluções não tenham força de lei, ao serem homologadas pelo ministro da Educação, geram direitos e, na mesma medida, obrigações. Elas inauguram uma cultura no quotidiano das instituições e na vida profissional dos professores, pois o Estado, ao exercer seu papel regulador, exige observância às diretrizes. As exigências e obrigações são mensuradas em procedimentos oficiais de avaliação. Essa regulação, até o momento, não serviu sequer para dar unidade à terminologia. Em cada documento, comparado com o outro, se constata uma incongruência, uma vez que ora um documento identifica o professor como profissional da educação, ora como profissional do magistério, ora como docente da educação básica. Nota-se, todavia, que a tradicional expressão formação de professores continua sendo utilizada na maioria dos documentos oficiais.

A abrangência conceitual pretendida não incluiu os funcionários entre os profissionais da educação. Não foram reconhecidos como docentes, tampouco foram considerados no segmento denominado não docentes. A luta empreendida pela CNTE para o reconhecimento desses trabalhadores da educação materializou-se no Senado Federal (PLS n. 507/2003), na Câmara dos Deputados (PL n. 1.592/2003) e no Conselho Nacional mediante Parecer CNE/CEB n. 16/2005, que instituiu a Área de Serviços de Apoio Escolar. Essa área passou a constituir a 21ª Área de educação profissional técnica de nível médio, à qual se vinculam os trabalhadores da educação básica. De fato, essa inclusão foi levada a efeito em 6/8/2009, por meio da Lei n. 12.014, que modificou o art. 61 da LDB/1996, como se comprova a seguir no inciso III, do art. 61 da LDB/1996.

> Art. 61. Consideram-se profissionais da educação escolar básica os que, nela estando em efetivo exercício e tendo sido formados em cursos reconhecidos, são:
> I — professores habilitados em nível médio ou superior para a docência na educação infantil e nos ensinos fundamental e médio;
> II — trabalhadores em educação portadores de diploma de pedagogia, com habilitação em administração, planejamento, supervisão, inspeção e orientação educacional, bem como com títulos de mestrado ou doutorado nas mesmas áreas;
> III — trabalhadores em educação, portadores de diploma de curso técnico ou superior em área pedagógica ou afim.
> Parágrafo único. A formação dos profissionais da educação, de modo a atender às especificidades do exercício de suas atividades, bem como aos objetivos das diferentes etapas e modalidades da educação básica, terá como fundamentos:
> I — a presença de sólida formação básica, que propicie o conhecimento dos fundamentos científicos e sociais de suas competências de trabalho;
> II — a associação entre teorias e práticas, mediante estágios supervisionados e capacitação em serviço;
> III — o aproveitamento da formação e experiências anteriores, em instituições de ensino e em outras atividades.

Salienta-se, ainda, em relação ao propósito de alterações introduzidas no art. 61, a mudança de concepção nos fundamentos básicos da formação de profissionais da educação. Em 1996, os fundamentos foram assim prescritos: "I — a associação entre teorias e práticas, inclusive mediante a capacitação em serviço; II — aproveitamento da formação e experiências anteriores em instituições de ensino e outras atividades". Na redação original, o legislador deu maior destaque a uma modalidade de capacitação do que àquilo que fundamenta a formação. Na Lei n. 12.014/2009, o legislador realmente valorizou a profundidade teórica na formação como se percebe no novo inciso I, do Parágrafo único do art. 61: "a presença de sólida formação básica, que propicie o conhecimento dos fundamentos científicos e sociais de suas competências de trabalho".

Uma nova concepção sobre fundamentos básicos é importante constar em lei, no entanto, não o é aquilo que foi transformado em inciso II. Seu conteúdo limitou mais ainda o que já era limitado na versão original. Eis os termos do inciso II: "a associação entre teorias e práticas, mediante estágios supervisionados e capacitação em serviço". Equivocou-se o legislador ao interpretar que a associação entre teorias e práticas se realiza somente por meio de estágios supervisionados e capacitação em serviço. Identifica-se a prevalência da visão dicotômica entre teoria e prática, própria da abordagem racionalista-instrumental do conhecimento que nega a dialética imanente à teoria-prática do ato pedagógico e do trabalho docente.

Quanto às instituições formadoras de profissionais da educação, a Lei n. 9.394/1996 (original)[4] instaurou um outro lócus de formação, estabelecido em seu art. 62, que determinou a criação do Instituto Superior de Educação (ISE), cujas funções foram explicitadas no art. 63, inciso I.

> Art. 62. A formação de docentes para atuar na educação básica far-se-á em nível superior, em curso de licenciatura, de graduação plena, em universidades e institutos superiores de educação, admitida, como formação mínima para o magistério da educação infantil e nas quatro

4. Mantém-se aqui a redação original, porém, mais adiante, serão tratadas as alterações substantivas introduzidas no art. 62.

primeiras séries do ensino fundamental, a oferecida em nível médio, na modalidade normal.

Art. 63. Os institutos superiores de educação manterão:

I — cursos formadores de profissionais para a educação básica, inclusive o curso normal superior, destinado à formação de docentes para a educação infantil e para as primeiras séries do ensino fundamental;

II — programas de formação pedagógica para portadores de diplomas de educação superior que queiram se dedicar à educação básica;

III — programas de educação continuada para os profissionais de educação dos diversos níveis.

A pluralidade de lócus formativos é sempre bem recebida pelos interessados na profissão de professor e pelos movimentos de educadores, desde que sejam públicos. Na verdade, ocorreu uma proliferação de Institutos Superiores de Educação e de Cursos Normais Superiores particulares. Quando da homologação das Diretrizes Nacionais do Curso de Pedagogia, licenciatura plena (DCN-Pedagogia, Resolução n. 1, de 15/5/2006), dados do Censo da educação superior/Inep (2006) acusavam a existência de 209 cursos normais superiores públicos e 492 particulares. A maioria destes requereu sua transformação para Curso de Pedagogia, consentida pelo art. 11 das DCN-Pedagogia. Essas são políticas que atendem muito mais aos mercenários da educação do que às necessidades da educação básica, pois não é por um passe de mágica que se fazem mudanças dessa natureza.

Por certo, o que mais indignou os educadores no que respeita à disputa Curso de Pedagogia *versus* Curso Normal Superior não foi o contido na Resolução n. 1/2006, mas o que aconteceu muito antes por determinação do Decreto n. 3.276, de 6/12/1999, baixado por Fernando Henrique Cardoso (FHC). O Presidente fora aconselhado a assim proceder por um grupo de dirigentes do MEC e conselheiros do CNE. Esse grupo gozava de reconhecido prestígio político junto ao Palácio do Planalto. O decreto demonstrou desrespeito pelos educadores, que têm se dedicado sistematicamente aos estudos e pesquisas sobre formação e valorização de professores e desconsiderou experiências de formação de professores para a educação infantil e anos iniciais do ensino fundamental praticadas por idôneas universidades, no Curso de Pedagogia das Faculdades/Centros/Departamentos de Educação.

O Presidente, ignorando a realidade do quotidiano dos professores e os seus saberes, prescreveu, entre outros, que "a formação em nível superior de professores para atuação multidisciplinar, destinada ao magistério na educação infantil e nos anos iniciais do ensino fundamental, far-se-á *exclusivamente* em cursos normais superiores" (art. 3º, § 2º) (grifos nossos). Essa determinação sustou a prerrogativa histórica de no Curso de Pedagogia ser formado o professor da educação infantil e do ensino fundamental, pois tal conquista é datada de 1939, quando foi conferido à Faculdade de Educação, Ciências e Letras (atuais Faculdades ou Centros de Educação Federais) o direito de responsabilizar-se por esta oferta, bem como pela docência das disciplinas de caráter pedagógico para todas as Licenciaturas.

As reações ao ato presidencial foram as mais diversas e os desdobramentos do decreto provocaram também mudanças na LDB/1996. Em 2008, na obra *LDB dez anos depois: interpretada sob diversos olhares*, foi denunciado que a sociedade política na ocasião obedeceu cegamente aos preceitos do neoliberalismo e aos financiadores externos que impõem reformas educacionais aos países da América Latina. O "mandante financeiro" dessas reformas é o Banco Mundial que até os dias atuais assume este *status* e poder. Enredado pela ideologia dos financiadores, o Brasil tem adotado um "modelo" de formação de professores que consiste muito mais em conceder uma certificação, como o fazem os ISE e Cursos Normais Superiores privados, do que conferir uma boa qualificação aos leigos atuantes no sistema educacional e aos futuros professores.

Atribuir, exclusivamente, aos Cursos Normais Superiores a missão de formar esses docentes acabou reduzindo o Curso de Pedagogia a um bacharelado organizado com base em uma ideologia alienante, que buscava transportar para a organização escolar, cuja natureza exige um trabalho coletivo, as relações particularizadas inerentes à organização do trabalho produtivo, ancoradas na Teoria do Capital Humano aplicada ao neotecnicismo educacional.

O que foi disposto pelo referido decreto entrou em conflito com o Documento das Diretrizes Curriculares do Curso de Pedagogia, elaborado coletivamente em um movimento liderado pela Comissão de Especialistas de Pedagogia e que deveria ser encaminhado, em maio de 1999, pela Secretaria de Ensino Superior (Sesu/MEC) ao CNE. A Sesu articulada com a Secretaria de Ensino Fundamental (SEF/MEC) resistiu ao envio do documento ao CNE, o que veio a acontecer após uma grande pressão dos segmentos que participaram de sua elaboração. As duas secretarias pretendiam elaborar as diretrizes para o Curso Normal Superior, criado pela LDB/1996 (art. 63) como contraponto às diretrizes do Curso de Pedagogia produzidas pela Comissão de Especialistas, que apresentavam como princípio fundamental a docência como base da identidade do pedagogo.

Velloso (1999) se pronunciou em resposta a certas críticas feitas por parcela hegemônica no CNE ao Curso de Pedagogia, entre elas, a de que a docência como base da identidade do pedagogo era tendência recente e não integrava sua tradição de curso, e outra, de que não caberia admitir a convivência de dois cursos distintos para a formação de professores: um Curso Normal Superior, obrigatório em instituições não universitárias e o de Pedagogia em universidades, assim:

> Considere-se primeiramente que não importa se as licenciaturas fazem ou não parte da tradição dos cursos de pedagogia. A LDB revogou a legislação anterior que emoldurava esta tradição; junto com a Lei 9.131/95, que a antecedeu, mas foi por ela incorporada, iniciou uma reforma do ensino superior brasileiro. Caminhos anteriores podem ser refeitos e por vezes precisarão ser redesenhados; servem como balizas para novas trilhas apenas na medida em que coincidam com a letra e o espírito da LDB e, ademais, associem-se a experiências de êxito.

Em uma segunda resposta, o Conselheiro advertiu:

> Certamente a CES não pode impedir que esta ou aquela licenciatura se fixe numa ou noutra unidade ou curso da universidade. Compete à universidade, no gozo das prerrogativas de sua autonomia, observadas

as normas maiores da educação, entre as quais incluem-se as diretrizes curriculares, fixar seus cursos e programas e estabelecer seu próprio modelo de organização institucional e didático-científica (CNE/CES, Parecer n. 970/1999).

As críticas feitas pela parcela hegemônica no CNE serviram para reforçar a rejeição da sociedade política à formação de professores no Curso de Pedagogia. Em contraposição fortaleceu a coesão de ideias e ações do grupo das entidades de estudos e pesquisa em educação que, nesta oportunidade, organizaram mais um espaço para reflexões, debates e ações: o Fórum em Defesa da Formação do Professor, criado em Brasília, em 8/12/2007, na mesma semana da publicação do Decreto n. 3.276/1999.

Naquela oportunidade, esse Fórum avaliou que as prescrições do citado decreto provocaram uma involução no curso que retornou ao perfil dos idos de 1940, quando o bacharelado em pedagogia formava o Técnico em Educação, que nunca teve função definida no mercado de trabalho. A partir de 2000, em atendimento ao decreto e ao art. 64 da LDB/1996 esse técnico passou a ser habilitado no Bacharelado para exercer as funções de orientação, supervisão, administração, planejamento e inspeção educacional. O currículo desse curso passou a ser orientado pela pedagogia das competências, segundo os padrões de qualidade empresarial.

As entidades reunidas no Fórum mantiveram posição coesa contra o decreto e deflagraram uma luta que conduziu à ampla mobilização, com o apoio de vários conselheiros do CNE, defensores da escola pública e das universidades que ofereciam Curso de Pedagogia. Esse movimento logrou algum êxito quando foi promulgado o Decreto n. 3.554, de 7/8/2000, que mudou a redação no § 2º do art. 3º do Decreto 3.276/1999. Foi estabelecido que "A formação em nível superior de professores para atuação multidisciplinar, destinada ao magistério na educação infantil e nas séries iniciais do ensino fundamental, far-se-á, *preferencialmente*, em cursos normais superiores" (grifo nosso). Atingiu-se uma conquista parcial, diante da qual pode-se afirmar que a luta das classes que não detém o poder econômico e o poder político como os mandatários do Estado resulta de uma intensa correlação de forças inversamente proporcional aos pequenos avanços que são conseguidos.

No MEC, os detentores do poder político foram prodigiosos em seus ataques aos educadores que clamavam pela urgência da elaboração das DNC-Pedagogia, além de resistirem ao envio para o CNE do Documento da Comissão de Especialistas supracitado e do referido decreto.

Tratar-se-á em seguida de três dispositivos, quais sejam: a) o Parecer CNE/CES n. 970, de 9/11/1999, que normatizou o Curso Normal Superior e a habilitação em educação infantil e anos iniciais do ensino fundamental nos cursos de Pedagogia; b) a Resolução CNE/CP n. 1, de 30/9/1999,[5] que dispõe sobre ISE, considerados os art. 62 e 63 da LDB/1996; c) o Parecer CNE/CES n. 133, de 30/1/2001, também um desdobramento da LDB/1996 (artigos. 62 e 63).

No Parecer CNE/CES n. 970/1999, os conselheiros ressaltaram que a LDB/1996 "estabeleceu diversas inovações muito positivas que tinham como objetivo aperfeiçoar a formação dos profissionais da educação", com o que se concorda. Não é possível concordar, entretanto, com duas afirmativas a respeito do Curso Normal Superior: a) é um curso específico de nível superior destinado à formação de docentes para os anos iniciais do ensino fundamental (SIEF) e para a educação infantil (EI) que substituiria a formação em nível médio; b) segundo a tradição brasileira, "há séria lacuna resultante da inexistência de cursos para a formação dos docentes das SIEF (Séries Iniciais do Ensino Fundamental) e EI (educação infantil)". O Normal Superior supriria essa deficiência.

O Parecer CNE/CES n. 970/1999 provocou muitas polêmicas. O Conselheiro Jacques Velloso emitiu voto de discordância ao que o

---

5. O § 2º e o § 5º do art. 6º, o § 2º do art. 7º e o § 2º do art. 9º, desta Resolução, foram revogados pela Resolução CNE/CP n. 2, de 19/2/2002, que instituiu a duração e a carga horária dos cursos de licenciatura, de graduação plena, de formação de professores da educação básica em nível superior.

parecer prescreve. O texto do Conselheiro consistiu em um enfrentamento ao poder das "elites políticas" integrantes do CNE.

Pede-se licença ao leitor para transcrever parte da declaração de voto de Velloso, pois embora longa, prima por sua relevância perante o objeto deste capítulo.

> A LDB não proíbe que os cursos de Pedagogia, *quando ministrados em universidades*,(grifos do autor) habilitem para a atuação em EI (educação infantil) e AIEF (Anos Iniciais do Ensino Fundamental). O Parecer 115/99, que trata dos ISES (Institutos Superiores de Educação), tampouco impede, sabiamente, que estes cursos cumpram tal finalidade, *quando oferecidos por universidades* (grifos do autor). Na boa hermenêutica, quando são interpretadas as leis, tudo o que estas vedam em sua letra ou em seu espírito é proibido. De modo análogo, tudo o que estas não vedam em sua letra ou em seu espírito é permitido. Se isso é verdade para toda e qualquer Lei, tanto mais o é para a LDB, que tem em sua espinha dorsal a diretriz da *flexibilidade* e o convite à *inovação* (grifos do autor), sempre resguardada a qualidade de ensino — esta pela via da comedida supervisão do Estado sobre os fatores iniciais da oferta do ensino da enfática avaliação dos resultados. *Efetivamente, não cabe proibir aquilo que a LDB permite, porque não veda.* (Grifos meus).

Em sua declaração Velloso anunciou que votou conforme suas convicções de que é preciso valorizar a escola pública, defender a formação de professores na universidade, porque nesta se "situam as melhores experiências e inovações da formação de nossos professores". Votou também por acreditar que nos cursos de Pedagogia das universidades "está a liderança do pensamento educacional no País [...]" e ainda para "evitar modelos institucionais únicos, do passado com tão danosas e conhecidas consequências" (Velloso, 7/12/1999).

As declarações dão mostra do nível de responsabilidade política, acadêmica e ética de Velloso e denotam também seu compromisso com princípios defendidos pelo movimento de educadores brasileiros. Esse movimento também se manifestou sobre a matéria, publicando uma Carta Denúncia.

Com base no teor do voto em separado de Velloso e nos históricos documentos elaborados em conjunto pela Anfope, Anped, Anpae e Cedes,[6] o Fórum em Defesa da Formação do Professor revelou na citada carta os atos arbitrários do governo FHC no tocante à formação dos profissionais da educação básica. Tal carta denunciava atos de violência aos princípios democráticos e também as graves consequências que resultariam da aplicação do Decreto n. 3.276/1999. Retoma-se aqui parte da Carta Denúncia:

> 1. remete a formação de professores exclusivamente para cursos aligeirados, de cunho estritamente técnico, segregada da formação geral dos demais profissionais da educação;
> 2. cria um mercado cativo para as instituições privadas de ensino com a possibilidade de financiamento público, inclusive com a utilização de verbas do Fundef;
> 3. desperdiça uma capacidade instalada, com recursos humanos e materiais financiados ao longo do tempo pelo poder público, como são os cursos de Pedagogia das universidades;
> 4. ignora experiências bem-sucedidas de formação de profissionais da educação, experiências essas fundamentadas em extensos trabalhos de pesquisas dos docentes das universidades (Fórum, 1999, apud Brzezinski, 1999, p. 191-192).

No que tange à Resolução CNE/CP n. 1, de 30/9/1999, foi alvo de embates do movimento nacional de educadores, como, por exemplo, a Anfope, defensora de que as universidades devem se responsabilizar pelas Licenciaturas. A Resolução tem por finalidade normatizar a criação do ISE, prevista no art. 63, da LDB/1996. Esse instituto foi criado para oferecer formação inicial em Licenciaturas em todas as áreas de conhecimento que compõem o currículo da educação básica, a formação continuada na pós-graduação e em cursos de complementação pedagógica, estes nos termos da Resolução

6. Associação Nacional de Pós-Graduação e Pesquisa em Educação (Anped); Associação Nacional de Políticas e Administração da Educação (Anpae) e Centro de Estudos Educação e Sociedade (Cedes).

CNE n. 2/1997. O referido ISE mantém, ainda, em sua estrutura como obrigatório, o Curso Normal Superior, que forma professores para atuar na educação infantil e de professores para os anos iniciais do ensino fundamental.

A Resolução CNE/CP n. 1/1999 causa estranheza por: a) dispensar esta instituição formadora da obrigatoriedade de desenvolver ensino articulado à pesquisa e à extensão, entretanto, recomenda a ampliação de "horizontes culturais e o desenvolvimento da sensibilidade para as transformações do mundo contemporâneo" (art. 1º; §1º, inciso I e IV); b) minimizar as exigências de qualificação do corpo docente, que não precisa atender aos requisitos exigidos dos profissionais que atuam em universidades, como se constata no art. 4º da Resolução — incisos I — 10% (dez por cento) com titulação de mestre ou doutor; II — 1/3 (um terço) em regime de tempo integral; III — metade com comprovada experiência na educação básica"; c) admitir aproveitamento de estudos de até o limite de 800 horas aos alunos egressos do curso normal de nível médio. Trata-se de algo inusitado, no âmbito das instituições de ensino superior, o aproveitamento de créditos cursados em um nível inferior, qual seja, o ensino médio (cf. §2º, §5º e §6º do art. 6º da Res. CNE/CP n. 1/1999).

Depreende-se desta minimização de exigências científicas, acadêmicas, pedagógicas e operacionais que os legisladores optaram por instituir no ISE um modelo de formação, ancorado nos requisitos propostos pelos ditames do neoliberalismo, confundindo qualidade da educação com quantidade de profissionais no mercado e pautaram-se pela eficiência, flexibilização e produtividade dos sistemas educacionais.

Com efeito, a mercantilização da formação de professores tornou-se robusta e agradou em muito os privatistas e o Banco Mundial, tendo em vista que as estatísticas foram exponencialmente engrossadas, sobretudo, pela quantidade de egressos do Curso Normal Superior. Essa expansão foi parcialmente sustada com as DCN-Pedagogia que no art. 11, da Resolução CNE/CP n. 1/2006, permitiu a transformação do Normal Superior em Curso de Pedagogia. Os mercantilistas da educação, todavia, continuaram sendo privilegiados com apoio legal, uma vez que extinguir o Curso Normal Superior significava assegurar sucesso financeiro impulsionado pelos cursos de Pedagogia. É legal sim, mas imoral! Observa-se que os dados do Censo da educação superior/Inep (2012) confirmam a existência no País de 1.834 cursos de Pedagogia. Entre esses, 658 (38%) são ministrados em instituições públicas, a maioria em universidades, e 1.066 (62%), em instituições privadas, grande parte, em faculdades.

No que diz respeito ao terceiro dispositivo do conjunto promulgado acerca da formação de profissionais para atuarem na educação infantil e no ensino fundamental, apresenta-se o Parecer CNE/CES n. 133, de 30/1/2001, nos seguintes termos:

> A oferta de cursos destinados à formação de professores de nível superior para atuar na educação infantil e nos Anos Iniciais do Ensino Fundamental obedecerá aos seguintes critérios: a*) quando se tratar de universidades e de centros universitários, os cursos poderão ser oferecidos preferencialmente como Curso Normal Superior ou como curso com outra denominação* (grifos meus), desde que observadas as respectivas diretrizes curriculares; b) as instituições não universitárias terão que criar Institutos Superiores de Educação, caso pretendam formar professores em nível superior para educação infantil e Anos Iniciais do Ensino Fundamental, e esta formação deverá ser oferecida em Curso Normal Superior, obedecendo ao disposto na Resolução CNE/CP 1/99 (CNE/CES, Parecer n. 133/2001).

Com deliberada intenção de demonstrar poder, os conselheiros que aderiram à ideia do Curso Normal Superior proposta pelo parecer em tela sequer mencionaram que nas universidades e nos centros universitários no Curso de Pedagogia poderia ser formado o professor da educação infantil e dos anos iniciais do ensino fundamental.

Denotando não reconhecer a existência desse curso, tampouco sua identidade e a do pedagogo, a Câmara de Educação Superior/CNE indicou que nessas instituições de ensino superior competia preferencialmente ao Curso Normal Superior formar os profissionais anteriormente citados ou competiria a um curso com outra denominação, desde que observadas as respectivas diretrizes curriculares. Nesta ocasião, alguns dos conselheiros da CES/CNE, contraditoriamente, negavam a existência de um curso no qual eram docentes em suas universidades.

Reitera-se que a negação da existência do Curso de Pedagogia na universidade pela sociedade política abriu largos horizontes para a expansão dos ISES e do Curso Normal Superior. Esses têm caráter profissionalizante, pragmático e utilitarista que dista do compromisso histórico-cultural da profissão professor. São balizados pelo perfil de cursos que respondem ao modelo que se preocupa em engrossar as estatísticas educacionais com muitos certificados emitidos, muito a gosto da tendência burocrática e cartorialista da educação.

As entidades de estudos e pesquisa em educação não se intimidaram com o aparente sucesso dos pragmatistas. Sistematicamente, solicitavam encaminhamentos sobre essas diretrizes, mas o silêncio permaneceu de 1999 a 2004. Somente em 17/3/2005 o silêncio foi rompido quando o CNE, com nova composição integrada por conselheiros nomeados pelo Presidente Lula, dispôs, via eletrônica, uma minuta de diretrizes. Esse documento foi bombardeado por grupos de educadores e de estudantes de Pedagogia, da maioria dos Estados brasileiros e do Distrito Federal.

Perante essas manifestações, as conselheiras relatoras das DCN-Pedagogia procederam a mais estudos e muitas discussões na Comissão Bicameral que coordenava os debates, para os quais eram convidados os que se interessavam pela temática. As entidades de estudos e pesquisa e representantes de sindicatos estiveram sempre presentes nesses momentos intensos e muito tensos. Tensos, em virtude da disputa entre os projetos antagônicos, de um lado, os defensores da escola pública, comprometidos com a formação de profissionais com qualidade social, com base no paradigma sócio-histórico de conhecimento, de outro, os adeptos da escola particular e defensores da qualidade total da educação. Enfim, entre tensões, embates e conflitos, saíram vitoriosas a Comissão Bicameral e as relatoras da DCN-Pedagogia, porque estrategicamente buscaram consensos e as diretrizes foram instituídas em 15/5/2006, pela Resolução CNE/CP n. 1.

Uma análise do *corpus* doutrinário das DCN-Pedagogia (Parecer CNE/CP n. 5/2005) permite identificar que pedagogo é um profissional da educação, cuja formação tem por base a docência, todavia sua identidade não se esgota no exercício da dimensão docente, uma vez que ele deverá ser preparado também para atuar em outras dimensões do ato pedagógico. Essas outras dimensões que se afiguram como uma unidade da organização curricular e não como especialidades ou habilitações abrangem: a) a produção do conhecimento científico e tecnológico do campo educacional; b) a gestão educacional; c) os ambientes educativos não escolares dispostos no mundo do trabalho, em que estão previstos conhecimentos pedagógicos.

O delineamento de uma identidade do pedagogo que tem ancoragem na concepção de educação que ultrapassa os muros escolares, conforme princípios da LDB/1996 (art. 2º), ficou assim esboçado: o pedagogo é profissional docente-pesquisador-gestor[7], cuja atuação se efetiva na educação escolar e em espaços não escolares.

A discussão que se fará a seguir em relação às novas políticas de formação de professores não modificou a Lei n. 9.394, porém atém-se à reorganização ou criação de instituições formadoras de professores não previstas na Lei em 1966, no art. 62. Nesse artigo, o legislador se referiu aos "institutos superiores de educação", cuja natureza e projeto político pedagógico diferem muito de um centro de educação tecnológica ou de um instituto de tecnologia.

Novas políticas para o ensino profissional e tecnológico no País, nos anos 2000, no Brasil, emergiram estimuladas pelo avanço do conhecimento tecnológico, pela incorporação crescente de inovadores métodos e processos de produção e distribuição de bens e serviços. A fim de atender a esse processo de desenvolvimento com o advento

7. Maior conhecimento acerca dessa identidade do pedagogo pode ser encontrado em Brzezinski, I. (2011, p. 15-50).

da revolução tecnológica, desde o último quartel do século XX, emergiram diferentes demandas para formar profissionais da educação. Isso gerou a necessidade de institucionalizar novos lócus formativos, o que vem acontecendo desde que o governo popular assumiu o poder. Foi durante o governo do Presidente Lula, por meio do Decreto n. 5.224, de 1/10/2004, que foram reorganizados os Centros Federais de Educação Tecnológica (CEFETS). Esse decreto conferiu-lhes competência para ministrar ensino superior em nível de graduação e pós-graduação na área tecnológica, sendo estabelecida também a oferta de cursos de Licenciatura. A criação dos Cefet em nível médio talvez tenha sido a política de ensino médio profissional mais exitosa do século XX. Isso, lamentavelmente, ainda não se comprova com os redimensionamentos mencionados no que concerne à oferta do ensino superior por esses centros.

Com o mesmo intuito foram criados pela Lei n. 11.892, de 29/12/2008, os Institutos de Educação, Ciência e Tecnologia que pertencem à Rede Federal de Educação Profissional, Científica e Tecnológica. Tais institutos têm entre suas finalidades e objetivos formar professores em cursos de Licenciatura, conforme reza o art. 7º, inciso II, bem como desenvolver programas especiais de formação pedagógica, com vistas à formação de professores para a educação básica, sobretudo nas áreas de ciências e matemática, e para a educação profissional.

Interpretando Velloso (1999) supracitado, tudo que a lei não veda em sua letra é permitido. Perante isso, os Cefet e os Institutos sem condições de ministrar a Licenciatura com qualidade tanto quanto ministram a formação profissional e tecnológica, optaram por ofertar cursos de formação de profissionais da educação vinculados à grande área do conhecimento de ciências sociais e humanas. Diante das fecundas possibilidades de instalações físicas e contratação de pessoal em razão de recursos financeiros disponibilizados pelo governo federal, as ofertas tomaram uma dimensão incontrolável, pois gozam de autonomia universitária para tal.

Ressalta-se que formação de profissionais da educação não pode ser confundida com transmissão de informações e técnicas, com mera aplicação de tecnologias por mais avançadas que essas sejam, tampouco com a exclusiva busca do domínio de conhecimentos para o exercício da profissão.

Então, indaga-se: qual será o nível de qualidade social desses cursos? Seus egressos terão o *ethos* professoral para desempenhar o trabalho docente no ensino médio da educação básica com a qualidade necessária?

As políticas educacionais discutidas nos últimos três parágrafos estavam previstas no Plano de Desenvolvimento da Educação (PDE), lançado em 24/4/2007, do qual constavam 40 metas. O PDE foi normatizado pelo Decreto n. 6.094, de 24/4/2007. Simultaneamente, o MEC divulgou o Índice de Desenvolvimento da Educação Básica (Ideb) e a ele atrelou diversas ações já implementadas, atualizando algumas delas, como, por exemplo, a da formação de professores a distância por meio da Universidade Aberta do Brasil (UAB). Essa universidade originou-se no Sistema UAB, criado pelo Decreto n. 5.800, de 8/6/2006. Na atualidade, a UAB vincula-se à Diretoria de Educação Básica a Distância da Capes. Diversas universidades públicas federais, estaduais, municipais, institutos federais de educação, ciência e tecnologia, universidades filantrópicas, comunitárias fazem parte dela. Informações no site da Capes mostram que em setembro de 2013 somavam 142 Instituições de Ensino Superior que ofertavam cursos a distância.

Com efeito, o PDE se viabilizou de forma pragmática e pouco educacional. Fernando Haddad, ministro da Educação à época, primeiro tratou de agregar os diversos grupos de interesse na área, participando de início de encontros com a elite empresarial brasileira. Ali nasceu o Compromisso Todos pela Educação, uma aliança da sociedade civil, da iniciativa privada e de gestores públicos pelo ensino básico de qualidade. "Vários gestores, professores, especialistas ajudaram a montar essas metas", diz o vice-presidente do Itaú, Antonio Matias, da coalizão Todos pela Educação. "Ao adotá-las, o governo está perseguindo, para as políticas públicas, a mesma eficiência com que as empresas estão acostumadas a lidar" (Aranha, 2007). Tal visão ainda hoje está muito presente em ações desenvolvidas no MEC.

Traz-se, por fim, para análise, a mais recente lei que provocou significativas mudanças na LDB/1996 e que reestruturou positivamente a organização do ensino fundamental, com impacto imediato na formação de profissionais da educação: a Lei n. 12.796, de 4/4/2013, decorrente do que preceituou a Emenda Constitucional n. 59/2009.

A mencionada Lei, por um lado, introduziu as políticas para a organização de novos projetos pedagógicos e reorganização das instituições da educação infantil e do ensino fundamental, garantindo "educação básica obrigatória e gratuita dos 4 (quatro) aos 17 (dezessete) anos de idade, organizada em: a) pré-escola; b) ensino fundamental; c) ensino médio", contemplando ainda a educação inclusiva (art. 4º, incisos I e III) e "acesso público e gratuito aos ensinos fundamental e médio para todos os que não os concluíram na idade própria" (art. 4º, inciso IV). Por outro lado, a lei agrediu profundamente as associações de estudos e pesquisa em educação ao negar o que se postula historicamente por mais de três décadas: *todo professor da educação básica deve ser formado em nível superior,* como se observa nas mudanças no art. 62 ocasionadas pela Lei n. 12.796/2013:

> A formação de docentes para atuar na educação básica far-se-á em nível superior, em curso de licenciatura, de graduação plena, em universidades e institutos superiores de educação, admitida, como formação mínima para o exercício do magistério na educação infantil e nos 5 (cinco) primeiros anos do ensino fundamental, a oferecida em nível médio na modalidade normal.

Avalia-se que o legislador perdeu a oportunidade de realizar uma "revolução silenciosa" (Lenin, 1987), que acontece aos poucos, mas que convida a lutar pelo coletivo e consegue resultados positivos a longo prazo. O legislador deixou de fazer avançar, em muito, a qualidade da educação básica. Poder-se-ia atingir resultados qualitativos, se, de fato, a Lei n. 12.796/2013 contemplasse também, entre outros aspectos:

a) a institucionalização da formação de profissionais da educação na Universidade, fortalecendo a Faculdade de Educação/Centros de Educação como lócus formativo;
b) a extinção das habilitações que, ainda, permanecem no curso de Pedagogia, como consta no art. 64, o que impediria a formação de profissionais da educação somente em bacharelado;
c) o estabelecimento de que a docência é a base da identidade de todo professor da educação básica e de todos os profissionais que ocupam cargo de direção de unidade escolar e de coordenação e assessoramento pedagógico;
d) a assunção da *base comum nacional* de formação de todos os profissionais da educação defendida pela Anfope;
e) a garantia de que a formação inicial dos profissionais da educação seja somente presencial;
f) a concessão de bolsa de iniciação à docência, por meio de programa institucional, para todos estudantes matriculados em cursos de Licenciatura;
g) o impedimento de ingresso de professores leigos no sistema nacional de educação;
h) o impedimento à atuação de professor em área do currículo da educação básica incompatível com o curso de Licenciatura de sua formação no ensino superior;
i) a aplicação da lei de Responsabilidade Educacional aos poderes executivos estaduais e municipais que não estabelecessem estatutos e planos de carreira do magistério público, como forma de valorização dos profissionais da educação;
j) a aplicação da lei de Responsabilidade Educacional aos poderes executivos estaduais e municipais que não aplicassem a Lei n. 11.738/2008 sobre o piso salarial profissional nacional (PSPN) dos professores da educação básica.

Cabe destaque ainda em relação à valorização do profissional da educação, as modificações introduzidas pela Lei n. 12.796/2013 ao art. 62.

§ 4º — A União, o Distrito Federal, os Estados e os Municípios adotarão mecanismos facilitadores de acesso e permanência em cursos de formação de docentes em nível superior para atuar na educação básica pública;

§ 5º — A União, o Distrito Federal, os Estados e os Municípios incentivarão a formação de profissionais do magistério para atuar na educação básica pública mediante programa institucional de bolsa de iniciação à docência a estudantes matriculados em cursos de Licenciatura, de graduação plena, nas instituições de educação superior.

No próximo item, o foco deste capítulo se volta para a formação e valorização dos funcionários da educação básica.

3. Políticas de formação e a valorização de funcionários da educação básica

Na percepção dos parlamentares que aprovaram a Lei n. 9.396/1996, os funcionários da educação não integravam o conjunto de atividades consideradas afins da educação, na oportunidade em que a CNTE lutou pela inclusão dos funcionários no Título VI — "Dos Profissionais da Educação", como antes mencionado. Essa compreensão, evidentemente, deriva de uma cultura há muito instalada e não circunscrita ao meio político.

De acordo com Monlevade (2009, p. 340), a divisão do trabalho na escola brasileira começa com os jesuítas, que fundaram, no período colonial, instituições educacionais integradas a diversas atividades produtivas:

> As comunidades anexas aos colégios e escolas da Companhia de Jesus se compunham de duas categorias de religiosos: os que se destinavam ao "espiritual" (escolásticos, em formação, ou presbíteros professos) e os irmãos coadjutores, que cuidavam do "temporal".

O papel desempenhado pelos irmãos coadjutores perderia seu sentido com a expulsão dos jesuítas e com a consequente mudança de modelo educacional. Persistiria, contudo, ao longo da história da educação, no Brasil, a existência de espaços de trabalho a serem preenchidos por pessoas não vinculadas à docência. Daí deriva a expressão utilizada para caracterizar os funcionários da educação: "não docente". Ela expressa, no mínimo, uma dúvida sobre a identidade dos funcionários: embora não se saiba o que são, sabe-se o que não são. A expressão ensejaria um profícuo debate conceitual no interior do Departamento de Funcionários (Defe) da Confederação que se estenderia ao conjunto de lideranças da CNTE.

O DEFE, instituído em 1995, já nascera com a tarefa de aprofundar o processo de unificação entre o segmento dos funcionários e o conjunto dos profissionais representados na Confederação. Nesse sentido, um dos grandes desafios consistia em construir uma identidade que expressasse as singularidades das funções desempenhadas e, ao mesmo tempo, revelasse seu sentido educativo. Sem resolver essa equação, a unificação se limitaria ao âmbito sindical e o objetivo era uma integração mais ampla, construída no próprio processo de consolidação da escola pública, laica e universal com uma concepção pedagógica voltada para a emancipação de todos os seus sujeitos.

> A escola pública unitária e politécnica da atualidade, em síntese, tem como tarefa indispensável e inadiável articular ciência, trabalho e cultura num permanente esforço de elevação *moral e intelectual das massas*. Uma escola deve ter como seu ponto de partida e de chegada os sujeitos históricos concretos na totalidade histórica de suas condições. (Frigotto, 2005, p. 247-248; grifos do autor)

A concepção de escola como espaço educativo seria o ponto de partida para a reflexão sobre a formação necessária para a construção da identidade dos funcionários. Por certo, o desenho de um percurso formativo precisava levar em conta as atividades que dão vida e funcionalidade à escola. Tornava-se imprescindível, então, considerar a própria estrutura escolar não como simples edificação, mas como espaço compartilhado em seu ambiente físico e social; o conjunto das atividades pedagógicas, incluindo a gestão escolar; o manejo dos multimeios didáticos; a alimentação escolar. Esta percepção da CNTE só se concretizaria na medida em que se tornasse política pública.

No contexto político de votação da LDB/1996, não houve condições de instalar esse debate, como já mencionado. Com a eleição do Presidente Lula, em 2002, a CNTE anteviu a possibilidade de estabelecer um diálogo institucional com o MEC, contando, inclusive, com o conhecimento do tema por parte de alguns dirigentes egressos do movimento sindical. A relação entre governo e movimento social precisa ser compreendida no contexto da luta de classes e do processo dialético de construção de hegemonia. Nesse sentido, seria uma simplificação afirmar que estavam dadas todas as condições para a concretização da proposta dos trabalhadores. Mesmo sendo suscetível a pressões de outros setores, o governo, porém, foi permeável à demanda da CNTE, acolhendo-a, praticamente, na íntegra.

A proposta foi encaminhada à CEB do CNE que, como já registrado, elaborou a Resolução n. 5/2005, que foi baseada no Parecer CNE/CEB n. 16/2005 (BRASIL, 2005a). Nesse Parecer, no arrazoado são referidos os serviços que são realizados em espaços como secretaria escolar, cantinas, jardins, hortas e outros ambientes requeridos pelas diversas modalidades de ensino. Com base nisso, a CEB identificou funções relacionadas com gestão, secretaria e alimentação escolar, multimeios didáticos, meio ambiente e manutenção de infraestruturas escolares, coincidentes com a formulação da CNTE.

Paralelamente à regulamentação da formação específica para os funcionários, a CNTE dava curso à estratégia para a reinserção pública do debate sobre o piso salarial profissional nacional para todos os profissionais da educação. A perspectiva de criação do piso salarial dera passos importantes nos anos 1990, durante o governo Itamar Franco, mas se inviabilizara na gestão de FHC. A nova estratégia da Confederação incluía a aprovação prévia do Fundo de Manutenção e Desenvolvimento da Educação Básica e de Valorização dos Profissionais da Educação (Fundeb) previsto na Emenda Constitucional n. 53/2006 (Brasil, 2006). Esta EC, no enunciado sobre o piso salarial, remeteu à legislação complementar a definição sobre "as categorias de trabalhadores considerados profissionais da educação básica e sobre a fixação de prazo para a elaboração ou adequação de seus planos de carreira" (Idem, ibid.).

A partir do texto constitucional, a Lei n. 12.014/2009 modificou, finalmente, o art. 61 da LDB, caracterizando, como profissionais da educação, os "trabalhadores em educação, portadores de diploma de curso técnico ou superior em área pedagógica ou afim" (Brasil, 2009). A proposição, contudo, já fora apresentada no Parlamento por iniciativa da então senadora Fátima Cleide, funcionária de escola do Estado de Rondônia, por meio do Projeto de Lei do Senado (PLS) n. 507/2003 (Brasil, 2003). No mesmo ano, o deputado federal Carlos Abicalil também havia proposto o Projeto de Lei n. 1.592/2003, tratando do tema (Brasil, 2003). Os dois parlamentares foram dirigentes da CNTE e, portanto, tinham participado de grande parte do debate e contribuído nas formulações da Confederação.

Ao mesmo tempo em que estavam em curso medidas voltadas para o estabelecimento do arcabouço legal, havia a necessidade de desencadear o processo formativo dos funcionários da educação. Deste desafio nasceria o Programa de Formação Inicial em Serviço dos Profissionais da Educação Básica dos Sistemas de Ensino Público (Profuncionário). O programa envolveu uma parceria entre a Universidade de Brasília (UnB), o MEC e a CNTE para a oferta de curso técnico de nível médio em quatro habilitações: técnico em alimentação escolar; técnico em gestão escolar; técnico em multimeios didáticos e técnico em meio ambiente e manutenção de infraestrutura escolar. Para subsidiar o curso, na modalidade a distância com encontros presenciais, foram elaborados dezesseis módulos para cada habilitação, articulados em três eixos, compreendendo conteúdos de formação pedagógica — comuns a todas as habilitações —, conteúdos específicos e atividades práticas. De acordo com Bessa (2009), os módulos problematizam a realidade escolar, de modo a compreendê-la em sua totalidade.

> Embora o conteúdo de cada módulo possa ser estudado isoladamente, foram elaborados seguindo princípios que integram: indissociabilidade entre teoria e prática (relação crítica entre o saber e o fazer a ser planejado); transversalidade temática (o mesmo tema é objeto de estudo, reflexão e investigação em cada módulo); não disciplinaridade (os conteúdos são trabalhados tematicamente, não por recortes epistemológicos disciplinares). (Bessa, 2009, p.485)

O pioneirismo do Profuncionário não se deu apenas como concepção, mas se estendeu ao acompanhamento e à gestão. A Portaria Normativa n. 25, de 31/5/2007, que o instituiu, expressa, no parágrafo único do art. 2º: "O Profuncionário deverá envolver os dirigentes educacionais, entidades de classe, instituições vinculadas à educação na organização e gerenciamento do curso" (Brasil, 2007). A referida portaria estabeleceu uma coordenação estadual integrada pela Secretaria Estadual de Educação, o Conselho Estadual de Educação, a União Nacional dos Dirigentes Municipais da Educação — Undime/Estadual e os sindicatos filiados à CNTE.

Entre os vários desafios que se apresentaram na instituição do Profuncionário ganhou relevo a necessidade de transformação desse programa, que fora implantado, seletivamente — no sentido do estabelecimento de metas iniciais —, em uma política pública de larga escala. Dessa perspectiva, era importante, além da integração dos entes federados, uma articulação com as agências formadoras dos funcionários da educação e dos próprios formadores. A alternativa foi a de envolver os Institutos Federais de Educação, Ciência e Tecnologia dedicados à educação técnica e tecnológica e cuja capilaridade alcançasse todo o país. Ampliou-se, posteriormente, a responsabilidade da Rede Federal de Educação Profissional e Tecnológica por meio do Decreto n. 7.415, de 30/12/2010 (Brasil, 2010). Para vários dos atores envolvidos no programa, isso não significou que a política de formação inicial e continuada dos funcionários abdicasse da contribuição das universidades na continuidade e expansão de referida política pública.

A oportunidade para a inclusão das universidades, da Faculdade de Educação, do Curso de Pedagogia, como formadoras do funcionário, surgiu primeiramente com a Resolução CNE/CP n. 1/2006 das DCP-Pedagogia:

> Art. 4º O curso de Licenciatura em Pedagogia destina-se à formação de professores para exercer funções de magistério na Educação Infantil e nos anos iniciais do Ensino Fundamental, nos cursos de Ensino Médio, na modalidade Normal, de educação profissional na área de serviços e apoio escolar e em outras áreas nas quais sejam previstos conhecimentos pedagógicos.

A Lei n. 12.796/2013 veio reforçar a importância da formação desses trabalhadores da educação, introduzindo vários artigos relacionados com essa política. Ao mesmo tempo, a lei se ocupou do tema da formação e da valorização dos profissionais da educação e do compartilhamento de responsabilidades entre os entes federados para o cumprimento dos dispositivos legais a ele relacionados. No que concerne aos funcionários da educação, há introdução de um artigo na LDB/1996:

> Art. 62-A — A formação dos profissionais a que se refere o inciso III do art. 61 far-se-á por meio de cursos de conteúdo técnico-pedagógico, em nível médio ou superior, incluindo habilitações tecnológicas.
>
> **Parágrafo único.** Garantir-se-á formação continuada para os profissionais a que se refere o *caput*, no local de trabalho ou em instituições de educação básica e superior, incluindo cursos de educação profissional, cursos superiores de graduação plena ou tecnológicos e de pós-graduação. (Idem, ibidem)

A comparação entre o texto original da LDB/1996 e o atual traz um saldo positivo para as políticas de formação dos funcionários da educação. Em primeiro lugar, a lei dá visibilidade a um segmento, historicamente, integrado ao contexto da escola, sem identidade própria e com escassa consciência de seu papel educativo. Papel, aliás, que só se revelaria — e precisa continuar a revelar-se — a partir de uma concepção de escola como espaço educativo que exige a participação de vários atores. Assim, as tarefas exercidas pelos funcionários da educação precisam estar vinculadas ao projeto político-pedagógico da escola e aos objetivos do sistema. A segunda constatação é a de que as funções desempenhadas não se vinculam, automaticamente, à educação se não forem apreendidas pelo conjunto dos atores escolares e pelos próprios funcionários da educação. Esses significados, por sua vez, só se constroem na dialética formação-ação, de modo que, além da formação inicial, é imprescindível ter políticas públicas de formação permanente.

É necessário mencionar ainda que há várias iniciativas por parte do poder público e de parlamentares relacionadas com outros aspectos da valorização profissional, como diretrizes de carreira e instituição de piso salarial profissional nacional que inclua o segmento. Sua viabilidade depende de uma estratégia que continue a combinar a mobilização corporativa — impregnada de legitimidade — e a defesa da educação pública laica, universal e inclusiva que não pode prescindir de atores e de suas identidades construídas no próprio processo de alargamento do direito à educação.

Finalmente, chega-se ao término deste capítulo depois de longo tempo de pesquisa dedicado à sua elaboração, deixando a conclusão em aberto. As políticas de formação e valorização de professores e funcionários da educação básica são dinâmicas e, na contemporaneidade, as mudanças neste sentido têm sido tão urgentes e imediatas que se opta por tomar de empréstimo as palavras de Limoeiro Cardoso (1976, p. 86), replicando-as aqui para explicar melhor a dinâmica mencionada e a inconclusão deliberada. A autora ensina que "ao concluir seu trabalho um pesquisador não dirá:

— Agora, sim conheço.

Sua posição exige um rigor maior, e ele dirá:

— Agora o conhecimento é mais perfeito do que aquele de que partimos".

Referências

ARANHA, A.; CLEMENTE, I. Ele vai salvar a educação? *Revista Época*. Edição n. 467, 2007. Disponível em: <revistaepoca.globo.com/Revista/Epoca>. Acesso em: 3 dez. 2013.

BENJAMIN, W. *Passagens*. Organizadores da edição brasileira: BOLLE, W. et al. Belo Horizonte: UFMG/São Paulo: Imprensa Oficial do Estado de São Paulo, 2006.

BESSA, D. D. Profuncionário: curso de formação para os funcionários da educação. In: Funcionário de escola: identidade e profissionalização. *Revista Retratos da Escola*, v. 3, n. 5, p. 485-497, jul./dez. 2009.

BRASIL/PR. Lei n. 9.394, de 20 de dezembro de 1996. Estabelece as diretrizes e bases da educação nacional. Brasília, *DOU*, ano CXXXIV, n. 248, 23 dez. 1996, p. 27833-27841.

______. Decreto n. 3.276, de 6 de dezembro de 1999. Dispõe sobre a formação em nível superior de professores para atuar na educação básica, e dá outras providências. Brasília, *DOU* de 7 dez. 1999.

______. Decreto n. 3.554, de 7/8/2000. Dá nova redação ao § 2º o do art. 3º do Decreto n. 3.276, de 6/12/1999. Brasília, *DOU* de 7 ago. 2000.

______. Emenda Constitucional n. 53, de 19/11/2006. Dá nova redação aos arts. 7º, 23, 30, 206, 208, 211 e 212 da Constituição Federal e ao art. 60 do Ato das Disposições Constitucionais Transitórias. Disponível em: <planalto.gov.br/ccivil_03/constituicao/Emendas/Emc/emc53.htm>. Acesso em: 9 nov. 2013.

______. Lei n. 11.738, de 16/7/2008. Regulamenta a alínea "e" do inciso III do *caput* do art. 60 do Ato das Disposições Constitucionais Transitórias, para instituir o piso salarial profissional nacional para os profissionais do magistério público da educação básica. Disponível em: <www.planalto.gov.br/ccivil_03/_Ato2007-2010/2008/Lei/L11738.htm.> Acesso em: 9 nov.2013.

_____. Lei n. 12.014, de 6/8/2009. Altera o art. 61 da Lei n. 9.394, de 20 de dezembro de 1996, com a finalidade de discriminar as categorias de trabalhadores que se devem considerar profissionais da educação. Brasília, *DOU* de 7 ago. 2009.

_____. Emenda Constitucional n. 59, de 11/11/2009. Acrescenta § 3º ao art. 76 do Ato das Disposições Constitucionais Transitórias para reduzir, anualmente, a partir do exercício de 2009, o percentual da Desvinculação das Receitas da União incidente sobre os recursos destinados à manutenção e desenvolvimento do ensino de que trata o art. 212 da Constituição Federal, dá nova redação aos incisos I e VII do art. 208, de forma a prever a obrigatoriedade do ensino de quatro a dezessete anos e ampliar a abrangência dos programas suplementares para todas as etapas da educação básica, e dá nova redação ao § 4º do art. 211 e ao § 3º do art. 212 e ao *caput* do art. 214, com a inserção neste dispositivo de inciso VI. Brasília, *DOU* de 12 nov. 2009.

_____. Decreto n. 7.415, de 30/12/2010. Institui a Política Nacional de Formação dos Profissionais da Educação Básica, dispõe sobre o Programa de Formação Inicial em Serviço dos Profissionais da Educação Básica dos Sistemas de Ensino Público — Profuncionário, e dá outras providências. Disponível em: <www.planalto.gov.br/ccivil_03/_Ato2007-2010/2010/Decreto/D7415.htm>. Acesso em: 9 nov. 2013.

_____. Projeto de Lei n. 8.035, de 20/12/2010. Aprova o Plano Nacional de Educação. Disponível em: <www.camara.gov.br>. Acesso em: 21 abr. 2011.

BRASIL/PR. Lei n. 12.796, de 4/4/2013. Altera a Lei n. 9.394, de 20 de dezembro de 1996, que estabelece as diretrizes e bases da educação nacional, para dispor sobre a formação dos profissionais da educação e dar outras providências. Brasília, *DOU* de 5 abr. 2013, seção 1, p. 1.

_____. SENADO FEDERAL. PLS n. 507 de 2003. Modifica o artigo 61 da Lei n. 9.394, de 20 de dezembro de 1996, com a finalidade de discriminar as categorias de trabalhadores que se devem considerar profissionais da educação. Disponível em: <www.senado.gov.br/atividade/Materia/detalhes.asp?p_cod_mate=64606>. Acesso em: 9 nov. 2013.

______. Parecer do relator Senador Álvaro Dias ao PLC n. 103/2012. Portal do Senado. Disponível em: <htpp://www.senado.gov.br>. Acesso em: 28 nov. 2013.

BRASIL/CÂMARA DOS DEPUTADOS. Projeto de Lei n.1.258-A, de 28/11/1988. Fixa as diretrizes e bases da educação nacional, assegurando o cumprimento dos artigos 205, 206, 207, 208, 209, 210, 211, 212, 213, 214 da Constituição Federal de 1988 e o artigo 60 das Disposições Constitucionais Transitórias. Disponível em: <www.camara.gov.br/proposicoesWeb/ficha-detramitacao?idProposicao=189757> Acesso em: 3 nov. 2013.

______. Projeto de Lei n. 1.592, de 31/7/2003. Altera o art. 61 da Lei n. 9.394, de 20 de dezembro de 1996, com a finalidade de discriminar as categorias de trabalhadores que devem ser considerados profissionais da educação. Disponível em: <www.camara.gov.br/proposicoesWeb/fichadetramitacao?i-dProposicao=126369>. Acesso em: 10 nov. 2013.

BRASIL/MEC/INEP. Sinopse estatística da educação básica 2012. Disponível em: <www.portal.inep.gov.br>. Acesso em: 15 set. 2013.

______. Censo da educação superior 2012. Disponível em: <www.portal.inep.gov.br>. Acesso em: 30 out. 2013.

______. CNE/CEB. Resolução CNE/CEB n. 3, de 8/10/1997. Fixa Diretrizes para os Novos Planos de Carreira e de Remuneração para o Magistério dos Estados, do Distrito Federal e dos Municípios. Brasília, *DOU* de 15 jul. 1997.

______. Resolução CNE/CEB n. 1, de 20/8/2003. Dispõe sobre os direitos dos profissionais da educação com formação de nível médio, na modalidade Normal, em relação à prerrogativa do exercício da docência, em vista do disposto na Lei n. 9.394/1996, e dá outras providências. Brasília, *DOU* de 22 ago. 2003, seção 1, p. 12.

______. Parecer CNE/CEB n. 16/2005, 28/10/2005. Proposta de Diretrizes Curriculares Nacionais para a área profissional de Serviços de Apoio Escolar. Disponível em: <portal.mec.gov.br/cne/arquivos/pdf/pceb016_05.pdf>. Acesso em: 9 nov. 2013.

______. Resolução n. 5/2005, de 22/11/2005. Inclui, nos quadros anexos à Resolução CNE/CEB n. 4/99, de 22/12/1999, como 21ª Área Profissional, a área de Serviços de Apoio Escolar. Disponível em: <portal.mec.gov.br/setec/arquivos/pdf/legisla_resol05.pdf>. Acesso em: 9 nov. 2013.

______. Parecer CNE/CEB n. 9, de 2/4/2009. Revisão da Resolução CNE/ CEB n. 3/97. Fixa diretrizes para os novos Planos de Carreira e de Remuneração para o Magistério dos Estados, do Distrito Federal e dos Municípios. Disponível em:<www.mec.gov.br/cne>. Acesso em: 10 abr. 2009.

BRASIL/MEC/CNE. Resolução CNE/CEB n. 2, de 28/5/2009. Fixa as Diretrizes Nacionais para os Planos de Carreira e Remuneração dos Profissionais do Magistério da Educação Básica Pública, em conformidade com o artigo 6º da Lei n. 11.738, de 16 de julho de 2008, e com base nos artigos 206 e 211 da Constituição Federal, nos artigos 8º, § 1º, e 67 da Lei n. 9.394, de 20 de dezembro de 1996, e no artigo 40 da Lei n. 11.494, de 20 de junho de 2007. Brasília, *DOU* de 29 de maio 2009, seção 1, p. 41 e 42.

______. Resolução CNE/CEB n. 5, de 3/8/2010. Fixa Diretrizes Nacionais para os Planos de Carreira e de Remuneração dos Funcionários da Educação Básica Pública. Brasília: DOU de 4 ago. 2010, seção 1, p.15.

BRASIL.MEC/CNE/CES. Parecer CNE/CES n. 970, de 9/11/1999. Curso Normal Superior e da Habilitação para Magistério em Educação Infantil e Séries Iniciais do Ensino Fundamental nos cursos de Pedagogia. Disponível em: <www.mec.gov.br/cne>. Acesso em: 12 nov. 2013.

______. Parecer CNE/CES n. 133, de 30/1/2001. Esclarecimentos quanto à formação de professores para atuar na Educação Infantil e nos Anos Iniciais do Ensino Fundamental. Disponível em: <www.mec.gov.br/cne>. Acesso em: 9 nov. 2013.

BRASIL. MEC/CNE/CP. Resolução CNE/CP n. 1, de 30/9/1999. Dispõe sobre os Institutos Superiores de Educação. Brasília, *DOU* de 7 out. 1999, seção 1, p. 50.

______. Parecer CNE/CP n. 9, de 8/5/2001. Diretrizes Curriculares Nacionais para a formação de professores da Educação Básica, em nível superior, curso de licenciatura de graduação plena. Brasília, *DOU* de 18 jan. 2002.

______. Resolução CNE/CP n. 1, de 18/2/2002. Institui Diretrizes Curriculares Nacionais para a Formação de Professores da Educação Básica, em nível superior, curso de licenciatura, de graduação plena. Brasília, *DOU* de 9 abr. 2002, seção 1, p. 31.

______. Parecer CNE/CP n. 5, de 13/12/2005. Diretrizes Curriculares Nacionais para o Curso de Pedagogia. Brasília, *DOU* de 15 maio 2006.

______. Parecer CNE/CP n. 3, de 21/2/2006. Reexame do Parecer CNE/CP n. 5/2005, que trata das Diretrizes Curriculares Nacionais para o Curso de Pedagogia. Disponível em <www.mec.gov.br/cne>. Acesso em: 13 nov. 2006.

______. Resolução CNE/CP n. 1, de 15/5/2006. Institui Diretrizes Curriculares Nacionais para o curso de graduação em Pedagogia, Licenciatura. Brasília, *DOU* de 16 maio 2006, seção 1, p. 11.

BRZEZINSKI, I. (org.). Política de formação de professores: a formação do professor "primário" na Lei n. 9.394/1996 e seus desdobramentos. In: BRZEZINSKI, I. (Org.). *LDB interpretada*: diversos olhares se entrecruzam. 2. ed. atual. São Paulo: Cortez, 1999, p. 169-196.

______. *LDB interpretada*: diversos olhares se entrecruzam. 10. ed. São Paulo: Cortez, 2008.

______. *LDB dez anos depois*: reinterpretação sob diversos olhares. 3. ed. São Paulo: Cortez, 2012.

BRZEZINSKI, I. As políticas de formação de professores e a identidade *unitas multiplex* do pedagogo: professor-pesquisador-gestor. In: SILVA, Marcos Antônio da; ______. *Formar professores-pesquisadores*: construir identidades. Goiânia: PUC-Goiás, 2011. p. 15-50.

CARDOSO, M. L. O mito do método. *Boletim Carioca de Geografia*. Rio de Janeiro, ano XXV, p. 101-110, 1976.

COMISSÃO NACIONAL DOS CURSOS DE FORMAÇÃO DO EDUCADOR (CONARCFE). In: ENCONTRO NACIONAL DO PROJETO DE REFORMULAÇÃO DOS CURSOS DE PREPARAÇÃO DE RECURSOS HUMANOS PARA A EDUCAÇÃO, 1., Belo Horizonte, 1983. (Mimeo.)

ENTIDADES DA ÁREA DA EDUCAÇÃO. Pronunciamento conjunto em relação às Diretrizes Curriculares Nacionais para o Curso de Graduação em Pedagogia. Brasília, 1º dez. 2006. (Mimeo.)

FRIGOTTO, G. Escola pública brasileira na atualidade: lições da história. In: LOMBARDI, José Claudinei; SAVIANI, Demerval; NASCIMENTO, Maria Isabel Moura (Org.). *A escola pública no Brasil*: história e historiografia. Campinas: Autores Associados, 2005.

FÓRUM EM DEFESA DA FORMAÇÃO DO PROFESSOR. *Denúncia*. Governo intervém na formação de professores por decreto. Brasília, 8 dez. 1999. (Mimeo.)

LENIN, V. I. *O Estado e a revolução*. Trad. Javert Monteiro, São Paulo: Global, 1987.

MONLEVADE, J. A. C. de. História e construção da identidade: compromissos e expectativas. *Revista Retratos da Escola*, Brasília, CNTE, v. 3, n. 5, p. 339-352, jul./dez. 2009.

VELLOSO, J. Declaração de voto discordante do voto dos relatores do Parecer n. 970, de 9/11/1999 sobre o Curso Normal Superior e a Habilitação para Magistério em Educação Infantil e Séries Iniciais do Ensino Fundamental nos cursos de Pedagogia. Disponível em: <www.mec.gov.br/cne>. Acesso em: 8 maio 2013.

8

A educação de pessoas jovens e adultas na LDB:
um olhar passados 17 anos*

Sérgio Haddad
Salomão Ximenes

"Deixem os velhinhos morrerem em paz! Deixem os velhinhos morrerem em paz!" Assim se pronunciou Darcy Ribeiro, frente às câmaras de vídeo e os olhares atônitos de cerca de mil e quinhentas pessoas, educadores, professores, responsáveis por políticas públicas, no encerramento do Congresso Brasileiro organizado pelo Geta (Grupo de Estudos e Trabalhos em Alfabetização), em 1990, por ocasião das mobilizações que marcaram o Ano Internacional da Alfabetização. Darcy, firme, falador incansável, argumentava diante do seu amigo Paulo Freire, que assistia à sua *performance* na mesma mesa-redonda, no auditório da antiga Escola Caetano de Campos.

Pode-se dizer que ali, por sua ousadia, Darcy inaugurava uma nova etapa de desqualificação da educação de pessoas jovens e adul-

---

* Com a colaboração de Ester Gammardella Rizzi, doutoranda em Direito (USP) e assessora da Ação Educativa.

tas (EJA) no âmbito das políticas públicas, que viria a reverter um movimento inclusivo dos direitos educacionais dos 50 anos que o antecederam. A aprovação da Lei n. 9.394, em 1996, que estabeleceu as novas Diretrizes e Bases da Educação Nacional (LDB), que tomou por base o projeto do mesmo Darcy, foi um novo capítulo no caminho dessa desqualificação como veremos. Nem mesmo as mudanças legislativas mais recentes, que levaram, por exemplo, à inclusão da EJA nas políticas federais de financiamento, foram capazes de reverter completamente esse processo e de resgatar, na prática, o direito à educação básica desse majoritário da população.

1. A EJA e o seu reconhecimento jurídico-social

A educação de pessoas jovens e adultas veio sendo reconhecida como um direito desde os anos 1930, ganhando relevância com as campanhas de alfabetização das décadas de 1940 e 1950, com os movimentos de cultura popular dos anos 1960, com o Movimento Brasileiro de Alfabetização — Mobral e o Ensino Supletivo dos governos militares e a Fundação Educar da Nova República.

No plano legislativo, Lei n. 5.692/1971, produzida pelos governos militares, deu resposta política ao grande movimento da década que a precedeu, capitaneado pelo pensamento freiriano e pelos movimentos de cultura popular, com a implantação do Ensino Supletivo e a ampliação dos meios para a escolarização daqueles que não puderam frequentar a escola durante a infância e a adolescência. Apesar de ser produzida por um governo ilegítimo, pela primeira vez foi estabelecido, na Lei n. 5.692/1971, um capítulo específico para a educação de jovens e adultos, o capítulo IV, que dispunha justamente sobre o Ensino Supletivo. No entanto, limitava o dever do Estado em ofertar escolarização à faixa etária dos 7 (sete) aos 14 (quatorze) anos, de matrícula obrigatória, e deixou a educação de adultos regulada na lei na dependência da oferta governamental. Isso porque, naquele contexto, não havia previsão de direitos subjetivos que pudessem ser cobrados do Estado.

Posteriormente, a Constituição de 1988 ampliou o dever do Estado com a educação escolar e estabeleceu um programa para a superação do analfabetismo. Proclamou o dever de assegurar a todos o ensino fundamental gratuito, inclusive para aqueles "que a ele não tiveram acesso na idade própria" (CF, art. 208, I). Ou seja, assim como a educação infantil, o ensino fundamental de pessoas jovens e adultas passou a ser direito constitucional e dever do Estado, ainda que não fosse compulsória (obrigatória) a frequência.[1]

Reconhecendo que o país foi incapaz de garantir escola básica para todos na idade adequada, o texto original da Constituição de 1988 destinou, pelo prazo de uma década, 50% dos recursos de impostos vinculados ao ensino em todas as esferas para fazer frente ao analfabetismo, eliminando-o, e universalizar o ensino fundamental (CF, ADCT, art. 60). Também colocou a superação do analfabetismo como o primeiro objetivo a ser perseguido pelo plano nacional de educação (CF, art. 241, I). Apesar das dificuldades e do grande esforço necessário para cumprir tais metas, a Constituição firmou uma intencionalidade jurídico-política, estabeleceu uma meta e reconheceu a necessidade de se instalar no plano dos direitos e, sobretudo, das políticas públicas um caminho para superar uma injustiça no plano social.

No plano internacional, desde 1949, quando ocorreu a 1ª Conferência Internacional de Educação de Adultos (Confintea) promovida pela Unesco, em Elsinore (Dinamarca), até a 6ª Conferência, realizada em 2009 no Brasil, tem havido um crescente reconhecimento por parte da sociedade civil mundial, de governos, e dos organismos

1. Até a Emenda Constitucional n. 59/2009, o ensino fundamental regular era a única etapa obrigatória da educação básica, ou seja, cuja frequência é compulsória. Com essa Emenda, porém, a obrigatoriedade para estudantes e famílias deixou de estar vinculada à etapa educacional e passou a ser determinada por faixa etária, estendendo-se dos 4 (quatro) aos 17 (dezessete) anos. Como se verá adiante, essa mudança tem impacto na proteção jurídica da educação básica de pessoas jovens e adultas.

internacionais sobre a importância da educação de pessoas adultas no fortalecimento da cidadania, na formação cultural da população, na melhoria do bem-estar da sociedade e na promoção do desenvolvimento humano. Também a educação de adultos esteve em pauta na Conferência Mundial de Educação para Todos, realizada em 1990, constituindo uma de suas principais metas.

2. O processo de desqualificação da Educação de Pessoas Jovens e Adultas

O processo histórico por redemocratizar o país e constituir novos direitos contemplados na Constituição de 1988 refletiu a preocupação crescente com este universo de excluídos no campo da educação. Foi no governo Collor com suas políticas neoliberais que o ponto de inflexão começou a se delinear. Ao tomar posse, em meio às primeiras reformas, fechou a Fundação Educar,[2] encaixotou sua importante biblioteca e disponibilizou seu pessoal técnico para outros setores. Para compensar, criou o PNAC — Programa Nacional de Alfabetização e Cidadania, que acabou morrendo antes do seu nascimento, sem apoio financeiro e político. Seu terceiro ministro da Educação, Prof. José Goldemberg, em dezembro de 1991, deu declarações claras sobre seu desinteresse pela educação de pessoas jovens e adultas e o não reconhecimento como algo importante para a sociedade brasileira.

> O adulto analfabeto já encontrou seu lugar na sociedade. Pode não ser um bom lugar, mas é o seu lugar. Vai ser pedreiro, vigia de prédio, lixeiro ou seguir outras profissões que não exigem alfabetização. Alfabetizar o adulto não vai mudar muito sua posição dentro da sociedade e pode até perturbar. Vamos concentrar nossos recursos em alfabetizar a população jovem. Fazemos isso agora e em 10 anos desaparece o analfabetismo. (*Jornal do Brasil*, Rio de Janeiro, 12 dez. 1991)

2. A Fundação Educar substituiu o Mobral em 1985 durante o Governo Sarney.

Premidas pelas orientações neoliberais de reforma do Estado num contexto de crise financeira, as reformas educativas que ali se prenunciavam e que posteriormente foram aceleradas acabaram por priorizar a educação fundamental das crianças, deixando de lado outros níveis e modalidades de ensino como a EJA. O discurso da inclusão passou a ser substituído pelo discurso da exclusão, do estabelecimento de prioridades com restrição de direitos que a Constituição de 1988 declarou como universais.

A ruptura legal, no sentido de desconstrução de direitos, iniciou-se com a aprovação da Emenda Constitucional n. 14, de 1996, a partir de proposta do governo Fernando Henrique. Através de uma sutil alteração no inciso I do artigo 208 da Constituição, manteve expressamente a gratuidade da educação pública de jovens e adultos, mas suprimiu sua obrigatoriedade, restringindo o direito público subjetivo de acesso ao ensino fundamental apenas à escola regular.

Como era:

> Art. 208. O dever do Estado com a educação será efetivado mediante a garantia de:
> I — ensino fundamental obrigatório e gratuito, inclusive para os que a ele não tiveram acesso na idade própria;

Como ficou:

> Art. 208. [...]
> I — ensino fundamental obrigatório e gratuito, assegurada, inclusive, sua oferta gratuita para todos os que a ele não tiveram acesso na idade própria.

Essa modificação gerou muita polêmica em relação ao caráter jurídico do direito do cidadão à EJA, pois mesmo deixando de ser obrigatória, continuava inscrita como dever do Estado. Na interpretação desse artigo não podemos esquecer que, antes de tudo, "educação é direito de todos" (art. 205), devendo essa garantia ser interpretada da forma mais ampla.

Hoje o entendimento que se consolida é aquele que entende que a obrigatoriedade não diz respeito ao dever do Estado, mas sim unicamente à compulsoriedade da matrícula. No entanto, na época em que foi aprovada a Emenda n. 14/1996, esse entendimento não estava consolidado sequer no Judiciário, o que levou a uma real desvalorização da EJA.

No entanto, o aspecto mais evidente da Emenda Constitucional n. 14/1996 foi a desobrigação do governo federal com a manutenção do ensino fundamental e a eliminação do analfabetismo. Isso porque suprimiu do artigo 60 do Ato das Disposições Constitucionais Transitórias (ADCT) o compromisso de eliminação do analfabetismo no prazo de dez anos e promoveu mudanças significativas no financiamento, introduzindo-se novos mecanismos de subvinculação de recursos que passariam a diferenciar o percentual de participação da União em relação aos demais entes federados, reforçando a perspectiva de focalização e descentralização: enquanto no período de 1989 a 1996 vigorou a já mencionada subvinculação linear de 50% (cinquenta por cento) das receitas de impostos para o ensino fundamental e a eliminação do analfabetismo, aplicável a todos os "poderes públicos", a partir de 1997, essa foi reduzida para "o equivalente a" 30% (trinta por cento) na esfera da União. Além disso, a erradicação do analfabetismo foi retirada do *caput* do referido artigo 60, focalizando-se a ação de Estados, Municípios e Distrito Federal apenas na manutenção do ensino fundamental na modalidade "regular".

Ainda no governo Fernando Henrique, a criação do Fundo de Manutenção e Desenvolvimento do Ensino Fundamental e Valorização do Magistério (Fundef) deixou de lado os jovens e adultos, ao não considerar as matrículas no ensino supletivo no cômputo dos alunos financiados por esse Fundo nas redes de ensino fundamental dos Estados, Municípios e do Distrito Federal. O veto veio diretamente do Presidente da República, com aval do ministro da Educação Paulo Renato, depois que o Congresso, acatando as pressões da sociedade, havia reintroduzido por unanimidade na versão original da Lei n. 9.424/1996, chamada "Lei do Fundef", o cômputo do ensino supletivo para a distribuição dos recursos.

As razões para o veto presidencial, publicado no *Diário Oficial* de 26 de dezembro de 1996, foram baseadas no temor de que poderia haver uma corrida na abertura de novos cursos para o atendimento de jovens e adultos, em detrimento da qualidade do ensino. Justificava-se também pela ausência de uma "correta e fidedigna contabilização do alunado do ensino supletivo".

Desta forma, o governo contrariou o preceito constitucional de assegurar a todo o cidadão, independente da idade, o direito ao ensino fundamental, ao considerar "temerária" ou "indesejável" a expansão dos cursos supletivos, condicionado à falsa disjuntiva entre quantidade e qualidade. Da mesma forma, o MEC não podia arguir a indisponibilidade de dados confiáveis para aferir matrículas no ensino supletivo. Apurar dados de atendimento educacional é uma das competências legais desse ministério, na qual o governo investiu recursos públicos de monta. O Censo Escolar promovido pelo MEC naquele ano computou as matrículas no Ensino Supletivo, e esses dados encontravam-se disponíveis com a mesma confiabilidade daqueles do ensino fundamental regular. Ou seja, o grande temor parecia ser a incerteza sobre o quantitativo de jovens e adultos que buscariam matrícula, caso essa lhes fosse ofertada. Em tempos neoliberais, o grande "risco" era que as pessoas viessem a exercer os seus direitos. Estudar, por exemplo.

3. A LDB e a educação de pessoas jovens e adultas

A LDB, também de 1996, deu continuidade a este movimento contraditório de relegar a educação de pessoas jovens e adultas a uma educação de segunda classe ao mesmo tempo que acolhe pressões para reconhecê-la como direito. Isso não se expressa aos olhos de um leitor desavisado ou que não acompanhou a conjuntura em que a Lei foi produzida e seus desdobramentos posteriores. O texto reflete intenções contraditórias que permearam os processos de negociações e pressões de interesses diversos presentes em sua elaboração. Neste sentido, cabe identificar tais aspectos de modo a prever no movimento mais geral das reformas educacionais os caminhos possíveis de implementação do direito à educação de jovens e adultos.

No processo de elaboração da nova legislação de diretrizes e bases para a educação nacional que regulamentasse o estabelecido pela Constituição de 1988, o Projeto Octávio Elísio, posteriormente ampliado pelo deputado Jorge Hage, procurou superar a interpretação da EJA referida ao ensino fundamental regular. Como consequência, estabeleceu uma concepção peculiar de educação voltada ao universo do jovem e do adulto trabalhador, reconhecendo-os como portadores de práticas sociais com modos próprios de conceber a vida e pensar a realidade. Mais do que isso, o projeto definiu que o Estado deveria criar as condições para que esse trabalhador pudesse frequentar a escola, não só abrindo horários específicos no local de trabalho, mas também garantindo escolas noturnas, instituindo bolsas de estudos e outros direitos, como merenda escolar e livros didáticos. O Estado deveria ter uma atitude indutora, convocatória, e criar as condições para que ocorresse uma educação escolar adequada para o jovem e o adulto trabalhador, reconhecidos como sujeitos de direitos equivalentes aos demais.

Na EJA o caráter indutor do Estado é fundamental, pois, diferentemente da educação fundamental regular, em que há um grande consenso da sociedade sobre a necessidade de as crianças irem à escola, além de forte pressão para que isto ocorra, é a oferta que estimula a demanda, exigindo, portanto, uma atitude ativa do poder público.

É verdade que a LDB aprovada não deixa de tratar da temática. Trata-a como modalidade específica, mas de maneira parcial e sob a ótica da reforma do Estado, priorizando a educação fundamental regular em detrimento de outros níveis e modalidades de ensino. Em alguns momentos, recupera o espírito original do documento da Câmara dos Deputados de Octavio Elísio e Jorge Hage (PL n. 1.258/1988), que produzia uma visão renovada de Educação de Jovens e Adultos, em outros reafirma posições mais atrasadas, ao interpretá-la como Ensino Supletivo, no espírito da legislação anterior.

Ao analisarmos a LDB de 1996, há que considerar inicialmente o fato de que ela não dedicou um artigo sequer à questão do analfabetismo. Ao suprimir o combate ao analfabetismo do *caput* do artigo 60, ADCT, o governo FHC abriu caminho para que a nova LDB fechasse os olhos para o enorme contingente de pessoas jovens e adultas que não têm o domínio da leitura, da escrita nem das operações matemáticas elementares.

Como em um passe de mágica, o tema passou despercebido, como se a lei tratasse de uma realidade que não é a nossa. No seu Capítulo IX, artigo 87, onde se institui a Década de Educação, nenhuma palavra foi dita sobre o analfabetismo, nenhuma responsabilidade foi atribuída aos vários níveis de governo, nenhuma meta foi estabelecida, ignorando-se os compromissos firmados no Plano Decenal de Educação de 1993.

Analisemos agora os artigos da LDB de 1996 que incidem sobre a temática. O artigo 4º trata dos deveres do Estado com a educação escolar. Na sua redação original repetia o artigo 208 da Constituição, mas sofreu importantes mudanças com o tempo.

A Emenda Constitucional n. 59, de 2009, promoveu nova alteração no texto do inciso I do art. 208, alterado anteriormente pela EC n. 14 de 1996, ficando sua redação da seguinte forma:

> Art. 208. O dever do Estado com a educação será efetivado mediante a garantia de:
>
> I — educação básica obrigatória e gratuita dos 4 (quatro) aos 17 (dezessete) anos de idade, assegurada inclusive sua oferta gratuita para todos os que a ela não tiveram acesso na idade própria;
>
> [...]
>
> § 1º — O acesso ao ensino obrigatório e gratuito é direito público subjetivo.

Com isso, fica evidenciado que somente em relação à faixa etária dos 4 aos 17 anos é possível exigir (dos pais ou responsáveis), obrigatoriamente, a matrícula escolar do educando, podendo inclusive ser punido penalmente por crime de abandono intelectual quem assim não proceder. A frequência escolar para as demais faixas etárias (menores de 4 anos e maiores de 17) não é obrigatória. No entanto, a oferta educacional para todas as idades é dever do Estado, cabendo-lhe assegurar o atendimento quando demandado. A Emenda n. 59, de 2009, como veremos, teve o efeito de ampliar a proteção constitucional para a EJA também no ensino médio, levando, inclusive, a alterações que aperfeiçoaram a LDB.

O parágrafo 1 do mesmo artigo 208 reafirma o ponto de vista da mais elementar teoria jurídica, de que toda relação envolvendo um sujeito portador de direito público e um Estado que deve assegurá-lo constitui, para o indivíduo, um direito público subjetivo, ou seja, a possibilidade de exigi-lo perante a coletividade. Nessa perspectiva, dispôs a Câmara de Educação Básica do Conselho Nacional de Educação, em seu Parecer n. 11/2000, que serve de fundamento às Diretrizes Curriculares Nacionais para a Educação de Jovens e Adultos (Resolução CNE/CEB n. 1/2000):

> A titularidade do direito público subjetivo face ao ensino fundamental continua plena para todos os jovens, adultos e idosos, desde que queiram se valer dele. A redação original do art. 208 da Constituição era mais larga na medida em que coagia à chamada universal todos os indivíduos não escolarizados, estivessem ou não na faixa etária de sete a quatorze anos, e identificava a fonte de recursos para esta obrigação. Apesar do estreitamento da redação trazida pela emenda 14/96, ela deixa ao livre arbítrio do indivíduo com mais de 15 anos completos o exercício do seu direito público subjetivo. Basta ler o art. 5º da LDB que universaliza a figura do cidadão e não faz e nem poderia fazer qualquer discriminação de idade ou outra de qualquer natureza.

Também vale citar Luís Roberto Barroso, ministro do Supremo Tribunal Federal, cujo entendimento passou a ser adotado no Judiciário:

> A Constituição de 1988 reiterou ser a educação direito de todos e dever do Estado (art. 205), e detalhou, no art. 208, [...]. Também aqui parece

> não haver dúvida quanto à imperatividade da norma e a exigibilidade do bem jurídico tutelado em ambos os casos.
>
> É bem de ver, no entanto, que o constituinte preferiu não se sujeitar a riscos de interpretação em matéria à qual dedicou especial atenção: o ensino fundamental. Desse modo, interpretando a si mesmo, fez incluir no § 1º do art. 208 a declaração de que "o acesso ao ensino obrigatório e gratuito é direito público subjetivo". O dispositivo, todavia, não deve induzir ao equívoco de uma leitura restritiva: todas as outras situações jurídicas constitucionais que sejam redutíveis ao esquema direito individual — dever do Estado configuram, na mesma sorte, direitos públicos subjetivos. Não pretendeu o constituinte limitar outras posições jurídicas de vantagem, mas, tão somente, ser meridianamente claro em relação a esta posição específica [...].

O entendimento aqui sustentado parece bem claro: direito é direito e, ao ângulo subjetivo, ele designa uma específica posição jurídica. Não pode o Poder Judiciário negar-lhe a tutela, quando requerida, sob o fundamento de ser um direito não exigível (Barroso, 2003, p. 115-116).

Isso porque só é permitido extrair da Constituição restrição a direito quando esta o limita expressamente. Portanto, dizer que o ensino obrigatório é direito público subjetivo não permite deduzir que as demais etapas e modalidades não são. Isso vale para a creche e para a EJA, cuja oferta deve ser suficiente para atender a toda a demanda. No entanto, sem dúvida, a confusão gerada por esta modificação trouxe grandes impactos para a implementação da EJA, permitindo a alguns gestores sua desqualificação enquanto direito.

Novas alterações neste artigo foram introduzidas pela Lei n. 12.796, de 2013:

> Art. 4º O dever do Estado com a educação escolar pública será efetivado mediante a garantia de:
>
> I — educação básica obrigatória e gratuita dos 4 (quatro) aos 17 (dezessete) anos de idade, organizada da seguinte forma: a) pré-escola;
>
> b) ensino fundamental;
>
> c) ensino médio; [...]

> IV — acesso público e gratuito aos ensinos fundamental e médio para todos os que não os concluíram na idade própria; [...]
> VII — oferta de educação escolar regular para jovens e adultos, com características e modalidades adequadas às suas necessidades e disponibilidades, garantindo-se aos que forem trabalhadores as condições de acesso e permanência na escola;

O inciso VII presente no texto original da LDB foi incorporado do Projeto de Lei Complementar n. 1258/1988 do deputado Octavio Elísio. Buscava-se aproximar a EJA do mundo do trabalho e às necessidades dos educandos, tratando-a de forma própria, voltada aos interesses de uma parcela da população que tem uma experiência de vida, de trabalho e de formação bastante diferenciada da de crianças e adolescentes aos quais se destina o ensino regular. Como se verá, esta mesma visão podemos encontrar mais à frente, no parágrafo 2° do artigo 37, também incorporado do texto do projeto original da Câmara. Ambos procuram dar destaque ao fato de que parcelas significativas dos que frequentam estes programas são trabalhadores. No entanto, esse conceito, que deveria ser um dos eixos norteadores dessa modalidade de educação, acabou se colocando em paralelo ao conceito de suplência que remete à noção de reposição de estudos do ensino fundamental e médio.

Com as mudanças no artigo 4° da LDB introduzidas pela Lei n. 12.796, de 2013, especificam-se os regimes jurídicos de proteção ao ensino "regular" e à EJA. Fica expresso, no inciso IV, que o direito público das pessoas jovens e adultas abarca tanto o ensino fundamental como o ensino médio.

Na sequência, também modificado pela referida Lei, o artigo 5° da LDB, que trata da exigibilidade da educação básica por parte da população em razão de ser um direito público subjetivo, assinala:

> Art. 5° [...]
> §1° O poder público, na esfera de sua competência federativa, deverá:
> I — recensear anualmente as crianças e adolescentes em idade escolar, bem como os jovens e adultos que não concluíram a educação básica;
> II — fazer-lhes a chamada pública;

Esse artigo, assim como o artigo 4º, trata a educação de jovens e adultos no contexto da educação básica, interpretando-a corretamente como um direito de todos, sem discriminação. Outro aspecto importante a ser considerado é a possibilidade de exigir dos poderes constituídos a identificação daqueles que não completaram o ensino fundamental ou o ensino médio e a sua chamada pública. Neste sentido, a lei é clara e sem ambiguidades. O recenseamento previsto na LDB deve identificar, anualmente, a demanda real por EJA, em cada território. Há, assim, um espaço de intervenção que pode criar possibilidades de confrontar o universo da demanda com o volume e a qualidade da oferta, criando-se argumentos para um maior compromisso do setor público com a educação de jovens e adultos. Esta estratégia, no entanto, tem sido muito pouco utilizada pela sociedade.

Em continuidade, a educação de jovens e adultos aparecerá no texto da LDB apenas na seção V do capítulo II, que lhe foi dedicada. Salvo a inclusão do parágrafo 3º, abaixo, que trata da articulação da EJA com a educação profissional, o texto segue sem modificação:

> Art. 37. A educação de jovens e adultos será destinada àqueles que não tiveram acesso ou continuidade de estudos no ensino fundamental e médio na idade própria.
>
> § 1º Os sistemas de ensino assegurarão gratuitamente aos jovens e aos adultos, que não puderam efetuar os estudos na idade regular, oportunidades educacionais apropriadas, consideradas as características do alunado, seus interesses, condições de vida e de trabalho, mediante cursos e exames.
>
> § 2º O poder público viabilizará e estimulará o acesso e a permanência do trabalhador na escola, mediante ações integradas e complementares entre si.
>
> § 3º A educação de jovens e adultos deverá articular-se, preferencialmente, com a educação profissional, na forma do regulamento (Incluído pela Lei n. 11.741, de 2008).
>
> Art. 38. Os sistemas de ensino manterão cursos e exames supletivos, que compreenderão a base nacional comum do currículo, habilitando ao prosseguimento de estudos em caráter regular.

§ 1º Os exames a que se refere este artigo realizar-se-ão;

I — no nível de conclusão do ensino fundamental, para os maiores de quinze anos;

II — no nível de conclusão do ensino médio, para os maiores de dezoito anos.

§ 2º Os conhecimentos e habilidades adquiridos pelos educandos por meios informais serão aferidos e reconhecidos mediante exames.

Os artigos 37 e 38 reafirmam, em caminho oposto, o conceito de uma educação de adultos voltada à reposição de escolaridade, marcado pelo ensino regular, seus conteúdos e seu modelo. As características do alunado aqui são consideradas para facilitar a assimilação de tais conteúdos e não como busca de uma pedagogia própria, descartando o espírito do Projeto de Lei da Câmara que apontava para um currículo "centrado na prática social e no trabalho e metodologia de ensino-aprendizagem adequado ao amadurecimento e experiência do aluno". Nestes artigos, a lei aprovada reafirma o conceito de educação de adultos como reposição de escolaridade da anterior LDB: o Ensino Supletivo.

Nesta mesma linha, não foi considerada no projeto da Câmara a ideia de professores especializados para este tipo de ensino e a menção explícita de uma organização escolar flexível que permitisse um ensino não marcado pelo modelo escolar regular.

A LDB deixou de contemplar ainda as formulações do projeto original da Câmara referentes aos seguintes aspectos: "escolas próximas do trabalho e residência", "condições de recepção de programas de teleducação no local de trabalho, em empresas e órgãos públicos com mais de 100 empregados", "prescrição de estudos complementares em paralelo", "programas sociais de alimentação, saúde, material escolar e transporte, independentemente do horário e da modalidade de ensino, financiados com recursos específicos", "formas e modalidades de ensino que atendam a demandas dessa clientela nas diferentes regiões do País", "ações junto aos empregadores mediante processo de negociação com os trabalhadores, fiscalizando o cumprimento das normas legais, e criando incentivos e estímulos, inclusive de natureza fiscal e creditícia, para a empresa que facilitem a educação básica dos seus empregados", "ações diretas do Estado, na condição de empregador, por si e por suas entidades vinculadas e empresas públicas", "o valor de bolsas de estudo ou outros benefícios educacionais, concedidos pelos empregadores a seus empregados, não será considerado, para nenhum efeito, como utilidade e parcela salarial, não integrando a remuneração do empregado para fins trabalhistas, previdenciários ou tributários".

Todas estas referências tinham o sentido de criar as condições necessárias para que o alunado potencial pudesse frequentar programas de educação de jovens e adultos. Ao omitir tais condições, a legislação caiu na perspectiva liberal que aposta na ideia de que a oferta deveria responder à demanda. Como sabemos, em grupos sociais pobres, excluídos de condições sociais básicas, com frustradas experiências escolares anteriores, não basta oferecer escola, é necessário criar as condições de frequência, utilizando uma política de discriminação positiva, sob risco de mais uma vez culpabilizar os próprios alunos pelos seus fracassos. Mais do que isso é necessário promover a demanda a partir da oferta, pois ela vai se constituindo gradativamente pelo exemplo e a confiança daqueles que vão se incorporando aos sistemas de ensino.

O artigo 38 mantém a nomenclatura curso "supletivo" empregado pela Lei n. 5.692/1971, colocando ênfase nos exames, cuja idade mínima é substancialmente reduzida em comparação com a antiga legislação.

A ênfase nos exames é coerente com a ideia de ir diminuindo as responsabilidades do sistema público frente aos processos de formação de jovens e adultos. Deslocando a ênfase dos cursos para a avaliação, abre-se mão daquilo que a pedagogia consagrou como bases necessárias para a aquisição do conhecimento: os professores, o currículo, os materiais didáticos, as metodologias etc.

Esse aspecto, ligado ao fato de ter havido um rebaixamento da idade para prestar os exames, poderia ter um impacto bastante negativo na qualidade do ensino para jovens e adultos e, ao mesmo tempo, uma "supletivação" do ensino regular, com graves prejuízos na formação daqueles que vêm se atrasando no processo de ensino-aprendizagem. Na época, a Comissão Nacional de Educação de Jovens e Adultos endereçou à Secretária de Educação Fundamental do Ministério da Educação e do Desporto, em abril de 1996, carta alertando sobre as implicações da aprovação do projeto de LDB nos moldes em que ele se apresentava naquele momento:

> Os estudiosos do ensino supletivo já haviam se manifestado, através de entidades do Fórum em Defesa da Escola Pública na LDB, contrariamente ao rebaixamento da idade mínima para prestação dos exames supletivos pois, considerados os padrões atuais de rendimento escolar no ensino regular — com elevados índices de repetência, sucessivas evasões e rematrículas, resultado em longo tempo médio de permanência na escola e elevada defasagem série-idade — é muito provável que o rebaixamento da idade mínima para os exames supletivos represente menos um instrumento efetivo de democratização de oportunidades educacionais e mais um mecanismo de regularização do fluxo escolar e aceleração de estudos, com a consequente constituição de um mercado para os cursos privados preparatórios aos exames.

Acabou prevalecendo o texto que reduz as idades mínimas.

Algumas especulações poderiam ser feitas a respeito deste fato: afastar do ensino regular os defasados, diminuindo a pressão da demanda, tornando o ensino regular menos custoso e mais "produtivo"; pressões dos interesses privatistas de olho no elevado contingente de jovens com defasagem de idade/série que estariam potencialmente incluídos no mercado dos cursinhos preparatórios aos exames de massa; ampliar o número de alunos nos telecursos, com menos responsabilidades para o poder público, já que é muito mais barato do que manter professores especialistas em classes de Ensino Supletivo.

É este o sentido do tratamento diferenciado que o artigo 80 da LDB atribui aos programas de ensino a distância, que, pela lei, devem ser incentivados inclusive no campo da educação de pessoas jovens e adultas, aí identificada como educação continuada.

4. A legislação pós-LDB: entre a insuficiente requalificação legal e a inércia governamental

Passados mais de dezessete anos de promulgação da atual LDB, surgiram novas normas jurídicas, que deram conteúdo ao direito à educação de jovens e adultos previsto na Constituição. As principais, sem dúvida, são o Plano Nacional de Educação (PNE), (Lei n. 10.172/2001), cuja aprovação era ordenada pela LDB (art. 87) e as Emendas Constitucionais n. 53/2006 e n. 59/2009. A primeira delas cria o Fundo de Manutenção e Desenvolvimento da Educação Básica e de Valorização dos Profissionais da Educação (Fundeb), o qual passa a contemplar, com 10 (dez) anos de atraso em relação ao Fundef, a EJA no cômputo das matrículas consideradas para efeito de distribuição de recursos. A segunda Emenda, já comentada, amplia a obrigatoriedade escolar na faixa considerada "regular" e tem como efeito o reconhecimento constitucional do direito de jovens e adultos a toda a educação básica, o que reforça a previsão da LDB, ainda que restrita ao nível jurídico-formal.

Ao estabelecer as diretrizes da EJA para os dez anos seguintes à sua promulgação (2001-2011), o PNE assim dispunha:

> [...] Mas não basta ensinar a ler e a escrever. Para inserir a população no exercício pleno da cidadania, melhorar sua qualidade de vida e de fruição do tempo livre, e ampliar suas oportunidades no mercado de trabalho, a educação de jovens e adultos deve compreender, no mínimo, a oferta de uma formação equivalente às oito séries iniciais do ensino fundamental.
>
> De acordo com a Carta Magna (art. 208, I), a modalidade de ensino "educação de jovens e adultos" no nível fundamental deve ser oferecida gratuitamente pelo Estado a todos os que a ele não tiveram aces-

so na idade própria. Trata-se de um direito público subjetivo (CF, art. 208, § 1º). Por isso, compete aos poderes públicos disponibilizar os recursos para atender a essa educação.

Em seguida, a referida lei passa a enumerar os objetivos e metas a serem alcançados em cinco anos e até o final do decênio. Destacava-se, dentre outras: 1. Em cinco anos (ou seja, até 2006): alfabetizar 10 milhões de jovens e adultos; assegurar a oferta de educação de jovens e adultos equivalente às quatro séries iniciais do ensino fundamental para 50% da população de 15 anos e mais que não tenha atingido este nível de escolaridade; dobrar a capacidade de atendimento nos cursos de nível médio para jovens e adultos. 2. Em dez anos: erradicar o analfabetismo; assegurar a oferta de cursos equivalentes às quatro séries finais do ensino fundamental para toda a população de 15 anos e mais que concluiu as quatro séries iniciais; quadruplicar a capacidade de atendimento nos cursos de nível médio para jovens e adultos.

Para isso, a lei do PNE estabelecia o programa nacional de fornecimento de material didático-pedagógico pelo MEC, formação de educadores de jovens e adultos, fortalecimento da mobilização social e das parcerias com a sociedade civil organizada, indução da demanda através de censos específicos por bairros, distritos e locais de trabalho, associação da EJA com o ensino profissional e as políticas de emprego e renda, e, por fim, inclusão da EJA nas formas de financiamento da educação básica.

Poder-se-ia dizer que o PNE significou a retomada do espírito presente em 1988. No entanto, seria um grande erro tamanho otimismo, pois, apesar da retomada formal das metas de eliminação do analfabetismo e de elevação geral da escolaridade da população jovem e adulta, o PNE sofreu de "inanição", desde sua aprovação, por falta de recursos. Isso porque o presidente Fernando Henrique vetou a ampliação dos investimentos para a implantação do Plano, principalmente o dispositivo que previa a elevação gradativa dos gastos públicos em educação até atingir 7% do Produto Interno Bruto (PIB).

Este veto foi mantido durante o governo Lula e Dilma, limitando o aumento de 4% do PIB em 2001 para 5,3% do PIB em 2011, segundo os dados oficiais.[3]

Apesar da aprovação do Fundeb em elevar a subvinculação para a educação básica em Estados, Municípios e Distrito Federal e, principalmente, aumentar a participação financeira da União na manutenção desse nível, e que havia sido relegada na referida Emenda n. 14/1996, a sua regulamentação acabou por limitar o alcance de sua conquista em relação à EJA, por dois fatores: primeiramente, a chamada "Lei do Fundeb " (Lei n. 11.494/2007) limitou em 15% a "apropriação dos recursos em função das matrículas na modalidade de educação de jovens e adultos" (art. 11), sendo tal modalidade a única a contar com essa espécie de "trava de expansão".

O segundo fator diz respeito à ponderação dos valores mínimos a serem assegurados via Fundeb, sendo a EJA, dentre todas as etapas e modalidades, a que recebe o menor valor anual por aluno. Inicialmente, a lei previa um fator de 0,7 para toda a EJA (artigo 36, incisos XIV e XV), sendo que o fator 1 equivale às séries iniciais do ensino fundamental urbano. Hoje, depois de alguma pressão, este fator é de 0,8 para a EJA com avaliação no processo e de 1,2 para a EJA integrada à educação profissional de nível médio.[4]

Mais uma vez opera a lógica do reconhecimento parcial do direito que contraria a Constituição, já que assegurar direitos na sua integralidade passa a ser um problema.

Duas novas normativas oriundas do Conselho Nacional de Educação também merecem breve menção. A Resolução CNE/CEB n. 2/2010 dispõe, especificamente, sobre as diretrizes nacionais para oferta de educação para jovens e adultos em situação de privação de liberdade em estabelecimentos penais. Com ela, a garantia de educação nos estabelecimentos penais passou a ser atribuição direta do

---

3. Cf. Indicadores Financeiros Educacionais. Disponível em: http://portal.inep.gov.br/indicadores-financeiros-educacionais. Acesso em: (9 out. 2013).

4. Cf. Resolução MEC n. 8, de 25 de julho de 2012.

órgão responsável pela educação nos Estados, no Distrito Federal e, no caso das penitenciárias federais, do Ministério da Educação, devendo ser oferecida em articulação com os órgãos responsáveis pela administração penitenciária, mas não submetida a estes em termos de currículo, organização pedagógica e profissionais da educação. As matrículas também podem ser contabilizadas na distribuição do Fundeb, na modalidade EJA, e os docentes "deverão ser profissionais do magistério devidamente habilitados e com remuneração condizente com as especificidades da função." (art. 11, § 1º). Apesar de já previsto genericamente na Lei de Execução Penal (Lei n. 7.210/1984) e nas normas e recomendações internacionais, foi com a resolução do CNE que tal direito ganhou contornos claros para a formulação de políticas públicas pelos órgãos educacionais.

O desafio é muito grande, pois, segundo os dados da Relatoria Nacional para o Direito Humano à Educação (2010), apesar de cerca de 70% da população prisional sequer possuir o ensino fundamental completo e de 60% ser formada por jovens com idade entre 18 e 30 anos, somente 18% das pessoas privadas de liberdade têm acesso a alguma atividade educativa, consideradas tanto a educação formal como a não formal. Quando considerada somente a primeira —, ensino fundamental ou médio — as taxas de acesso no sistema prisional são de, respectivamente, apenas 12% e 6%. Por isso, também foi importante a mudança na Lei de Execução Penal para incluir o estudo, assim como já ocorria com o trabalho, entre as hipóteses de remissão (perdão) de dias de pena, o que serve de estímulo para a pessoa privada de liberdade ao mesmo tempo em que fortalece medidas de "desencarceramento".

A Resolução CNE/CEB n. 3/2010, que trata das diretrizes operacionais para a EJA, foi antecedida de um significativo debate sobre a identidade dessa modalidade, destacando-se principalmente a questão do limite mínimo de idade para matrícula a partir de um diagnóstico de "juvenilização da EJA" — expressão adotada no Parecer CNE/CEB n. 6/2010. A proposta originalmente aprovada no Conselho e rejeitada pelo Ministério da Educação era no sentido de estabelecer a idade de 18 (dezoito) anos para ingresso na EJA, seja de ensino fundamental ou médio. Também propunha a revisão da LDB para elevação dos limites mínimos de idade para participação nos exames de certificação. Ao final, no entanto, frente à resistência do Ministério (a quem cabe homologar as decisões do Conselho), mantiveram-se as idades já praticadas: 15 (quinze) anos para o ensino fundamental e 19 (dezoito) para o médio. Também foi mantida a duração dos cursos, conforme já definida em regulamentos anteriores, e detalharam-se requisitos para a EJA desenvolvida por meio da Educação a Distância.

5. O caminho futuro...

Hoje, passados 17 anos da promulgação da LDB, pode-se afirmar que boa parte dos entraves jurídicos ao reconhecimento do direito de jovens e adultos à educação foi removida. É bem verdade que, no caso do Fundeb, a EJA foi incorporada à arquitetura de financiamento, mas em estatuto rebaixado quando comparada às demais modalidades.

Todas essas possibilidades, no entanto, ficaram em grande medida adstritas à formalidade da lei. O passo seguinte segue por ser dado: efetivar esse direito por meio de políticas públicas de qualidade que atendam à enorme demanda potencial por essa modalidade de ensino.

Paradoxalmente, enquanto o Brasil tem cerca de 65 milhões de pessoas com 15 anos que não concluíram os nove anos do ensino fundamental, as matrículas em cursos de educação de jovens e adultos vêm caindo vertiginosamente. Essa redução vem acompanhada do fechamento de turmas. Em 2007, o país tinha 166.254 turmas de EJA, em 2011 o número caiu para 147.361, o que representa uma queda de 18,9%.

A Pesquisa Nacional por Amostra de Domicílios (PNAD) de 2012 mostrou que a taxa de analfabetismo no Brasil para a população jovem e adulta subiu de 8,6% para 8,7% depois de 15 anos de queda consecutiva, representando 13,2 milhões de analfabetos. Este número, acrescido daqueles com menos de quatro anos de estudos, considerados como analfabetos funcionais, chega ao impressionante número de 27,8 milhões de pessoas, 27% da população com quinze anos ou mais.

A naturalização desses fatos, que se expressa, entre outras coisas, na atitude de colocar na conta do indivíduo a responsabilidade pela sua não escolarização, esconde a mais profunda e persistente omissão do Estado brasileiro com a garantia do direito à educação.

Entre avanços e retrocessos no contexto geral da realização do direito à educação, há entraves relevantes para a efetivação da EJA, entraves que reafirmam a percepção de que tal modalidade é ainda hoje tratada como um "direito de segunda categoria", não sendo digna de receber a mesma atenção das demais etapas e modalidades da educação básica. Passaram-se 25 anos da Constituição de 1988, 17 da LDB, e a educação de pessoas jovens e adultas segue na sala de espera.

Referências

BARROSO, Luís Roberto. *O direito constitucional e a efetividade de suas normas:* limites e possibilidades da Constituição Brasileira. 7. ed. Rio de Janeiro: Renovar, 2003.

BRASIL. *Constituição da República Federativa do Brasil de 1988*. Brasília: Senado Federal, 2013.

_____. Câmara dos Deputados. Projeto de Lei n. 1.258/88, 1988. _____. CNE/CEB. Diretrizes Curriculares Nacionais da Educação de Jovens e Adultos. Brasília, 2000.

_____. Lei n. 9.424, de 24 de dezembro de 1996. Brasília, *DOU*, n. 250, 26 dez. 1996

______. Lei n. 10.172, de 9 de janeiro de 2001. Estabelece o Plano Nacional de Educação (PNE), 2001.

BRASIL. Mensagem n. 1439 Presidência da República. Brasília, *DOU*, n. 250, 1996.

______. Conselho Nacional de Educação. Atos Normativos. Disponível em: <http://portal.mec.gov.br/index.php?option=com_content&view=article&id=12767&Itemid=866>. Acesso em: 9 out. 2013.

CARREIRA, Denise; CARNEIRO, Suelaine. Educação nas Prisões Brasileiras, 2009. (Relatório da Relatoria Nacional para o Direito Humano à Educação).

CNTE. *Lei de Diretrizes e Bases da Educação Nacional*. Brasília, 1997, 67 p. Senado Federal, Projeto de Lei da Câmara n. 107, de 1994 (n. 1807/91, na casa da origem). [Cadernos Educação, v. 3]

DI PIERRO, M. C. *A configuração do ensino de jovens e adultos no Estado de São Paulo sob a vigência do Fundeb*: resultados preliminares de uma pesquisa em andamento. In: REUNIÃO ANUAL DA ANPED, 35., 2012.

9

Educação superior no Brasil:

os contraditórios caminhos da expansão pós-LDB

Antônio Cabral Neto
Alda Maria Duarte Araújo Castro

Neste capítulo desenvolve-se uma discussão sobre o processo de expansão da educação superior no Brasil, tomando como referência o período compreendido entre 1996, ano de promulgação da Lei de Diretrizes e Bases da Educação (Lei n. 9.394/1996), e 2012. Está organizado em três partes: a primeira discute, sinteticamente, aspectos que influenciam a expansão da educação superior no atual contexto de reestruturação produtiva e da nova divisão internacional do trabalho. A segunda resgata as principais iniciativas do governo brasileiro que repercutiram no processo de expansão da educação superior no período pós-LDB tanto no setor público quanto no privado. E a terceira analisa, tomando por base os dados do Instituto Nacional de Estudos e Pesquisas Educacionais Anísio Teixeira — Inep, o processo de expansão da educação superior no país, considerando a expansão do número de instituições, de cursos e de matrículas nas diferentes modalidades de educação e por categoria administrativa. Por fim, são apresentadas sínteses conclusivas dos principais aspectos relativos à expansão da educação superior, situando-as no atual contexto de readequação das políticas educacionais às novas demandas contextuais.

1. Competitividade e inovação: fatores de expansão do ensino superior

Vários fatores podem ser associados às mudanças que ocorreram para a transformação dos sistemas de ensino superior, entre eles, o processo de globalização, a emergência da sociedade do conhecimento, os desajustes estruturais do mercado de trabalho e o estabelecimento de novos padrões de competência econômica internacional. Nesse cenário, as economias em desenvolvimento tiveram que se adaptar às novas tendências globais, o que afetou a forma como elas operacionalizavam os seus sistemas educacionais considerando que a acumulação do conhecimento e sua aplicação têm-se convertido em fatores preponderantes do desenvolvimento econômico e determinam cada vez mais a vantagem competitiva de um país na economia mundial. Para Stephen Cohen et al. (apud Casttels, 2001, p. 105):

> A competitividade de uma nação é o grau em que ela pode, sob condições de mercado livres e justas, produzir bens e serviços que atendam às exigências dos mercados internacionais e, ao mesmo tempo, aumentem a renda real dos seus cidadãos. A competitividade na esfera nacional é baseada em um desempenho superior de produtividade pela economia e na capacidade da economia de transferir a produção para atividades de alta produtividade, que, por sua vez, podem gerar altos níveis de salários reais.

Ainda segundo esse autor, a importância estratégica da competitividade, tanto para as políticas econômicas quanto para as ideologias políticas, tem origem em dois fatores: o primeiro está associado à interdependência crescente das economias e, em particular, dos mercados de capital e moedas que dificultam cada vez mais a existência de políticas genuinamente nacionais. Nesse processo, os países têm de conduzir suas economias tanto em cooperação quanto em concorrência com os demais, procurando, portanto, concorrer e fortalecer sua posição relativa com a finalidade de adquirir maior poder de barganha no indispensável processo de negociação, em que todas as unidades políticas devem ajustar suas estratégias em um sistema interdependente. O segundo fator refere-se ao grau de importância que o conceito de competitividade assume nas agendas políticas econômicas, nas empresas, nos governos, na mídia, entre os cientistas políticos e, também, entre os economistas, que começaram a considerar as novas tecnologias e as novas indústrias a elas associadas como a principal ferramenta para a concorrência global.

Dessa forma, os programas de inovação tecnológica e de reestruturação administrativa foram induzidos e apoiados pelos governos de todas as nações sob o rótulo de políticas de competitividade. Para Castells (2001), a estrutura da economia global é produzida pela dinâmica da concorrência entre os agentes econômicos e entre os locais (países, regiões, áreas econômicas) onde estão situados. Quatro processos principais determinam a forma e o resultado da concorrência: a) capacidade tecnológica que inclui a base científica do processo produtivo e administrativo, que se articula com a adequação da ciência, da tecnologia, do gerenciamento e da produção em um sistema de níveis complementares em que cada nível é abastecido pelo sistema educacional dotado de recursos humanos com qualificação e em quantidades necessárias; b) acesso a um grande mercado afluente integrado — quanto maior e mais profunda a integração de determinada área econômica, maiores as chances de impulsionar a produtividade e a lucratividade das empresas localizadas nessas diferentes regiões; c) diferencial entre os custos de produção no local de produção e os preços do mercado de destino; d) capacidade política das instituições nacionais e supranacionais para impulsionar a estratégia de crescimento desses países e regiões sob sua jurisdição. As ações governamentais não devem se limitar somente a administrar o comércio, mas também fornecer o apoio necessário ao desenvolvimento tecnológico e a capacitação de recursos humanos, base fundamental para o funcionamento da economia informacional.

O conjunto desses fatores determina a dinâmica e as formas de concorrência entre as empresas, regiões e os países na nova economia global, estabelecendo, desse modo, uma nova divisão internacional do trabalho. Embora o novo paradigma competitivo fundamentado em capacidade tecnológica promova a interdependência na nova economia global, reforça a dependência de uma relação assimétrica que, no geral, fortaleceu os padrões de dominação criados por formas anteriores de dependência ao longo da história.

Nesse cenário, evidencia-se que os países não participam da globalização econômica em pé de igualdade; ao contrário, há uma enorme assimetria entre as nações nessa dinâmica. Segundo Pochmann (2004), amplia-se, cada vez mais, a distância que separa as nações ricas das pobres e essa distância está diretamente relacionada à conformação de uma nova divisão internacional do trabalho. No entendimento do autor, o Brasil, apesar de, ao longo do século XX, ter apresentado desempenho considerável na evolução da economia mundial e passado de um estágio de economia agrário-exportadora para o de economia com industrialização, incorporada, parcial ou plenamente, o que foi muito positivo, na atualidade, sofre um retrocesso. Isso significa dizer que

> diante da difusão de uma nova Divisão Internacional do trabalho, desde o final da década de 1970, o Brasil vem experimentando situações de retrocesso. A economia nacional perdeu sua tradicional dinâmica de alto crescimento sustentado na ampla geração de vagas, restando atualmente a medíocre variação de renda nacional [...]. Os empregos qualificados foram reduzidos em parte, pela ampliação das importações, pela ausência de novos investimentos e pela reformulação do setor público, além das baixas taxas de expansão do produto. O Brasil, em virtude disso, tende a se concentrar na produção de bens e serviços de baixo valor agregado e pequeno conteúdo tecnológico [...] (Pochmann, 2004, p. 58).

Dessa forma, a inserção do país na Divisão Internacional de Trabalho acontece de forma periférica, caracterizada por relações internacionais articuladas por laços de dominação e dependência, o que possibilita, para algumas nações, a imposição a outras de seus próprios interesses. Por outro lado, fatores endógenos também são apontados como responsáveis por essa situação, entre eles: a articulação das elites nacionais no favorecimento de seu próprio interesse e o estágio de desenvolvimento das estruturas produtivas internas. Esses fatores associados determinam a forma como os países se inserem na dinâmica do capitalismo globalizado.

A recuperação do Brasil para galgar patamares mais competitivos na economia global vem-se constituindo em uma preocupação dos governos e das elites nacionais. Situa-se nessa direção o documento intitulado Conhecimento e Inovação para a Competitividade (2008), organizado pelo Banco Mundial e traduzido pela Confederação Nacional da Indústria (CNI), que, ao analisar os fatores que entravam o avanço do Brasil na concorrência em relação a outros países — China e Índia, por exemplo —, inclui três motivos: a) a oferta de um serviço educacional de baixa qualidade, quando o paradigma hoje, na sociedade do conhecimento, é que este, e não a matéria-prima, é a chave da competitividade e do crescimento; b) a inserção retardatária na busca da inovação de ponta em capital — que produz avanço tecnológico em nível mundial — e ignora as inovações mais corriqueiras do processo de produção; c) a dependência do governo para incentivar a inovação, ignorando o caminho mais eficiente e menos oneroso — o setor privado (Banco Mundial, 2008).

O citado documento apresenta uma noção abrangente de inovação, incluindo não apenas os produtos e processos, mas também os novos procedimentos empresariais e as formas de realizar as atividades produtivas. Propõe, ainda, três vertentes de inovação: a) Criação e comercialização de novos conhecimentos e tecnologias, porque a capacidade de uma nação para produzi-los está intimamente ligada à habilitação técnica e avançada e a um sistema de ensino superior especialmente forte em ciências, engenharia e aplicação tecnológica; b) Aquisição e adaptação do conhecimento e da tecnologia global. Para os países em desenvolvimento, geralmente, é mais prático adquirir novos conhecimentos e tecnologia do que inventá-los. Várias são as formas de transferência de tecnologia, mas a capacidade de as empresas usarem de modo produtivo as tecnologias adquiridas vai depender da formação do capital humano. Argumenta-se que é pouco provável que a tecnologia seja adotada com eficiência se os trabalhadores não tiverem conhecimento básico de leitura e matemática ou, em um nível mais elevado, não dispuserem da capacidade de raciocinar conceitualmente, pensar fora dos padrões e aplicar o método científico, sem falar da necessidade de gerentes com curso superior que podem adaptar-se à informatização ou redesenhar, de modo criativo, uma estratégia de produção; c) Disseminação e uso do conhecimento e da tecnologia disponível no País. O uso do conhecimento já existente no Brasil proporcionaria o caminho mais rápido e promissor para aumentar a produtividade e a competitividade, além de impulsionar o crescimento. No entanto, esbarra na falta de capacitação básica e avançada dos trabalhadores (Banco Mundial, 2008).

Observa-se que os três fatores de inovação indicam a necessidade de melhor capacitação da força de trabalho e da escolaridade dos indivíduos em todos os níveis, gerando novas demandas para a educação em geral e para o ensino superior em particular. O processo de inovação tecnológica e organizacional faz emergir uma nova forma de produção e organização do trabalho, que exige profissionais cada vez mais capacitados para enfrentar as novas exigências contextuais.

Esses argumentos formulados no âmbito do referido documento estão, portanto, articulados à necessária formação de recursos humanos para atuar em uma sociedade teoricamente movida pelo conhecimento. Fainholc (2005) reconhece que, na construção de uma sociedade do conhecimento, a matéria-prima é a informação e o saber; nessas circunstâncias, passa-se a requerer dos governos investimentos que favoreçam a sua produção. Nesse sentido, a riqueza das nações já não reside, apenas, no capital físico, mas, sobretudo, na imaginação e na criatividade, considerados os pilares básicos desse tipo de sociedade. Intensificam-se, nesse momento, a valorização e o poder da aprendizagem, da produtividade sociocultural e de sua aplicação em novas tecnologias, o que requer boa capacidade instalada de pesquisa e a formação de recursos humanos de alta qualificação.

Essas transformações exigem uma nova reconfiguração das instituições de ensino superior (IES), passando a requerer amplas reformas na sua estrutura organizacional para adequá-las às novas demandas sociais e do mundo trabalho. Segundo Afonso (2005), é, nesse período, que adquire centralidade a redefinição do papel do Estado, induzido por uma nova agenda econômica global veiculada e ampliada pelas tecnologias da comunicação e da informação. Em razão desses fatores, há uma nova reorganização da vida social, com base na revalorização da racionalidade econômica e empresarial, à procura de vantagens competitivas, no protagonismo das organizações produtivas e de seus respectivos critérios de gestão eficaz e eficiente em contexto de mercado.

O processo de globalização impõe, portanto, a exigência de graus mais elevados de qualificação e flexibilização da formação do trabalhador em todos os níveis de atuação. Os governos passaram a considerar que, em face da crescente circulação de capitais, bens e ideias da nova divisão internacional do trabalho, a educação deveria ser entendida como determinante do desenvolvimento econômico e político das nações. Com o intuito de adequar o campo educacional às novas demandas contextuais, decorrentes do processo de reestruturação do capitalismo, processa-se, mundialmente, no final do século XX e no início do século XXI, uma série de reformas nos sistemas de ensino. Com base nessa lógica, a ampliação da educação superior se apresenta como *lócus* privilegiado de formação e produção da pesquisa e do conhecimento, dimensões necessárias para que os países possam competir em um mercado global.

2. Estratégias de expansão da educação brasileira: principais iniciativas

Nas últimas décadas, houve um crescimento substancial nas instituições em relação ao número de curso e de matrículas no ensino superior no Brasil (aspecto analisado no tópico 3 deste capítulo). Esse crescimento foi motivado por uma série de iniciativas governamentais e pela atuação da iniciativa privada, notadamente, do setor mercantil. Dessa forma, as políticas educacionais implementadas para a expansão da educação superior assumiram tendências distintas, entre as quais se destacam: a) Expansão da rede privada, possibilitada, inclusive,por programas de financiamento público; b) Reorganização do sistema público de ensino assentada em uma lógica racional dos recursos físicos e humanos existentes, especificamente no que se refere às universidades públicas federais; c) Ênfase à educação a distância (EaD). Essas tendências procuram demarcar a intervenção do Estado na ampliação do acesso ao ensino superior.

2.1 A expansão do ensino superior pela via da privatização

Considerando as demandas históricas da população brasileira pelo ensino superior, pode-se dizer que as estratégias de expansão desse nível de ensino sempre contaram com uma participação expressiva da esfera privada para aumentar a cobertura de atendimento. A crescente privatização do ensino superior na década de 1990 deve ser entendida no contexto da implantação das ideias neoliberais, que vem possibilitando a reestruturação do estado com limitações de suas funções no campo social, a abertura comercial e a privatização de bens e serviços produzidos pelo Estado.

A privatização vai-se consolidando, inclusive, com o apoio financeiro do governo a programas que favorecem a ampliação da iniciativa privada. Esse imbricamento entre o público e o privado para atender às demandas por educação em nível superior, no Brasil, já vinha sendo reforçado desde 2004, com a aprovação das Parcerias Público-Privadas (PPP) as quais foram "renovadas" e regulamentadas pela Lei n. 11.079, de 30 de dezembro de 2004, que "institui normas gerais para licitação e contratação de parceria público-privada no âmbito da administração pública".

Com essa perspectiva, vários programas foram elaborados para flexibilizar o atendimento e ampliar o acesso ao ensino superior por meio de financiamento público para as instituições privadas, aumentando, cada vez mais, o caráter privatizante da educação superior. Dois programas sobressaem nessa perspectiva: FIES e ProUni.

O primeiro, criado pela Lei n. 10.260, de 12 de julho de 2001, dispõe sobre a criação do Fundo de Financiamento ao Estudante do Ensino Superior (FIES). É um fundo de natureza contábil, destinado à concessão de financiamento a estudantes regularmente matriculados em cursos superiores não gratuitos e com avaliação positiva nos processos conduzidos pelo Ministério da Educação, de acordo com regulamentação própria.

Posteriormente, a Lei n. 12.513/2011 altera a lei de criação do FIES ampliando a sua abrangência para beneficiar estudantes matriculados em cursos da educação profissional e tecnológica, bem como em programas de mestrado e doutorado com avaliação positiva, desde que haja disponibilidade de recursos.

O segundo foi o Programa Universidade para Todos (ProUni), criado em 2004 e institucionalizado pela Lei n. 11.906/2005 (Brasil, 2005), com o objetivo de oferecer bolsas parciais ou integrais aos alunos das IES privadas, objetivando atender à parcela da população em condição de vulnerabilidade socioeconômica, sobretudo àquela oriunda de escolas públicas e, em geral, excluída da educação em nível superior. O ProUni é um programa de financiamento que canaliza recursos da esfera pública para a esfera privada. Apesar do discurso da democratização do acesso, seguindo a mesma lógica de diversificação das fontes de financiamento da educação superior pública, o que ocorre, na verdade, é a transferência de verbas públicas para as instituições privadas.

Para Mancebo (2004), o programa está longe de corrigir a distribuição desigual dos bens educacionais; na maioria das vezes, a privatização promovida pelo programa tende a aprofundar as condições históricas das desigualdades sociais e da negação do direito à educação. Outro problema refere-se à permanência dos alunos e à conclusão dos cursos, visto que a política de acesso possibilitada pelo ProUni não vem associada a uma ação consistente de manutenção dos alunos na universidade, o que tem ocasionado grande desistência.

A ampliação do acesso, configurado no contexto pós-LDB, com a participação de estratégias como o FIES e o ProUni, representa uma situação de reforço ao processo de privatização da educação superior, embora ele não seja um fato recente. Segundo Mancebo (2004), esse quadro tem sido influenciado, nos últimos anos, por fatores, tais como: saída do Estado de seu necessário protagonismo na implementação da universidade como um bem público e direito de cidadania e de seu papel de mantenedor pleno dessa instituição social; assunção de uma gestão da educação superior nos moldes das empresas e semiprivatização das próprias universidades públicas. Dessa forma, a privatização resultante desse processo indica uma transformação que concorre para que as instituições universitárias se tornem mais empresariais, acatando as regras do mercado em detrimento de uma conduta acadêmica própria das IES.

2.2 A expansão do ensino superior público pela racionalização dos recursos — Reuni

Nas últimas décadas, estrategicamente, a política para a educação superior instigou a ampliação da oferta, sustentada pela redução dos custos e mercantilização da educação, utilizando como aliada a expansão de IES no setor privado e a abertura de IES públicas para o mercado.

Nesse cenário, como desdobramento do Plano de Desenvolvimento da Educação, é aprovado o Decreto Presidencial n. 6.096, de 24 de abril de 2007, que institui o Reuni (Programa de Apoio a Planos de Reestruturação e Expansão das Universidades Federais). Esse programa compõe uma das ações do governo federal, considerando o conjunto de medidas que integra a reforma educacional no país, promovidas pelo governo Lula da Silva. É um programa de caráter gerencial e estabelece metas a serem cumpridas pelas instituições que a ele aderirem.

O referido decreto, em seus oito artigos, lança as bases para significativas mudanças na estrutura das universidades federais e reforça o objetivo de ampliar o acesso e a permanência na educação superior, em nível de graduação, por meio do melhor aproveitamento dos recursos humanos existentes e da estrutura física. As diretrizes do Reuni estão previstas no art. 2º, que evidenciam: necessidade de aumentar as vagas de ingresso (sobretudo no período noturno), redução das taxas de evasão e ocupação de vagas ociosas; ampliação da mobilidade estudantil (circulação de estudantes entre instituições, cursos e programas); revisão da estrutura acadêmica (reorganização dos cursos de graduação, atualização de metodologias, busca da elevação da qualidade); diversificação das modalidades de graduação; ampliação das políticas de inclusão e assistência estudantil; articulação da graduação com a pós-graduação e da educação superior com a básica (Brasil, 2007, p. 1).

O Reuni estimula as universidades públicas federais a estabelecer termos de compromisso (Acordo de Metas) para receber verbas públicas e cumprir as metas estabelecidas nesse contrato, ou seja, transferir para a gestão pública a lógica gerencial da administração por resultados, relacionando metas, prazos e indicadores quantitativos. Essa configuração implica um plano de gestão a curto e médio prazo, imputando às universidades uma avaliação contínua em razão da pertinência de seus resultados em ensino e pesquisa, bem como de seu impacto no desenvolvimento socioeconômico da região.

Condicionadas a cumprir metas para o recebimento dos recursos financeiros, as universidades tiveram também de se reestruturar do ponto de vista da gestão universitária, criando mecanismos para controlar e acompanhar o cumprimento das metas. Essa dinâmica significa a introdução da lógica dos resultados nos serviços públicos, o constante monitoramento e o controle desses resultados, sendo necessário torná-los quantificáveis para, assim, auferir os ganhos de eficiência e efetividade das políticas.

2.3 *A educação a distância como estratégia de expansão*

As novas tecnologias têm despontado como alternativas para a expansão do ensino superior por suas potencialidades de atendimento em massa, pela redução do investimento do governo na área da educação e, ainda, por possibilitar o estabelecimento de programas focalizados e descentralizados (Castro e Cabral Neto, 2009). Nesse contexto, a educação a distância (EaD), como argumentam os referidos autores, passa a integrar a atual agenda brasileira de reformas educacionais visando à universalização e equidade do acesso; à melhoria da qualidade do ensino e à prestação de serviços educacionais mais eficientes e eficazes. Pode ser considerada também uma estratégia utilizada para a racionalização dos gastos públicos, inspirada no modelo gerencial de administração.

Ao longo da década de 1990, várias iniciativas foram implementadas pelo governo brasileiro para consolidar um Sistema Nacional de Educação a Distância. A aprovação da LDB n. 9.394, em 1996, abriu diversas possibilidades para a expansão dessa modalidade, pois flexibilizou os procedimentos a serem adotados na criação e implementação de cursos de graduação e pós-graduação *lato sensu*. A utilização em larga escala da EaD para aumentar a cobertura da demanda por ensino superior é uma tendência recente, que encontra respaldo nas orientações dos organismos internacionais (Banco Mundial e Unesco, por exemplo) e na Lei de Diretrizes e Bases na Educação Nacional, n. 9.394.

Como a Lei trata da educação a distância em apenas um artigo, ela deixa margem para o estabelecimento de decretos e portarias que são os verdadeiros reguladores desse campo de atuação. Assim, o artigo 80, da Lei n. 9.394/1996, foi regulamentado pelo Decreto n. 2.494/1998, que fixa as diretrizes gerais para a autorização e o reconhecimento de cursos, bem como disciplina o credenciamento das IES.

As normas estabelecidas no referido decreto foram complementadas pela Portaria Ministerial n. 4.361, de 2004, que dispõe sobre os processos de credenciamento e recredenciamento de IES, credenciamento de cursos de pós-graduação *lato sensu* e recredenciamento de instituições para oferta de cursos superiores a distância; trata, também, de autorização, reconhecimento e renovação de reconhecimento de cursos superiores.

Essas orientações normativas estabelecidas pelo Decreto n. 2.494/1998 e pela Portaria n. 4.361/2004 foram, posteriormente, revogadas pelo Decreto n. 5.622/2005, que estabeleceu uma nova regulamentação para o art. 80, da LDB n. 9.394/1996. Segundo Castro e Cabral Neto (2009), essa nova regulamentação foi necessária porque as orientações normativas precedentes não surtiram os efeitos esperados, continuando a ocorrer uma expansão desordenada dos cursos de EaD, sem o devido acompanhamento e controle, consequentemente, com sérios problemas de qualidade.

A partir de 2005, verificam-se duas novas linhas de atuação dos órgãos governamentais. Por um lado, eles passam a exercer forte controle na expansão desordenada do ensino superior a distância mediante a aprovação de uma série de decretos e portarias (Portaria Normativa n. 01/2007 e n. 02/2007), que evidenciam que há, na atualidade, um redimensionamento do papel do Estado, de indutor de políticas de expansão para regulador. Por outro lado, o próprio governo cria seu sistema de EaD por meio do Programa Universidade Aberta do Brasil (UAB) criada pelo Decreto n. 5.800/2006. Nesse sistema, a institucionalização desse setor da educação é apresentada como necessária para redução das distorções regionais no acesso à graduação, sendo, segundo o argumento oficial, um instrumento de democratização desse nível de ensino a regiões diversas no Brasil.

3. A expansão da educação superior no Brasil: trajetória pós-LDB

Nas últimas décadas, vem-se verificando um processo crescente de expansão do ensino superior com o argumento de que esse nível educacional tem importância fulcral para a inserção competitiva do país nas novas relações que se reconfiguram com a intensificação da globalização e do processo de reestruturação produtiva, calcado em novos modelos de produção e consumo que demandam, cada vez mais, níveis elevados de qualificação profissional e, portanto, de formação de parcelas mais significativas da população, em etapas mais elevadas de educação.

Nesse contexto, o Brasil vem experimentando um processo de expansão da educação superior recortado por uma série de particularidades que se pretende analisar para pôr em evidência como o país se insere nessa dinâmica pós-LDB, de 1996.

Nesta parte do capítulo, procura-se "lançar luzes" sobre o quadro configurado no país sobre essa dinâmica considerando a evolução institucional de cursos e de matrículas em nível de graduação nas modalidades presencial e a distância. A análise toma como base os dados relativos ao período que corresponde aos 16 anos pós-LDB (1996/2012), subdividido em dois subperíodos de oito anos cada um (1996/2004 e 2004/2012), para permitir observar a tendência de expansão da educação superior nesses dois momentos distintos da realidade brasileira.

3.1 *Expansão e diversificação institucional: na esteira do processo contraditório de democratização da educação superior*

Os dados sistematizados na Tabela 1, relativos ao processo de expansão da educação superior, no período de 1996 a 2012, demonstram que ocorreu, na época referida, uma expansão no número de instituições, marcada por uma expressiva diversificação institucional tanto no setor público quanto na iniciativa privada.

Nos dados da Tabela 1, três dimensões merecem destaque:

a) Verifica-se um aumento significativo de IES (61%) quando considerado o conjunto das instituições, independentemente de sua forma de organização. O crescimento é maior no

TABELA 1. Evolução do número de Instituições de Ensino Superior por categoria administrativa e organização acadêmica — 1996-2012

Ano/Org. Adm.	Universidade		Total	Centro Univ.		Total	Faculdade		Total	Cefet/Ifet		Total	Total
	Pública	Privada		Pública	Privada		Pública	Privada		Pública	Privada		geral
1996	136	64	200	—	—	—	654	647	1.301	—	—	—	1.501
2000	71	85	156	1	49	50	85	870	955	19	—	19	1.180
2004	83	86	169	3	104	107	89	1.454	1.543	49	95	144	1.963
2008	97	86	183	5	119	124	100	1.811	1.911	34	—	34	2.252
2012	108	85	193	10	129	139	146	1.898	2.044	40	—	40	2.416
1996/2012 Δ%	–21	33	–4	900	163	178	–78	193	57	111	—	111	61

Fonte: Brasil.MEC/Inep.
Tabela elaborada pelos autores.

período entre 1996 e 2004 (31%) do que de 2004 a 2012 (23%). Desse modo, observa-se um crescimento mais acentuado no número de instituições nos oito primeiros anos pós-LDB do que nos subsequentes (até 2012).

b) Tomando por base o tipo de organização acadêmica, constata-se que o maior crescimento ocorre nas instituições organizadas sob a forma de Centro Universitário (178%), seguidos dos Cefet/Ifet (111%) e faculdades (57%). Nas instituições organizadas, sob a forma de universidade, ocorre, no período, uma redução de menos 4%. O maior crescimento verificado nos Centros Universitários pode ser explicado porque embora se coloquem, para esse formato institucional, algumas exigências, são permitidos graus maiores de autonomia para criação de cursos, sem a necessária articulação entre ensino, pesquisa e extensão. No período de 1996 a 2004, concentra-se o maior crescimento nessa forma de organização institucional (114%), bem superior ao verificado no período entre 2004 e 2012 (29%);

c) Considerando a categoria administrativa (público/privado), constata-se que o setor privado experimentou um aumento exponencial no período entre 1996 e 2012. Isso porque, em 1996, 53% das IES no país eram públicas e 47%, privadas. Esse quadro foi completamente redimensionado em 2012, quando a iniciativa privada passa a dominar 87% delas contra, apenas, 13% do setor público. Na iniciativa privada, o setor que mais evoluiu foi o das faculdades, que cresceu 193%. O aumento dos Centros Universitários foi mais acentuado no setor público (900%) do que no privado (163%), todavia chama-se a atenção para o fato de que, em 2000, o setor público tinha, apenas, uma instituição organizada nesse formato e, em 2012, passa para 10 instituições. Em 2000, o setor privado tinha 49 e, em 2012, conta com 129 instituições nessa condição, de modo que permanece, na iniciativa privada, o predomínio quantitativo dessa forma

> de organização institucional. No quadro das universidades, identifica-se uma redução do número dessas instituições (em 1996, eram 200 instituições e, em 2012, existem 193). O maior número delas se encontra no setor público (136, em 1996, e 108, em 2012). No setor privado, eram 64 universidades, em 1996; e 85, em 2012, embora, no período considerado, o percentual de crescimento seja maior na iniciativa privada (33%) do que no setor público (– 21%), pois, neste, ocorre uma redução percentual do número de universidades públicas.

Nesse aspecto, pode-se registrar que o processo de expansão da educação superior no país pós-LDB, embora ocorra nas duas categorias administrativas, sua hegemonia situa-se na iniciativa privada. E ainda, a expansão foi marcada pela diversificação institucional de modo que as universidades vêm perdendo espaço na composição global do processo de expansão. Esse quadro foi influenciado pela aprovação de normativas que flexibilizaram a criação e o reconhecimento de IES no país e, também, pela criação de programas públicos que favoreceram a iniciativa privada como o ProUni e o redimensionamento do Fies. É preciso evidenciar que, no setor público, vem ocorrendo um processo de ampliação dessas instituições no âmbito do Programa de Reestruturação das Universidades (Reuni).

Outro aspecto que merece destaque, neste artigo, refere-se à forma assimétrica como está distribuída a educação superior pelas diversas regiões do país. Os dados da Tabela 2 são reveladores desse quadro de desigualdade.

Conforme se pode observar, em 1996, ano de aprovação da LDB n. 9.394/1996, existiam no Brasil 922 instituições de ensino superior, das quais 62,4% estavam localizadas na região Sudeste; em 2012, esse percentual passou a 48,5%; na região Sul, o percentual era de 13,2 %,em 1996, e em 2012 chega a 17%; na região Nordeste, em 1996, era 10,6%

TABELA 2. Evolução do número de Instituições de Ensino Superior por região e categoria administrativa — 2007 a 2011

Ano/ Regiões	Brasil			Norte			Nordeste			Sul			Sudeste			Centro-Oeste		
	Púb.	**Priv.**	**Total**	**Púb.**	**Priv.**	**Total**	**Púb.**	**Priv.**	**Total**	**Púb.**	**Priv.**	**Total**	**Púb.**	**Priv.**	**Total**	**Púb.**	**Priv.**	**Total**
1996	211	711	922	12	22	34	40	57	97	41	81	122	87	488	575	31	63	94
2000	176	1.004	1.180	11	35	46	44	113	157	34	142	176	72	595	667	15	119	134
2004	224	1.789	2.013	18	100	118	56	288	344	37	298	335	90	911	1.001	23	192	215
2008	236	2.016	2.252	18	121	139	59	373	432	39	331	370	104	965	1.069	16	226	242
2012	304	2.112	2.416	28	126	154	65	379	444	49	360	409	143	1.030	1.173	19	217	236
1996/ 2012 Δ%	44	197	162	133	473	353	63	565	358	20	344	235	64	111	104	−39	244	151

Fonte: Brasil. MEC/Inep.
Tabela elaborada pelos autores.

e, em 2012, passa para 18,3%; a região Centro-Oeste detinha, em 1996, 9,6% de instituições e, em 2012, passa para 9,8%; a região Norte passou de 3,8%, em 1996, para 6,4% em 2012. Após 16 anos de vigência da LBD, o quadro apresenta-se reconfigurado, denotando que, embora permaneçam as desigualdades entre as regiões, elas vêm diminuindo.

A situação constatada evidencia maior participação, no quadro geral das instituições, daquelas regiões que, em 1996, detinham menor participação percentual, como as regiões Norte, Nordeste e Sul. No Centro-Oeste, a situação permanece praticamente inalterada e, na região Sudeste, ocorre uma redução significativa na sua participação no quadro geral das IES. Essa redução pode estar relacionada ao fato de que a expansão nessa região já tenha atingido níveis mais elevados e, no momento, mesmo crescendo em ritmo mais lento do que as outras regiões, detém ainda participação majoritária na composição do quadro geral das IES. Essa situação está estreitamente relacionada às condições de desenvolvimento dessa região que ocupa posição privilegiada em comparação com as demais do país. Desse modo, as desigualdades regionais verificadas na oferta da educação superior estão medularmente associadas às desigualdades sociais e econômicas que persistem, historicamente, na realidade brasileira.

Por outro lado, constata-se que a redução das desigualdades regionais verificadas pós-LDB, quanto ao número de instituições, ocorre com participação majoritária da iniciativa privada. Esse movimento de prevalência da iniciativa privada, na expansão da educação superior no país, foi observado em todas as regiões, mas, em algumas delas, isso ficou realçado. No Nordeste, o crescimento de instituições privadas, no período de 1996 a 2012, foi de 565,0%; no setor público, 63,0%; no Norte, enquanto o setor privado cresceu 473%, o público aumentou apenas 63,0%, e no Sul o crescimento da iniciativa privada foi de 344,0% e do público, apenas 20,0%. Essa situação constatada no Norte e no Nordeste, principalmente, as duas regiões mais pobres do país, pode ser ilustrativa das limitações do processo de democratização do acesso ao ensino superior.

Tomando, ainda, os dados globais registrados na Tabela 2, pode-se verificar que o maior crescimento no número de instituições se verifica nos oito primeiros anos (1996-2004) pós-LDB. Nesse período, o crescimento do número de instituições ficou assim configurado: Norte (247%), Nordeste (254%), Sul (174%), Sudeste (74%) e Centro-Oeste (128%). No período subsequente (2004/2012), a expansão foi bastante inferior em todas as regiões do país: Norte (30,5%), Nordeste (29,1%), Sul (22,1%), Sudeste (17,2%) e Centro-Oeste (9,0%), denotando, desse modo, uma desaceleração do processo de crescimento das IES no país.

3.2 *Expansão de cursos e matrículas no período pós-LDB*

A evolução do número de curso e matrículas em cursos presenciais na educação superior, por categoria administrativa (público/privado), e por modalidade (presencial/a distância), apresentada nas Tabelas 3 e 4, revela a configuração do processo de expansão, nesse nível educacional, no país.

3.2.1 Expansão presencial: trajetórias de cursos e matrículas

Neste tópico, discutem-se os dados relativos à expansão da educação superior, tomando como dimensões de análise a situação verificada em relação aos cursos e às matrículas em cursos presenciais de graduação. Nesse estudo, procura-se desvelar o comportamento assumido pelo processo de expansão marcado pelo entrelaçamento dos setores público e privado.

No que se refere à expansão de cursos de graduação presencial, no país, no período de 1996 a 2012, constata-se que houve um crescimento bastante significativo (200%). Os dados da Tabela 3 sistematizam informações que permitem visualizar o quadro formatado pós-LDB (n. 9.394/1996).

TABELA 3. Evolução do número de cursos e matrículas por categoria administrativa na graduação na modalidade presencial, no Brasil — 1996-2012

Ano	Cursos			Matrículas		
	Público	Privado	Total	Público	Privado	Total
1996	2.978	3.666	6.644	735.427	1.133.102	1.868.529
2000	4.021	6.564	10.585	887.026	1.807.219	2.694.245
2004	6.262	12.382	18.644	1.178.328	2.985.405	4.163.733
2008	6.772	17.947	24.719	1.273.965	3.806.091	5.080.056
2012	10.394	20.324	30.718	1.715.752	4.208.086	5.923.838
1996/2012 Δ%	249	454,39	362,34	133,30	271,38	217,03

Fonte: Brasil. MEC/Inep.
Tabela elaborada pelos autores.

A expansão do número de cursos presenciais é recortada pela participação desigual dos setores público e privado. Quando se comparam os percentuais de crescimento no período de 1996 a 2012, registra-se que, enquanto o setor público cresceu 249%, a iniciativa privada atingiu o patamar de 454,39%, portanto, quase o dobro do aumento de curso do setor público. Nos primeiros oito anos (1996/2004), após a promulgação da Lei n. 9.394/1996, o crescimento do número de cursos de graduação presencial, considerando as duas categorias administrativas, foi de 180,6%, muito superior ao verificado nos oito anos subsequentes (2004/2012), cujo aumento foi de 64%. Essas informações confirmam a mesma tendência já assinalada em relação ao número de instituições que evidencia uma desaceleração do ritmo de expansão da educação superior no país.

Quando consideradas as duas categorias administrativas em separado, observa-se, no período de 1996 a 2004, maior crescimento no setor privado (233%) do que no público (110,3%). No segundo período (2004/2012), constata-se uma alteração nesse quadro, visto que o ritmo de crescimento do número de cursos de graduação no setor público foi de 66,6%, portanto, um pouco superior ao verificado no setor privado (64,9%). Esses dados, comparados com aqueles relativos ao primeiro período (1996/2004), demonstram uma desaceleração no ritmo de crescimento de cursos tanto no setor público quanto na iniciativa privada, mas, pela primeira vez, nos últimos 16 anos, o crescimento é mais acentuado no setor público do que na iniciativa privada.

Essa situação pode ser decorrente de dois fatores que se articulam: maior investimento no setor público, decorrente das políticas implementadas nos últimos anos (Reuni, UAB, criação de novas instituições, dentre outras) e reordenamento/acomodação do setor privado que havia experimentado altos índices de crescimento no período anterior. Isso não significa, todavia, que o setor privado esteja apresentando sinais de esgotamento de atuação nesse nível educacional, inclusive porque ele está se reconfigurando para se adaptar às novas realidades contextuais, até mesmo com apoio governamental, constituindo-se, atualmente, como um setor de investimento bastante lucrativo.

Cabe ainda registrar que, em 1996, o setor público detinha 44,8% dos cursos de graduação e o privado, 55,2% e, no ano de 2012, a participação percentual do setor público, na composição do quadro geral de curso, foi reduzida para 33,8%, enquanto o setor privado aumentou a sua participação para 66,2%. Isso significa que o crescimento mais acentuado do setor público, no período de 2004 a 2012, não foi suficiente para reduzir o desequilíbrio entre o público e o privado na oferta da educação superior no país.

No que se refere aos números de matrícula em cursos de graduação, na modalidade presencial, os dados registrados na Tabela 3 possibilitam delinear o seguinte quadro: o crescimento da matrícula em cursos de graduação entre 1996 e 2012 foi de 217%. O percentual de expansão da matrícula, na iniciativa privada, nesse mesmo período, foi de 271,4% e, no setor público, de 133,3%, portanto bem inferior ao da iniciativa privada. O aumento da matrícula, no período de 1996 a 2004, foi de 121,3%, e no período de 2004 a 2012, de 42,3%, evidenciando, portanto, a mesma tendência de desaceleração já mencionada em relação às instituições e aos cursos.

O desdobramento dos percentuais de aumento da matrícula, em cursos presenciais, por períodos (1996/2004 e 2004/202), considerando as categorias administrativas (público/privado), revela que, no primeiro período de 1996 a 2004) a matrícula, na iniciativa privada, cresceu 163,5% e, no setor público, apenas 60,2%. No segundo período pós-LDB, tanto na iniciativa privada quanto no setor público, o crescimento da matrícula foi inferior em comparação com o ocorrido no primeiro período. Os percentuais foram, respectivamente, de 40,9% e 45,6%. Assim, da mesma forma que ocorreu em relação aos cursos, constata-se que o crescimento da matrícula no setor público, entre 2004 e 2012, foi maior do que aquele verificado na iniciativa privada, embora em 2012 o setor privado apresentasse, ainda, 71% das matrículas em curso de graduação presencial.

Esses resultados são os primeiros sinais de que o Reuni começa a impactar no quadro geral da oferta de vagas na educação superior, mas está muito longe de alcançar a sua proposição de dobrar, até 2012, o número de vagas e matrículas nas IES federais. Como o programa é temporário, não se pode avaliar como ocorrerá essa repercussão a longo prazo. Fávero e Sguissardi (2012) alertam, com base em suas análises, que, após o final do Reuni, pode-se iniciar um processo de inversão da participação do setor público na composição geral da oferta de vagas no ensino superior.

Apesar dos esforços envidados pelo governo nos últimos anos para ampliar as vagas no setor público (criação de instituições e cursos com formatos variados, aumento do número de alunos por sala de aula para intensificar a relação professor/aluno, adoção de mecanismos gerenciais para aumentar a eficiência e a eficácia das instituições, por exemplo), eles ainda não foram suficientes para impactar significativamente a composição do quadro geral das matrículas visando quebrar a hegemonia do setor privado nesse nível educacional.

3.2.2 Expansão na modalidade a distância: trajetórias de cursos e matrículas

No Brasil, a utilização da EaD como estratégia de expansão vem contribuindo de forma significativa para aumentar a oferta de cursos de graduação e o consequente crescimento do número da matrícula, notadamente após a entrada em vigor da LDB (n. 9.394/1996). A definição do período de 2002 a 2012 para analisar a expansão dos cursos e matrículas na modalidade a distância deve-se ao fato de que, a partir do ano de 2002, se verifica maior participação dessa modalidade no processo de expansão da educação superior. Os dados do crescimento da modalidade da educação a distância estão registrados na Tabela 4.

TABELA 4. Evolução do número de cursos e matrículas na graduação na modalidade a distância — Brasil, 2002-2012

Ano	Cursos	Matrículas
2002	46	29.702
2003	52	21.873
2004	107	50.706
2005	189	233.626
2006	349	430.229
2007	408	537.959
2008	647	727.921
2009	844	838.125
2010	930	930.179
2011	1.044	992.927
2012	1.148	1.113.850
2002/2012 Δ%	2.395,65	3.650,08

Fonte: Brasil. MEC/Inep.
Tabela elaborada pelos autores.

Conforme os dados registrados na Tabela 4, o crescimento do número de cursos e de matrícula na modalidade a distância, no período de 2002 a 2012, foi respectivamente de 2.395,65% e 3.650,08%, portanto bem superior à expansão verificada na modalidade presencial, conforme constatado na Tabela 3. Dados complementares (também do MEC/Inep) informam que, em 2012, existiam no país 1.113.850 alunos matriculados na modalidade de educação a distância, dos quais 84% se encontravam na iniciativa privada e apenas 16% no setor público. Em 2012, havia 7.037.688 alunos matriculados em cursos de graduação, considerando as duas modalidades; desse total, 15,8% estavam matriculados na modalidade a distância e 84,2%, na presencial, denotando que a EaD vem se apresentando como estratégia de expansão da educação superior no país.

Esse quadro geral relativo ao aumento da EaD (cursos e matrículas) no país decorre, entre outros fatores, da política formulada pelo MEC para promover a expansão do ensino superior, conforme previsões contidas nos seus planos educacionais, facilitada pela existência de um marco regulatório, inicialmente, muito flexível, tal como estava configurada na LDB n. 9.394/1996 e nas primeiras normativas infralegais, visto que apenas em 2005 o governo, mediante o Decreto n. 5.662/2005, estabelece normas mais claras para orientar a modalidade de educação a distância. Além disso, a criação da UAB, em 2006 (Decreto n. 5.800/2006), impactou o aumento da oferta da EaD.

Segundo Castro e Cabral Neto (2009), a forte inserção do setor privado na oferta da EaD no país foi motivada pelo início da exaustão da oferta de cursos presenciais (que tinha se expandido de forma extraordinária nos últimos anos do século XX) e, essencialmente, pela busca de ocupar novos nichos no mercado educacional, principalmente no momento que os marcos regulatórios oficiais, nesse campo, eram menos exigentes em relação às instituições para ofertar essa modalidade de educação.

No setor público, o aumento da oferta dessa modalidade de educação decorreu de uma política induzida pelo MEC para que as universidades federais, por meio de editais específicos para essas instituições, promovessem cursos de EaD, notadamente na área de formação de professores e, mais recentemente, com a criação da UAB, em 2005.

4. Considerações finais

As reflexões desenvolvidas ao longo deste capítulo sobre a expansão da educação superior no Brasil, pós-LDB, devem, em princípio, registrar uma preocupação: existe em curso no país uma dinâmica em que fica configurada a prevalência do setor privado na oferta de cursos e de matrículas em nível de graduação. Embora se verifique a ocorrência de um processo de expansão desse nível educacional nos últimos anos, ainda não foi atingido o setor mais significativo da população, que está na faixa de idade de 18 a 24 anos. Segundo dados do último Censo da educação superior, o índice de atendimento, em 2012, ficou em 17,8%, muito aquém do previsto no Plano Nacional de Educação (2001-2010), que era de 30% no final do referido plano.

Especificamente no que concerne ao processo de expansão da educação superior ocorrido no Brasil pós-LDB/1996, as análises desenvolvidas permitem realçar os seguintes aspectos: a) a expansão da educação superior constitui-se em uma tendência mundial, mas assume características particulares no Brasil, visto que esse país se insere, de forma retardatária, nesse processo. Embora venha ampliando a sua oferta nesse nível educacional, persiste ainda baixo índice de atendimento, principalmente, da população na faixa etária de 18 a 24 anos; b) após a promulgação da LDB, foram elaborados marcos normativos que favoreceram a ampliação do ensino superior, porque permitiram a diversificação institucional e a flexibilidade na oferta de novas modalidades de educação e de cursos; c) foram criados programas governamentais que impactaram o aumento do acesso tanto na iniciativa privada (FIES, ProUni) quanto no setor público (Reuni); d) a ampliação do acesso ocorre pela atuação das instituições públicas e privadas, mas há supremacia dessas últimas na composição da oferta e na ocupação das vagas no ensino superior; e) no período analisado (1996/2012), observa-se que continua ocorrendo a ampliação do acesso tanto no setor público quanto na iniciativa privada, mas o setor público vem, nos últimos oito anos (2004/2012), apresentando maiores índices de crescimento do que o setor privado, entretanto essa situação não foi suficiente para alterar a prevalência da participação do setor privado na composição da oferta da educação superior no país; f) vem ocorrendo, no país, uma desaceleração da expansão tanto no setor público quanto na iniciativa privada. O crescimento de cursos e matrículas, no período de 1996 a 2004, é bastante superior ao constatado no período de 2004 a 2012, nas duas categorias administrativas. Isso é motivo de preocupação, considerando que o nível de cobertura da população brasileira, de 18 a 24 anos, é muito baixo para um país que se situa entre as maiores potências capitalistas no atual momento; g) a educação a distância vem despontando como estratégia essencial de expansão da educação superior e o seu crescimento vem ocorrendo em percentuais mais elevados em comparação com a modalidade presencial.

Por fim, reafirma-se que a LDB e os marcos normativos que lhe sucederam, assim como os programas governamentais, favoreceram a organização de um "sistema" de educação superior que contribuiu de forma muito débil para o fortalecimento da educação como bem público. Ao contrário, favoreceu o desenvolvimento do setor privado, notadamente das instituições particulares, que, usufruindo da flexibilização das normas e do uso dos recursos públicos, se ampliaram de forma acentuada, tornando-se hegemônicas no processo de ampliação da educação superior. Hoje, o setor das instituições particulares (setor privado mercantil) vem avançando na atuação desse nível educacional pela formação de grandes grupos empresariais e detém uma fatia significativa das matrículas no ensino superior. Nesse sentido, a expansão da educação superior trilhou por um contraditório caminho que não permitiu uma democratização do acesso que continua limitado e entregue, majoritariamente, à iniciativa privada. Nesse sentido, não basta ter leis (embora elas sejam importantes) para que se altere o quadro precário da educação superior; é preciso construir políticas de Estado como foco no interesse público e com financiamento público, exclusivamente, para o setor público. Essa é tarefa que se impõe aos governantes e, principalmente, à sociedade brasileira.

Referências

AFONSO, Almerindo Janela. O contexto internacional, as reformas educativas e a avaliação educacional. In: ______. *Avaliação educacional*: regulação e emancipação. São Paulo: Cortez, 2005. p. 53-88.

BANCO MUNDIAL. *Conhecimento e inovação para a competitividade*. Brasília, 2008. Tradução CNI.

BRASIL. Lei n. 9.394, de 20 de dezembro de 1996. Estabelece as diretrizes e bases da educação nacional. Disponível em: <www.planalto.gov.br/ccivil_03/Leis/L9394.htm>. Acesso em: 12 nov. 2013.

______. Lei n. 10.260, de 12 de julho de 2001. Dispõe sobre o Fundo de Financiamento ao Estudante do Ensino Superior e dá outras providências. Disponível em: <www.planalto.gov.br/ccivil_03/Leis/L10.260.htm>. Acesso em: 10 nov. 2013.

______. Lei n.11.079, de 30 de dezembro de 2004. Institui normas gerais para licitação e contratação de parceria público-privada no âmbito da administração pública. Disponível em: <www.planalto.gov.br/ccivil_03/_Ato2004-2006/2004/Lei/L11079.htm>. Acesso em: 6 out. 2013.

______. Lei n. 11.096, de 13 de janeiro de 2005. Institui o Programa Universidade para Todos (ProUni), regula a atuação de entidades beneficentes de assistência social no ensino superior; altera a Lei n. 10.891, de 9 de julho de 2004, e dá outras providências. Disponível em: <www.camara.gov.br/sileg/integras/453107.pdf>. Acesso em: 25 out. 2013.

______. Lei n. 12.513, de 26 de outubro de 2011. Altera a Lei n. 10.260, de 12 de julho de 2001, que dispõe sobre o Fundo de Financiamento ao Estudante do Ensino Superior. Disponível em:<www.planalto.gov.br/ccivil_03/_ato2011-2014/2011/lei/l12513.htm>. Acesso em: 10 nov. 2013.

_____. Presidência da República. Decreto n. 6.096, de 24 de abril de 2007. Institui o Programa de Apoio a Planos de Reestruturação e Expansão das Universidades Federais (Reuni). *Diário Oficial da União*. Poder Executivo, Brasília, 25 maio 2007. Disponível em: <www.planalto.gov.br/ccivil_03/_ato2007-2010/2007/decreto.htm>. Acesso em: 20 out. 2013.

_____. Decreto n. 2.494, de 10 de fevereiro de 1998. Regulamenta o artigo 80 da Lei n. 9.394, de 20 de dezembro de 1996 e dá outras providências (1998). Disponível em: <http://portal.mec.gov.br/seed/arquivos/pdf/tvescola/leis/D2494.pdf>. Acesso em: 12 out. 2013.

_____. Presidência da República. Decreto n. 5.800, de 8 de junho de 2006. Dispõe sobre o sistema Universidade Aberta do Brasil. Disponível em: <https://uab.capes.gov.br>. Acesso em: 12 nov. 2013.

_____. Ministério da Educação. Portaria Ministerial n. 4.361, de 29 de dezembro de 2004. *Diário Oficial da União*, Brasília, 30 dez. 2004.

_____. Ministério da Educação. Portaria n. 01, de 10 de janeiro de 2007. *Diário Oficial da União*, Brasília, 11 jan. 2007.

_____. Portaria normativa n. 02, de 10 de janeiro de 2007. Dispõe sobre os procedimentos de regulação e avaliação da educação superior na modalidade a distância (2007). Disponível em: <http://portal.mec.gov.br/seed/arquivos/pdf/legislacao/portaria2.pdf>. Acesso em: 7 out. 2013.

_____. MEC/INEP. *Censo da educação superior*: sinopse da educação superior 2012. Disponível em: <http://portal.inep.gov.br/superior-censosuperior-sinopse>. Acesso em: 24 out. 2013.

CASTRO, Alda Maria D. A.; CABRAL NETO, Antônio. Educação a distância como estratégia de expansão do ensino superior no Brasil. In: CHAVES, Vera Jacob; CABRAL NETO, Antônio; NASCIMENTO, Ilma Vieira (Org.). *Políticas para a educação superior no Brasil*: velhos temas novos desafios. São Paulo: Xamã, 2009. p. 83-108.

CASTTELS, Manuel. A economia informacional e o processo de globalização. In: _____. *A sociedade em rede*. São Paulo. Paz e Terra, 2001. p. 87-164.

FAINHOLC, Beatriz. *Los nuevos escenarios de la educación superior internacional y su problemática actual*, 2005. Disponível em: <www.iesalc.unesco.org.ve>. Acesso em: 26 out. 2013.

MANCEBO, Deise. "Universidade para todos": a privatização em questão. *Pro-Posições*, Campinas, v. 15, n. 3, p. 75-90, set./dez. 2004.

FÁVERO, Maria de Lourdes A.; SGUISSARDI, Valdemar. Quantidade/qualidade e educação superior. *Educação em Questão*, Natal, v. 43, n. 28, p. 61-88, jan./abr. 2012.

POCHMANN, Márcio. Desenvolvimento capitalista e divisão do trabalho. In: ______. *Reestruturação produtiva*: perspectivas de desenvolvimento local com inclusão social. Petrópolis: Vozes, 2004. p. 18-62.

10

Municipalização, cooperação federativa, regime de colaboração, autonomias e condicionalidades no Novo Sistema Nacional de Educação (SNE)

Carlos Augusto Abicalil

Entre a gratidão e a surpresa do convite para participar desta edição, escolhi continuar a sequência do roteiro desenvolvido pela Professora Doutora Regina Vinhaes Gracindo, coordenadora do Programa de Pós-graduação em Educação da Faculdade de Educação da Universidade de Brasília, na ocasião em que desenvolvi minha dissertação de Mestrado — *PNE Limites e Desafios*: uma avaliação necessária (Abicalil, 2007), no artigo intitulado "Sistemas *Municipais de Ensino*: limites e possibilidades". Marcando os dez anos de sanção da Lei de Diretrizes e Bases da Educação Nacional (LDB), já apontava "o intenso movimento das políticas públicas de educação" (Gracindo, 2007, p. 220).

> Nesses dez anos que nos distanciam da implantação da LDB ocorreram diversas mudanças na educação brasileira, tanto na legislação vigente, quanto nos programas e projetos educacionais. Importante perceber

que, na medida em que as políticas públicas de educação não conseguiram se consolidar como políticas de Estado, suas ações acabam ficando condicionadas às posturas político-acadêmicas dos governos instalados no poder (Idem).

Uma das marcas evidenciadas pela autora naquela ocasião apontava a tensão entre continuidades e descontinuidades decorrentes da própria dinâmica do jogo democrático na composição de propostas, programas e projetos setoriais integrantes de plataformas político-eleitorais com maior ou menor enraizamento no movimento social, acadêmico, sindical, estudantil, empresarial e popular no campo de disputas. Uma das ações marcadas se referiu expressamente ao "advento do Plano de Desenvolvimento da Educação (PDE), apresentado em abril daquele ano" (Gracindo, 2007, p. 221).

Depois de listar 17 disposições legais e normativas reveladoras desse jogo de forças, justifica o precioso trecho (Gracindo, 2007):

> De forma geral, pode-se identificar que muitas políticas públicas vigentes em 1997, deixaram de existir, por metamorfose ou descontinuidade. Outras, no entanto, mantiveram-se, seja com as mesmas ações, ou com os mesmos princípios, mas com novo invólucro. Com isso, no corpo do texto original, serão assinaladas as mudanças de políticas públicas diretamente ligadas à educação básica, por força da maior atuação dos municípios, tendo sempre a LDB como pano de fundo.

O percurso alongado até o primeiro semestre de 2013 aponta, entretanto, duas alterações constitucionais de alto impacto neste debate e uma série de alterações infraconstitucionais muito significativas para a educação básica e a relação entre os entes federativos, entre os quais, os municípios brasileiros. Por essa razão, a nossa consideração nos subtítulos consecutivos levará em conta os ordenamentos mais gerais relativos à organização federativa brasileira, mais especificamente à cooperação federativa e ao regime de colaboração entre sistemas de ensino, autonomias e condicionalidades com a perspectiva de o Sistema Nacional de Educação (SNE) estar formalmente instituído na Emenda Constitucional n. 59 (Brasil, 2009) e o novo alcance da cooperação federativa decorrente das Emendas Constitucionais n. 53 (Brasil, 2006) e n. 14 (Brasil, 1997), com os respectivos desdobramentos na LDB/1996 e outras legislações consequentes a esse outro patamar. Assim:

I. Políticas Públicas de Educação: considerações atualizadas;

II. Lei de Diretrizes e Bases da Educação Nacional;

III. Competências e Atribuições dos Sistema Municipal de Ensino;

IV. Considerações de trânsito ao Sistema Nacional de Educação.

1. Políticas Públicas de Educação: considerações atualizadas

Entranhado no federalismo de cooperação (Araujo, 2010), o SNE situa-se num estágio de conformação a partir do Plano Nacional de Educação (PNE), em debate no Congresso Nacional, ao mesmo tempo que se expandem o direito público subjetivo e a obrigatoriedade na educação básica.[1] Resulta dessa extensão, também, a inclusão da União na responsabilidade solidária para fazer frente às obrigações do Estado brasileiro diante do direito público subjetivo ampliado, segundo a Emenda Constitucional n. 59, de 2009:

> Art. 211, § 4º Na organização de seus sistemas de ensino, *a União*, os Estados, o Distrito Federal e os Municípios definirão formas de colaboração, de modo a assegurar a universalização do ensino obrigatório. (Grifo nosso)

Essa consideração inicial não é desprovida de significação importante para dar segmento e consequência às disposições alteradas anteriormente, na ampliação do financiamento compartilhado da educação básica e da abertura para a regulamentação — em lei com-

1. A esse respeito, ver a excelente publicação da revista *Retratos da Escola* (2010).

plementar específica — da cooperação federativa prevista no art. 23 da Constituição Federal:

> Art. 23. É competência comum da União, dos Estados, do Distrito Federal e dos Municípios:
>
> V — promover o acesso à cultura, à educação e à ciência;
>
> Parágrafo único. Leis complementares fixarão as normas para a cooperação entre a União e os Estados, o Distrito Federal e os Municípios, tendo em vista o equilíbrio do desenvolvimento e o bem-estar em âmbito nacional (Brasil, 2006).

Há quem trate o SNE como mera minudência nominalista ou apego à tradição legalista, porém mesmo quem sustente a tese de que esse sistema tenha sido elaborado a partir da concepção de princípios e ordenamentos constitucionais e de diretrizes e bases da educação nacional em lei sugere uma divisão das tarefas operacionais (por exemplo: transporte, alimentação escolar e manutenção de prédios como competências municipais; contratação de profissionais da educação básica, responsabilidade atribuída aos estados, e formação inicial e continuada realizada pela colaboração entre os estados e a União) e aposta nessa oportunidade para estabelecer uma nova pactuação das responsabilidades (Saviani, 2011), que, para aquele, prescinde de lei complementar e, para este autor, reivindica-a, tendo em vista a ocorrência real da organização e manutenção de redes públicas e compromissos de manutenção e desenvolvimento do ensino já existentes nos três âmbitos.[2]

À luz do novo ordenamento constitucional, o SNE é derivação do PNE, conforme se pode ler:

> Art. 214. A lei estabelecerá o plano nacional de educação, de duração decenal, com o objetivo de articular o sistema nacional de educação em regime de colaboração e definir diretrizes, objetivos, metas e estratégias

2. Para compreender melhor a proposição, consultar Saviani (2011).

de implementação para assegurar a manutenção e desenvolvimento do ensino em seus diversos níveis, etapas e modalidades por meio de ações integradas dos poderes públicos das diferentes esferas federativas que conduzam a:

I — erradicação do analfabetismo;

II — universalização do atendimento escolar;

III — melhoria da qualidade do ensino;

IV — formação para o trabalho;

V — promoção humanística, científica e tecnológica do País.

VI — estabelecimento de meta de aplicação de recursos públicos em educação como proporção do produto interno bruto (Brasil, 2009).

Há, pois, um imperativo constitucional, com propósitos descritos nos incisos I a VI, cujo método supõe ações integradas dos poderes públicos das diferentes esferas administrativas e cujo processo é resultante da colaboração em torno de um plano nacional definido por diretrizes, objetivos, metas e estratégias de implementação, para assegurar o direito à educação e seus desdobramentos nos planos estaduais, distritais e municipais consentâneos. Impossível, assim, dissociar o plano de sua capacidade de articular o sistema.

Igualmente, é imperativo resguardar o conceito de SNE com as características intrínsecas ao seu caráter ontológico, essencialmente público e unitário, consideradas a variedade de seus elementos e a sua unidade coerente e operante (Saviani, 2011). O próprio Saviani relaciona quatro grandes campos de obstáculos à efetivação do sistema nacional, redimensionados, agora, pelas deliberações da Conferência Nacional da Educação (Conae) e pela tramitação do Projeto de Lei da Câmara (PLC) n. 103, de 2012 (PNE), no Senado Federal.

Além disso, ainda que concordemos que o objeto central da disputa para a implantação do SNE esteja menos na forma de organização e mais na concepção de educação (Gracindo, 2010), sem reduzir o debate ao nominalismo ou ao positivismo jurídico, impõe-se a atenção em relação ao vigor do movimento social e ao rigor da lei na formulação da política. Vale considerar que é tal a centralidade dessa disputa conceitual que o próprio Conselho de Desenvolvimento Econômico e Social da Presidência da República (CDES) a listou entre os principais desafios que o Brasil terá de enfrentar (Speller, 2010), notadamente, na consideração dos dados educacionais e fiscais relacionados pelo Observatório da Equidade.

Ganham destaque, por outro lado, as formulações de avanço na composição de instâncias interfederativas de decisão, formulação e decisão operacional (Abrucio, 2010) — mais visível como pleito e inovação no nível da educação básica (Martins, 2011) e de controle, acompanhamento e participação democrática. No entanto, além das medidas de coordenação federativa, necessário será avançar na normatização das responsabilidades compartilhadas entre os entes federados — e em perspectiva — os ordenadores do financiamento e da democratização da gestão da educação no PNE (Dourado e Amaral, 2011).

Assim, é possível perceber passos marcantes da trajetória mais recente, que confirmam a oportunidade fecunda desse momento histórico: não ficar trancado nos fatos, mas [a]diante deles. Por essa razão, entre outras, a consecução das metas e a implementação das estratégias devem ser efetivadas em regime de colaboração entre a União, os Estados, o Distrito Federal e os Municípios, não elidindo a adoção de medidas adicionais em âmbito local ou de instrumentos jurídicos que formalizem a cooperação entre os entes federados, podendo ser complementados por mecanismos nacionais e locais de coordenação e colaboração recíproca (Brasil, 2010a, art. 7º, § 1º).

É inadequado pensar que o imperativo constitucional do sistema nacional possa ser atendido por esse dispositivo tão impreciso. Evidentemente uma lei de plano plurianual não é a lei do sistema nacional. Menos ainda se esta lei for equivalente à regulação da cooperação federativa para assegurar a consecução dos princípios, das diretrizes e das metas concernentes à ação pública articulada para a garantia de direitos universais. Os substitutivos sucessivos do projeto de lei do PNE, por sua vez, trouxeram versões distintas dessa tensão.

Merece destaque, antes, a Comissão Intergovernamental para o Financiamento da Educação Básica de Qualidade, no âmbito do Fundo de Manutenção e Desenvolvimento da Educação Básica e de Valorização dos Profissionais da Educação — Fundeb (Abrucio, 2010).

Alguns contornos do SNE a ser criado em lei, até dois anos depois da sanção do PNE, estão delineados e merecem atenção para compatibilizar suas atribuições com os organismos já existentes, as instâncias normativas, de controle e acompanhamento já implementadas, as formas de colaboração já regulamentadas e outras em debate legislativo concomitante (Abicalil, 2012).[3] O fato é que não há uma relação direta e simples entre a atribuição dos sistemas e níveis de ensino, ou de vínculo da rede pública com um e da rede privada com outro, ou de alguma modalidade de oferta com um ente federativo específico. Há, sim, uma interpenetração que guarda vínculos cruzados com o ente que mantém redes em cada nível de ensino e a rede privada, de acordo com a etapa e nível de educação que estes ofertam, com sistemas diferentes.

A seleção de atenções que é indicada aqui guarda direta relação com os temas atinentes aos contornos apontados para o SNE, a cooperação federativa e a colaboração entre sistemas de ensino por seus conteúdos. Assim, a preservação de condições essenciais de afirmação do SNE deve levar em conta os fios em movimento nesse tecido. O aprofundamento da fragmentação e da dispersão não é desejável. O cenário da decisão política ainda está enredado por iniciativas fragmentadas que interferirão intensamente na sua composição. Não apenas nas matérias concorrentes, cuja seleção temática procurei apresentar.

Além de tratar competências comuns, aponta para a consideração das condicionalidades para o exercício das autonomias e da complementaridade em cada âmbito federativo interdependente. Com a nova redação constitucional, a educação básica (especialmente, no âmbito obrigatório) é competência comum das três esferas da administração,

3. Vale observar a meta 19 do PL n. 8.035, de 2010, e suas estratégias.

ultrapassando os limites administrativos das redes. Assim sendo, mais do que a divisão de competências, trata-se da normatização das condicionalidades operativas que determinam as formas e critérios da cooperação em cada uma.

Ademais, o princípio de complementaridade supõe a clareza na definição de normas operacionais básicas vinculantes — já presentes no Sistema Único de Saúde (SUS)[4] e no Sistema Único de Assistência Social (Suas)[5] —, a partir das quais se estabelecem o exercício da autonomia relativa, por um lado, e da cooperação federativa, por outro. Acredito que seja próprio falar da hierarquização das atribuições e competências (para além das legislativas) já previstas na Constituição e na Lei de Diretrizes e Bases da Educação (LDB), colocando luzes sobre os significados operacionais diferentes para as tarefas distributivas e supletivas no que tange ao financiamento (e à União, particularmente) e às ações de assistência técnica e financeira da União e dos Estados, frente às condições para consolidar o direito à educação em meio à diversidade e à desigualdade presentes entre os diversos entes federados.

Desde 2003, a Conae (Brasil, 2010) constituiu um marco setorial importante de uma nova correlação de forças na construção das políticas públicas em âmbito nacional (Abicalil, 2012). Ademais, a vitória substantiva, no Supremo Tribunal Federal (STF), em torno da Ação Direta de Inconstitucionalidade (ADI) sobre a Lei n. 11.738, de 2008, que instituiu o Piso Salarial Profissional Nacional (PSPN) do magistério público da educação básica, é passo seguro para fazer frente aos contornos da cláusula pétrea da autonomia federativa, visto as exigências de normatização nacional vinculante em torno dos objetivos da República, dos princípios da educação nacional, das ações distintivas de ação setorial prioritária e de seus efeitos em cada ente

4. Criado pela Constituição Federal e regulamentado pelas Leis n. 8.080, de 1990, e n. 8.142, de 1990, Leis Orgânicas da Saúde.

5. Fundamentado na Lei n. 8.742, de 1993, Lei Orgânica da Assistência Social, e regulamentado pela Resolução n. 130, de 2005, do Conselho Nacional de Assistência Social, Norma Operacional Básica do Sistema Único da Assistência Social.

federativo. Ainda, o pronunciamento da Corte Constitucional é peça importante para o delineamento das relações jurídico-políticas contemporâneas que fazem parte daquele tecido conceitual sobre o qual se bordará o SNE (Brasil, 2008).

No momento que as pesquisas sobre financiamento da educação indicam a franca expansão dos investimentos públicos em todos os níveis, o vigor das transferências constitucionais, legais e voluntárias, a previsão de duplicar a proporção do Produto Interno Bruto (PIB) no dispêndio público, a disputa de instituições privadas por acesso ao fundo público e a defesa estrita de seus interesses levam à necessária consideração de suas novas estratégias de intervenção. A melhor distribuição da renda nacional e a promoção de grandes contingentes populacionais à chamada classe média potencializam o mercado consumidor de serviços educacionais e a pressão por formas subsidiadas de oferta e/ou pela intermediação e controle das ações de cooperação por transferência voluntária ou adição de recursos complementares.

Como a organização da educação nacional não se deu meramente por níveis ou etapas, nem automaticamente pela administração direta de redes públicas ou da vinculação normativa das instituições privadas, alguma ordem é reclamada para não se submeter à simples concorrência de competências à luz da consideração da educação como direito universal e da educação básica como direito público subjetivo.

Se entendida assim, o passo para a construção de um sistema nacional deve considerar além de quem faz algo: sob quais condições faz; com que mediações de complementaridade e assistência; com que reciprocidade normativa; com que transitoriedades; sob qual regramento, e por deliberação de que órgão instância ou ente?

Cury (1993) fez um importante relato histórico das diferentes composições de responsabilidades das esferas da administração pública brasileira num fundamental Seminário do Fórum Nacional em Defesa da Escola Pública na LDB, em abril de 1992. Naquela ocasião, em meio ao intenso debate em torno do projeto de lei sucessivamente modificado até resultar na Lei n. 9.394/1996 (Brasil, 1996), percorre disposições dos artigos 18 — sobre a autonomia dos Municípios, atribuindo diversas competências conjuntas com a União e os Estados, no artigo 23. A exigência de Leis Complementares na regulação desse dispositivo demonstra a relevância da matéria para a garantia dos *meios de acesso* à educação como direito público universal. O próprio autor já advertia àquela altura (Cury, 1993):

> Contudo, esta legislação sobre a questão federativa no âmbito da educação deve vir acompanhada de uma rápida referência ao sistema de repartição de renda entre as unidades administrativas.
> Os municípios jamais ficaram com parte substantiva de recursos para poderem sustentar suas competências no âmbito dos direitos sociais. Após o golpe de 1964, a repartição da renda ficou substantivamente com a União [...]
> Imediatamente esses dispositivos colocam, antes de tudo, uma dialética entre as atribuições do Estado face às novas atribuições do município e que envolvem a manutenção e o desenvolvimento do ensino.
> Nesta dialética há que estabelecer claramente as competências para que os limites e as possibilidades fiquem claramente definidos.
> Esse impacto precede a elaboração de uma Lei de Diretrizes e Bases e lhe dá uma orientação constitucionalmente definida que se poderia denominar de municipalização limitada.
> Mesmo que se possa ser o contrário a uma municipalização do ensino, não há dúvida de que já há parâmetros na lei maior que definem competência. O que se pode buscar, dentro de um sistema nacional de educação, é um *modus operandi* do sistema que o torne factível e dentro de uma dinâmica que assegure, dentro do espírito do art. 24, uma política de caráter nacional [...]
> O *modus operandi* terá que compatibilizar autonomia municipal, reforma tributária e a presença de uma política educacional nacional que implique o município na consecução de finalidades comuns ao sistema nacional.

Os desafios e limites apontados naquela ocasião mantêm uma atualidade inequívoca. Parte substantiva das dificuldades justificadoras da inexistência da Lei Complementar exigida pela Constituição de 1988 advém da mesma dialética identificada há mais de duas décadas. Sua precedência necessária à própria LDB é suficiente para agravar o quadro resultante das tensões em desequilíbrio. Em boa medida, razão suficiente para as três Emendas Constitucionais sucessivas que as tocam com intensidades distintas. É significativa a percepção dos diferentes pontos de equilíbrio alcançados nessa sucessão de marcos constitucionais, tendo em vista, inclusive, a inversão de tendências já visíveis naquele cenário (Cury, 1993), a saber:

> Há hoje uma tendência claramente definida pela descentralização. Mas não se pode esquecer que, hoje, a ideia de descentralização se reforçou e se potencializou com a ideia de mercado e de Estado-mínimo. Essa vertente, mesmo em países desenvolvidos, vem sendo questionada porque, ao deixar sua função social ao sabor do mercado, a ideia de interesse coletivo ou de bem público é também minimizada.

Esse lapso temporal transcorrido é farto em produções acadêmicas (Gentili, 1999) e movimentos de resistência (Gentili e Silva, 1996). Assim, também, merece registro a alteração daquelas vertentes, particularmente as resistências democrático-populares em diversas porções da América Latina (Sader e Gentili, 1999).

O movimento realizado nesta última década resultou em políticas setoriais nacionais de largo alcance para a cidadania, incluindo os profissionais da educação em sentido ampliado. As Emendas Constitucionais n. 53 e n. 59 trouxeram ampliações de direitos subjetivos sem comparação frente aos outros países, em absoluta reversão do antigo modelo neoliberal de desresponsabilização pública e encolhimento estatal.

A Lei do Piso Salarial Profissional Nacional (Abicalil, 2008), a definição legal do espectro dos profissionais da educação, a extensão da educação obrigatória, a vinculação do investimento público em percentual do PIB, a política nacional de formação inicial e continuada (com vistas à especialização, mestrado e doutorado), as metas de duplicação do rendimento médio do magistério e de sua equiparação à média de outras categorias de igual titulação e a ampliação consistente das transferências legais e voluntárias da União aos Estados e Municípios contrastam flagrantemente com os constrangimentos da administração pública em relação à Lei de Responsabilidade Fiscal e à anacrônica Lei de Licitações, por um lado, e às amarras das estruturas e conceituações de carreiras desenhadas nos anos 1960, com acumulação de cargos e jornadas parciais, além da reativa dispersão conceitual e de nomenclatura dos profissionais em exercício.

Há que considerar nesse caldo, ainda, a chamada cultura da avaliação e da valorização profissional por bônus de desempenho pautado num mérito reduzido à verificação do resultado estudantil avaliado em testes padronizados.

Nesse particular, reitero a advertência da edição anterior (Gracindo, 2007):

> Numa breve análise das políticas educacionais de caráter estruturante, pode-se destacar a manutenção da postura avaliativa centralizada e regulatória do MEC, baseada em instrumentos de larga escala, focalizando predominantemente a aprendizagem dos alunos, tanto na educação básica como na educação superior. Assim, na educação superior, o antigo Provão foi substituído pelo Enade, este situando a avaliação de forma mais ampliada que o primeiro. O sistema de avaliação da educação básica — SAEB, que se manteve durante todo o período, acabou sendo ofuscado pelo Prova Brasil e surpreendido com o Provinha Brasil, política recentemente lançada pelo PDE.

Essa tendência permanece fortemente indicada no texto do PNE, por meio do PLC n. 103/2012 em tramitação no Senado Federal.

2. Lei de Diretrizes e Bases da Educação Nacional

Entre os aspectos mais relevantes de consideração da LDB está a sua configuração em um movimento altamente sensível às variações resultantes da relação entre sociedade civil e sociedade política, em clara demonstração de que o processo de sua reversão resultante da contraposição de um substitutivo global do senador Darcy Ribeiro, em tramitação final, antes da sanção em 1996, não significou a resposta reclamada pela sociedade civil em ebulição democrática. Razão elementar para retomar o que afirmava Gracindo (2008):

> A Lei n. 9.394/76 — LDB — pode ser considerada a segunda Lei de Diretrizes e Bases da Educação Nacional. Isto porque, somente a Lei n. 4.024/61 estabeleceu, como aquela, normas para todo o Sistema Educacional, envolvendo todos os níveis e modalidades de ensino. Portanto, a Lei n. 5.692/71 e a Lei n.[05] 5.840/68, que tiveram vigência no período compreendido entre as duas LDBs, não devem ser consideradas como tal, na medida em que cada uma voltava-se para apenas uma fração da educação brasileira: a primeira para a educação pré-escolar e para o ensino de 1º e 2º graus e a outra apenas para o ensino superior.[6]
>
> Pode-se identificar, na LDB, um traço bastante singular: ela foi a única que nasceu no seio do Poder Legislativo. Não foi iniciada, como suas antecessoras, no Poder Executivo. Isso a tornou, pelo menos, original e propiciou uma ampla participação da sociedade civil e do próprio governo, nas longas e difíceis discussões que permearam sua tortuosa tramitação no Legislativo Federal.
>
> Uma singularidade que também aproxima as duas LDBs (ns. 4.024/61 e 9.394/76) foi o tempo de permanência que ambas tiveram no Congresso Nacional. A primeira tramitou naquela casa por treze (13) anos e a segunda por oito (08) anos. Uma das possíveis explicações para este fenômeno pode ser o fato de que elas nasceram em momentos raros e históricos de retomada da democracia no Brasil, o que gera um clima de confronto entre diferentes forças político-ideológicas. E este parece ser um ponto importante de reflexão: toda lei expressa uma política e encaminha uma forma de gestão, sendo, sua versão final, resultante desse jogo de forças políticas. Nesse sentido, política e gestão da educação não podem ser analisadas separadamente, dado o imbricamento existente entre elas, onde a primeira coloca em prática os objetivos da segunda, isto é, dá concretude às direções traçadas (Gracindo, 1997).

---

6. Nomenclaturas utilizadas na época.

Num processo de gestão democrática, tônica da LDB para a gestão da escola pública, alguns dilemas se tornam presentes: a) quantidade *versus* qualidade; b) centralização *versus* descentralização; c) público *versus* privado; d) a educação superior *versus* educação básica; e) questões políticas *versus* questões pedagógicas (Gracindo, 1997). O que aflora, como consequência da exacerbação da lógica formal que sustenta a ciência e a tecnologia, que exclui, que segmenta e que parceliza, é que esses aparentes dilemas se apresentam como dilemas reais, onde priorizar um deles, num dado contexto, inviabiliza e nega o outro.

No período considerado na edição anterior, entre 1997 e 2007, a própria LDB foi alvo de uma série de alterações (Gracindo, 2008), culminando com a inclusão supletiva da União na responsabilidade de matricular os educandos a partir dos seis anos no ensino fundamental. Resulta, assim, numa leitura obrigatória a versão mais atualizada e cumulativa da LDB/1996, acessível em <www.planalto.gov.br/ccivil_03/Leis/L9394.htm> lado a lado com o texto que precedeu a este artigo. Embora constem 92 artigos na LDB em sua redação atual, a soma de dispositivos alterados já supera uma centena.

Ora por iniciativas legislativas próprias do Parlamento, ora por iniciativas do Executivo, ora interagindo na composição e aperfeiçoamento das propostas em tramitação, ora na normatização de organismos colegiados e na composição da pauta de atenção desses organismos, a intensidade e a extensão das mudanças na LDB foram reforçadas depois de 2007. Por razões de ordenar a apresentação, optamos pelo ordenamento dos artigos da LDB correlatos àquelas alterações constitucionais no período de 2007 a 2013 — em toda a extensão da educação básica e suas modalidades, uma vez que interagem diretamente com as atribuições prioritárias (jamais exclusivas) dos municípios, que passamos a citar a seguir:

> Art. 3º O ensino será ministrado com base nos seguintes princípios: [...] XII — consideração com a diversidade étnico-racial. (Incluído pela Lei n. 12.796, de 2013)

Art. 4º O dever do Estado com educação escolar pública será efetivado mediante a garantia de:

I — educação básica obrigatória e gratuita dos 4 (quatro) aos 17 (dezessete) anos de idade, organizada da seguinte forma: (Redação dada pela Lei n. 12.796, de 2013)

a) pré-escola; (Incluído pela Lei n. 12.796, de 2013)

b) ensino fundamental; (Incluído pela Lei n. 12.796, de 2013)

c) ensino médio; (Incluído pela Lei n. 12.796, de 2013)

II — educação infantil gratuita às crianças de até 5 (cinco) anos de idade; (Redação dada pela Lei n. 12.796, de 2013)

III — atendimento educacional especializado gratuito aos educandos com deficiência, transtornos globais do desenvolvimento e altas habilidades ou superdotação, transversal a todos os níveis, etapas e modalidades, preferencialmente na rede regular de ensino; (Redação dada pela Lei n. 12.796, de 2013)

IV — acesso público e gratuito aos ensinos fundamental e médio para todos os que não os concluíram na idade própria; (Redação dada pela Lei n. 12.796, de 2013)

VIII — atendimento ao educando, em todas as etapas da educação básica, por meio de programas suplementares de material didático-escolar, transporte, alimentação e assistência à saúde; (Redação dada pela Lei n. 12.796, de 2013)

X — vaga na escola pública de educação infantil ou de ensino fundamental mais próxima de sua residência a toda criança a partir do dia em que completar 4 (quatro) anos de idade. (Incluído pela Lei n. 11.700, de 2008)

Art. 5º O acesso à educação básica obrigatória é direito público subjetivo, podendo qualquer cidadão, grupo de cidadãos, associação comunitária, organização sindical, entidade de classe ou outra legalmente constituída e, ainda, o Ministério Público, acionar o poder público para exigi-lo. (Redação dada pela Lei n. 12.796, de 2013)

§ 1º O poder público, na esfera de sua competência federativa, deverá: (Redação dada pela Lei n. 12.796, de 2013)

I — recensear anualmente as crianças e adolescentes em idade escolar, bem como os jovens e adultos que não concluíram a educação básica; (Redação dada pela Lei n. 12.796, de 2013)

Art. 6º É dever dos pais ou responsáveis efetuar a matrícula das crianças na educação básica a partir dos 4 (quatro) anos de idade. (Redação dada pela Lei n. 12.796, de 2013)

Art. 10. Os Estados incumbir-se-ão de: [...]

VI — assegurar o ensino fundamental e oferecer, com prioridade, o ensino médio a todos que o demandarem, respeitado o disposto no art. 38 desta Lei; (Redação dada pela Lei n. 12.061, de 2009)

Art. 12. Os estabelecimentos de ensino, respeitadas as normas comuns e as do seu sistema de ensino, terão a incumbência de: [...]

VII — informar pai e mãe, conviventes ou não com seus filhos, e, se for o caso, os responsáveis legais, sobre a frequência e rendimento dos alunos, bem como sobre a execução da proposta pedagógica da escola. (Redação dada pela Lei n. 12.013, de 2009)

Art. 20. As instituições privadas de ensino se enquadrarão nas seguintes categorias: [...]

II — comunitárias, assim entendidas as que são instituídas por grupos de pessoas físicas ou por uma ou mais pessoas jurídicas, inclusive cooperativas educacionais, sem fins lucrativos, que incluam na sua entidade mantenedora representantes da comunidade; (Redação dada pela Lei n. 12.020, de 2009)

Art. 26. Os currículos da educação infantil, do ensino fundamental e do ensino médio devem ter base nacional comum, a ser complementada, em cada sistema de ensino e em cada estabelecimento escolar, por uma parte diversificada, exigida pelas características regionais e locais da sociedade, da cultura, da economia e dos educandos. (Redação dada pela Lei n. 12.796, de 2013)

§ 2º O ensino da arte, especialmente em suas expressões regionais, constituirá componente curricular obrigatório nos diversos níveis da educação básica, de forma a promover o desenvolvimento cultural dos alunos. (Redação dada pela Lei n. 12.287, de 2010)

§ 6º A música deverá ser conteúdo obrigatório, mas não exclusivo, do componente curricular de que trata o § 2º deste artigo. (Incluído pela Lei n. 11.769, de 2008)

§ 7º Os currículos do ensino fundamental e médio devem incluir os princípios da proteção e defesa civil e a educação ambiental de forma integrada aos conteúdos obrigatórios. (Incluído pela Lei n. 12.608, de 2012)

Art. 26-A. Nos estabelecimentos de ensino fundamental e de ensino médio, públicos e privados, torna-se obrigatório o estudo da história e cultura afro-brasileira e indígena. (Redação dada pela Lei n. 11.645, de 2008)

§ 1º O conteúdo programático a que se refere este artigo incluirá diversos aspectos da história e da cultura que caracterizam a formação da população brasileira, a partir desses dois grupos étnicos, tais como o estudo da história da África e dos africanos, a luta dos negros e dos povos indígenas no Brasil, a cultura negra e indígena brasileira e o negro e o índio na formação da sociedade nacional, resgatando as suas contribuições nas áreas social, econômica e política, pertinentes à história do Brasil. (Redação dada pela Lei n. 11.645, de 2008)

§ 2º Os conteúdos referentes à história e cultura afro-brasileira e dos povos indígenas brasileiros serão ministrados no âmbito de todo o currículo escolar, em especial nas áreas de educação artística e de literatura e história brasileiras. (Redação dada pela Lei n. 11.645, de 2008)

Art. 29. A educação infantil, primeira etapa da educação básica, tem como finalidade o desenvolvimento integral da criança de até 5 (cinco) anos, em seus aspectos físico, psicológico, intelectual e social, complementando a ação da família e da comunidade. (Redação dada pela Lei n. 12.796, de 2013)

Art. 30. A educação infantil será oferecida em:

II — pré-escolas, para as crianças de 4 (quatro) a 5 (cinco) anos de idade. (Redação dada pela Lei n. 12.796, de 2013)

Art. 31. A educação infantil será organizada de acordo com as seguintes regras comuns: (Redação dada pela Lei n. 12.796, de 2013)

I — avaliação mediante acompanhamento e registro do desenvolvimento das crianças, sem o objetivo de promoção, mesmo para o acesso ao ensino fundamental; (Incluído pela Lei n. 12.796, de 2013)

II — carga horária mínima anual de 800 (oitocentas) horas, distribuída por um mínimo de 200 (duzentos) dias de trabalho educacional; (Incluído pela Lei n. 12.796, de 2013)

III — atendimento à criança de, no mínimo, 4 (quatro) horas diárias para o turno parcial e de 7 (sete) horas para a jornada integral; (Incluído pela Lei n. 12.796, de 2013)

IV — controle de frequência pela instituição de educação pré-escolar, exigida a frequência mínima de 60% (sessenta por cento) do total de horas; (Incluído pela Lei n. 12.796, de 2013)

V — expedição de documentação que permita atestar os processos de desenvolvimento e aprendizagem da criança. (Incluído pela Lei n. 12.796, de 2013)

Art. 32. O ensino fundamental obrigatório, com duração de 9 (nove) anos, gratuito na escola pública, iniciando-se aos 6 (seis) anos de idade, terá por objetivo a formação básica do cidadão, mediante: [...]

§ 5º O currículo do ensino fundamental incluirá, obrigatoriamente, conteúdo que trate dos direitos das crianças e dos adolescentes, tendo como diretriz a Lei n. 8.069, de 13 de julho de 1990, que institui o Estatuto da Criança e do Adolescente, observada a produção e distribuição de material didático adequado. (Incluído pela Lei n. 11.525, de 2007)

§ 6º O estudo sobre os símbolos nacionais será incluído como tema transversal nos currículos do ensino fundamental. (Incluído pela Lei n. 12.472, de 2011)

Art. 36. O currículo do ensino médio observará o disposto na Seção I deste Capítulo e as seguintes diretrizes: [...]

IV — serão incluídas a Filosofia e a Sociologia como disciplinas obrigatórias em todas as séries do ensino médio. (Incluído pela Lei n. 11.684, de 2008)

Art. 36-A. Sem prejuízo do disposto na Seção IV deste Capítulo, o ensino médio, atendida a formação geral do educando, poderá prepará-lo para o exercício de profissões técnicas. (Incluído pela Lei n. 11.741, de 2008)

Parágrafo único. A preparação geral para o trabalho e, facultativamente, a habilitação profissional poderão ser desenvolvidas nos próprios estabelecimentos de ensino médio ou em cooperação com instituições especializadas em educação profissional. (Incluído pela Lei n. 11.741, de 2008)

Art. 36-B. A educação profissional técnica de nível médio será desenvolvida nas seguintes formas: (Incluído pela Lei n. 11.741, de 2008)

I — articulada com o ensino médio; (Incluído pela Lei n. 11.741, de 2008)

II — subsequente, em cursos destinados a quem já tenha concluído o ensino médio. (Incluído pela Lei n. 11.741, de 2008)

Parágrafo único. A educação profissional técnica de nível médio deverá observar: (Incluído pela Lei n. 11.741, de 2008)

I — os objetivos e definições contidos nas diretrizes curriculares nacionais estabelecidas pelo Conselho Nacional de Educação; (Incluído pela Lei n. 11.741, de 2008)

II — as normas complementares dos respectivos sistemas de ensino; (Incluído pela Lei n. 11.741, de 2008)

III — as exigências de cada instituição de ensino, nos termos de seu projeto pedagógico. (Incluído pela Lei n. 11.741, de 2008)

Art. 36-C. A educação profissional técnica de nível médio articulada, prevista no inciso I do *caput* do art. 36-B desta Lei, será desenvolvida de forma: (Incluído pela Lei n. 11.741, de 2008)

I — integrada, oferecida somente a quem já tenha concluído o ensino fundamental, sendo o curso planejado de modo a conduzir o aluno à habilitação profissional técnica de nível médio, na mesma instituição de ensino, efetuando-se matrícula única para cada aluno; (Incluído pela Lei n. 11.741, de 2008)

II — concomitante, oferecida a quem ingresse no ensino médio ou já o esteja cursando, efetuando-se matrículas distintas para cada curso, e podendo ocorrer: (Incluído pela Lei n. 11.741, de 2008)

a) na mesma instituição de ensino, aproveitando-se as oportunidades educacionais disponíveis; (Incluído pela Lei n. 11.741, de 2008)

b) em instituições de ensino distintas, aproveitando-se as oportunidades educacionais disponíveis; (Incluído pela Lei n. 11.741, de 2008)

c) em instituições de ensino distintas, mediante convênios de intercomplementaridade, visando ao planejamento e ao desenvolvimento de projeto pedagógico unificado. (Incluído pela Lei n. 11.741, de 2008)

Art. 36-D. Os diplomas de cursos de educação profissional técnica de nível médio, quando registrados, terão validade nacional e habilitarão ao prosseguimento de estudos na educação superior. (Incluído pela Lei n. 11.741, de 2008)

Parágrafo único. Os cursos de educação profissional técnica de nível médio, nas formas articulada concomitante e subsequente, quando estruturados e organizados em etapas com terminalidade, possibilitarão a obtenção de certificados de qualificação para o trabalho após a conclusão, com aproveitamento, de cada etapa que caracterize uma qualificação para o trabalho. (Incluído pela Lei n. 11.741, de 2008)

Art. 37. A educação de jovens e adultos será destinada àqueles que não tiveram acesso ou continuidade de estudos no ensino fundamental e médio na idade própria. [...]

§ 3º A educação de jovens e adultos deverá articular-se, preferencialmente, com a educação profissional, na forma do regulamento. (Incluído pela Lei n. 11.741, de 2008)

Art. 39. A educação profissional e tecnológica, no cumprimento dos objetivos da educação nacional, integra-se aos diferentes níveis e modalidades de educação e às dimensões do trabalho, da ciência e da tecnologia. (Redação dada pela Lei n. 11.741, de 2008)

§ 1º Os cursos de educação profissional e tecnológica poderão ser organizados por eixos tecnológicos, possibilitando a construção de diferentes itinerários formativos, observadas as normas do respectivo sistema e nível de ensino. (Incluído pela Lei n. 11.741, de 2008)

§ 2º A educação profissional e tecnológica abrangerá os seguintes cursos: (Incluído pela Lei n. 11.741, de 2008)

I — de formação inicial e continuada ou qualificação profissional; (Incluído pela Lei n. 11.741, de 2008)

II — de educação profissional técnica de nível médio; (Incluído pela Lei n. 11.741, de 2008)

III — de educação profissional tecnológica de graduação e pós-graduação. (Incluído pela Lei n. 11.741, de 2008)

§ 3º Os cursos de educação profissional tecnológica de graduação e pós-graduação organizar-se-ão, no que concerne a objetivos, características e duração, de acordo com as diretrizes curriculares nacionais estabelecidas pelo Conselho Nacional de Educação. (Incluído pela Lei n. 11.741, de 2008)

Art. 41. O conhecimento adquirido na educação profissional e tecnológica, inclusive no trabalho, poderá ser objeto de avaliação, reconhecimento e certificação para prosseguimento ou conclusão de estudos. (Redação dada pela Lei n. 11.741, de 2008)

Art. 42. As instituições de educação profissional e tecnológica, além dos seus cursos regulares, oferecerão cursos especiais, abertos à comunidade, condicionada a matrícula à capacidade de aproveitamento e não necessariamente ao nível de escolaridade. (Redação dada pela Lei n. 11.741, de 2008)

Art. 58. Entende-se por educação especial, para os efeitos desta Lei, a modalidade de educação escolar oferecida preferencialmente na rede regular de ensino, para educandos com deficiência, transtornos globais do desenvolvimento e altas habilidades ou superdotação. (Redação dada pela Lei n. 12.796, de 2013)

§ 1º Haverá, quando necessário, serviços de apoio especializado, na escola regular, para atender às peculiaridades da clientela de educação especial.

§ 2º O atendimento educacional será feito em classes, escolas ou serviços especializados, sempre que, em função das condições específicas dos alunos, não for possível a sua integração nas classes comuns de ensino regular.

§ 3º A oferta de educação especial, dever constitucional do Estado, tem início na faixa etária de zero a seis anos, durante a educação infantil.

Art. 59. Os sistemas de ensino assegurarão aos educandos com deficiência, transtornos globais do desenvolvimento e altas habilidades ou superdotação: (Redação dada pela Lei n. 12.796, de 2013)

Art. 60. Os órgãos normativos dos sistemas de ensino estabelecerão critérios de caracterização das instituições privadas sem fins lucrativos, especializadas e com atuação exclusiva em educação especial, para fins de apoio técnico e financeiro pelo Poder Público.

Parágrafo único. O poder público adotará, como alternativa preferencial, a ampliação do atendimento aos educandos com deficiência, transtornos globais do desenvolvimento e altas habilidades ou superdotação na própria rede pública regular de ensino, independentemente do apoio às instituições previstas neste artigo. (Redação dada pela Lei n. 12.796, de 2013)

Art. 61. Consideram-se profissionais da educação escolar básica os que, nela estando em efetivo exercício e tendo sido formados em cursos reconhecidos, são: (Redação dada pela Lei n. 12.014, de 2009)

I — professores habilitados em nível médio ou superior para a docência na educação infantil e nos ensinos fundamental e médio; (Redação dada pela Lei n. 12.014, de 2009)

II — trabalhadores em educação portadores de diploma de pedagogia, com habilitação em administração, planejamento, supervisão, inspeção e orientação educacional, bem como com títulos de mestrado ou doutorado nas mesmas áreas; (Redação dada pela Lei n. 12.014, de 2009)

III — trabalhadores em educação, portadores de diploma de curso técnico ou superior em área pedagógica ou afim. (Incluído pela Lei n. 12.014, de 2009)

Parágrafo único. A formação dos profissionais da educação, de modo a atender às especificidades do exercício de suas atividades, bem como aos objetivos das diferentes etapas e modalidades da educação básica, terá como fundamentos: (Incluído pela Lei n. 12.014, de 2009)

I — a presença de sólida formação básica, que propicie o conhecimento dos fundamentos científicos e sociais de suas competências de trabalho; (Incluído pela Lei n. 12.014, de 2009)

II — a associação entre teorias e práticas, mediante estágios supervisionados e capacitação em serviço; (Incluído pela Lei n. 12.014, de 2009)

III — o aproveitamento da formação e experiências anteriores, em instituições de ensino e em outras atividades. (Incluído pela Lei n. 12.014, de 2009)

Art. 62. A formação de docentes para atuar na educação básica far-se-á em nível superior, em curso de licenciatura, de graduação plena, em universidades e institutos superiores de educação, admitida, como formação mínima para o exercício do magistério na educação infantil e nos 5 (cinco) primeiros anos do ensino fundamental, a oferecida em nível médio na modalidade normal. (Redação dada pela Lei n. 12.796, de 2013)

§ 1º A União, o Distrito Federal, os Estados e os Municípios, em regime de colaboração, deverão promover a formação inicial, a continuada e a capacitação dos profissionais de magistério. (Incluído pela Lei n. 12.056, de 2009)

§ 2º A formação continuada e a capacitação dos profissionais de magistério poderão utilizar recursos e tecnologias de educação a distância. (Incluído pela Lei n. 12.056, de 2009)

§ 3º A formação inicial de profissionais de magistério dará preferência ao ensino presencial, subsidiariamente fazendo uso de recursos e tecnologias de educação a distância. (Incluído pela Lei n. 12.056, de 2009)

§ 4º A União, o Distrito Federal, os Estados e os Municípios adotarão mecanismos facilitadores de acesso e permanência em cursos de formação de docentes em nível superior para atuar na educação básica pública. (Incluído pela Lei n. 12.796, de 2013)

§ 5º A União, o Distrito Federal, os Estados e os Municípios incentivarão a formação de profissionais do magistério para atuar na educação básica pública mediante programa institucional de bolsa de iniciação à docência a estudantes matriculados em cursos de licenciatura, de graduação plena, nas instituições de educação superior. (Incluído pela Lei n. 12.796, de 2013)

§ 6º O Ministério da Educação poderá estabelecer nota mínima em exame nacional aplicado aos concluintes do ensino médio como pré-requisito para o ingresso em cursos de graduação para formação de docentes, ouvido o Conselho Nacional de Educação — CNE. (Incluído pela Lei n. 12.796, de 2013)

Art. 62-A. A formação dos profissionais a que se refere o inciso III do art. 61 far-se-á por meio de cursos de conteúdo técnico-pedagógico, em nível médio ou superior, incluindo habilitações tecnológicas. (Incluído pela Lei n. 12.796, de 2013)

Parágrafo único. Garantir-se-á formação continuada para os profissionais a que se refere o caput, no local de trabalho ou em instituições de educação básica e superior, incluindo cursos de educação profissional, cursos superiores de graduação plena ou tecnológicos e de pós-graduação. (Incluído pela Lei n. 12.796, de 2013)

Art. 67. Os sistemas de ensino promoverão a valorização dos profissionais da educação, assegurando-lhes, inclusive nos termos dos estatutos e dos planos de carreira do magistério público: [...].

§ 3º A União prestará assistência técnica aos Estados, ao Distrito Federal e aos Municípios na elaboração de concursos públicos para provimento de cargos dos profissionais da educação. (Incluído pela Lei n. 12.796, de 2013)

Art. 80. O Poder Público incentivará o desenvolvimento e a veiculação de programas de ensino a distância, em todos os níveis e modalidades de ensino, e de educação continuada. [...]

§ 4º A educação a distância gozará de tratamento diferenciado, que incluirá:

> I — custos de transmissão reduzidos em canais comerciais de radiodifusão sonora e de sons e imagens e em outros meios de comunicação que sejam explorados mediante autorização, concessão ou permissão do poder público. (Redação dada pela Lei n. 12.603, de 2012)
>
> Art. 82. Os sistemas de ensino estabelecerão as normas de realização de estágio em sua jurisdição, observada a lei federal sobre a matéria. (Redação dada pela Lei n. 11.788, de 2008)

Algum estranhamento seria possível na percepção de que listamos um conjunto de normatizações relativas ao ensino médio e à profissional e tecnológica. Esse fenômeno decorreria de duas considerações imperfeitas: 1. os Municípios não podem atuar para além da educação infantil e do ensino fundamental; 2. o ensino médio não está contido nas atribuições de um sistema municipal. Aqui vale a observação do passo indicado por Gracindo (2008) no capítulo sobre competências a atribuições do Sistema Municipal de Ensino, particularmente ao denunciar a inexistência do SNE e advertir para a decisão elementar, nem sempre observada pelos Municípios: criar um sistema próprio; integrar-se ao sistema estadual (herança inercial do quadro institucional pré-constituinte; e compor com o Estado um sistema único. Esse tema será revistado necessariamente para colocar em marcha o ordenamento do novo artigo 214 da Constituição Federal e a inadiável regulamentação em lei complementar do artigo 23. Enquanto não passamos da existência à consistência do sistema nacional, como afirma sabiamente Cury, ainda haverá lacunas que tornam mais complexas as compreensões sobre a organização da educação básica brasileira. Não obstante, reitero com Gracindo (2008, p. 230):

> É bem verdade, no entanto, que a todos os artigos da LDB que tratam do município, organizam-se indicando a tendência pela opção de um sistema próprio, em regime de colaboração com os demais. Para tanto, apesar de a LDB não detalhar essas ações, o Sistema Municipal de Ensino necessitará elaborar uma Lei Municipal de Ensino; propor alteração da Lei Orgânica (caso seja preciso) e comunicar sua opção ao Conselho Estadual de Educação. A partir de então, o Município preci-

sará elaborar um Plano de Educação que estabeleça: seus princípios e compromissos; seus objetivos; sua estrutura e organização; suas relações com o Estado e a União; suas competências gerais e específicas por nível e modalidade de ensino e, finalmente, as ações concretas que desencadeará, com um cronograma para seu desenvolvimento.

3. Competências e atribuições do Sistema Municipal de Ensino

A leitura desse subtítulo supõe, então, a decisão elementar fundamentada nas últimas disposições do item anterior, mesmo que um Município declaradamente faça uma opção distinta daquela de criação de um sistema próprio — a obrigação de ofertar prioritariamente a educação infantil e o ensino fundamental, organizar sua oferta direta em rede própria ou realizar convênios com instituições credenciadas e autorizadas, sem finalidade lucrativa para cumpri-lo na administração de seu fundo público, atuar em colaboração com a União e o Estado, e coordenar as ações de seus órgãos próprios e as ações integradas no seu território de acordo com o Plano Municipal de Educação.

Além da LDB, tais tarefas estão instituídas em outros marcos referenciais nessa direção, que são firmados a partir do Plano de Desenvolvimento da Educação/Plano de Ações Articuladas (PDE--PAR), concebidos por meio das bases complementares ao Decreto presidencial e amadurecidos na Lei n. 12.695/2012 (Brasil, 2012) da Política Nacional de Formação Inicial e Continuada dos Profissionais da Educação e de seus Fóruns Estaduais e da Comissão Técnica da Educação Básica no âmbito da Capes (Brasil, 2006), além do Comitê Gestor da Prova Nacional de Concurso de Ingresso nas Carreiras Docentes instituído pela Portaria MEC n. 1807/2011 (Brasil, 2011) e sua remissão aos decretos de Política Nacional de Formação 6755/2009 (Brasil, 2009) e 7415/2010 (Brasil, 2010a) (bolsas de formação e profuncionários fortalecidos pela Lei n. 11273/2006 (Brasil, 2006b). Merece menção, também, a vinculação dos Planos Estaduais e Municipais de Educação consentâneos ao Plano Nacional como condicionante para acessar recursos complementares e programas de apoio federal inseridos nessa função sob o regramento de instância interfederativa e colegiada. Acrescidas as referências ao decreto e ao PAR, valem também as disposições presentes no PLC n. 103/2012 — PNE, ainda em tramitação no Senado Federal, particularmente, as que dizem respeito à conformação do Sistema Nacional de Educação previsto pelo artigo 214 da Constituição Federal, a partir da Emenda n. 59/2009 (Brasil, 2009).

Assim, somam-se à valiosa lista de competências e atribuições já mencionadas no artigo anterior (Gracindo, 2008, p. 230-231), a saber:

- Organizar, manter e desenvolver os órgãos e instituições oficiais do seu sistema de ensino, integrando-os às políticas e aos planos educacionais da União e do Estado;
- Exercer ação redistributiva em relação às suas escolas;
- Baixar normas complementares para o seu sistema de ensino;
- Autorizar, credenciar e supervisionar os estabelecimentos do seu sistema de ensino;
- Oferecer a educação infantil em creches e pré-escolas;
- Oferecer, com prioridade, o ensino fundamental;
- Matricular todos os educandos a partir dos seis anos de idade no ensino fundamental;
- Promover cursos presenciais ou a distância aos jovens e adultos insuficientemente escolarizados;
- Realizar programas de capacitação para todos os professores em exercício, utilizando também, para isto, os recursos da educação a distância;
- Integrar todos os estabelecimentos de ensino fundamental do seu território ao sistema nacional de avaliação do rendimento escolar;
- Estabelecer estratégias para que até o fim da Década da Educação, admitir em seus quadros, apenas docentes habilitados em nível superior ou formados por treinamento em serviço;

- Estabelecer mecanismos para a progressão da sua rede escolar pública de ensino fundamental, para o regime de escolas de tempo integral;
- Estabelecer mecanismos para autorizar o funcionamento e para avaliar a qualidade do processo educativo desenvolvido pelas escolas da iniciativa privada.

Permanecem integralmente válidas as recomendações que seguiram um roteiro meticuloso de atenções indispensáveis:

1. Organização da oferta municipal (decidindo sobre uma das três hipóteses em torno do sistema);
2. Colaboração do Município com o Estado e a União;
3. Organização das etapas e modalidades da educação básica (considerada a nova extensão da obrigatoriedade) e sua interação com o ensino superior;
4. Coordenação das unidades escolares de sua rede;
5. Arrecadação e aplicação de recursos públicos;
6. Formação e valorização dos profissionais da educação (com a nova abrangência conceitual nas três categorias presentes na LDB).

O exercício dessas competências e atribuições é ancorado nas finalidades da educação:

> Garantir a vinculação da educação escolar que se desenvolve nas instituições de ensino de seu sistema, ao mundo do trabalho e à prática social; basear sua proposta educativa nos princípios de liberdade e nos ideais de solidariedade humana; estabelecer como finalidades do processo educativo (o pleno desenvolvimento do educando; o preparo para o exercício da cidadania; e a qualificação para o trabalho).
>
> A proposta curricular, espelhada no Plano Municipal de Educação e no Projeto Político-Pedagógico das escolas, e decorrente dos objetivos assinalados, deverá garantir o cumprimento dos onze princípios da educação escolar, determinados pela LDB:

1. Igualdade de condições para o acesso e permanência na escola;
2. Liberdade de aprender, ensinar, pesquisar e divulgar a cultura, o pensamento, a arte e o saber;
3. Pluralismo de ideias e de concepções pedagógicas;
4. Respeito à liberdade e apreço à tolerância;
5. Coexistência de instituições públicas e privadas de ensino;
6. Gratuidade do ensino público em estabelecimentos oficiais;
7. Valorização do profissional da educação escolar;
8. Gestão democrática do ensino público, na forma da LDB e da legislação dos sistemas de ensino;
9. Garantia de padrão de qualidade;
10. Valorização da experiência extraescolar;
11. Vinculação entre a educação escolar, o trabalho e as práticas sociais [...]

Cabe o registro de atualização relativa à consideração da diversidade étnico-racial, à educação inclusiva, à formação inicial e continuada, às condições e relações de trabalho introduzidas nas alterações da LDB e outras legislações complementares incluídas no subtítulo II deste artigo. As recomendações sobre o Plano Municipal de Educação seguem atualíssimas, reforçadas, agora, pela Lei n. 12.795/2012, e seus efeitos sobre a cooperação federativa no âmbito dos compromissos comuns entre a União e os Municípios. O passo seguinte, seguramente, incluirá em regramento correlato a cooperação entre o Estado e os Municípios, conforme antevê o próprio PNE em tramitação.

No Plano Municipal de Educação deverão estar estabelecidos mecanismos que garantam, segundo a LDB: ensino fundamental, obrigatório e gratuito, inclusive para os que a ele não tiveram acesso na idade própria; atendimento educacional especializado gratuito aos educandos com necessidades especiais; atendimento gratuito em creches e pré-escolas às crianças de zero a cinco anos de idade; oferta de ensino noturno regular; oferta de educação escolar regular para jovens e adultos; atendimento ao educando, no ensino fundamental público, por meio de programas suplementares de material didático-escolar, transporte, alimentação e assistência à saúde; padrões mínimos de qualidade de ensino, definidos como a variedade e quantidade mínimas, por aluno, de insumos indispensáveis ao desenvolvimento do processo de ensino-aprendizagem (Gracindo, 2008, p. 232-233).

No âmbito do Conselho Nacional de Educação, as normatizações complementares constituem importantes contribuições para a fundamentação de algumas dessas tarefas, notadamente, as Resoluções CEB/CNE nºˢ 02/2009, 04/2010 e 05/2010, além dos Parecer n. 08/2010 (ainda não homologado), cujos temas são relevantes e se desdobram a partir das inovações constitucionais e legislativas recentes, com elevado impacto sobre financiamento, qualidade social, gestão democrática, avaliação, valorização profissional e responsabilidade pública.

4. Considerações de trânsito ao Sistema Nacional de Educação

No último subtítulo da edição de 2008, Gracindo (p. 244) afirmava com a concretude do tempo:

> No atual contexto, exceto a Década de Educação, estabelecida na LDB, cujo prazo expirou, todas as demais questões se mantêm atuais. A LDB continua em vigência, com as modificações apontadas e novas políticas públicas de educação se configuram em programas e projetos. Vale notar que, ao analisar o PDE e as ações desenvolvidas pelo MEC na educação básica, verifica-se que muitas, acertadamente, procuram agir para sanar problemas crônicos da educação brasileira, outros, no entanto, aparentemente equivocados e descompassados com as lutas históricas dos educadores, teimam em exigir dos entes federados e das escolas uma postura de competição e de hipertrofia do desempenho escolar, sem indicar os meios necessários para a melhoria dos indicadores educacionais.

As décadas de educação saltaram da condição de disposições transitórias da LDB para a sua vinculação constitucional aos Planos Nacionais de Educação de duração decenal, vinculantes dos Planos Plurianuais em todos os níveis da administração pública e ordenadores do Sistema Nacional de Educação (Abicalil, 2012). Herdam a saga por *sanar problemas crônicos da educação brasileira*, denuncia a autora, como num imperativo categórico e inescapável sobre bases constitucionais e legais potencialmente mais integradoras da ação e do esforço público e sobre audiência mais atenta aos sujeitos coletivos em movimento na arena de disputa entre sociedade civil e sociedade política, pondo a história em movimento e nutrindo de sentido a conformação do sistema, nas tensões do federalismo de cooperação, nos equilíbrios entre o desigual e o combinado a cada tempo, como reitera Dourado (2011), desafiando a construção decisiva da escola pública de qualidade para todos (Gracindo, 2010).

Mais do que em qualquer momento anterior, o tempo de abraçar as contradições nos coloca prenhes desse Novo Brasil que já começou, ganha o calor das ruas e mexe com aspirações de elevação do bem-estar mais bem distribuído, que leva à conquista de uma ação política programática em perspectiva que componha a agenda instituinte para além do próprio PNE e seus desdobramentos em Estados e Municípios.

Uma ação Política Programática em Perspectiva

- Instituir a Lei Complementar de Cooperação Federativa com normatização vinculante e coordenação das autonomias;
- Instituir a Lei Orgânica do Sistema Nacional de Educação com seus Fóruns, Conselhos, Colegiados Interfederativos e Setoriais nos três âmbitos e Mesa Nacional Permanente de Negociação, contemplando distintamente as dinâmicas da normatização, formulação e fiscalização, da execução e da participação democrática e do controle social e de regulamentação da oferta privada;
- Instituir a Lei Federal das Diretrizes Nacionais de Carreira para os Profissionais da Educação;
- Ampliação da assistência técnica e pedagógica direta aos sistemas estaduais e municipais;
- Atualizar os efeitos do artigo 213 CF, considerada a expansão do fundo público e dos programas pautados na subsidiaridade das instituições privadas;
- Rever as disposições da LRF e da Lei de licitações e seus constrangimentos para a expansão das responsabilidades e capacidades públicas;

- Formular estruturas intermediárias de consultas, antes de levar ao âmbito deliberativo, de caráter interministerial e multissetorial (Educação; Fazenda/Finanças; Planejamento; Relações Institucionais);
- Apontar uma periodicidade de reuniões que leve a considerar a hipótese de outras perspectivas próximas de ganho real derivado da dinâmica econômica que vem melhorando as receitas públicas e que devem apontar para a redução da guerra fiscal (ICMS), uma vez que se considere necessária a substituição da atualização pelo índice do Fundeb, buscando outras alternativas pactuadas e perfeitamente admissíveis se o método do diálogo for fortalecido e institucionalizado;
- Tornar o Fundeb permanente;
- Criar o Fundo Nacional para a Equidade e Qualidade — aqui poderiam estar os recursos do petróleo e a recuperação de desonerações federais para a realização do CAQi com alta discricionariedade da União pautada nas metas do PNE e em vista de suas prerrogativas constitucionais.

Esse trânsito, seguramente, será a transformação em ato da "promessa de uma república antiga que precisa se concretizar, a partir do respeito explícito do Estado para com a educação e da emancipação de cada uma de suas crianças e de cada um de seus adolescentes, jovens e adultos" (Gracindo, 2010).

Valendo muito o já feito, valerá mais o que ainda será.

Referências

ABICALIL, Carlos Augusto. *PNE limites e desafios*: uma avaliação necessária, Brasília: Centro de Documentação e Informação, Câmara dos Deputados, 2007.

______. Piso salarial: constitucional, legítimo, fundamental. Revista *Retratos da Escola*, Brasília, v. 2, n. 2/3, p. 67-79, jan./dez. 2008.

______. O federalismo e o Sistema Nacional de Educação: uma oportunidade fecunda, Revista *Retratos da Escola*. Brasília, v. 6, n. 10, p. 21-37, jan./jun. 2012.

______. Sistema Nacional de Educação em perspectiva: a política nacional de formação. In: ENCONTRO NACIONAL DE DIDÁTICA E PRÁTICA DE ENSINO (ENDIPE), 16., FE/Unicamp, Campinas, *e-book*, Livro 2, p. 79-93, 2012.

ABRUCIO, Fernando Luiz. A dinâmica federativa da educação brasileira: diagnóstico e propostas de aperfeiçoamento. In: OLIVEIRA, Romualdo Portela de; SANTANA, Wagner (Orgs.). *Educação e federalismo no Brasil*: combater as desigualdades, garantir a diversidade. Brasília: Unesco, 2010. p. 39-70.

ARAUJO, Gilda Cardoso de. Direito à educação básica. A cooperação entre os entes federados. Revista *Retratos da Escola*, CNTE, Brasília, v. 4, n. 7, p. 231-241, jul./dez. 2010.

BRASIL. Constituição [1988]. *Constituição da República Federativa do Brasil*. Brasília: Senado Federal, 1988.

______. Emenda Constitucional n. 14, de 12 de setembro de 1996. Modifica os arts. 34, 208, 211 e 212 da Constituição Federal e dá nova redação ao art. 60 do Ato das Disposições constitucionais Transitórias. *Diário Oficial da União*, Brasília, 13 de setembro de 1996. Disponível em: <http://www.planalto.gov.br/ccivil_03/constituicao/Emendas/Emc/emc14.htm>. Acesso em: 22 dez. 2013.

______. Emenda Constitucional n. 53, de 19 de dezembro de 2006a. Dá nova redação aos arts. 7º, 23, 30, 206, 208, 211 e 212 da Constituição Federal e ao art. 60 do Ato das Disposições Constitucionais Transitórias. *Diário Oficial da União*, Brasília, 20 dez. 2006a. Disponível em: <www.planalto.gov.br/ccivil_03/constituicao/emendas/emc/emc53.htm>. Acesso em: 22 dez. 2103.

______. Emenda Constitucional n. 59, de 11 de novembro de 2009. Acrescenta § 3º ao art. 76 do Ato das Disposições Constitucionais Transitórias para reduzir, anualmente, a partir do exercício de 2009, o percentual da Desvinculação das Receitas da União incidente sobre os recursos destinados à manutenção e desenvolvimento do ensino de que trata o art. 212 da Constituição Federal, dá nova redação aos incisos I e VII do art. 208, de forma a prever a obrigatoriedade do ensino de quatro a dezessete anos e ampliar a abrangência dos programas suplementares para todas as etapas da educação básica, e dá nova redação ao § 4º do art. 211 e ao § 3º do art. 212 e ao *caput* do art. 214, com a inserção neste dispositivo de inciso VI. *Diário Oficial da*

União, Brasília, 12 nov. 2009a. Disponível em: <www.planalto.gov.br/ccivil_03/constituicao/emendas/emc/emc59.htm>. Acesso em: 22 dez. 2013.

_____. Lei n. 8.666, de 21 de junho de 1993, Regulamenta o art. 37, inciso XXI, da Constituição Federal, institui normas para licitações e contratos da Administração Pública e dá outras providências. *Diário Oficial da União*, Brasília, 22 de junho de 1993, republicada no *Diário Oficial da União*, Brasília, 06 de julho de 1994. Disponível (texto compilado) em: <www.planalto.gov.br/ccivil_03/Leis/L8666compilado.htm>. Acesso em: 22 dez. 2013.

_____. Lei n. 9.394, de 20 de dezembro de 1996. Estabelece as diretrizes e bases da educação nacional (versão cumulativa). *Diário Oficial da União*, Brasília, 23 dez. 1996. Disponível em: <www.planalto.gov.br/ccivil_03/Leis/L9394.htm>. Acesso em: 22 dez. 2013.

_____. Lei complementar n. 101, de 4 de maio de 2000, estabelece normas para a responsabilidade da gestão fiscal. Disponível em: <http://www.planalto.gov.br/ccivil_03/leis/lcp/lcp101.htm>. Acesso em: 22 dez. 2013.

_____. Lei n. 11.273, de 06 de fevereiro de 2006b. Autoriza a concessão de bolsas de estudo e de pesquisa a participantes de programas de formação inicial e continuada de professores para a educação básica. *Diário Oficial da União*, Brasília, 7 fev. 2006. Disponível em: <www.planalto.gov.br/ccivil_03/_Ato2004-2006/2006/Lei/L11273.htm>. Acesso em: 22 dez. 2013.

_____. Lei n. 11.494, de 20 de junho de 2007. Regulamenta o Fundo de Manutenção e Desenvolvimento da Educação Básica e de Valorização dos Profissionais da Educação (Fundeb), de que trata o art. 60 do Ato das Disposições Constitucionais Transitórias; altera a Lei n. 10.195, de 14 de fevereiro de 2001; revoga dispositivos das Leis nos 9.424, de 24 de dezembro de 1996, 10.880, de 9 de junho de 2004, e 10.845, de 5 de março de 2004; e dá outras providências. *Diário Oficial da União*, Brasília, 21 jun. 2007. Disponível em: <www.planalto.gov.br/ccivil_03/_ato2007-2010/2007/Lei/L11494.htm>. Acesso em: 22 dez. 2013.

_____. Lei n. 11.738, de 16 de julho de 2008. Regulamenta a alínea "e" do inciso III do *caput* do art. 60 do Ato das Disposições Constitucionais Transitórias, para instituir o piso salarial profissional nacional para os profissionais do magistério público da educação básica. *Diário Oficial da União*, Brasília, 17 de julho de 2008. Disponível em: <www.planalto.gov.br/ccivil_03/_Ato2007-2010/2008/Lei/L11738.htm>. Acesso em: 22 dez. 2013.

_____. Lei n. 12.695, de 25 de julho de 2012. Dispõe sobre o apoio técnico ou financeiro da União no âmbito do Plano de Ações Articuladas; altera a Lei n. 11.947, de 16 de junho de 2009, para incluir os polos presenciais do sistema Universidade Aberta do Brasil na assistência financeira do Programa Dinheiro Direto na Escola; altera a Lei n. 11.494, de 20 de junho de 2007, para contemplar com recursos do Fundeb as instituições comunitárias que atuam na educação do campo; altera a Lei n. 10.880, de 9 de junho de 2004, para dispor sobre a assistência financeira da União no âmbito do Programa de Apoio aos Sistemas de Ensino para Atendimento à Educação de Jovens e Adultos; altera a Lei n. 8.405, de 9 de janeiro de 1992; e dá outras providências. *Diário Oficial da União*, Brasília, de 26 de julho de 2012. Disponível em: <www.planalto.gov.br/CCIVIL_03/_Ato2011-2014/2012/Lei/L12695.htm>. Acesso em: 22 dez. 2013.

_____. Decreto n. 6.755, de 29 de janeiro de 2009. Institui a Política Nacional de Formação de Profissionais do Magistério da Educação Básica, disciplina a atuação da Coordenação de Aperfeiçoamento de Pessoal de Nível Superior (Capes) no fomento a programas de formação inicial e continuada, e dá outras providências. *Diário Oficial da União*, Brasília, 30 de janeiro de 2009. Disponível em: <www.planalto.gov.br/ccivil_03/_Ato2007-2010/2009/Decreto/D6755.htm>. Acesso em: 22 dez. 2013.

_____. Decreto n. 7. 415, de 30 de dezembro de 2010. Institui a Política Nacional de Formação dos Profissionais da Educação Básica, dispõe sobre o Programa de Formação Inicial em Serviço dos Profissionais da Educação Básica dos Sistemas de Ensino Público (Profuncionário), e dá outras providências. *Diário Oficial da União*, Brasília, 31 de dezembro de 2010a. Disponível em: www.planalto.gov.br/ccivil_03/_Ato2007-2010/2010/Decreto/D7415.htm>. Acesso em: 22 dez. 2013.

_____. Ministério da Educação. Documento final — Conferência Nacional de Educação. Brasília: MEC, 2010b. Disponível em: <http://conae.mec.gov.br/images/stories/pdf/pdf/documetos/documento_final_sl.pdf>. Acesso em: 22 dez. 2013.

_____. Ministério da Educação. Portaria n. 1407/2010, de 14 de dezembro de 2010c. *Diário Oficial da União*, Brasília, de 16 de dezembro de 2010. Disponível em: <http://fne.mec.gov.br/images/pdf/port_fne_141210.pdf>. Acesso em 22 dez. 2013.

______. Ministério da Educação. CNE Resolução CNE/CEB 02/2009, de 28 de maio de 2009. Fixa as Diretrizes Nacionais para os Planos de Carreira e Remuneração dos Profissionais do Magistério da Educação Básica Pública, em conformidade com o artigo 6º da Lei n. 11.738, de 16 de julho de 2008, e com base nos artigos 206 e 211 da Constituição Federal, nos artigos 8º, § 1º, e 67 da Lei n. 9.394, de 20 de dezembro de 1996, e no artigo 40 da Lei n. 11.494, de 20 de junho de 2007. Disponível em: <http://portal.mec.gov.br/dmdocuments/resolucao_cne_ceb002_2009.pdf>. Acesso em: 22 dez. 2013.

______. Ministério da Educação. CNE Resolução CNE/CEB 04/2010, de 14 de julho de 2010d. Define Diretrizes Curriculares Nacionais Gerais para a Educação Básica. Disponível em: <http://www.profdomingos.com.br/federal_resolucao_cne_ceb_04_2010.html>. Acesso em: 22. dez. 2013.

______. Ministério da Educação. CNE Resolução CNE/CEB 05/2010 de 03 de agosto de 2010e. Fixa as Diretrizes Nacionais para os Planos de Carreira e Remuneração dos Funcionários da Educação Básica pública. Disponível em: <http://sinproesemma.org.br/dados/arquivos/Resolucao-CNE-2010.pdf>. Acesso em: 22 dez. 2013.

______. Ministério da Educação. CNE Parecer CNE/CEB 08/2010 de 05 de maio de 2010f. Estabelece normas para aplicação do inciso IX do artigo 4º da Lei n. 9.394/1996 (LDB), que trata dos padrões mínimos de qualidade de ensino para a Educação Básica pública. Disponível em: <http://portal.mec.gov.br/index.php?option=com_content&view=article&id=15074&Itemid=866>. Acesso em: 25 nov. 2013.

CURY, Carlos Roberto Jamil. A nova Lei de Diretrizes e Bases e suas implicações nos estados e municípios: o sistema nacional de educação. *Educação da CNTE*, Brasília, ano I, n. 1, p. 31-44, 1993.

DOURADO, Luiz Fernandes. Plano Nacional de Educação como política de Estado: antecedentes, históricos, avaliação e perspectivas. In: DOURADO, Luiz Fernandes (Org.). *Plano Nacional de Educação (2011-2020)* — Avaliação e perspectivas. Goiânia: Ed. da UFG, 2011. p. 17-60.

DOURADO, Luiz Fernandes; AMARAL, Nelson Cardoso. Financiamento e gestão da educação e o PNE 2011-2020: avaliação e perspectivas. In: DOURADO, Luiz Fernandes (Org.). *Plano Nacional de Educação (2011-2020)* — Avaliação e perspectivas. Goiânia: Ed. da UFG, 2011. p. 285-315.

GENTILI, Pablo (Org.). *Globalização excludente*: desigualdade, exclusão e democracia na nova ordem mundial. Petrópolis: Vozes, 1999.

GENTILI, Pablo: SILVA, Tomaz Tadeu da (Orgs.). *Escola S. A.*: quem ganha e quem perde no mercado educacional do neoliberalismo. Brasília: CNTE, 1996.

GRACINDO, Regina Vinhaes. Sistemas Municipais de Ensino: limites e possibilidades. In: BRZEZINSKI, I. (Org.). *LDB dez anos depois*: reinterpretação sob diversos olhares. São Paulo: Cortez, 2008. p. 220-245.

______. O sistema nacional de Educação e a escola pública de qualidade para todos. *Retratos da Escola*, CNTE, Brasília, v. 4, n. 6, p. 53-64, jan./jun. 2010. Disponível em: <www.sinprodf.org.br/wp-content/uploads/2012/01/estado-pol%C3%ADticas-e-educa%C3%A7%C3%A3º.pdf>. Acesso em: 22 dez. 2013.

MARTINS, Paulo de Senna. *Fundeb, federalismo e regime de colaboração*. Campinas: Autores Associados, 2011.

SADER, Emir; GENTILI, Pablo (Orgs.). *Pós-neoliberalismo II*: que Estado para que democracia? Petrópolis: Vozes, 1999.

SAVIANI, Dermeval. Sistema de educação: subsídios para a Conferência Nacional de Educação (Conae). In: CONFERÊNCIA NACIONAL DE EDUCAÇÃO, 2010, *Anais*... Brasília: MEC, 2011. p. 71-93.

SPELLER, Paulo. O potencial das políticas educacional e tributária para o desenvolvimento com equidade. In: RONCA, Antônio Carlos Caruso; RAMOS, Mozart Neves (Coords.). *Da Conae ao PNE 2011-2020* — contribuições do Conselho Nacional de Educação. São Paulo: Moderna, 2010. p. 15-36.

11
Financiamento da Educação na Constituição e na LDB emendadas

João Antonio C. de Monlevade

Se uma nação opta por oferecer educação escolar pública e gratuita para sua população, cumpre que ela estabeleça a forma de financiá-la. Tal não ocorreu no Brasil em 1824, quando D. Pedro I outorgou nossa primeira Constituição. A despeito de garantir para todos os cidadãos a escola primária gratuita, isto é, sem pagamento direto pelos usuários, ela não previa uma forma explícita de captação e de destinação de recursos para custear suas despesas: construção e equipamento das escolas, pagamento dos professores e gastos com manutenção. As poucas Aulas Régias, existentes no Reino desde sua criação pelo Marquês de Pombal, em 1772, continuaram a funcionar precariamente, financiadas pelo "subsídio literário", um tributo cobrado pelas Câmaras Municipais por ocasião do abate de bovinos e produção de vinho, vinagre e aguardente.

As consequências vieram a galope. O governo imperial percebeu o desconforto de não poder saldar o compromisso, a que correspondia crescente demanda nos centros urbanos. Durante a Regência, descentralizou para as Províncias o encargo de fundar e manter escolas e, com o Ato Adicional de 1834, dotou-as de capacidade tributária para esta e outras políticas públicas sociais. Além disso, facilitou-se o crescimento da rede de escolas privadas e confessionais católicas, onde se praticavam dois tipos de financiamento: os ricos e remediados pagavam mensalidades e os pobres contribuíam com o que podiam, desde gêneros de sua produção agropastoril até o trabalho dos próprios alunos.

Nas últimas décadas do Império já havia uma rede razoável de escolas públicas primárias e, nas capitais, liceus, ateneus e colégios secundários, inclusive com cursos "normais" de formação de professores. Essa rede consumia, segundo Pires de Almeida (1989), de 10% a 20% da receita de impostos de cada Província. Já as escolas da Corte, onde se praticavam melhores salários para os professores, eram financiadas por verbas do Governo Imperial.

Com a República, ampliou-se a rede de escolas públicas e cresceu também, especialmente no ensino secundário, o número de estabelecimentos privados, com e sem fins lucrativos.

De 1834 a 1934, as matrículas no ensino público e gratuito evoluíram em velocidade proporcional ao do crescimento da população. O governo central, usando uma pequena parte da receita de impostos de exportação e importação, financiava algumas faculdades isoladas de ensino superior, e, de 1910 em diante, escolas profissionais nas capitais dos Estados. Os governos estaduais, por sua vez, expandiam a rede de escolas primárias nas cidades e comunidades rurais, e mantinham liceus e escolas normais nas capitais e cidades maiores. Essa expansão se dava na medida do aumento de receita dos impostos sobre o consumo. Estados como São Paulo, Rio de Janeiro, Minas Gerais e Rio Grande do Sul constituíram uma rede de escolas públicas maior que a de outros, menos desenvolvidos em termos mercantis e industriais.

A Constituição de 1934 foi a primeira que vinculou percentuais de impostos à educação em níveis federal (10%), estadual (20%) e municipal (10%). Ela refletiu o clima criado em 1932 com o Manifesto dos Pioneiros da Educação, que reclamava um investimento público prioritário para o ensino público.

A partir de então, mesmo tendo caído na Constituição do Estado Novo (1937) o dispositivo da vinculação de impostos federais, cresceram as despesas públicas com a educação. Em 1946, quando uma nova Constituição voltou a fixar a vinculação de impostos federais (12%), um maior impulso ainda se deu à educação básica pública com a vinculação de 20% dos Fundos de Participação dos Estados (FPE) e dos Municípios (FPM), inaugurando uma tendência gradativa de os entes federados locais assumirem o ensino primário e pré-primário.

De 1947 a 1985 — período de acelerada urbanização e forte desenvolvimento econômico — o Brasil passou por esquemas distintos de financiamento da educação pública, mas por um mesmo processo de deterioração dos investimentos anuais por aluno e de arrocho salarial dos professores. Com efeito, até 1966, tivemos vinculação de 12% de impostos federais à educação; mas dali até 1985, quando entrou em vigor a Emenda Calmon, os vinte anos de aumento da receita de impostos federais não se refletiram mais em crescimento de gastos em educação, uma vez que a vinculação foi novamente abolida pela Constituição de 1967. O Brasil viveu, então, um período crítico, que, na realidade se prolongou até 1996, não obstante a Constituição de 1988 ter resgatado a vinculação de impostos à manutenção e desenvolvimento do ensino (MDE) em percentuais mais generosos: 18% dos federais e 25% dos estaduais e municipais.

É fundamental entendermos esta crise, da qual estamos saindo lentamente. De 1947 até 1985, o Brasil viveu uma aceleração explosiva de matrículas em todas as etapas do que hoje se chama "educação básica" (do nascimento aos 17 anos de idade). E as receitas de tributos orçadas para a educação cresceram muito menos. Mesmo com um reforço adicional do "salário-educação" — contribuição social cobrada dos empresários pela União — estima-se que o investimento médio anual por aluno no conjunto das redes estaduais e municipais tenha caído para um terço do praticado em 1947-1950, o que resultou em igual redução do valor real do salário dos professores (principalmente no ensino secundário de então), em 1985-1988. Nesse contexto, os professores foram "incentivados" a ampliar suas jornadas e até a acumular cargos e premiados com aposentadoria especial e penduricalhos em suas carreiras. O resultado foi que a classe média, que antes matriculava seus filhos em escolas públicas seletivas, passou a preferir os estabelecimentos privados, deixando as escolas públicas "democráticas" para a prole das famílias de classes populares. Tudo em nome de uma "nova qualidade" do ensino particular, atestada pelo ingresso de seus concluintes em disputadíssimos vestibulares de universidades públicas — onde o investimento por aluno não sofreu decréscimo, equiparando-se com o dos países desenvolvidos.

Esses registros são importantes para percebermos a correlação entre três variáveis — financiamento da educação, valorização dos profissionais e qualidade do ensino — que não é mecânica, mas complexa e muito real. Pode-se dizer que a história do financiamento vista do ângulo da busca da qualidade da educação pública, do fundo desta crise (1988) em diante, até hoje, deve ser lida na perspectiva da garantia do padrão de qualidade e da valorização dos profissionais da educação, não por acaso consignados no art. 206 da Constituição Federal como princípios da oferta do ensino. Caso contrário, como aconteceu àquela época, o subfinanciamento da educação escolar fez dela uma fábrica de excluídos, cidadãos com escolaridade e conhecimento incompatíveis com o grau de desenvolvimento econômico e tecnológico do país e com o nível de cultura da sociedade globalizada.

1. Financiamento da educação na Constituição

A Constituição de 1988 promoveu a inversão da tendência, ao cravar, em seu art. 212, os novos percentuais de impostos para a Manutenção e Desenvolvimento do Ensino (MDE) e o adicional do salário educação, ao ampliar as receitas do Fundo de Partitipação dos Estados e Distrito Federal (FPE) e Fundo de Participação dos Municípios (FPM) e, sobretudo, por força do art. 60 do Atos das Disposições Constitucionais Transitórias (ADCT), ao garantir a destinação de metade dos recursos públicos vinculados para a erradicação do analfabetismo e a universalização do ensino fundamental.

Descrevemos a seguir as regras constitucionais do art. 212 e suas consequências no financiamento da educação pública, com dados de 2012.

Na esfera federal, são 18% do Imposto sobre Exportação, do Imposto sobre a Importação e do Imposto sobre Operações Financeiras. Do Imposto Territorial Rural, em razão de metade da receita ser devolvida ao município onde foi arrecadado, a União fica com 9%. Dos dois impostos de maior arrecadação — Imposto sobre a Renda e Imposto sobre Produtos Industrializados — 21,5% e 22,5% — são repartidos entre estados e municípios, respectivamente, pelo FPE e FPM, e 3% vão para os Fundos Regionais de Desenvolvimento. Os 18% para a educação incidiriam, portanto, sobre 53% da receita.

De 1994 a 2009, entretanto, 20% da receita vinculada foi "desviada" para outros fins — leia-se, para alimentar o "superávit primário": tempos do Fundo Social de Emergência de Itamar e da DRU de FHC e Lula. A educação perdeu uma média anual de R$ 12 bilhões, em valores de 2012. A Emenda Constitucional n. 59, de 2009, "devolveu" essa fonte integral de recursos para os cofres da educação da União. Por coincidência, no momento em que a obrigatoriedade da educação passou de 9 para 14 anos.

Na esfera estadual, os 25% incidem sobre as receitas do FPE, do Imposto sobre Circulação de Mercadorias e Serviços (ICMS), do Imposto sobre a Propriedade de Veículos Automotores (IPVA), do Imposto sobre Heranças (ITBDCM) e do Imposto de Renda Retido na Fonte (IRRF) dos servidores estaduais. O ICMS é, sem dúvida, o tributo de maior arrecadação no país, cabendo a cada estado 75% e a seus municípios 25% da receita. Em 2012, sua arrecadação total atingiu R$ 330 bilhões. A do Imposto sobre a Propriedade de Veículos Automotores (IPVA), que é dividida igualmente entre o município e seu estado, foi de R$ 27 bilhões. A do ITBDCM, de R$ 3,5 bilhões. Registramos estes dados concretos para dar uma ideia de como se chegou, em 2012, a aproximadamente R$ 90 bilhões para MDE no conjunto de arrecadação dos estados, excluindo-se as receitas de IRRF e do repasse do salário-educação. Cerca de 2,2% do Produto Interno Bruto. Isso significa que em 2012, quando se apregoa termos gasto pelo menos 5,2% do PIB (ou seja, R$ 212,7 bilhões), a parcela maior de despesas (R$ 122,7 bilhões) proveio da soma de tributos federais e dos percentuais de MDE dos Fundos de Participação, dos impostos municipais (Imposto Predial e Territorial Urbano (IPTU), Imposto Sobre Serviços (ISS) e Imposto sobre Transmissão de Bens Imóveis (ITBI)) e de receitas estaduais acima do mínimo de 25% para a MDE.

Os Municípios receberam, além de transferências estaduais do ICMS e do IPVA, o FPM e alguns resíduos de outros repasses federais (Imposto sobre Produtos Industrializados (IPI) Exportação e Compensação da Lei Kandir). E arrecadaram, uns bastante, a maioria quase nada, os impostos anteriormente citados: Imposto Predial e Territorial Urbano, Imposto sobre Serviços e Imposto sobre Transmissão de Bens Imóveis. De todos esses — impostos e transferências — e ainda mais da receita de IRRF dos servidores municipais, destina pelo menos 25% para a MDE. Ou até mais, seja por imposição da respectiva lei orgânica municipal (art. 69 da LDB), seja pela pressão das demandas sobre os gastos orçamentários.

Em que foram gastos os R$ 212,7 bilhões da educação em 2012? Ou um pouco mais ou menos? As principais despesas da União foram feitas com educação superior e profissional, em sua rede expandida de Universidades e Institutos Federais de Educação, Ciência e Tecnologia. Entretanto, investimentos e gastos ainda mais crescentes se destinaram aos programas do Fundo Nacional de Desenvolvimento da Educação (FNDE), que administra os recursos do salário-educação e de outros tributos repassados para a educação básica de Estados, Municípios e do Distrito Federal. Além dos bilhões despendidos com alimentação escolar, livros didáticos, transporte escolar, manutenção de escolas, uma rubrica nova chama a atenção: a da complementação da União aos Fundos de Manutenção e Desenvolvimento da Educação Básica e de Valorização dos Profissionais da Educação (Fundeb). Foram cerca de R$ 9 bilhões, que correspondem a 10% da receita total do Fundo — R$ 90 bilhões provenientes de 20% do FPE, FPM, ITR, ICMS, IPVA e ITBDCM, que foram já computados nos parágrafos anteriores.

Nos Estados, cerca de 85% das verbas da educação são gastos em suas redes de ensinos fundamental e médio, incluindo as modalidades de EJA e educação profissional. Com exceção do Acre, Amapá, Sergipe, Espírito Santo e Rondônia, entre 10% e 20% são investidos em universidades estaduais que atendem a mais de meio milhão de estudantes em cursos de graduação e a mais de 60 mil alunos de mestrado e doutorado.

Nos municípios, os recursos se concentram no atendimento às crianças da educação infantil (creches e pré-escolas) e dos anos iniciais do ensino fundamental. Mas estão crescendo também os gastos nos anos finais do ensino fundamental, uma vez que as redes municipais já matriculam mais de 60% da clientela da educação básica.

2. Fundeb, piso salarial nacional dos professores e CAQ

Além da vinculação de impostos à MDE, suporte institucional do financiamento da educação básica e superior no Brasil, os dois grandes avanços legais que dela fluíram foram o Fundeb e o Piso Salarial Profissional Nacional do Magistério. O primeiro, instituído pela Emenda Constitucional n. 53, de 2006, e o segundo, pela Lei n. 11.738, de 16 de julho de 2008.

Pelo Fundeb, 20% dos fundos transferidos aos estados e municípios e do ICMS, IPVA e ITBDCM integram fundos estaduais que são redistribuídos entre as redes estaduais e dos respectivos municípios na proporção de suas matrículas nas várias etapas e modalidades da educação básica. Com isso, passa a haver uma política de equidade em relação ao maior quinhão do financiamento. Mais ainda: como dito antes, concorre ainda uma complementação da União para os Estados cuja disponibilidade anual por aluno não atinja um valor mínimo calibrado pela União, o que viabiliza o segundo avanço legal, a do Piso Nacional do Magistério. Em 2008, ele foi de R$ 950,00. Em 2013, chegou a R$ 1.547,00. Aumento de 61,4% para uma inflação acumulada em cinco anos de menos de 40%. Fato inédito para a maioria dos professores da educação básica no Brasil, embora algo parecido tivesse acontecido entre 1997 e 1998 nas redes municipais do Nordeste, quando da implantação do Fundef.

Essas duas políticas, vistas no contexto da LDB, são formas alternativas de se tratar do desafio da qualidade da educação pública, nela equacionada pelo conceito de "capacidade de atendimento". Reflitamos sobre o texto dos arts. 74 e 75, do capítulo de financiamento, que foram praticamente ignorados ou "esquecidos" pelos gestores da educação pública, ofuscados pelas políticas do Fundef e Fundeb:

> Art. 74 A União, em colaboração com os estados, o Distrito Federal e os municípios, estabelecerá padrão mínimo de oportunidades educacionais para o ensino fundamental, baseado no cálculo do custo mínimo por aluno, capaz de assegurar ensino de qualidade.
>
> Parágrafo único. O custo mínimo de que trata este artigo será calculado pela União ao final de cada ano, com validade para o ano subsequente, considerando variações regionais no custo dos insumos e as diversas modalidades de ensino.
>
> Art. 75 A ação supletiva e redistributiva da União e dos estados será exercida de modo a corrigir, progressivamente, as disparidades de acesso e garantir o padrão mínimo de qualidade de ensino.
>
> § 1º A ação a que se refere este artigo obedecerá a fórmula de domínio público que inclua a capacidade de atendimento e a medida do esforço fiscal do respectivo estado, do Distrito Federal ou do município em favor da manutenção e do desenvolvimento do ensino.
>
> § 2º A capacidade de atendimento de cada governo será definida pela razão entre os recursos de uso constitucionalmente obrigatório na manutenção e desenvolvimento do ensino e o custo anual do aluno, relativo ao padrão mínimo de qualidade.
>
> § 3º Com base nos critérios estabelecidos nos §§ 1º e 2º, a União poderá fazer a transferência direta de recursos a cada estabelecimento de

ensino, considerado o número de alunos que efetivamente frequentam a escola.

§ 4º A ação supletiva e redistributiva não poderá ser exercida em favor do Distrito Federal, dos estados e dos municípios se estes oferecerem vagas, na área de ensino de sua responsabilidade, conforme o inciso VI do art. 11 desta Lei, em número inferior à sua capacidade de atendimento."

Se não tivesse sobrevindo a Emenda Constitucional n. 14, de 1996, que instituiu o Fundef e atropelou o esquema de busca da qualidade da LDB, talvez tivéssemos criado o "custo-aluno-qualidade" (na sua versão de custo e qualidade "mínimos"), obedecendo aos artigos 74 e 75 da seguinte forma:

a) a União teria o custo-aluno-qualidade (CAQ) válido somente para o ensino fundamental obrigatório;
b) cada Estado e Município teria calculado sua "capacidade de atendimento", dividindo sua receita de MDE do ano anterior pelo CAQ;
c) a União faria a "suplementação" aos Estados, DF e Municípios na medida em que cada um dos entes federados tivesse que atender a mais alunos do fundamental obrigatório. Na prática: mandando para o ente (ou mesmo para suas escolas) a quantia do CAQ multiplicada pelo número de alunos que excedessem a capacidade de atendimento;
d) dependendo das consequências dessa metodologia de suplementação para o orçamento federal, a União (MEC) imporia regras de esforço fiscal para incrementar a receita de Estados e Municípios (aumentando assim a capacidade de atendimento de cada um e diminuindo o volume de suplementação no ano seguinte);
e) dependendo do volume de suplementação, a União poderia também ou diminuir o valor real do CAQ do ano seguinte (aumentando assim a capacidade de atendimento dos entes federados e diminuindo seu dever se suplementar), ou defi-

nir regras de matrícula na EJA, na Educação Especial e outras modalidades que estivessem onerando os cofres públicos.

Essas considerações devem ser feitas num artigo que reflete as interações entre a legislação e a realidade dos fatos que a burlaram, para dar aos leitores uma visão real do processo de contradições pesadas pelo qual a educação pública brasileira passou nos últimos quinze anos e estão influenciando negativamente na tramitação do projeto de lei do Plano Nacional de Educação.

O Fundef foi uma tentativa politicamente vitoriosa nos seus objetivos de promover um avanço de equidade na distribuição de recursos e uma melhoria salarial significativa para os trabalhadores da educação que ganhavam remunerações inferiores ao salário mínimo, mas sobretudo uma solução provisória para três gargalos econômicos que foram apertando a educação gradativamente: a da necessidade de complementação da União, a da extensão da duração do ensino obrigatório e da jornada escolar e a da pressão pela valorização de todos os professores e de todos os demais profissionais da educação — tudo isso no cone de sombra da melhoria da qualidade da educação escolar pública.

3. O papel da União no financiamento da educação básica

Voltemos a alguns números, que dão concretude aos dispositivos legais.

O Brasil, em 2012, despendeu cerca de R$ 212,7 bilhões em educação pública. Não só em MDE, regulamentada pelos arts. 70 e 71 da LDB, mas em educação escolar *lato sensu*, que inclui alimentação e transporte escolar, livros didáticos e outros programas estendidos a toda a educação básica, em vários casos além da população chamada de "idade obrigatória", ou seja, dos 4 aos 17 anos de idade.

Façamos a pergunta que já registramos em artigos de edições anteriores versando sobre o tema: a receita que o Estado brasileiro tem para a educação básica é suficiente para seu atendimento universal e de qualidade?

A resposta a esta questão é crucial, não somente para o cotidiano da educação brasileira, como também para provocar o debate sobre a adequação da legislação às atuais demandas de direitos educacionais.

Dos R$ 212,7 bilhões despendidos em 2012 (reforço o dito anteriormente: uma estimativa minha, na ausência de dados concretos, oficiais ou oficiosos), cerca de R$ 160 bilhões foram em educação básica, ofertada pelos Estados, DF e Municípios, mas incluindo aportes significativos da União, via FNDE e outras rubricas — cerca de R$ 30 bilhões.

Para responder à pergunta sobre se são suficientes os recursos disponíveis para a educação básica teríamos que partir da oferta do núcleo de verbas destinadas à MDE e compará-lo com as atuais matrículas e a demanda de direitos assegurados pela Constituição. Esse núcleo de verbas somou R$ 140 bilhões em 2012. As matrículas na educação básica pública estadual, municipal e do DF — para nossos cálculos — foram 47 milhões. Aqui entram dois raciocínios, para efeito de análise e de resposta à pergunta fundamental: a média por aluno e a dispersão pelos Estados (já que a maior parte dos recursos — R$ 99 bilhões — flui do Fundeb, que equaliza o custo aluno em cada Estado). Ora, a média anual por aluno é fácil de se obter: dividem-se R$ 140 bilhões por 47 milhões de estudantes. Resultado: R$ 2.978,72 — dos quais R$ 2.106,38 providos via Fundeb. Esse dado é perfeitamente coerente com o valor mínimo anual por aluno do Fundeb, apurado ao final de 2012, de R$ 1.867,15 para os anos iniciais do ensino fundamental e que se ampliaram para R$ 2.427,29 para o ensino médio integral (ponderação 1.3) e se reduziram para R$ 1.493,72 no caso da EJA (ponderação 0.8).

Antes de julgarmos se R$ 2.978,72 anuais são suficientes para uma educação de qualidade (o que corresponderia ao Curso Aluno Qualidade (CAQ) mínimo do art. 74 da LDB), adicionemos outro ingrediente à análise: o da dispersão, das desigualdades de recursos. Aqui temos um dado oficial precioso. Enquanto em nove Estados o valor mínimo do Fundeb foi de R$ 1.867,15 (e isto porque tiveram complementação da União), o estado de São Paulo, com mais de 20% das matrículas brasileiras, chegou a R$ 2.837,06 e o Estado de Roraima, com menos de 0,3% dos estudantes do país, atingiu o valor mínimo de R$ 2.988,19. Assim, para se chegar à média antes estimada de R$ 2.106,38 do Fundeb ou até mesmo à média geral de recursos por aluno de R$ 2.978,72 — não podemos contar com o "dinheiro a mais" de São Paulo ou com os "alunos a menos" de Roraima. A conclusão é simples, mas a realidade é bem complexa: fica tudo dependendo das arrecadações próprias, dos mecanismos de equidade do Fundeb, da complementação da União e da conjuntura demográfica que influi nas matrículas e nas políticas de oferta que definem os custos para o alcance da qualidade, calibrada esta última por insumos objetivos e por "comparações inevitáveis".

A comparação inevitável para se medir a qualidade é com a das escolas privadas que obtêm boas avaliações de desempenho de seus alunos. A média das mensalidades por elas cobrada em 2012 foi de R$ 600,00 — o que resulta num valor anual de R$ 7.200,00 por aluno, muito superior ao valor médio total dos gastos nas redes públicas, acima estimado em R$ 2.978,72. Por este critério, os R$ 140 bilhões seriam claramente insuficientes e deveriam ser ampliados para R$ 336 bilhões.

Já a outra análise comporta dois exercícios: o primeiro, de calcular os insumos que resultam numa educação básica de qualidade, o que tem sido feito pela Campanha pelos Direitos à Educação, por meio dos estudos do Professor José Marcelino Rezende Pinto, a respeito do Custo Aluno Qualidade Inicial (CAQI). Entretanto, para efeito de nossa análise, suas conclusões são ainda muito conservadoras, porque não incluem a jornada integral dos alunos. Além disso, para chegar à suficiência dos recursos em termos de direitos políticos, teríamos que aumentar o total de estudantes em escolas públicas do Brasil de 47 milhões para 75 milhões, no mínimo — uma vez que 50% das crianças em idade de creche e 50% dos adultos que não concluíram o ensino fundamental precisam ser somados na perspectiva legal das metas do Plano Nacional de Educação. Concluo com uma estimativa um pouco assustadora, mas que deve ser relativizada em função da transitoriedade da clientela de EJA: 25 milhões de matrículas que devem ser somadas no decorrer de alguns anos do próximo decênio para resgatar nossa imensa dívida social e alavancar as competências de jovens e adultos ao nível científico-tecnológico exigido pelo século XXI. E, na educação infantil, mais 5 milhões de matrículas, a maioria nas creches.

Para 2011, o CAQI era de R$ 2.194,56. Para 2012, ano base de nossas reflexões, somando 6% de inflação, teria sido de R$ 2.325,64. A este CAQI que corresponde à jornada de 4 horas, adiciono 75% para uma jornada de 7 horas — o mínimo de tempo integral considerado oficialmente, o que resulta em R$ 4.069,87. Façamos agora as duas multiplicações: por 47 milhões de matrículas de fato, em 2012, teria dado R$ 191,28 bilhões. Por 75 milhões de matrículas "de direito", resultaria em R$ 305,24 bilhões.

Lembremo-nos. Todos estes cálculos valem para a educação básica pública e corresponderiam, respectivamente, a 4,55% e 7,26% do PIB. Em 2012 gastamos R$ 72,7 bilhões em educação superior, profissional e outros programas fora do núcleo de MDE da educação básica, portanto mais 1,73% do PIB. Assim, desconsiderando ampliação dos investimentos na educação superior e na profissional públicas (o que, além de injusto, é irreal, dados os aumentos e demandas nessas áreas), chegaríamos a 6,28% e a 8,99% do PIB, nas perspectivas do fato e do direito.

Para atingir essas duas metas alternativas de suficiência financeira, pensemos no papel da União.

Ela despende em 2013 cerca de R$ 35 bilhões em educação superior e R$ 30 bilhões em educação básica, incluindo a complementação do Fundeb, os outros programas do Fundo Nacional de Desenvolvimento da Educação (FNDE) e a modalidade profissional nos IF: 1,7% de um PIB que vai fechar em R$ 4,7 trilhões em dezembro deste ano. Embora haja muita capacidade contributiva dos cidadãos e das empresas a ser transformada em receita dos estados e municípios — o que descreveremos na seção final deste artigo — não há dúvida de que, para se alcançar os tão sonhados 10% do PIB em educação — pretendidos pelo PNE a ser aprovado em meses pelo Congresso Nacional —, o maior esforço de investimento deve ser da União. Primeiro, porque ela tem a maior receita e o maior potencial de arrecadar mais e orientar seus gastos para a educação pública. A recente decisão de destinar os *royalties* do petróleo e gás e de parte substancial do Fundo do Pré-Sal para a educação só confirma essa constatação. Segundo, porque ela historicamente tem sido a esfera administrativa que menos investe em educação. Talvez, porque gasta demais em outras áreas. Não está cada vez mais aguda a percepção da sociedade de que é inconcebível manter salários no Legislativo e Judiciário da União mais de dez vezes superiores à remuneração média dos professores no país?

Como fazer esta revolução nas contas do Ministério da Fazenda?

De algumas possíveis respostas tratamos na seção final do presente artigo. Antes disso, vamos focalizar algumas mudanças que fizeram avançar e algumas travas que condicionam negativamente o financiamento da educação pública no Brasil.

4. Avanços e desafios do financiamento

Entre os avanços, indubitavelmente, estão três dispositivos do art. 69 da LDB.

O primeiro é a flexibilidade — para mais — dos percentuais de impostos vinculados à MDE, a cargo das Constituições Estaduais e das Leis Orgânicas Municipais. É claro que não se deve nem se pode passar de 25% para 35%, como tentaram o Rio Grande do Sul (RS) e o Mato Grosso (MT), porque fica insuportável a reação dos outros setores de políticas públicas. Mas um aumento para 30% foi palatável e fundamental para vários estados [Acre (AC), São Paulo (SP), Piauí (PI), Goiás (GO)] e muitos Municípios estenderem seu atendimento, valorizarem seus profissionais e progredirem na qualidade.

O segundo é o da destinação dos recursos mínimos constitucionais à educação pública. Aqui precisamos de uma explicação. O art. 213

é claro em prever a possibilidade de verbas públicas subsidiarem escolas comunitárias, confessionais e filantrópicas. Mas ele tem que ser lido inteiro, ele tem que considerar outros dispositivos constitucionais e levar em conta as inovações da LDB:

a) o § 1º do art. 213 também é muito claro: nos ensinos fundamental e médio, não havendo vagas na localidade do educando, pode-se dar bolsas de estudo com recursos públicos, "ficando o poder público obrigado a investir prioritariamente na expansão de sua rede na localidade". Não se trata, portanto, de substituir ou expandir a rede privada, mas de garantir o direito dos alunos temporariamente, enquanto não há vagas nas escolas públicas.

b) a legislação do Fundeb — art. 60 do ADCT e Lei n. 11.497, de 2007 — é clara no sentido de permitir a captação de recursos pelas matrículas na educação infantil e na educação especial desde que as escolas conveniadas ofereçam ensino gratuito.

c) e o dispositivo do final do *caput* do art. 69 da Lei n. 9.394, de 1996 (LDB), também é explícito em que os 25% dos impostos destinados à MDE se destinam ao "ensino público". Ou seja, na prestação de contas das despesas com MDE, os Estados e Municípios e o DF devem provar que gastaram, no mínimo, 25% de suas receitas de impostos no ensino público — devendo os gastos com instituições privadas sem fins lucrativos ser de receitas além dos 25%.

O terceiro, muito celebrado pela sociedade civil, mas desconsiderado pela maior parte dos gestores, diz respeito aos mecanismos de controle e acompanhamento no uso dos recursos. Entre vários dispositivos, citamos dois: o primeiro é o dos § 5º e § 6º do art. 69, que obriga os gestores a repassar a cada dez dias a receita de MDE para "o órgão responsável pela educação", sujeitando-a, pelo atraso, à "correção monetária e à responsabilização civil e criminal das autoridades competentes". Alguém conhece estados e municípios que cumprem essas regras? Ou autoridades que foram punidas pelo seu descumprimento? O segundo é o previsto nos arts. 24 e 25 da Lei do Fundeb, que dispõe sobre a constituição e competências dos Conselhos de Acompanhamento e Controle Social dos Fundos, no âmbito da União, dos Estados, dos Municípios e do DF. Eles existem, muitas vezes com atas que atestam seus pareceres, mas estão longe de ter a eficiência e eficácia em alcançar os objetivos, mesmo porque a maioria dos gestores não se preocupa com a capacitação dos membros dos colegiados, ou confiam que se exerça uma maioria que anula seu poder de fiscalização. De qualquer forma, o avanço está garantido em lei, aperfeiçoada, comemore-se, depois de dez anos de farsa do Fundef, quando os presidentes dos conselhos eram os próprios gestores a ser controlados...

5. Travas para o financiamento da educação pública

Que saibamos, nunca foi feita uma avaliação de quanto se perde de recursos financeiros para a educação em razão de alguns mecanismos que inibem receitas ou que comprometem despesas. Entretanto, assim como foi necessário estimar números para dar significado concreto ao que flui da sociedade para as escolas via tributos e dotações, é fundamental indicar os "entupimentos" ou "vazamentos" neste processo.

O primeiro obstáculo para se amealhar mais receitas é o da "imunidade" de certas operações tributárias. O art. 155, § 2º, inciso X, da Constituição afirma que o "imposto sobre operações relativas à circulação de mercadorias e serviços..." (ICMS) "não incidirá sobre operações que destinem mercadorias para o exterior". Na prática, o que isso significa para o financiamento da educação?

Já foi dito que o ICMS é a maior fonte de receita de impostos da qual deriva o mínimo de 25% para MDE. Deu-se o exemplo de que em 2012, sua arrecadação total foi de R$ 330 bilhões. Ora, a economia brasileira sempre foi dinamizada pelas exportações: pau-brasil, açúcar, ouro, algodão, café, fumo, cacau, borracha. Atualmente, minério de ferro, cobre, manganês, bauxita, celulose, soja, milho, carnes. Ora, vejamos duas diferenças. Até 1808, o quinto da Coroa era cobrado de todos os produtos exportados (e importados...) e sustentava o luxo da Corte e os serviços do Estado. Agora, nada se cobra. Um caminhão de soja com destino a uma fábrica de óleo paga cerca de 15% de ICMS; mas se ele for para um porto de exportação, está imune. Diga-se o mesmo de um trem com cem vagões de minério de ferro que saia de Minas Gerais para o porto de Vitória (ES), ou que saia do Pará para o porto de São Luís (MA) — não recolhe um centavo de ICMS. A consequência é cruel: o Pará e o Maranhão deixam de arrecadar ICMS e o valor *per capita* do Fundeb desaba, obrigando a que o país socorra os dois Estados com mais de R$ 4 bilhões de reais — mais de 40% da complementação da União em 2012. Na última seção fazemos uma proposta para superar esta trava.

O segundo obstáculo é semelhante ao primeiro: são as "isenções" ou "renúncias fiscais", que atingem impostos federais, estaduais e municipais. As recentes isenções de IPI dos carros, da linha branca dos equipamentos domésticos e dos materiais de construção civil não reduziram somente as receitas federais, das quais 18% se destinam a universidades e institutos profissionais; elas atingiram o FPE e FPM, reduzindo-os e provocando protestos e marchas de governadores e prefeitos a Brasília. Assim fica difícil pagar o Piso Salarial dos Professores, abrir creches, contratar mais profissionais da educação e promover maior qualidade do ensino. Mas existem isenções mais graves nos impostos estaduais, justamente na cobrança de ICMS, como incentivos à industrialização, atrativos a empresários e outras "benesses" que alimentam a guerra fiscal, onde as vítimas são os usuários dos serviços de educação, saúde e segurança públicas. Até impostos municipais são usados na guerra de isenções, que afetam as receitas de IPTU e ISS.

O terceiro entupimento no processo de arrecadação se dá por responsabilidade de pessoas físicas e jurídicas. É a sonegação, ou seja, não pagamento dos impostos e outros tributos. Até uma palavra nova se criou para denominar a sonegação "legal", ou seja, a que se aproveita das brechas da lei: é a "elisão" fiscal. Duas consequências de grande magnitude são apontadas hoje e mostram quanto a educação pública deve estar perdendo: a mais de R$ 1 trilhão chegou a Dívida Ativa dos Poderes Públicos em 2013; e o "sonegômetro", instrumento monitorado pelos Auditores Fiscais, acusa, somente para os dez primeiros meses do mesmo ano, a cifra impressionante de R$ 345 bilhões. Prevê-se que a sonegação seja de R$ 415 bilhões no ano, o que significa mais de dois mil reais por habitante/ano! Pior: isso não é somente uma média, mas acaba descrevendo um elemento da cultura brasileira. As empresas são as maiores sonegadoras, mas no pagamento de ITR e de IR já existe o costume assumido pelos contribuintes de se pagar um contador para ele dar um jeitinho de pagar menos imposto.

As três últimas travas que somos obrigados a registrar ocorrem não mais na arrecadação, mas na efetivação das despesas em educação. A mais antiga e contumaz é a dos desvios de gastos para outros objetivos e ações estranhas à manutenção e desenvolvimento do ensino. Entre os desvios que mais afetam a educação e reduzem a possibilidade de investimentos estão os gastos com aposentados e pensionistas, os pagamentos de pessoal em exercício em outras funções estranhas à MDE e as despesas com material e equipamentos "pendurados" nas rubricas da educação. Os artigos 70 e 71 não são suficientemente claros para todas as situações controversas e os responsáveis pela fiscalização — tribunais de conta, controladorias e conselhos de acompanhamento e controle — em geral chegam atrasados na sua intervenção e são vencidos pela força dos "fatos consumados". Mesmo assim, a tendência é um aprimoramento dos processos por medidas preventivas e de apuração das denúncias, especialmente quando feitas pela grande imprensa.

A segunda trava é mais sutil e diz respeito ao que poderíamos chamar de "desperdícios". A mesma imprensa que denuncia desvios e infrações mais graves de corrupção no setor educacional público é pródiga em apontar desperdícios ou uso irracional e desnecessário de recursos, quase sempre com a intenção de desqualificar o público e enaltecer o privado. Não há dúvida que muitas licitações para construção de escolas, para fornecimento de material e equipamento escolar são passíveis de super faturamento e outros desvios de milhões de reais. Mas existem desperdícios ainda mais sutis, que envolvem insucesso no alcance de objetivos e que estão como que escondidos na falta de percepção tanto da sociedade quanto dos próprios responsáveis. Que dizer dos mais de R$ 2 bilhões gastos em salários de professores de inglês nos ensinos fundamental e médio públicos que resultam em aprendizado quase zero dos estudantes depois de sete anos de aulas? Ou de concursos públicos que não selecionam os profissionais realmente capazes para o seu posto de trabalho? Ou alguém acha que responder a questões de múltipla escolha prova aptidão para alfabetizar crianças ou adultos? As escolas privadas têm meios rápidos de se descartar de professores incompetentes; e as redes públicas, como elas podem se livrar de aprovados em concurso que não sabem ensinar e, inclusive, admitem sua inaptidão e reivindicam passar 30 anos sem fazer o que supostamente deveriam saber?

A terceira, a mais nova e que está desafiando legisladores e gestores, sem uma saída eficaz, é a do "limite em despesas de pessoal" que foi criado pela Lei de Responsabilidade Fiscal (LRF), a Lei Complementar n. 101, de 2000. Por força de seus dispositivos, os governos da União, dos estados, dos municípios e do DF têm limites do percentual da Receita Corrente Líquida (RCL) para despender com pagamento de seus servidores, distribuídos pelo Executivo, Legislativo e Judiciário. É óbvio que, no caso da educação, entre 80% e 90% dos gastos se efetivam com professores e demais profissionais da educação, pelo fato de ela ser uma atividade *work intensive*, ou seja, com predominância do trabalho sobre as outras despesas. A própria Constituição, ao garantir um investimento mínimo de 60% das receitas do Fundeb em pagamentos de professores, reconhece este caráter intrínseco das políticas educacionais. Ora, os limites da Lei de Responsabilidade Fiscal (LRF) variam de 49 a 54% da RCL e são incompatíveis não somente com a natureza, mas também com as exigências de contratação de mais professores para atender às novas demandas de obrigatoriedade do ensino e de sua valorização salarial. Fica muito clara, aqui, a contradição entre dispositivos legais e uma como que exigência do capital de redução ou desqualificação dos serviços estatais da educação. Não é à toa que os empresários se articulam para terceirizar serviços públicos e educativos e uma onda de simpatia e de priorização por soluções privatizantes põe em cheque a própria legislação educacional.

6. Perspectivas de alcance dos 10% do PIB para a educação

Em primeiro lugar, é preciso esclarecer uma questão semântica e política. A Emenda Constitucional n. 59, de 2009, acrescentou aos objetivos do Plano Nacional de Educação, consignados no art. 214, o de "aplicação de recursos públicos em educação como proporção do produto interno bruto". Nem dispôs que os recursos públicos fossem aplicados em educação pública, menos ainda em MDE. Por isso, é preciso contextualizar o PNE no conjunto de dispositivos constitucionais, principalmente dos arts. 212 e 213. Claro que seria mais vantajoso para quem é partidário da educação pública, como eu, que a proporção fixada pelo Plano fosse de recursos públicos na MDE das escolas e universidades públicas. Mas não é... E não me preocupo tanto com esta "relativização", por duas razões: primeiro, porque o movimento histórico apontou para um percentual generoso, maior do que é investido por qualquer nação do globo, com exceção de Cuba, que, por isso mesmo, está até exportando educação e cidadãos excelentemente educados. Segundo, porque estamos tão aquém desta proporção (em 2011, quando tinha de ter entrado em vigor o PNE, mal tínhamos chegado a 5%) que a maior preocupação deve ser a de descobrir as fontes e efetivar o investimento de R$ 250 bilhões a mais até 2023, se é que vamos aprovar o PNE ainda em 2013 — o que muitos acham impossível.

Nesse sentido, provada a insuficiência de recursos para prover o país de universalização de atendimento gratuito de qualidade para quem tem direito constitucional a ela — o que somente será possível com profissionais da educação bem pagos e com atuação exclusiva numa escola pública — a última seção deste artigo volta à tradução dos conceitos gerais do art. 212 para explorar as possíveis fontes de receita para a educação, superando os óbices que foram expostos na seção anterior.

Comecemos pelos impostos. Entre os federais, temos possibilidade de aumentar a receita do maior deles, o IR, não por milagrosos índices de crescimento econômico, mas pelo aperfeiçoamento da arrecadação e ajuste da progressividade. Por exemplo: durante mais de 20 anos tivemos alíquotas de 15 a 45% para gravar as rendas das pessoas físicas. Na constituinte, capitulamos diante dos reclamos das classes médias e elas foram reduzidas para 15 e 25%, confiando na criação do Imposto sobre Grandes Fortunas — que nunca foi implantado. Evidentemente, estamos na contramão do mais elementar e básico princípio da política tributária: o da capacidade contributiva ou da "progressividade" das alíquotas. Mas é preciso ter ousadia para taxar os que mais podem e preferem gastar suas sobras no exterior ou acumular pequenas fortunas improdutivas, onerando a dívida pública das cadernetas de poupança e de outros títulos.

Ainda entre os federais, a subarrecadação do Imposto Territorial Rural (ITR) é um escândalo abafado pelos "interessados", uns 200 mil latifundiários que elaboram suas "autodeclarações" e reduzem seu imposto a muito menos que 1% do valor da terra e das benfeitorias que a valorizam indefinitivamente, perpetuando uma classe já extinta na maioria dos países. Atrevo-me a dizer que passar de R$ 1 bilhão para R$ 20 bilhões de arrecadação de ITR não desestabilizaria nenhum proprietário, desde que fosse implantada uma arrecadação progressiva. Com o Imposto sobre Produtos Industrializados (IPI) deve-se tomar mais cuidado, pois sabemos que as isenções atuais obedecem a políticas de sustentação de emprego pela ampliação dos níveis de consumo às camadas ascendentes da população. E, até certo ponto, é uma opção de defesa da indústria nacional, alternativa à alta dos impostos de importação, que sempre foram mais de natureza regulatória do que de sustento de políticas públicas, dadas a sua instabilidade e tendência a receitas decrescentes.

Entre os estaduais, já fizemos menção das imunidades e isenções do ICMS. O caráter indireto deste imposto facilita o aumento da receita via aumento das alíquotas. O exemplo das bebidas e da água mineral é muito positivo e comporta ainda algum movimento de maior arrecadação. Já o caso do fumo, embora muito positivo para políticas de saúde por meio da contenção de consumo, tem efeitos colaterais complicados, diante da dificuldade de se reprimir o contrabando. A gasolina, o diesel e o álcool já são bastante gravados: embora alguns defensores radicais das ferrovias e das políticas de transporte coletivos concordem com a elevação de tributos, não se deve esquecer efeitos danosos para os índices inflacionários se forem praticados aumentos súbitos que encareçam os fretes e as despesas com manutenção de 70 milhões de veículos em nossas ruas, avenidas e estradas. O IPVA parece estar no limite e tem tido o maior crescimento real de receita entre todos os impostos, contribuindo com mais de R$ 7 bilhões das verbas de MDE. Já o Imposto sobre Heranças tem uma sub arrecadação evidente. A alíquota máxima fixada pelo Senado Federal é de 8%, mas a maioria dos Estados cobra 4% dos valores inventariados. Citamos aqui dois argumentos fundamentais para a unificação e elevação substancial (embora progressiva) deste percentual: primeiro, a diminuição efetiva da média do número de herdeiros nos últimos 50 anos; segundo, o papel importante da receita deste imposto nos países social-democratas — horizonte de organização da sociedade brasileira. De R$ 4 bilhões atuais, poder-se-ia, em dez anos, se chegar a R$ 20 bilhões, com um aumento anual de 1,5% na alíquota, partindo de 4% e chegando a 19%.

Mexer na tributação municipal não é tão fácil, embora seja ali que tenhamos margens amplas de progressividade com o IPTU e ISS e, principalmente, esteja na mão dos Municípios a maior tarefa de educação fiscal dos cidadãos. É incrível como no Distrito Federal proprietários de casas, que valem pelo menos R$ 2 milhões, são taxados em R$ 1 mil anuais graças a dois fatores que "desfinanciam a educação": avaliação do imóvel muito abaixo do mercado (R$ 330 mil, neste caso) e alíquota de 0,3%, muito abaixo do que é praticado em outras capitais do país (de 0,8% a 2%). Estimo que a receita geral de IPTU pode ser quintuplicada, mesmo se isentando os imóveis das famílias que recebem benefícios sociais. E o ISS pode ter sua arrecadação multiplicada com campanhas que redundem em emissão de notas fiscais simplificadas e formalização das pequenas unidades de serviços, a exemplo dos salões de beleza, que movimentam hoje bilhões de reais mensais. Desnecessário dizer que o aumento da receita de impostos produz automaticamente verbas para a educação, graças ao dispositivo constitucional de sua vinculação à MDE.

Dos impostos passemos aos outros tributos.

Sabemos que de várias contribuições sociais fluem verbas para a educação. A mais radical é a do salário-educação, criado em 1964 com a alíquota de 1,4% da folha de contribuição social dos empregados das empresas privadas, e hoje constante dos § 5º e § 6º do art. 212 da Constituição. Sua receita atual beira os R$ 20 bilhões: destes, 50% ficam no FNDE e 50% se distribuem entre Estados e Municípios, na razão de suas matrículas na educação básica. Acontece que esta fonte adicional de recursos em 1964 socorria os estudantes dos quatro primeiros anos de escolaridade (antigo curso primário); tendo a obrigatoriedade passado para oito anos do 1º grau (1972), a alíquota passou para 2,5% — com muitos protestos dos educadores que reclamavam 2,8% com razões matemáticas. Ora, agora o ensino obrigatório dura catorze anos (dos quatro aos dezessete anos de idade): o salário-educação não deveria corresponder, pelo menos, a 4,9%? Ou foi revogada a "regra de três"?...

O governo federal, única esfera federativa que cobra contribuições sociais, tem usado da Desvinculação das Receitas da União (DRU) para abrigar, nas rubricas dessas fontes, despesas de Programas como o da Alimentação Escolar e outros, além de ações que indiretamente incidem na educação, como o da Bolsa Família. Nada impede, em tese, que parte dos recursos da Contribuição para Financiamento da Seguridade Social (Cofins) e da Contribuição Social Sobre o Lucro Líquido (CSSL) sem vinculadas, por um decênio, por exemplo, para a implantação da jornada integral das escolas. Não são recursos desprezíveis, e são muito mais flexíveis que os dos impostos, dependendo mais do comportamento da economia e das prioridades governamentais.

Exemplo recente dessas possíveis novas fontes — e da sua dependência da "vontade política" do Executivo e Legislativo — é o da aplicação de parte substancial dos *royalties* do petróleo e gás na educação, bem como de recursos do Fundo Social do Pré-Sal. Sobre eles, é bom prevenir que não há boas notícias a curto prazo: até 2020 não se pode contar com mais de R$ 6 bilhões, em média anual, para a educação. Em relação ao PIB, isso não chega a 0,2%. Embora muito mais difícil de se implantar por questões culturais, seria muito mais viável e conforme à capacidade contributiva dos cidadãos se apelar para uma nova contribuição social — denominada Contribuição para a Educação Superior, (CES) — pela qual os portadores de diplomas de cursos de graduação superior obtidos em regime de gratuidade pagariam uma alíquota adicional de 2,5% de IRPF. Estimativas do deputado que apresentou esta Proposta de Emenda à Constituição (PEC), atualizadas, davam conta de uma receita anual de cerca de R$ 10 bilhões — que, pelos seus dispositivos, seriam totalmente investidas em novas vagas nas universidades federais e estaduais.

7. Conclusão

No artigo que escrevemos para o livro *LDB dez anos depois: reinterpretação sob diversos olhares*, de 2008, terminávamos com votos de que a legalidade impusesse o alcance de novos objetivos, a implantação de uma nova realidade. Referíamo-nos à possibilidade, naquele momento, de o Fundeb promover uma massiva inclusão de novos estudantes de EJA, que forçariam a entrada de maior complementação da União ao Fundeb. Por incrível que pareça, de 55 milhões de brasileiros hoje existentes e que não concluíram o ensino fundamental, nem

4 milhões estão matriculados nas classes de EJA estaduais e municipais! Com isso, a complementação da União, que, pela Constituição, deveria ser, no mínimo, de 10% da receita do Fundo, foi, nos últimos anos, exatamente de 10%. Muitos dos lutadores pela educação pública, inclusive eu, reivindicam que passe a ser 20% — seria um aumento de 100%, mas que, no orçamento de um trilhão, representa somente 1%. Atenção! Repetimos aqui que, oxalá, se aprovem os 10% de recursos públicos para a educação e que sejam encontradas as fontes, que elas sejam ativadas e destinadas à educação pública e gratuita. Mas, muita atenção: não é a lei que dinamiza a realidade, mas são as lutas que forçam as mudanças da lei e da realidade. Vamos nos engajar nesta luta, como fizeram Anísio Teixeira, Paulo Freire, Darcy Ribeiro e Florestan Fernandes. Campos de batalha não faltam! O que aqui se escreveu foi um esforço de clarear conceitos e caminhos: mas as ações cabem a todos nós, que acreditamos e militamos na educação.

Referências

ALMEIDA, J. R. P. *História da instrução pública no Brasil*. Brasília: Inep, 1989.

BRASIL. Censo Escolar de 1996. *Diário Oficial da União*, Brasília, 13 fev. 1997.

______. Censo Escolar de 2012. Resumo técnico. Disponível em: <www.inep.gov.br>. Acesso em: 25 nov. 2013.

______. *Constituição da República Federativa do Brasil*. Brasília: Senado Federal, 2011.

______. Lei n. 9.394, de 20 de dezembro de 1996 e Lei n. 11.494, de 2007. Disponível em: <www.presidencia.gov.br/legislacao>. Acesso em: 25 nov. 2013.

LEITE, S. *História da Companhia de Jesus no Brasil*. Rio de Janeiro: INL, 1938.

MONLEVADE, J. A. C. *Educação pública no Brasil*: contos & de$contos. Ceilândia: Idea, 1997.

______. *Plano Municipal de Educação*: o que é e como fazer. Brasília, 2013.

Apêndice

Modificações[1] da LDB/1996 até junho de 2013

Iria Brzezinski
Vanda Francisco Camargo

Lei n. 9.394, de 20/12/1996

Estabelece as diretrizes e bases da educação nacional.

O PRESIDENTE DA REPÚBLICA

Faço saber que o Congresso Nacional decreta e eu sanciono a seguinte Lei:

TÍTULO I
Da Educação

Art. 1° A educação abrange os processos formativos que se desenvolvem na vida familiar, na convivência humana, no trabalho, nas instituições de ensino e pesquisa, nos movimentos sociais e organizações da sociedade civil e nas manifestações culturais.

§ 1° Esta Lei disciplina a educação escolar, que se desenvolve, predominantemente, por meio do ensino, em instituições próprias.

---

1. As mudanças ocorridas na Lei n. 9.394/1996 estão registradas com fonte 10, Myriad Pro. O que permaneceu da lei original está grafado com fonte 10, Palatino.

§ 2º A educação escolar deverá vincular-se ao mundo do trabalho e a prática social.

TÍTULO II
Dos Princípios e Fins da Educação Nacional

Art. 2º A educação, dever da família e do Estado, inspirada nos princípios de liberdade e nos ideais de solidariedade humana, tem por finalidade o pleno desenvolvimento do educando, seu preparo para o exercício da cidadania e sua qualificação para o trabalho.

Art. 3º O ensino será ministrado com base nos seguintes princípios:

I — igualdade de condições para o acesso e permanência na escola;

II — liberdade de aprender, ensinar, pesquisar e divulgar a cultura, o pensamento, a arte e o saber;

III — pluralismo de idéias e de concepções pedagógicas;

IV — respeito à liberdade e apreço à tolerância;

V — coexistência de instituições públicas e privadas de ensino;

VI — gratuidade do ensino público em estabelecimentos oficiais;

VII — valorização do profissional da educação escolar;

VIII — gestão democrática do ensino público, na forma desta Lei e da legislação dos sistemas de ensino;

IX — garantia de padrão de qualidade;

X — valorização da experiência extra-escolar;

XI — vinculação entre a educação escolar, o trabalho e as práticas sociais.

XII *— consideração com a diversidade étnico-racial.* (Inciso acrescido pela Lei n. 12.796, de 4/4/2013, publicado no DOU de 5/4/2013, que estabelece as diretrizes e bases da educação nacional, para dispor sobre a formação dos profissionais da educação e dar outras providências).

TÍTULO III
Do Direito à Educação e do Dever de Educar

Art. 4º O dever do Estado com educação escolar pública será efetivado mediante a garantia de:

I *— educação básica obrigatória e gratuita dos 4 (quatro) aos 17 (dezessete) anos de idade, organizada da seguinte forma:*

***a)** pré-escola*; (Alínea acrescida pela Lei n. 12.796, de 4/4/2013, publicado no DOU de 5/4/2013, que estabelece as diretrizes e bases da educação nacional, para dispor sobre a formação dos profissionais da educação e dar outras providências).

***b)** ensino fundamental*; (Alínea acrescida pela Lei n. 12.796, de 4/4/2013, publicado no DOU de 5/4/2013, que estabelece as diretrizes e bases da educação nacional, para dispor sobre a formação dos profissionais da educação e dar outras providências).

***c)** ensino médio*; (Alínea acrescida pela Lei n. 12.796, de 4/4/2013, publicado no DOU de 5/4/2013, que estabelece as diretrizes e bases da educação nacional, para dispor sobre a formação dos profissionais da educação e dar outras providências).

***II** — educação infantil gratuita às crianças de até 5 (cinco) anos de idade;* (Inciso com redação dada pela Lei nº 12.796, de 4/4/2013, publicado no DOU de 5/4/2013, que estabelece as diretrizes e bases da educação nacional, para dispor sobre a formação dos profissionais da educação e dar outras providências).

***III** — atendimento educacional especializado gratuito aos educandos com deficiência, transtornos globais do desenvolvimento e altas habilidades ou superdotação, transversal a todos os níveis, etapas e modalidades, preferencialmente na rede regular de ensino;* (Inciso com redação dada pela Lei n. 12.796, de 4/4/2013, publicado no DOU de 5/4/2013, que estabelece as diretrizes e bases da educação nacional, para dispor sobre a formação dos profissionais da educação e dar outras providências).

***IV** — acesso público e gratuito aos ensinos fundamental e médio para todos os que não os concluíram na idade própria;* (Inciso com redação dada pela Lei n. 12.796, de 4/4/2013, publicado no DOU de 5/4/2013, que estabelece as diretrizes e bases da educação nacional, para dispor sobre a formação dos profissionais da educação e dar outras providências).

V — acesso aos níveis mais elevados do ensino, da pesquisa e da criação artística, segundo a capacidade de cada um;

VI — oferta de ensino noturno regular, adequado às condições do educando;

VII — oferta de educação escolar regular para jovens e adultos, com características e modalidades adequadas às suas necessidades e disponibilidades, garantindo-se aos que forem trabalhadores as condições de acesso e permanência na escola;

***VIII** — atendimento ao educando, em todas as etapas da educação básica, por meio de programas suplementares de material didático-escolar, transporte, alimen-*

tação e assistência à saúde; (Inciso com redação dada pela Lei n. 12.796, de 4/4/2013, publicado no DOU de 5/4/2013, que estabelece as diretrizes e bases da educação nacional, para dispor sobre a formação dos profissionais da educação e dar outras providências).

IX — padrões mínimos de qualidade de ensino, definidos como a variedade e quantidade mínimas, por aluno, de insumos indispensáveis ao desenvolvimento do processo de ensino-aprendizagem.

X *— vaga na escola pública de educação infantil ou de ensino fundamental mais próxima de sua residência a toda criança a partir do dia em que completar 4 (quatro) anos de idade.* (Inciso incluído pela Lei n. 11.700, de 13/6/2008, publicado no DOU de 16/6/2008, que assegura vaga na escola pública de educação infantil ou de ensino fundamental mais próxima de sua residência a toda criança a partir dos 4 (quatro) anos de idade).

Art. 5º *O acesso à educação básica obrigatória é direito público subjetivo, podendo qualquer cidadão, grupo de cidadãos, associação comunitária, organização sindical, entidade de classe ou outra legalmente constituída e, ainda, o Ministério Público, acionar o poder público para exigi-lo.* (Artigo com redação dada pela Lei n. 12.796, de 4/4/2013, publicado no DOU de 5/4/2013, que estabelece as diretrizes e bases da educação nacional, para dispor sobre a formação dos profissionais da educação e dar outras providências).

§ 1º *O poder público, na esfera de sua competência federativa, deverá:*

I *— recensear anualmente as crianças e adolescentes em idade escolar, bem como os jovens e adultos que não concluíram a educação básica;* (Inciso com redação dada pela Lei n. 12.796, de 4/4/2013, publicado no DOU de 5/4/2013, que estabelece as diretrizes e bases da educação nacional, para dispor sobre a formação dos profissionais da educação e dar outras providências).

II — fazer-lhes a chamada pública;

III — zelar, junto aos pais ou responsáveis, pela freqüência a escola.

§ 2º Em todas as esferas administrativas, o Poder Público assegurará em primeiro lugar o acesso ao ensino obrigatório, nos termos deste artigo, contemplando em seguida os demais níveis e modalidades de ensino, conforme as prioridades constitucionais e legais.

§ 3º Qualquer das partes mencionadas no *caput* deste artigo tem legitimidade para peticionar no Poder Judiciário, na hipótese do § 2º do **Art.** 208 da Constituição Federal, sendo gratuita e de rito sumário a ação judicial correspondente.

§ 4º Comprovada a negligência da autoridade competente para garantir o oferecimento do ensino obrigatório, poderá ela ser imputada por crime de responsabilidade.

§ 5º Para garantir o cumprimento da obrigatoriedade de ensino, o Poder Público criará formas alternativas de acesso aos diferentes níveis de ensino, independentemente da escolarização anterior.

Art. 6º *É dever dos pais ou responsáveis efetuar a matrícula das crianças na educação básica a partir dos 4 (quatro) anos de idade.* (Artigo com redação dada pela Lei n. 12.796, de 4/4/2013, publicado no DOU de 5/4/2013, que estabelece as diretrizes e bases da educação nacional, para dispor sobre a formação dos profissionais da educação e dar outras providências).

Art. 7º O ensino é livre à iniciativa privada, atendidas as seguintes condições:

I — cumprimento das normas gerais da educação nacional e do respectivo sistema de ensino;

II — autorização de funcionamento e avaliação de qualidade pelo Poder Público;

III — capacidade de autofinanciamento, ressalvado o previsto no **Art.** 213 da Constituição Federal.

TÍTULO IV
Da Organização da Educação Nacional

Art. 8º A União, os Estados, o Distrito Federal e os Municípios organizarão, em regime de colaboração, os respectivos sistemas de ensino.

§ 1º Caberá à União a coordenação da política nacional de educação, articulando os diferentes níveis e sistemas e exercendo função normativa, redistributiva e supletiva em relação as demais instâncias educacionais.

§ 2º Os sistemas de ensino terão liberdade de organização nos termos desta Lei.

Art. 9º A União incumbir-se-á de:

I — elaborar o Plano Nacional de Educação, em colaboração com os Estados, o Distrito Federal e os Municípios;

II — organizar, manter e desenvolver os órgãos e instituições oficiais do sistema federal de ensino e o dos Territórios;

III — prestar assistência técnica e financeira aos Estados, ao Distrito Federal e aos Municípios para o desenvolvimento de seus sistemas de ensino e o atendimento prioritário à escolaridade obrigatória, exercendo sua função redistributiva e supletiva;

IV — estabelecer, em colaboração com os Estados, o Distrito Federal e os Municípios, competências e diretrizes para a educação infantil, o ensino fundamental e o ensino médio, que nortearão os currículos e seus conteúdos mínimos, de modo a assegurar formação básica comum;

V — coletar, analisar e disseminar informações sobre a educação;

VI — assegurar processo nacional de avaliação do rendimento escolar no ensino fundamental, médio e superior, em colaboração com os sistemas de ensino, objetivando a definição de prioridades e a melhoria da qualidade do ensino;

VII — baixar normas gerais sobre cursos de graduação e pós-graduação;

VIII — assegurar processo nacional de avaliação das instituições de educação superior, com a cooperação dos sistemas que tiverem responsabilidade sobre este nível de ensino;

IX — autorizar, reconhecer, credenciar, supervisionar e avaliar, respectivamente, os cursos das instituições de educação superior e os estabelecimentos do seu sistema de ensino.

§ 1º Na estrutura educacional, haverá um Conselho Nacional de Educação, com funções normativas e de supervisão e atividade permanente, criado por lei.

§ 2º Para o cumprimento do disposto nos incisos V a IX, a União terá acesso a todos os dados e informações necessários de todos os estabelecimentos e órgãos educacionais.

§ 3º As atribuições constantes do inciso IX poderão ser delegadas aos Estados e ao Distrito Federal, desde que mantenham instituições de educação superior.

Art. 10. Os Estados incumbir-se-ão de:

I — organizar, manter e desenvolver os órgãos e instituições oficiais dos seus sistemas de ensino;

II — definir, com os Municípios, formas de colaboração na oferta do ensino fundamental, as quais devem assegurar a distribuição proporcional das responsabilidades, de acordo com a população a ser atendida e os recursos financeiros disponíveis em cada uma dessas esferas do Poder Público;

III — elaborar e executar políticas e planos educacionais, em consonância com as diretrizes e planos nacionais de educação, integrando e coordenando as suas ações e as dos seus Municípios;

IV — autorizar, reconhecer, credenciar, supervisionar e avaliar, respectivamente, os cursos das instituições de educação superior e os estabelecimentos do seu sistema de ensino;

V — baixar normas complementares para o seu sistema de ensino;

***VI** — assegurar o ensino fundamental e oferecer, com prioridade, o ensino médio a todos que o demandarem, respeitado o disposto no **Art.** 38 desta Lei;* (Inciso com redação dada pela Lei n. 12.061, de 27/10/2009, publicado no DOU de 28/10/2009, em vigor em 1º de janeiro do ano subseqüente ao de sua publicação, que assegurar o acesso de todos os interessados ao ensino médio público).

Parágrafo único. Ao Distrito Federal aplicar-se-ão as competências referentes aos Estados e aos Municípios.

Art. 11. Os Municípios incumbir-se-ão de:

I — organizar, manter e desenvolver os órgãos e instituições oficiais dos seus sistemas de ensino, integrando-os às políticas e planos educacionais da União e dos Estados;

II — exercer ação redistributiva em relação às suas escolas;

III — baixar normas complementares para o seu sistema de ensino;

IV — autorizar, credenciar e supervisionar os estabelecimentos do seu sistema de ensino;

V — oferecer a educação infantil em creches e pré-escolas, e, com prioridade, o ensino fundamental, permitida a atuação em outros níveis de ensino somente quando estiverem atendidas plenamente as necessidades de sua área de competência e com recursos acima dos percentuais mínimos vinculados pela Constituição Federal à manutenção e desenvolvimento do ensino.

Parágrafo único. Os Municípios poderão optar, ainda, por se integrar ao sistema estadual de ensino ou compor com ele um sistema único de educação básica.

Art. 12. Os estabelecimentos de ensino, respeitadas as normas comuns e as do seu sistema de ensino, terão a incumbência de:

I — elaborar e executar sua proposta pedagógica;

II — administrar seu pessoal e seus recursos materiais e financeiros;

III — assegurar o cumprimento dos dias letivos e horas-aula estabelecidas;

IV — velar pelo cumprimento do plano de trabalho de cada docente;

V — prover meios para a recuperação dos alunos de menor rendimento;

VI — articular-se com as famílias e a comunidade, criando processos de integração da sociedade com a escola;

VII *— informar pai e mãe, conviventes ou não com seus filhos, e, se for o caso, os responsáveis legais, sobre a freqüência e rendimento dos alunos, bem como sobre a execução da proposta pedagógica da escola.* (Inciso com redação dada pela Lei n. 12.013, de 6/8/2009, publicado no DOU de 7/8/2009, determinando às instituições de ensino obrigatoriedade no envio de informações escolares aos pais, conviventes ou não com seus filhos).

Art. 13. Os docentes incumbir-se-ão de:

I — participar da elaboração da proposta pedagógica do estabelecimento de ensino;

II — elaborar e cumprir plano de trabalho, segundo a proposta pedagógica do estabelecimento de ensino;

III — zelar pela aprendizagem dos alunos;

IV — estabelecer estratégias de recuperação para os alunos de menor rendimento;

V — ministrar os dias letivos e horas-aula estabelecidos, além de participar integralmente dos períodos dedicados ao planejamento, à avaliação e ao desenvolvimento profissional;

VI — colaborar com as atividades de articulação da escola com as famílias e a comunidade.

Art. 14. Os sistemas de ensino definirão as normas da gestão democrática do ensino público na educação básica, de acordo com as suas peculiaridades e conforme os seguintes princípios:

I — participação dos profissionais da educação na elaboração do projeto pedagógico da escola;

II — participação das comunidades escolar e local em conselhos escolares ou equivalentes.

Art. 15. Os sistemas de ensino assegurarão às unidades escolares públicas de educação básica que os integram progressivos graus de autonomia pedagógica e administrativa e de gestão financeira, observadas as normas gerais de direito financeiro público.

Art. 16. O sistema federal de ensino compreende:

I — as instituições de ensino mantidas pela União;

II — as instituições de educação superior criadas e mantidas pela iniciativa privada;

III — os órgãos federais de educação.

Art. 17. Os sistemas de ensino dos Estados e do Distrito Federal compreendem:

I — as instituições de ensino mantidas, respectivamente, pelo Poder Público estadual e pelo Distrito Federal;

II — as instituições de educação superior mantidas pelo Poder Público municipal;

III — as instituições de ensino fundamental e médio criadas e mantidas pela iniciativa privada;

IV — os órgãos de educação estaduais e do Distrito Federal, respectivamente.

Parágrafo único. No Distrito Federal, as instituições de educação infantil, criadas e mantidas pela iniciativa privada, integram seu sistema de ensino.

Art. 18. Os sistemas municipais de ensino compreendem:

I — as instituições do ensino fundamental, médio e de educação infantil mantidas pelo Poder Público municipal;

II — as instituições de educação infantil criadas e mantidas pela iniciativa privada;

III — os órgãos municipais de educação.

Art. 19. As instituições de ensino dos diferentes níveis classificam-se nas seguintes categorias administrativas:

I — públicas, assim entendidas as criadas ou incorporadas, mantidas e administradas pelo Poder Público;

II — privadas, assim entendidas as mantidas e administradas por pessoas físicas ou jurídicas de direito privado.

Art. 20. As instituições privadas de ensino se enquadrarão nas seguintes categorias:

I — particulares em sentido estrito, assim entendidas as que são instituídas e mantidas por uma ou mais pessoas físicas ou jurídicas de direito privado que não apresentem as características dos incisos abaixo;

II — comunitárias, assim entendidas as que são instituídas por grupos de pessoas físicas ou por uma ou mais pessoas jurídicas, inclusive cooperativas educacionais, sem fins lucrativos, que incluam na sua entidade mantenedora representantes da comunidade; (Inciso com redação dada pela Lei n. 12.020, de 27/8/2009, publicado no DOU de 28/8/2009, que estabelece as diretrizes e bases da educação nacional, para modificar o rol de instituições de ensino comunitárias).

III — confessionais, assim entendidas as que são instituídas por grupos de pessoas físicas ou por uma ou mais pessoas jurídicas que atendem a orientação confessional e ideologia específicas e ao disposto no inciso anterior;

IV — filantrópicas, na forma da lei.

TÍTULO V
Dos Níveis e das Modalidades de Educação e Ensino

CAPÍTULO I
DA COMPOSIÇÃO DOS NÍVEIS ESCOLARES

Art. 21. A educação escolar compõe-se de:

I — educação básica, formada pela educação infantil, ensino fundamental e ensino médio;

II — educação superior.

CAPÍTULO II
DA EDUCAÇÃO BÁSICA

Seção I
Das Disposições Gerais

Art. 22. A educação básica tem por finalidades desenvolver o educando, assegurar-lhe a formação comum indispensável para o exercício da cidadania e fornecer-lhe meios para progredir no trabalho e em estudos posteriores.

Art. 23. A educação básica poderá organizar-se em séries anuais, períodos semestrais, ciclos, alternância regular de períodos de estudos, grupos não-seriados, com base na idade, na competência e em outros critérios, ou por forma diversa de organização, sempre que o interesse do processo de aprendizagem assim o recomendar.

§ 1º A escola poderá reclassificar os alunos, inclusive quando se tratar de transferências entre estabelecimentos situados no País e no exterior, tendo como base as normas curriculares gerais.

§ 2º O calendário escolar deverá adequar-se às peculiaridades locais, inclusive climáticas e econômicas, a critério do respectivo sistema de ensino, sem com isso reduzir o número de horas letivas previsto nesta Lei.

Art. 24. A educação básica, nos níveis fundamental e médio, será organizada de acordo com as seguintes regras comuns:

I — a carga horária mínima anual será de oitocentas horas, distribuídas por um mínimo de duzentos dias de efetivo trabalho escolar, excluído o tempo reservado aos exames finais, quando houver;

II — a classificação em qualquer série ou etapas exceto a primeira do ensino fundamental, pode ser feita:

a) por promoção, para alunos que cursaram, com aproveitamento, a série ou fase anterior, na própria escola;

b) por transferência, para candidatos procedentes de outras escolas;

c) independentemente de escolarização anterior, mediante avaliação feita pela escola, que defina o grau de desenvolvimento e experiência do candidato e permita sua inscrição na série ou etapa adequada, conforme regulamentação do respectivo sistema de ensino;

III — nos estabelecimentos que adotam a progressão regular por série, o regimento escolar pode admitir formas de progressão parcial, desde que preservada a seqüência do currículo, observadas as normas do respectivo sistema de ensino;

IV — poderão organizar-se classes, ou turmas, com alunos de séries distintas, com níveis equivalentes de adiantamento na matéria, para o ensino de línguas estrangeiras, artes, ou outros componentes curriculares;

V — a verificação do rendimento escolar observará os seguintes critérios:

a) avaliação contínua e cumulativa do desempenho do aluno, com prevalência dos aspectos qualitativos sobre os quantitativos e dos resultados ao longo do período sobre os de eventuais provas finais;

b) possibilidade de aceleração de estudos para alunos com atraso escolar;

c) possibilidade de avanço nos cursos e nas séries mediante verificação do aprendizado;

d) aproveitamento de estudos concluídos com êxito;

e) obrigatoriedade de estudos de recuperação, de preferência paralelos ao período letivo, para os casos de baixo rendimento escolar, a serem disciplinados pelas instituições de ensino em seus regimentos;

VI — o controle de freqüência fica a cargo da escola, conforme o disposto no seu regimento e nas normas do respectivo sistema de ensino, exigida a freqüência mínima de setenta e cinco por cento do total de horas letivas para aprovação;

VII — cabe a cada instituição de ensino expedir históricos escolares, declarações de conclusão de série e diplomas ou certificados de conclusão de cursos, com as especificações cabíveis.

Art. 25. Será objetivo permanente das autoridades responsáveis alcançar relação adequada entre o número de alunos e o professor, a carga horária e as condições materiais do estabelecimento.

Parágrafo único. Cabe ao respectivo sistema de ensino, à vista das condições disponíveis e das características regionais e locais, estabelecer parâmetro para atendimento do disposto neste artigo.

Art. 26. *Os currículos da educação infantil, do ensino fundamental e do ensino médio devem ter base nacional comum, a ser complementada, em cada sistema de ensino e em cada estabelecimento escolar, por uma parte diversificada, exigida pelas características regionais e locais da sociedade, da cultura, da economia e dos educandos.* (Artigo com redação dada pela Lei n. 12.796, de 4/4/2013, publicado no DOU de 5/4/2013, que estabelece as diretrizes e bases da educação nacional, para dispor sobre a formação dos profissionais da educação e dar outras providências).

§ 1º Os currículos a que se refere o caput devem abranger, obrigatoriamente, o estudo da língua portuguesa e da matemática, o conhecimento do mundo físico e natural e da realidade social e política, especialmente do Brasil.

§ 2º *O ensino da arte, especialmente em suas expressões regionais, constituirá componente curricular obrigatório nos diversos níveis da educação básica, de forma a promover o desenvolvimento cultural dos alunos.* (Parágrafo com redação dada pela Lei n. 12.287, de 13/7/2010, publicado no DOU de 14/7/2010, que estabelece as diretrizes e bases da educação nacional, no tocante ao ensino da arte).

§ 3º A educação física, integrada à proposta pedagógica da escola, é componente curricular obrigatório da educação básica, sendo sua prática facultativa ao aluno:

I — que cumpra jornada de trabalho igual ou superior a seis horas;

II — maior de trinta anos de idade;

III — que estiver prestando serviço militar inicial ou que, em situação similar, estiver obrigado à prática da educação física;

IV — amparado pelo Decreto-Lei n. 1.044, de 21 de outubro de 1969;

V — (VETADO)

VI — que tenha prole. (Parágrafo com redação dada pela Lei n. 10.793, de 1/12/2003, publicado no DOU de 2/12/2003, que altera a redação do art. 26, § 3º, e do art. 92 da Lei n. 9.394, de 20 de dezembro de 1996, que "estabelece as diretrizes e bases da educação nacional", e dá outras providências em vigor no ano letivo seguinte).

§ 4º O ensino da História do Brasil levará em conta as contribuições das diferentes culturas e etnias para a formação do povo brasileiro, especialmente das matrizes indígena, africana e européia.

§ 5º Na parte diversificada do currículo será incluído, obrigatoriamente, a partir da quinta série, o ensino de pelo menos uma língua estrangeira moderna, cuja escolha ficará a cargo da comunidade escolar, dentro das possibilidades da instituição.

***§ 6º** A música deverá ser conteúdo obrigatório, mas não exclusivo, do componente curricular de que trata o § 2º deste artigo.* (Parágrafo acrescido pela Lei n. 11.769, de 18/8/2008, publicado no DOU de 19/8/2008, que dispõe sobre a obrigatoriedade do ensino da música na educação básica).

***§ 7º** Os currículos do ensino fundamental e médio devem incluir os princípios da proteção e defesa civil e a educação ambiental de forma integrada aos conteúdos obrigatórios.* (Parágrafo acrescido pela Lei n. 12.608, de 10/4/2012, publicado no DOU de 11/4/2012, que institui a Política Nacional de Proteção e Defesa Civil — PNPDEC; dispõe sobre o Sistema Nacional de Proteção e Defesa Civil — SINPDEC e o Conselho Nacional de Proteção e Defesa Civil — CONPDEC; autoriza a criação de sistema de informações e monitoramento de desastres; altera as Leis n. 12.340, de 1º de dezembro de 2010, n. 10.257, de 10 de julho de 2001, n. 6.766, de 19 de dezembro de 1979, n. 8.239, de 4 de outubro de 1991, e n. 9.394, de 20 de dezembro de 1996; e dá outras providências).

*"**Art. 26-A**. Nos estabelecimentos de ensino fundamental e de ensino médio, públicos e privados, torna-se obrigatório o estudo da história e cultura afro-brasileira e indígena.* (redação dada pela Lei n. 11.645, de 10/03/2008, publicado no DOU de 11/3/2008, que estabelece as diretrizes e bases da educação nacional, para incluir no currículo oficial da rede de ensino a obrigatoriedade da temática "História e Cultura Afro-Brasileira e Indígena").

***§ 1º** O conteúdo programático a que se refere este artigo incluirá diversos aspectos da história e da cultura que caracterizam a formação da população brasileira, a partir desses dois grupos étnicos, tais como o estudo da história da África e dos africanos, a luta dos negros e dos povos indígenas no Brasil, a cultura negra e indígena brasileira e o negro e o índio na formação da sociedade nacional, resgatando as suas contribuições nas áreas social, econômica e política, pertinentes à história do Brasil.* (redação dada pela Lei n. 11.645 de 10/03/2008, publicado no DOU de 11/3/2008, que estabelece as diretrizes e bases da educação nacional, para incluir no currículo oficial da rede de ensino a obrigatoriedade da temática "História e Cultura Afro-Brasileira e Indígena").

***§ 2º** Os conteúdos referentes à história e cultura afro-brasileira e dos povos indígenas brasileiros serão ministrados no âmbito de todo o currículo escolar, em especial nas áreas de educação artística e de literatura e história brasileiras.* (redação dada pela Lei n. 11.645, de 10/03/2008, publicado no DOU de 11/3/2008, que estabelece as diretrizes e bases da educação nacional, para incluir no currículo oficial da rede de ensino a obrigatoriedade da temática "História e Cultura Afro-Brasileira e Indígena").

Art. 27. Os conteúdos curriculares da educação básica observarão, ainda, as seguintes diretrizes:

I — a difusão de valores fundamentais ao interesse social, aos direitos e deveres dos cidadãos, de respeito ao bem comum e a ordem democrática;

II — consideração das condições de escolaridade dos alunos em cada estabelecimento;

III — orientação para o trabalho;

IV — promoção do desporto educacional e apoio às práticas desportivas não-formais.

Art. 28. Na oferta de educação básica para a população rural, os sistemas de ensino promoverão as adaptações necessárias à sua adequação às peculiaridades da vida rural e de cada região, especialmente:

I — conteúdos curriculares e metodologias apropriadas às reais necessidades e interesses dos alunos da zona rural;

II — organização escolar própria, incluindo adequação do calendário escolar às fases do ciclo agrícola e às condições climáticas;

III — adequação à natureza do trabalho na zona rural.

Seção II
Da Educação Infantil

Art. 29. *A educação infantil, primeira etapa da educação básica, tem como finalidade o desenvolvimento integral da criança de até 5 (cinco) anos, em seus aspectos físico, psicológico, intelectual e social, complementando a ação da família e da comunidade.* (Artigo com redação dada pela Lei n. 12.796, de 4/4/2013, publicado no DOU de 5/4/2013, que estabelece as diretrizes e bases da educação nacional, para dispor sobre a formação dos profissionais da educação e dar outras providências).

Art. 30. A educação infantil será oferecida em:

I — creches, ou entidades equivalentes, para crianças de até três anos de idade;

II *— pré-escolas, para as crianças de 4 (quatro) a 5 (cinco) anos de idade.* (Inciso com redação dada pela Lei n. 12.796, de 4/4/2013, publicado no DOU de 5/4/2013, que estabelece as diretrizes e bases da educação nacional, para dispor sobre a formação dos profissionais da educação e dar outras providências).

Art. 31. *A educação infantil será organizada de acordo com as seguintes regras comuns:*

I *— avaliação mediante acompanhamento e registro do desenvolvimento das crianças, sem o objetivo de promoção, mesmo para o acesso ao ensino fundamental;* (Inciso acrescido pela Lei n. 12.796, de 4/4/2013, publicado no DOU de 5/4/2013, que estabelece as diretrizes e bases da educação nacional, para dispor sobre a formação dos profissionais da educação e dar outras providências).

II *— carga horária mínima anual de 800 (oitocentas) horas, distribuída por um mínimo de 200 (duzentos) dias de trabalho educacional;* (Inciso acrescido pela Lei n. 12.796, de 4/4/2013, publicado no DOU de 5/4/2013, que estabelece as diretrizes e bases da educação nacional, para dispor sobre a formação dos profissionais da educação e dar outras providências).

III *— atendimento à criança de, no mínimo, 4 (quatro) horas diárias para o turno parcial e de 7 (sete) horas para a jornada integral;* (Inciso acrescido pela Lei

n. 12.796, de 4/4/2013, publicado no DOU de 5/4/2013, que estabelece as diretrizes e bases da educação nacional, para dispor sobre a formação dos profissionais da educação e dar outras providências).

IV *— controle de frequência pela instituição de educação pré-escolar, exigida a frequência mínima de 60% (sessenta por cento) do total de horas;* (Inciso acrescido pela Lei n. 12.796, de 4/4/2013, publicado no DOU de 5/4/2013, que estabelece as diretrizes e bases da educação nacional, para dispor sobre a formação dos profissionais da educação e dar outras providências).

V *— expedição de documentação que permita atestar os processos de desenvolvimento e aprendizagem da criança.* (Inciso acrescido pela Lei n. 12.796, de 4/4/2013, publicado no DOU de 5/4/2013, que estabelece as diretrizes e bases da educação nacional, para dispor sobre a formação dos profissionais da educação e dar outras providências).

Seção III
Do Ensino Fundamental

Art. 32. O ensino fundamental obrigatório, com duração de 9 (nove) anos, gratuito na escola pública, iniciando-se aos 6 (seis) anos de idade, terá por objetivo a formação básica do cidadão, mediante: (redação dada pela Lei n. 11.274, de 6/2/2006, publicado no DOU de 7/2/2006, que altera a redação dos arts. 29, 30, 32 e 87 da Lei n. 9.394, de 20 de dezembro de 1996, que estabelece as diretrizes e bases da educação nacional, dispondo sobre a duração de 9 (nove) anos para o ensino fundamental, com matrícula obrigatória a partir dos 6 (seis) anos de idade).

I — o desenvolvimento da capacidade de aprender, tendo como meios básicos o pleno domínio da leitura, da escrita e do cálculo;

II — a compreensão do ambiente natural e social, do sistema político, da tecnologia, das artes e dos valores em que se fundamenta a sociedade;

III — o desenvolvimento da capacidade de aprendizagem, tendo em vista a aquisição de conhecimentos e habilidades e a formação de atitudes e valores;

IV — o fortalecimento dos vínculos de família, dos laços de solidariedade humana e de tolerância recíproca em que se assenta a vida social.

§ 1º É facultado aos sistemas de ensino desdobrar o ensino fundamental em ciclos.

§ 2º Os estabelecimentos que utilizam progressão regular por série podem adotar no ensino fundamental o regime de progressão continuada, sem prejuízo da avaliação do processo de ensino-aprendizagem, observadas as normas do respectivo sistema de ensino.

§ 3º O ensino fundamental regular será ministrado em língua portuguesa, assegurada às comunidades indígenas a utilização de suas línguas maternas e processos próprios de aprendizagem.

§ 4º O ensino fundamental será presencial, sendo o ensino a distância utilizado como complementação da aprendizagem ou em situações emergenciais.

***§ 5º** O currículo do ensino fundamental incluirá, obrigatoriamente, conteúdo que trate dos direitos das crianças e dos adolescentes, tendo como diretriz a Lei n. 8.069, de 13 de julho de 1990, que institui o Estatuto da Criança e do Adolescente, observada a produção e distribuição de material didático adequado.* (Parágrafo acrescido pela Lei n. 11.525, de 25/9/2007, publicado no DOU de 26/9/2007, que acrescenta § 5º ao art. 32 da Lei n. 9.394, de 20 de dezembro de 1996, para incluir conteúdo que trate dos direitos das crianças e dos adolescentes no currículo do ensino fundamental).

***§ 6º** O estudo sobre os símbolos nacionais será incluído como tema transversal nos currículos do ensino fundamental.* (Parágrafo acrescido pela Lei n. 12.472, de 1/9/2011, publicado no DOU de 2/9/2011, em vigor 90 dias após a publicação, que estabelece as diretrizes e bases da educação nacional, incluindo os símbolos nacionais como tema transversal nos currículos do ensino fundamental).

Art. 33. O ensino religioso, de matrícula facultativa, é parte integrante da formação básica do cidadão e constitui disciplina dos horários normais das escolas públicas de ensino fundamental, assegurado o respeito à diversidade cultural religiosa do Brasil, vedadas quaisquer formas de proselitismo.

§ 1º Os sistemas de ensino regulamentarão os procedimentos para a definição dos conteúdos do ensino religioso e estabelecerão as normas para a habilitação e admissão dos professores.

§ 2º Os sistemas de ensino ouvirão entidade civil, constituída pelas diferentes denominações religiosas, para a definição dos conteúdos do ensino religioso. (Artigo com redação dada pela Lei n. 9.475, de 22/7/1997, publicado no DOU de 23/7/1997, que dá nova redação ao art. 33 da Lei n. 9.394, de 20 de dezembro de 1996, que estabelece as diretrizes e bases da educação nacional).

Art. 34. A jornada escolar no ensino fundamental incluirá pelo menos quatro horas de trabalho efetivo em sala de aula, sendo progressivamente ampliado o período de permanência na escola.

§ 1º São ressalvados os casos do ensino noturno e das formas alternativas de organização autorizadas nesta Lei.

§ 2º O ensino fundamental será ministrado progressivamente em tempo integral, a critério dos sistemas de ensino.

Seção IV
Do Ensino Médio

Art. 35. O ensino médio, etapa final da educação básica, com duração mínima de três anos, terá como finalidades:

I — a consolidação e o aprofundamento dos conhecimentos adquiridos no ensino fundamental, possibilitando o prosseguimento de estudos;

II — a preparação básica para o trabalho e a cidadania do educando, para continuar aprendendo, de modo a ser capaz de se adaptar com flexibilidade a novas condições de ocupação ou aperfeiçoamento posteriores;

III — o aprimoramento do educando como pessoa humana, incluindo a formação ética e o desenvolvimento da autonomia intelectual e do pensamento crítico;

IV — a compreensão dos fundamentos científico-tecnológicos dos processos produtivos, relacionando a teoria com a prática, no ensino de cada disciplina.

Art. 36. O currículo do ensino médio observará o disposto na Seção I deste Capítulo e as seguintes diretrizes:

I — destacará a educação tecnológica básica, a compreensão do significado da ciência, das letras e das artes; o processo histórico de transformação da sociedade e da cultura; a língua portuguesa como instrumento de comunicação, acesso ao conhecimento e exercício da cidadania;

II — adotará metodologias de ensino e de avaliação que estimulem a iniciativa dos estudantes;

III — Será incluída uma língua estrangeira moderna, como disciplina obrigatória, escolhida pela comunidade escolar, e uma segunda, em caráter optativo, dentro das disponibilidades da instituição.

IV — serão incluídas a Filosofia e a Sociologia como disciplinas obrigatórias em todas as séries do ensino médio. (Inciso acrescido pela Lei n. 11.684, de 2/6/2008, publicado no DOU de 3/6/2008, que estabelece as diretrizes e bases da educação nacional, para incluir a Filosofia e a Sociologia como disciplinas obrigatórias nos currículos do ensino médio).

§ 1º Os conteúdos, as metodologias e as formas de avaliação serão organizados de tal forma que ao final do ensino médio o educando demonstre:

I — domínio dos princípios científicos e tecnológicos que presidem a produção moderna;

II — conhecimento das formas contemporâneas de linguagem;

III — domínio dos conhecimentos de Filosofia e de Sociologia necessários ao exercício da cidadania. (Inciso revogado pela Lei n. 11.684, de 2/6/2008, publicado no DOU de 3/6/2008, que estabelece as diretrizes e bases da educação nacional, para incluir a Filosofia e a Sociologia como disciplinas obrigatórias nos currículos do ensino médio).

§ 2º O ensino médio, atendida a formação geral do educando, poderá prepará-lo para o exercício de profissões técnicas. (Parágrafo revogado pela Lei n. 11.741, de 16/7/2008, publicado no DOU de 17/7/2008, que estabelece as diretrizes e bases da educação nacional, para redimensionar, institucionalizar e integrar as ações da educação profissional técnica de nível médio, da educação de jovens e adultos e da educação profissional e tecnológica).

§ 3º Os cursos do ensino médio terão equivalência legal e habilitarão ao prosseguimento de estudos.

§ 4º A preparação geral para o trabalho e, facultativamente, a habilitação profissional, poderão ser desenvolvidas nos próprios estabelecimentos de ensino médio ou em cooperação com instituições especializadas em educação profissional. (Parágrafo revogado pela Lei n. 11.741, de 16/7/2008, publicado no DOU de 17/7/2008, que estabelece as diretrizes e bases da educação nacional, para redimensionar, institucionalizar e integrar as ações da educação profissional técnica de nível médio, da educação de jovens e adultos e da educação profissional e tecnológica).

A Lei n. 11.161/2005 dispõe sobre a implantação gradativa da oferta obrigatória e matrícula facultativa do ensino da Língua Espanhola.

O Decreto n. 5.154, de 23 de julho de 2004, regulamentou o parágrafo 2º deste artigo.

Seção IV-A
Da Educação Profissional Técnica de Nível Médio

(Seção acrescida pela Lei n. 11.741, de 16/7/2008, publicado no DOU de 17/7/2008, que estabelece as diretrizes e bases da educação nacional, para redimensionar, institucionalizar e integrar as ações da educação profissional técnica de nível médio, da educação de jovens e adultos e da educação profissional e tecnológica).

Art. 36-A. *Sem prejuízo do disposto na Seção IV deste Capítulo, o ensino médio, atendida a formação geral do educando, poderá prepará-lo para o exercício de profissões técnicas.* (Artigo acrescido pela Lei n. 11.741, de 16/7/2008, publicado no DOU de 17/7/2008, que que estabelece as diretrizes e bases da educação nacional, para redimensionar, institucionalizar e integrar as ações da educação profissional técnica de nível médio, da educação de jovens e adultos e da educação profissional e tecnológica).

Parágrafo único. *A preparação geral para o trabalho e, facultativamente, a habilitação profissional poderão ser desenvolvidas nos próprios estabelecimentos de ensino médio ou em cooperação com instituições especializadas em educação profissional.* (Parágrafo acrescido pela Lei n. 11.741, de 16/7/2008, publicado no DOU de 17/7/2008, que estabelece as diretrizes e bases da educação nacional, para redimensionar, institucionalizar e integrar as ações da educação profissional técnica de nível médio, da educação de jovens e adultos e da educação profissional e tecnológica).

Art. 36-B. *A educação profissional técnica de nível médio será desenvolvida nas seguintes formas:* (Artigo acrescido pela Lei n. 11.741, de 16/7/2008, publicado no DOU de 17/7/2008, que estabelece as diretrizes e bases da educação nacional, para redimensionar, institucionalizar e integrar as ações da educação profissional técnica de nível médio, da educação de jovens e adultos e da educação profissional e tecnológica).

I *— articulada com o ensino médio;* (Inciso acrescido pela Lei n. 11.741, de 16/7/2008, publicado no DOU de 17/7/2008, que estabelece as diretrizes e bases da educação nacional, para redimensionar, institucionalizar e integrar as ações da educação profissional técnica de nível médio, da educação de jovens e adultos e da educação profissional e tecnológica).

II *— subsequente, em cursos destinados a quem já tenha concluído o ensino médio.* (Inciso acrescido pela Lei n. 11.741, de 16/7/2008, publicado no DOU de 17/7/2008, que estabelece as diretrizes e bases da educação nacional, para redimensionar, institucionalizar e integrar as ações da educação profissional técnica de nível médio, da educação de jovens e adultos e da educação profissional e tecnológica).

Parágrafo único. *A educação profissional técnica de nível médio deverá observar:* (Parágrafo acrescido pela Lei n. 11.741, de 16/7/2008, publicado no DOU de 17/7/2008, que estabelece as diretrizes e bases da educação nacional, para redimensionar, institucionalizar e integrar as ações da educação profissional técnica de nível médio, da educação de jovens e adultos e da educação profissional e tecnológica).

I *— os objetivos e definições contidos nas diretrizes curriculares nacionais estabelecidas pelo Conselho Nacional de Educação;* (Inciso acrescido pela Lei n. 11.741, de 16/7/2008, publicado no DOU de 17/7/2008, que estabelece as diretrizes e bases da educação nacional, para redimensionar, institucionalizar e integrar as ações da educação profissional técnica de nível médio, da educação de jovens e adultos e da educação profissional e tecnológica).

II *— as normas complementares dos respectivos sistemas de ensino;* (Inciso acrescido pela Lei n. 11.741, de 16/7/2008, publicado no DOU de 17/7/2008, que estabelece as diretrizes e bases da educação nacional, para redimensionar, institucionalizar e integrar as ações da educação profissional técnica de nível médio, da educação de jovens e adultos e da educação profissional e tecnológica).

III *— as exigências de cada instituição de ensino, nos termos de seu projeto pedagógico.* (Inciso acrescido pela Lei n. 11.741, de 16/7/2008, publicado no DOU de 17/7/2008, que estabelece as diretrizes e bases da educação nacional, para redimensionar, institucionalizar e integrar as ações da educação profissional técnica de nível médio, da educação de jovens e adultos e da educação profissional e tecnológica).

Art. 36-C. *A educação profissional técnica de nível médio articulada, prevista no inciso I do* ***caput*** *do* **Art.** *36-B desta Lei, será desenvolvida de forma:* (Artigo acrescido pela Lei n. 11.741, de 16/7/2008, publicado no DOU de 17/7/2008, que estabelece as diretrizes e bases da educação nacional, para redimensionar, institucionalizar e integrar as ações da educação profissional técnica de nível médio, da educação de jovens e adultos e da educação profissional e tecnológica).

I *— integrada, oferecida somente a quem já tenha concluído o ensino fundamental, sendo o curso planejado de modo a conduzir o aluno à habilitação profissional técnica de nível médio, na mesma instituição de ensino, efetuando-se matrícula única para cada aluno;* (Inciso acrescido pela Lei n. 11.741, de 16/7/2008, publicado no DOU de 17/7/2008, que estabelece as diretrizes e bases da educação nacional, para redimensionar, institucionalizar e integrar as ações da educação profissional técnica de nível médio, da educação de jovens e adultos e da educação profissional e tecnológica).

***II** — concomitante, oferecida a quem ingresse no ensino médio ou já o esteja cursando, efetuando-se matrículas distintas para cada curso, e podendo ocorrer:* (Inciso acrescido pela Lei n. 11.741, de 16/7/2008, publicado no DOU de 17/7/2008, que estabelece as diretrizes e bases da educação nacional, para redimensionar, institucionalizar e integrar as ações da educação profissional técnica de nível médio, da educação de jovens e adultos e da educação profissional e tecnológica).

***a)** na mesma instituição de ensino, aproveitando-se as oportunidades educacionais disponíveis;* (Alínea acrescida pela Lei n. 11.741, de 16/7/2008, publicado no DOU de 17/7/2008, que estabelece as diretrizes e bases da educação nacional, para redimensionar, institucionalizar e integrar as ações da educação profissional técnica de nível médio, da educação de jovens e adultos e da educação profissional e tecnológica).

***b)** em instituições de ensino distintas, aproveitando-se as oportunidades educacionais disponíveis;* (Alínea acrescida pela Lei n. 11.741, de 16/7/2008, publicado no DOU de 17/7/2008, que estabelece as diretrizes e bases da educação nacional, para redimensionar, institucionalizar e integrar as ações da educação profissional técnica de nível médio, da educação de jovens e adultos e da educação profissional e tecnológica).

***c)** em instituições de ensino distintas, mediante convênios de intercomplementaridade, visando ao planejamento e ao desenvolvimento de projeto pedagógico unificado.* (Alínea acrescida pela Lei n. 11.741, de 16/7/2008, publicado no DOU de 17/7/2008, que estabelece as diretrizes e bases da educação nacional, para redimensionar, institucionalizar e integrar as ações da educação profissional técnica de nível médio, da educação de jovens e adultos e da educação profissional e tecnológica).

***Art. 36-D.** Os diplomas de cursos de educação profissional técnica de nível médio, quando registrados, terão validade nacional e habilitarão ao prosseguimento de estudos na educação superior.* (Artigo acrescido pela Lei n. 11.741, de 16/7/2008, publicado no DOU de 17/7/2008, que estabelece as diretrizes e bases da educação nacional, para redimensionar, institucionalizar e integrar as ações da educação profissional técnica de nível médio, da educação de jovens e adultos e da educação profissional e tecnológica).

***Parágrafo único**. Os cursos de educação profissional técnica de nível médio, nas formas articulada concomitante e subseqüente, quando estruturados e organizados em etapas com terminalidade, possibilitarão a obtenção de certificados de qualificação para o trabalho após a conclusão, com aproveitamento, de cada etapa que caracterize uma qualificação para o trabalho.* (Parágrafo acrescido pela Lei n. 11.741, de 16/7/2008, publicado no DOU de 17/7/2008, que estabelece as diretrizes e bases da educação nacional, para redimensionar, institucionalizar e integrar as ações da educação profissional técnica de nível médio, da educação de jovens e adultos e da educação profissional e tecnológica).

Seção V
Da Educação de Jovens e Adultos

Art. 37. A educação de jovens e adultos será destinada àqueles que não tiveram acesso ou continuidade de estudos no ensino fundamental e médio na idade própria.

§ 1º Os sistemas de ensino assegurarão gratuitamente aos jovens e aos adultos, que não puderam efetuar os estudos na idade regular, oportunidades educacionais apropriadas, consideradas as características do alunado, seus interesses, condições de vida e de trabalho, mediante cursos e exames.

§ 2º O Poder Público viabilizará e estimulará o acesso e a permanência do trabalhador na escola, mediante ações integradas e complementares entre si.

***§ 3º** A educação de jovens e adultos deverá articular-se, preferencialmente, com a educação profissional, na forma do regulamento.* (Parágrafo acrescido pela Lei n. 11.741, de 16/7/2008, publicado no DOU de 17/7/2008, que estabelece as diretrizes e bases da educação nacional, para redimensionar, institucionalizar e integrar as ações da educação profissional técnica de nível médio, da educação de jovens e adultos e da educação profissional e tecnológica).

Art. 38. Os sistemas de ensino manterão cursos e exames supletivos, que compreenderão a base nacional comum do currículo, habilitando ao prosseguimento de estudos em caráter regular.

§ 1º Os exames a que se refere este artigo realizar-se-ão:

I — no nível de conclusão do ensino fundamental, para os maiores de quinze anos;

II — no nível de conclusão do ensino médio, para os maiores de dezoito anos.

§ 2º Os conhecimentos e habilidades adquiridos pelos educandos por meios informais serão aferidos e reconhecidos mediante exames.

CAPÍTULO III
DA EDUCAÇÃO PROFISSIONAL E TECNOLÓGICA

(Redação pela Lei n. 11.741, 16/7/2008, publicado no DOU de 17/7/2008, que estabelece as diretrizes e bases da educação nacional, para redimensionar, institucionalizar e integrar as ações da educação profissional técnica de nível médio, da educação de jovens e adultos e da educação profissional e tecnológica).

Art. 39*. A educação profissional e tecnológica, no cumprimento dos objetivos da educação nacional, integra-se aos diferentes níveis e modalidades de educação e às dimensões do trabalho, da ciência e da tecnologia.* (Artigo com redação dada pela Lei n. 11.741, 16/7/2008, publicado no DOU de 17/7/2008, que estabelece as diretrizes e bases da educação nacional, para redimensionar, institucionalizar e integrar as ações da educação profissional técnica de nível médio, da educação de jovens e adultos e da educação profissional e tecnológica).

§ 1º *Os cursos de educação profissional e tecnológica poderão ser organizados por eixos tecnológicos, possibilitando a construção de diferentes itinerários formativos, observadas as normas do respectivo sistema e nível de ensino.* (Parágrafo acrescido pela Lei n. 11.741, de 16/7/2008, publicado no DOU de 17/7/2008, que estabelece as diretrizes e bases da educação nacional, para redimensionar, institucionalizar e integrar as ações da educação profissional técnica de nível médio, da educação de jovens e adultos e da educação profissional e tecnológica).

§ 2º *A educação profissional e tecnológica abrangerá os seguintes cursos:* (Parágrafo acrescido pela Lei n. 11.741, de 16/7/2008, publicado no DOU de 17/7/2008, que estabelece as diretrizes e bases da educação nacional, para redimensionar, institucionalizar e integrar as ações da educação profissional técnica de nível médio, da educação de jovens e adultos e da educação profissional e tecnológica).

I *— de formação inicial e continuada ou qualificação profissional;* (Inciso acrescido pela Lei n. 11.741, de 16/7/2008, publicado no DOU de 17/7/2008, que estabelece as diretrizes e bases da educação nacional, para redimensionar, institucionalizar e integrar as ações da educação profissional técnica de nível médio, da educação de jovens e adultos e da educação profissional e tecnológica).

***II** — de educação profissional técnica de nível médio;* (Inciso acrescido pela Lei n. 11.741, de 16/7/2008, publicado no DOU de 17/7/2008, que estabelece as diretrizes e bases da educação nacional, para redimensionar, institucionalizar e integrar as ações da educação profissional técnica de nível médio, da educação de jovens e adultos e da educação profissional e tecnológica).

***III** — de educação profissional tecnológica de graduação e pós-graduação.* (Inciso acrescido pela Lei n. 11.741, de 16/7/2008, publicado no DOU de 17/7/2008, que estabelece as diretrizes e bases da educação nacional, para redimensionar, institucionalizar e integrar as ações da educação profissional técnica de nível médio, da educação de jovens e adultos e da educação profissional e tecnológica).

***§ 3º** Os cursos de educação profissional tecnológica de graduação e pós-graduação organizar-se-ão, no que concerne a objetivos, características e duração, de acordo com as diretrizes curriculares nacionais estabelecidas pelo Conselho Nacional de Educação.* (Inciso acrescido pela Lei n. 11.741, de 16/7/2008, publicado no DOU de 17/7/2008, que estabelece as diretrizes e bases da educação nacional, para redimensionar, institucionalizar e integrar as ações da educação profissional técnica de nível médio, da educação de jovens e adultos e da educação profissional e tecnológica).

***Art. 40**. A educação profissional será desenvolvida em articulação com o ensino regular ou por diferentes estratégias de educação continuada, em instituições especializadas ou no ambiente de trabalho.* (Regulamentado pelo Decreto n. 5.154 de 23/6/2004, publicado no DOU de 26/7/2004, que estabelece as diretrizes e bases da educação nacional, e dá outras providências).

***Art. 41**. O conhecimento adquirido na educação profissional e tecnológica, inclusive no trabalho, poderá ser objeto de avaliação, reconhecimento e certificação para prosseguimento ou conclusão de estudos.* (Artigo com redação dada pela Lei n. 11.741, de 16/7/2008, publicado no DOU de 17/7/2008, que estabelece as diretrizes e bases da educação nacional, para redimensionar, institucionalizar e integrar as ações da educação profissional técnica de nível médio, da educação de jovens e adultos e da educação profissional e tecnológica).

***Parágrafo único**. Os diplomas de cursos de educação profissional de nível médio, quando registrados, terão validade nacional.* (Parágrafo único revogado pela Lei n. 11.741, de 16/7/2008, publicado no DOU de 17/7/2008, que estabelece as diretrizes e bases da educação nacional, para redimensionar, institucionalizar e integrar as ações da educação profissional técnica de nível médio, da educação de jovens e adultos e da educação profissional e tecnológica).

Art. 42. *As instituições de educação profissional e tecnológica, além dos seus cursos regulares, oferecerão cursos especiais, abertos à comunidade, condicionada a matrícula à capacidade de aproveitamento e não necessariamente ao nível de escolaridade.* (Artigo com redação dada pela Lei n. 11.741, de 16/7/2008, publicado no DOU de 17/7/2008, que estabelece as diretrizes e bases da educação nacional, para redimensionar, institucionalizar e integrar as ações da educação profissional técnica de nível médio, da educação de jovens e adultos e da educação profissional e tecnológica).

O Decreto n. 5.154, de 23 de julho de 2004, publicado no DOU de 26/7/2004, regulamentou os Artigos 39 a 42 da LDB, ao tratar de assuntos pertinentes à educação profissional, técnica ou tecnológica.

CAPÍTULO IV
DA EDUCAÇÃO SUPERIOR

Art. 43. A educação superior tem por finalidade:

I — estimular a criação cultural e o desenvolvimento do espírito científico e do pensamento reflexivo;

II — formar diplomados nas diferentes áreas de conhecimento, aptos para a inserção em setores profissionais e para a participação no desenvolvimento da sociedade brasileira, e colaborar na sua formação contínua;

III — incentivar o trabalho de pesquisa e investigação científica, visando o desenvolvimento da ciência e da tecnologia e da criação e difusão da cultura, e, desse modo, desenvolver o entendimento do homem e do meio em que vive;

IV — promover a divulgação de conhecimentos culturais, científicos e técnicos que constituem patrimônio da humanidade e comunicar o saber através do ensino, de publicações ou de outras formas de comunicação;

V — suscitar o desejo permanente de aperfeiçoamento cultural e profissional e possibilitar a correspondente concretização, integrando os conhecimentos que vão sendo adquiridos numa estrutura intelectual sistematizadora do conhecimento de cada geração;

VI — estimular o conhecimento dos problemas do mundo presente, em particular os nacionais e regionais, prestar serviços especializados à comunidade e estabelecer com esta uma relação de reciprocidade;

VII — promover a extensão, aberta à participação da população, visando à difusão das conquistas e benefícios resultantes da criação cultural e da pesquisa científica e tecnológica geradas na instituição.

***Art.** 44. A educação superior abrangerá os seguintes cursos e programas:*

***I** — cursos sequenciais por campo de saber, de diferentes níveis de abrangência, abertos a candidatos que atendam aos requisitos estabelecidos pelas instituições de ensino, desde que tenham concluído o ensino médio ou equivalente;* (Inciso com redação dada pela Lei n. 11.632 de 27/12/2007, publicado no DOU de 28/12/2007, que altera o inciso I do caput do art. 44, da Lei n. 9.394, de 20 de dezembro de 1996).

II — de graduação, abertos a candidatos que tenham concluído o ensino médio ou equivalente e tenham sido classificados em processo seletivo;

III — de pós-graduação, compreendendo programas de mestrado e doutorado, cursos de especialização, aperfeiçoamento e outros, abertos a candidatos diplomados em cursos de graduação e que atendam às exigências das instituições de ensino;

IV — de extensão, abertos a candidatos que atendam aos requisitos estabelecidos em cada caso pelas instituições de ensino.

Parágrafo único. Os resultados do processo seletivo referido no inciso II do caput deste artigo serão tornados públicos pelas instituições de ensino superior, sendo obrigatória a divulgação da relação nominal dos classificados, a respectiva ordem de classificação, bem como do cronograma das chamadas para matrícula, de acordo com os critérios para preenchimento das vagas constantes do respectivo edital. (Parágrafo único acrescido pela Lei n. 11.331, de 25/7/2006, publicado no DOU de 26/7/2006 que acrescenta parágrafo ao art. 44 da Lei n. 9.394, de 20 de dezembro de 1996, que estabelece as diretrizes e bases da educação nacional, com relação a processo seletivo de acesso a cursos superiores de graduação).

Art. 45. A educação superior será ministrada em instituições de ensino superior, públicas ou privadas, com variados graus de abrangência ou especialização. (O Decreto n. 5.773/2006 prevê na Educação Superior três tipos de IES: faculdades, centros universitários e universidades).

Art. 46. A autorização e o reconhecimento de cursos, bem como o credenciamento de instituições de educação superior, terão prazos limitados, sendo renovados, periodicamente, após processo regular de avaliação.

§ 1º Após um prazo para saneamento de deficiências eventualmente identificadas pela avaliação a que se refere este artigo, haverá reavaliação, que poderá resultar, conforme o caso, em desativação de cursos e habilitações, em intervenção na instituição, em suspensão temporária de prerrogativas da autonomia, ou em descredenciamento.

§ 2º No caso de instituição pública, o Poder Executivo responsável por sua manutenção acompanhará o processo de saneamento e fornecerá recursos adicionais, se necessários, para a superação das deficiências.

Art. 47. Na educação superior, o ano letivo regular, independente do ano civil, tem, no mínimo, duzentos dias de trabalho acadêmico efetivo, excluído o tempo reservado aos exames finais, quando houver.

§ 1º As instituições informarão aos interessados, antes de cada período letivo, os programas dos cursos e demais componentes curriculares, sua duração, requisitos, qualificação dos professores, recursos disponíveis e critérios de avaliação, obrigando-se a cumprir as respectivas condições.

§ 2º Os alunos que tenham extraordinário aproveitamento nos estudos, demonstrado por meio de provas e outros instrumentos de avaliação específicos, aplicados por banca examinadora especial, poderão ter abreviada a duração dos seus cursos, de acordo com as normas dos sistemas de ensino.

§ 3º É obrigatória a freqüência de alunos e professores, salvo nos programas de educação a distância.

§ 4º As instituições de educação superior oferecerão, no período noturno, cursos de graduação nos mesmos padrões de qualidade mantidos no período diurno, sendo obrigatória a oferta noturna nas instituições públicas, garantida a necessária previsão orçamentária.

Art. 48. Os diplomas de cursos superiores reconhecidos, quando registrados, terão validade nacional como prova da formação recebida por seu titular.

§ 1º Os diplomas expedidos pelas universidades serão por elas próprias registrados, e aqueles conferidos por instituições não-universitárias serão registrados em universidades indicadas pelo Conselho Nacional de Educação.

§ 2º Os diplomas de graduação expedidos por universidades estrangeiras serão revalidados por universidades públicas que tenham curso do mesmo nível e área ou equivalente, respeitando-se os acordos internacionais de reciprocidade ou equiparação.

§ 3º Os diplomas de Mestrado e de Doutorado expedidos por universidades estrangeiras só poderão ser reconhecidos por universidades que possuam cursos de pós-graduação reconhecidos e avaliados, na mesma área de conhecimento e em nível equivalente ou superior.

Art. 49. As instituições de educação superior aceitarão a transferência de alunos regulares, para cursos afins, na hipótese de existência de vagas, e mediante processo seletivo.

Parágrafo único. As transferências ex officio dar-se-ão na forma da lei. (Lei n. 9.536/1997, art 1º, que dá cumprimento).

Art. 50. As instituições de educação superior, quando da ocorrência de vagas, abrirão matrícula nas disciplinas de seus cursos a alunos não regulares que demonstrarem capacidade de cursá-las com proveito, mediante processo seletivo prévio.

Art. 51. As instituições de educação superior credenciadas como universidades, ao deliberar sobre critérios e normas de seleção e admissão de estudantes, levarão em conta os efeitos desses critérios sobre a orientação do ensino médio, articulando-se com os órgãos normativos dos sistemas de ensino.

Art. 52. As universidades são instituições pluridisciplinares de formação dos quadros profissionais de nível superior, de pesquisa, de extensão e de domínio e cultivo do saber humano, que se caracterizam por:

I — produção intelectual institucionalizada mediante o estudo sistemático dos temas e problemas mais relevantes, tanto do ponto de vista científico e cultural, quanto regional e nacional;

II — um terço do corpo docente, pelo menos, com titulação acadêmica de mestrado ou doutorado;

III — um terço do corpo docente em regime de tempo integral.

Parágrafo único. É facultada a criação de universidades especializadas por campo do saber.

Art. 53. No exercício de sua autonomia, são asseguradas às universidades, sem prejuízo de outras, as seguintes atribuições:

I — criar, organizar e extinguir, em sua sede, cursos e programas de educação superior previstos nesta Lei, obedecendo às normas gerais da União e, quando for o caso, do respectivo sistema de ensino;

II — fixar os currículos dos seus cursos e programas, observadas as diretrizes gerais pertinentes;

III — estabelecer planos, programas e projetos de pesquisa científica, produção artística e atividades de extensão;

IV — fixar o número de vagas de acordo com a capacidade institucional e as exigências do seu meio;

V — elaborar e reformar os seus estatutos e regimentos em consonância com as normas gerais atinentes;

VI — conferir graus, diplomas e outros títulos;

VII — firmar contratos, acordos e convênios;

VIII — aprovar e executar planos, programas e projetos de investimentos referentes a obras, serviços e aquisições em geral, bem como administrar rendimentos conforme dispositivos institucionais;

IX — administrar os rendimentos e deles dispor na forma prevista no ato de constituição, nas leis e nos respectivos estatutos;

X — receber subvenções, doações, heranças, legados e cooperação financeira resultante de convênios com entidades públicas e privadas.

Parágrafo único. Para garantir a autonomia didático-científica das universidades, caberá aos seus colegiados de ensino e pesquisa decidir, dentro dos recursos orçamentários disponíveis, sobre:

I — criação, expansão, modificação e extinção de cursos;

II — ampliação e diminuição de vagas;

III — elaboração da programação dos cursos;

IV — programação das pesquisas e das atividades de extensão;

V — contratação e dispensa de professores;

VI — planos de carreira docente.

Art. 54. As universidades mantidas pelo Poder Público gozarão, na forma da lei, de estatuto jurídico especial para atender às peculiaridades de sua estrutura, organização e financiamento pelo Poder Público, assim como dos seus planos de carreira e do regime jurídico do seu pessoal.

§ 1º No exercício da sua autonomia, além das atribuições asseguradas pelo artigo anterior, as universidades públicas poderão:

I — propor o seu quadro de pessoal docente, técnico e administrativo, assim como um plano de cargos e salários, atendidas as normas gerais pertinentes e os recursos disponíveis;

II — elaborar o regulamento de seu pessoal em conformidade com as normas gerais concernentes;

III — aprovar e executar planos, programas e projetos de investimentos referentes a obras, serviços e aquisições em geral, de acordo com os recursos alocados pelo respectivo Poder mantenedor;

IV — elaborar seus orçamentos anuais e plurianuais;

V — adotar regime financeiro e contábil que atenda às suas peculiaridades de organização e funcionamento;

VI — realizar operações de crédito ou de financiamento, com aprovação do Poder competente, para aquisição de bens imóveis, instalações e equipamentos;

VII — efetuar transferências, quitações e tomar outras providências de ordem orçamentária, financeira e patrimonial necessárias ao seu bom desempenho.

§ **2º** Atribuições de autonomia universitária poderão ser estendidas a instituições que comprovem alta qualificação para o ensino ou para a pesquisa, com base em avaliação realizada pelo Poder Público.

Art. 55. Caberá à União assegurar, anualmente, em seu Orçamento Geral, recursos suficientes para manutenção e desenvolvimento das instituições de educação superior por ela mantidas.

Art. 56. As instituições públicas de educação superior obedecerão ao princípio da gestão democrática, assegurada a existência de órgãos colegiados deliberativos, de que participarão os segmentos da comunidade institucional, local e regional.

Parágrafo único. Em qualquer caso, os docentes ocuparão setenta por cento dos assentos em cada órgão colegiado e comissão, inclusive nos que tratarem da elaboração e modificações estatutárias e regimentais, bem como da escolha de dirigentes.

Art. 57. Nas instituições públicas de educação superior, o professor ficará obrigado ao mínimo de oito horas semanais de aulas.

CAPÍTULO V
DA EDUCAÇÃO ESPECIAL

Art. 58. *Entende-se por educação especial, para os efeitos desta Lei, a modalidade de educação escolar oferecida preferencialmente na rede regular de ensino, para educandos com deficiência, transtornos globais do desenvolvimento e altas habilidades ou superdotação.* (Artigo com redação dada pela Lei n. 12.796, de 4/4/2013, publicado no DOU de 5/4/2013, que estabelece as diretrizes e bases da educação nacional, para dispor sobre a formação dos profissionais da educação e dar outras providências).

§ 1º Haverá, quando necessário, serviços de apoio especializado, na escola regular, para atender às peculiaridades da clientela de educação especial.

§ 2º O atendimento educacional será feito em classes, escolas ou serviços especializados, sempre que, em função das condições específicas dos alunos, não for possível a sua integração nas classes comuns de ensino regular.

§ 3º A oferta de educação especial, dever constitucional do Estado, tem início na faixa etária de zero a seis anos, durante a educação infantil.

Art. 59. *Os sistemas de ensino assegurarão aos educandos com deficiência, transtornos globais do desenvolvimento e altas habilidades ou superdotação:* (Artigo com redação dada pela Lei n. 12.796, de 4/4/2013, publicado no DOU de 5/4/2013, que estabelece as diretrizes e bases da educação nacional, para dispor sobre a formação dos profissionais da educação e dar outras providências).

I — currículos, métodos, técnicas, recursos educativos e organização específicos, para atender às suas necessidades;

II — terminalidade específica para aqueles que não puderem atingir o nível exigido para a conclusão do ensino fundamental, em virtude de suas deficiências, e aceleração para concluir em menor tempo o programa escolar para os superdotados;

III — professores com especialização adequada em nível médio ou superior, para atendimento especializado, bem como professores do ensino regular capacitados para a integração desses educandos nas classes comuns;

IV — educação especial para o trabalho, visando a sua efetiva integração na vida em sociedade, inclusive condições adequadas para os que não revelarem capacidade de inserção no trabalho competitivo, mediante articulação com os órgãos oficiais afins, bem como para aqueles que apresentam uma habilidade superior nas áreas artística, intelectual ou psicomotora;

V — acesso igualitário aos benefícios dos programas sociais suplementares disponíveis para o respectivo nível do ensino regular. (A Lei n. 10.436, de 24/4/2002, publicado no DOU de 25/4/2002, que dispõe sobre a Língua Brasileira de Sinais (LIBRAS), foi regulamentada pelo Decreto n. 5.626, de 22/12/2005, publicado no DOU de 23/12/2005, que a acrescenta como disciplina obrigatória no currículo).

Art. 60. Os órgãos normativos dos sistemas de ensino estabelecerão critérios de caracterização das instituições privadas sem fins lucrativos, especializadas e com atuação exclusiva em educação especial, para fins de apoio técnico e financeiro pelo Poder Público.

Parágrafo único. *O poder público adotará, como alternativa preferencial, a ampliação do atendimento aos educandos com deficiência, transtornos globais do desenvolvimento e altas habilidades ou superdotação na própria rede pública regular de ensino, independentemente do apoio às instituições previstas neste artigo.* (**Parágrafo único** com redação dada pela Lei n. 12.796, de 4/4/2013, publicado no DOU de 5/4/2013, que estabelece as diretrizes e bases da educação nacional, para dispor sobre a formação dos profissionais da educação e dar outras providências).

TÍTULO VI
Dos Profissionais da Educação

Art. 61. *Consideram-se profissionais da educação escolar básica os que, nela estando em efetivo exercício e tendo sido formados em cursos reconhecidos, são:* (Artigo com redação dada pela Lei n. 12.014 de 6/8/2009, publicado no DOU de 7/8/2009, que discrimina as categorias de trabalhadores que se devem considerar profissionais da educação).

I *— professores habilitados em nível médio ou superior para a docência na educação infantil e nos ensinos fundamental e médio;* (Inciso com redação dada pela Lei n. 12.014 de 6/8/2009, publicado no DOU de 7/8/2009, que discrimina as categorias de trabalhadores que se devem considerar profissionais da educação).

II *— trabalhadores em educação portadores de diploma de pedagogia, com habilitação em administração, planejamento, supervisão, inspeção e orientação educacional, bem como com títulos de mestrado ou doutorado nas mesmas áreas;* (Inciso com redação dada pela Lei n. 12.014 de 6/8/2009, publicado no DOU de 7/8/2009, que discrimina as categorias de trabalhadores que se devem considerar profissionais da educação).

III — *trabalhadores em educação, portadores de diploma de curso técnico ou superior em área pedagógica ou afim.* (Inciso acrescido pela Lei n. 12.014 de 6/8/2009, publicado no DOU de 7/8/2009, que discrimina as categorias de trabalhadores que se devem considerar profissionais da educação).

Parágrafo único. *A formação dos profissionais da educação, de modo a atender às especificidades do exercício de suas atividades, bem como aos objetivos das diferentes etapas e modalidades da educação básica, terá como fundamentos:* (Parágrafo único acrescido pela Lei n. 12.014 de 6/8/2009, publicado no DOU de 7/8/2009, que discrimina as categorias de trabalhadores que se devem considerar profissionais da educação).

I — *a presença de sólida formação básica, que propicie o conhecimento dos fundamentos científicos e sociais de suas competências de trabalho;* (Inciso acrescido pela Lei n. 12.014 de 6/8/2009, publicado no DOU de 7/8/2009, que discrimina as categorias de trabalhadores que se devem considerar profissionais da educação).

II — *a associação entre teorias e práticas, mediante estágios supervisionados e capacitação em serviço;* (Inciso acrescido pela Lei n. 12.014 de 6/8/2009, publicado no DOU de 7/8/2009, que discrimina as categorias de trabalhadores que se devem considerar profissionais da educação).

III — *o aproveitamento da formação e experiências anteriores, em instituições de ensino e em outras atividades.* (Inciso acrescido pela Lei n. 12.014 de 6/8/2009, publicado no DOU de 7/8/2009, que discrimina as categorias de trabalhadores que se devem considerar profissionais da educação).

Art. 62. *A formação de docentes para atuar na educação básica far-se-á em nível superior, em curso de licenciatura, de graduação plena, em universidades e institutos superiores de educação, admitida, como formação mínima para o exercício do magistério na educação infantil e nos 5 (cinco) primeiros anos do ensino fundamental, a oferecida em nível médio na modalidade normal.* (Artigo com redação dada pela Lei n. 12.796, de 4/42013, publicado no DOU de 5/4/2013, que estabelece as diretrizes e bases da educação nacional, para dispor sobre a formação dos profissionais da educação e dar outras providências).

O Decreto n. 5.224/2004, de 1/10/2004, publicado no DOU de 4/10/2004, que dispõe que os CEFET oferecerão curso de licenciatura e de programas especiais de formação pedagógica nas áreas científica e tecnológica.

***§ 1º** A União, o Distrito Federal, os Estados e os Municípios, em regime de colaboração, deverão promover a formação inicial, a continuada e a capacitação dos profissionais de magistério.* (Parágrafo acrescido pela Lei n. 12.056 de 13/10/2009, publicado no DOU de 14/10/2009, que acrescenta parágrafos ao art. 62 da Lei n. 9.394, de 20 de dezembro de 1996, que estabelece as diretrizes e bases da educação nacional).

***§ 2º** A formação continuada e a capacitação dos profissionais de magistério poderão utilizar recursos e tecnologias de educação a distância.* (Parágrafo acrescido pela Lei n. 12.056 de 13/10/2009, publicado no DOU de 14/10/2009, que acrescenta parágrafos ao art. 62 da Lei n. 9.394, de 20 de dezembro de 1996, que estabelece as diretrizes e bases da educação nacional).

***§ 3º** A formação inicial de profissionais de magistério dará preferência ao ensino presencial, subsidiariamente fazendo uso de recursos e tecnologias de educação a distância.* (Parágrafo acrescido pela Lei n. 12.056 de 13/10/2009, publicado no DOU de 14/10/2009, que acrescenta parágrafos ao art. 62 da Lei n. 9.394, de 20 de dezembro de 1996, que estabelece as diretrizes e bases da educação nacional).

***§ 4º** A União, o Distrito Federal, os Estados e os Municípios adotarão mecanismos facilitadores de acesso e permanência em cursos de formação de docentes em nível superior para atuar na educação básica pública.* (Artigo com redação dada pela Lei n. 12.796, de 4/4/2013, publicado no DOU de 5/4/2013, que estabelece as diretrizes e bases da educação nacional, para dispor sobre a formação dos profissionais da educação e dar outras providências).

***§ 5º** A União, o Distrito Federal, os Estados e os Municípios incentivarão a formação de profissionais do magistério para atuar na educação básica pública mediante programa institucional de bolsa de iniciação à docência a estudantes matriculados em cursos de licenciatura, de graduação plena, nas instituições de educação superior.* (Parágrafo acrescido pela Lei n. 12.796 de 4/4/2013, publicado no DOU de 5/4/2013, que estabelece as diretrizes e bases da educação nacional, para dispor sobre a formação dos profissionais da educação e dar outras providências).

***§ 6º** O Ministério da Educação poderá estabelecer nota mínima em exame nacional aplicado aos concluintes do ensino médio como pré-requisito para o ingresso em cursos de graduação para formação de docentes, ouvido o Conselho Nacional de Educação — CNE.* (Parágrafo acrescido pela Lei n. 12.796 de 4/4/2013, publicado no DOU de 5/4/2013, que estabelece as diretrizes e bases da educação nacional, para dispor sobre a formação dos profissionais da educação e dar outras providências).

§ 7º (VETADO). (Parágrafo acrescido pela Lei n. 12.796 de 4/4/2013, publicado no DOU de 5/4/2013, que estabelece as diretrizes e bases da educação nacional, para dispor sobre a formação dos profissionais da educação e dar outras providências).

Art. 62-A*. A formação dos profissionais a que se refere o inciso III do* ***Art.*** *61 far-se-á por meio de cursos de conteúdo técnico-pedagógico, em nível médio ou superior, incluindo habilitações tecnológicas.* (Parágrafo acrescido pela Lei n. 12.796 de 4/4/2013, publicado no DOU de 5/4/2013, que estabelece as diretrizes e bases da educação nacional, para dispor sobre a formação dos profissionais da educação e dar outras providências).

Parágrafo único*. Garantir-se-á formação continuada para os profissionais a que se refere o caput, no local de trabalho ou em instituições de educação básica e superior, incluindo cursos de educação profissional, cursos superiores de graduação plena ou tecnológicos e de pós-graduação.* (**Parágrafo único** acrescido pela Lei n. 12.796 de 4/4/2013, publicado no DOU de 5/4/2013, que estabelece as diretrizes e bases da educação nacional, para dispor sobre a formação dos profissionais da educação e dar outras providências).

Art. 63. Os institutos superiores de educação manterão:

I — cursos formadores de profissionais para a educação básica, inclusive o curso normal superior, destinado à formação de docentes para a educação infantil e para as primeiras séries do ensino fundamental;

II — programas de formação pedagógica para portadores de diplomas de educação superior que queiram se dedicar à educação básica;

III — programas de educação continuada para os profissionais de educação dos diversos níveis.

Art. 64. A formação de profissionais de educação para administração, planejamento, inspeção, supervisão e orientação educacional para a educação básica, será feita em cursos de graduação em pedagogia ou em nível de pós-graduação, a critério da instituição de ensino, garantida, nesta formação, a base comum nacional.

Art. 65. A formação docente, exceto para a educação superior, incluirá prática de ensino de, no mínimo, trezentas horas.

Art. 66. A preparação para o exercício do magistério superior far-se-á em nível de pós-graduação, prioritariamente em programas de mestrado e doutorado.

Parágrafo único. O notório saber, reconhecido por universidade com curso de doutorado em área afim, poderá suprir a exigência de título acadêmico.

Art. 67. Os sistemas de ensino promoverão a valorização dos profissionais da educação, assegurando-lhes, inclusive nos termos dos estatutos e dos planos de carreira do magistério público:

I — ingresso exclusivamente por concurso público de provas e títulos;

II — aperfeiçoamento profissional continuado, inclusive com licenciamento periódico remunerado para esse fim;

III — piso salarial profissional;

IV — progressão funcional baseada na titulação ou habilitação, e na avaliação do desempenho;

V — período reservado a estudos, planejamento e avaliação, incluído na carga de trabalho;

VI — condições adequadas de trabalho.

§ 1º A experiência docente é pré-requisito para o exercício profissional de quaisquer outras funções de magistério, nos termos das normas de cada sistema de ensino. (Parágrafo único transformado em § 1º pela Lei n. 11.301, de 10/5/2006, publicado no DOU de 11/5/2006, que altera o art. 67 da Lei n. 9.394, de 20 de dezembro de 1996, incluindo, para os efeitos do disposto no § 5º do art. 40 e no § 8º do art. 201 da Constituição Federal, definição de funções de magistério).

§ 2º Para os efeitos do disposto no § 5º do **Art.** 40_e no § 8º_do **Art.** 201 da Constituição Federal, são consideradas funções de magistério as exercidas por professores e especialistas em educação no desempenho de atividades educativas, quando exercidas em estabelecimento de educação básica em seus diversos níveis e modalidades, incluídas, além do exercício da docência, as de direção de unidade escolar e as de coordenação e assessoramento pedagógico. (Parágrafo acrescido pela Lei n. 11.301, de 10/5/2006, publicado no DOU de 11/5/2006, que altera o art. 67 da Lei n. 9.394, de 20 de dezembro de 1996, incluindo, para os efeitos do disposto no § 5º do art. 40 e no § 8º do art. 201 da Constituição Federal, definição de funções de magistério).

§ 3º *A União prestará assistência técnica aos Estados, ao Distrito Federal e aos Municípios na elaboração de concursos públicos para provimento de cargos dos profissionais da educação.* (Parágrafo acrescido pela Lei n. 12.796 de 4/4/2013, publicado no DOU de 5/4/2013, que estabelece as diretrizes e bases da educação nacional, para dispor sobre a formação dos profissionais da educação e dar outras providências).

TÍTULO VII
Dos Recursos Financeiros

Art. 68. Serão recursos públicos destinados à educação os originários de:

I — receita de impostos próprios da União, dos Estados, do Distrito Federal e dos Municípios;

II — receita de transferências constitucionais e outras transferências;

III — receita do salário-educação e de outras contribuições sociais;

IV — receita de incentivos fiscais;

V — outros recursos previstos em lei.

Art. 69. A União aplicará, anualmente, nunca menos de dezoito, e os Estados, o Distrito Federal e os Municípios, vinte e cinco por cento, ou o que consta nas respectivas Constituições ou Leis Orgânicas, da receita resultante de impostos, compreendidas as transferências constitucionais, na manutenção e desenvolvimento do ensino público.

§ 1º A parcela da arrecadação de impostos transferida pela União aos Estados, ao Distrito Federal e aos Municípios, ou pelos Estados aos respectivos Municípios, não será considerada, para efeito do cálculo previsto neste artigo, receita do governo que a transferir.

§ 2º Serão consideradas excluídas das receitas de impostos mencionadas neste artigo as operações de crédito por antecipação de receita orçamentária de impostos.

§ 3º Para fixação inicial dos valores correspondentes aos mínimos estatuídos neste artigo, será considerada a receita estimada na lei do orçamento anual, ajustada, quando for o caso, por lei que autorizar a abertura de créditos adicionais, com base no eventual excesso de arrecadação.

§ 4º As diferenças entre a receita e a despesa previstas e as efetivamente realizadas, que resultem no não atendimento dos percentuais mínimos obrigatórios, serão apuradas e corrigidas a cada trimestre do exercício financeiro.

§ 5º O repasse dos valores referidos neste artigo do caixa da União, dos Estados, do Distrito Federal e dos Municípios ocorrerá imediatamente ao órgão responsável pela educação, observados os seguintes prazos:

I — recursos arrecadados do primeiro ao décimo dia de cada mês, até o vigésimo dia;

II — recursos arrecadados do décimo primeiro ao vigésimo dia de cada mês, até o trigésimo dia;

III — recursos arrecadados do vigésimo primeiro dia ao final de cada mês, até o décimo dia do mês subseqüente.

§ 6º O atraso da liberação sujeitará os recursos a correção monetária e à responsabilização civil e criminal das autoridades competentes.

Art. 70. Considerar-se-ão como de manutenção e desenvolvimento do ensino as despesas realizadas com vistas à consecução dos objetivos básicos das instituições educacionais de todos os níveis, compreendendo as que se destinam a:

I — remuneração e aperfeiçoamento do pessoal docente e demais profissionais da educação;

II — aquisição, manutenção, construção e conservação de instalações e equipamentos necessários ao ensino;

III — uso e manutenção de bens e serviços vinculados ao ensino;

IV — levantamentos estatísticos, estudos e pesquisas visando precipuamente ao aprimoramento da qualidade e à expansão do ensino;

V — realização de atividades-meio necessárias ao funcionamento dos sistemas de ensino;

VI — concessão de bolsas de estudo a alunos de escolas públicas e privadas;

VII — amortização e custeio de operações de crédito destinadas a atender ao disposto nos incisos deste artigo;

VIII — aquisição de material didático-escolar e manutenção de programas de transporte escolar.

Art. 71. Não constituirão despesas de manutenção e desenvolvimento do ensino aquelas realizadas com:

I — pesquisa, quando não vinculada às instituições de ensino, ou, quando efetivada fora dos sistemas de ensino, que não vise, precipuamente, ao aprimoramento de sua qualidade ou à sua expansão;

II — subvenção a instituições públicas ou privadas de caráter assistencial, desportivo ou cultural;

III — formação de quadros especiais para a administração pública, sejam militares ou civis, inclusive diplomáticos;

IV — programas suplementares de alimentação, assistência médico-odontológica, farmacêutica e psicológica, e outras formas de assistência social;

V — obras de infra-estrutura, ainda que realizadas para beneficiar direta ou indiretamente a rede escolar;

VI — pessoal docente e demais trabalhadores da educação, quando em desvio de função ou em atividade alheia à manutenção e desenvolvimento do ensino.

Art. 72. As receitas e despesas com manutenção e desenvolvimento do ensino serão apuradas e publicadas nos balanços do Poder Público, assim como nos relatórios a que se refere o § 3º do **Art.** 165 da Constituição Federal.

Art. 73. Os órgãos fiscalizadores examinarão, prioritariamente, na prestação de contas de recursos públicos, o cumprimento do disposto no **Art.** 212 da Constituição Federal, no **Art.** 60 do Ato das Disposições Constitucionais Transitórias e na legislação concernente.

Art. 74. A União, em colaboração com os Estados, o Distrito Federal e os Municípios, estabelecerá padrão mínimo de oportunidades educacionais para o ensino fundamental, baseado no cálculo do custo mínimo por aluno, capaz de assegurar ensino de qualidade.

Parágrafo único. O custo mínimo de que trata este artigo será calculado pela União ao final de cada ano, com validade para o ano subseqüente, considerando variações regionais no custo dos insumos e as diversas modalidades de ensino.

Art. 75. A ação supletiva e redistributiva da União e dos Estados será exercida de modo a corrigir, progressivamente, as disparidades de acesso e garantir o padrão mínimo de qualidade de ensino.

§ 1º A ação a que se refere este artigo obedecerá a fórmula de domínio público que inclua a capacidade de atendimento e a medida do esforço fiscal do respectivo Estado, do Distrito Federal ou do Município em favor da manutenção e do desenvolvimento do ensino.

§ 2º A capacidade de atendimento de cada governo será definida pela razão entre os recursos de uso constitucionalmente obrigatório na manutenção e desenvolvimento do ensino e o custo anual do aluno, relativo ao padrão mínimo de qualidade.

§ 3º Com base nos critérios estabelecidos nos §§ 1º e 2º, a União poderá fazer a transferência direta de recursos a cada estabelecimento de ensino, considerado o número de alunos que efetivamente freqüentam a escola.

§ 4º A ação supletiva e redistributiva não poderá ser exercida em favor do Distrito Federal, dos Estados e dos Municípios se estes oferecerem vagas, na área de ensino de sua responsabilidade, conforme o inciso VI do **Art.** 10 e o inciso V do **Art.** 11 desta Lei, em número inferior à sua capacidade de atendimento.

Art. 76. A ação supletiva e redistributiva prevista no artigo anterior ficará condicionada ao efetivo cumprimento pelos Estados, Distrito Federal e Municípios do disposto nesta Lei, sem prejuízo de outras prescrições legais.

Art. 77. Os recursos públicos serão destinados às escolas públicas, podendo ser dirigidos a escolas comunitárias, confessionais ou filantrópicas que:

I — comprovem finalidade não-lucrativa e não distribuam resultados, dividendos, bonificações, participações ou parcela de seu patrimônio sob nenhuma forma ou pretexto;

II — apliquem seus excedentes financeiros em educação;

III — assegurem a destinação de seu patrimônio a outra escola comunitária, filantrópica ou confessional, ou ao Poder Público, no caso de encerramento de suas atividades;

IV — prestem contas ao Poder Público dos recursos recebidos.

§ 1º Os recursos de que trata este artigo poderão ser destinados a bolsas de estudo para a educação básica, na forma da lei, para os que demonstrarem insuficiência de recursos, quando houver falta de vagas e cursos regulares da rede pública de domicílio do educando, ficando o Poder Público obrigado a investir prioritariamente na expansão da sua rede local.

§ 2º As atividades universitárias de pesquisa e extensão poderão receber apoio financeiro do Poder Público, inclusive mediante bolsas de estudo.

TÍTULO VIII
Das Disposições Gerais

Art. 78. O Sistema de Ensino da União, com a colaboração das agências federais de fomento à cultura e de assistência aos índios, desenvolverá programas integrados de ensino e pesquisa, para oferta de educação escolar bilingüe e intercultural aos povos indígenas, com os seguintes objetivos:

I — proporcionar aos índios, suas comunidades e povos, a recuperação de suas memórias históricas; a reafirmação de suas identidades étnicas; a valorização de suas línguas e ciências;

II — garantir aos índios, suas comunidades e povos, o acesso às informações, conhecimentos técnicos e científicos da sociedade nacional e demais sociedades indígenas e não-índias.

Art. 79. A União apoiará técnica e financeiramente os sistemas de ensino no provimento da educação intercultural às comunidades indígenas, desenvolvendo programas integrados de ensino e pesquisa.

§ 1º Os programas serão planejados com audiência das comunidades indígenas.

§ 2º Os programas a que se refere este artigo, incluídos nos Planos Nacionais de Educação, terão os seguintes objetivos:

I — fortalecer as práticas sócioculturais e a língua materna de cada comunidade indígena;

II — manter programas de formação de pessoal especializado, destinado à educação escolar nas comunidades indígenas;

III — desenvolver currículos e programas específicos, neles incluindo os conteúdos culturais correspondentes às respectivas comunidades;

IV — elaborar e publicar sistematicamente material didático específico e diferenciado.

§ 3º *No que se refere à educação superior, sem prejuízo de outras ações, o atendimento aos povos indígenas efetivar-se-á, nas universidades públicas e privadas, mediante a oferta de ensino e de assistência estudantil, assim como de estímulo à pesquisa e desenvolvimento de programas especiais.* (Parágrafo acrescido pela Lei n. 12.416, de 9/6/2011, publicado no DOU de 10/6/2011, que dispõe sobre a oferta de educação superior para os povos indígenas).

Art. 79-A. (VETADO pela Lei n. 10.639, de 9/1/2003, publicado no DOU de 10/1/2003, que altera a Lei n. 9.394, de 20 de dezembro de 1996, que estabelece as diretrizes e bases da educação nacional, para incluir no currículo oficial da Rede de Ensino a obrigatoriedade da temática "História e Cultura Afro-Brasileira", e dá outras providências).

Art. 79-B. O calendário escolar incluirá o dia 20 de novembro como 'Dia Nacional da Consciência Negra'. (Artigo acrescido pela Lei n. 10.639, de 9/1/2003, publicado no DOU de 10/1/2003, que altera a Lei n. 9.394, de 20 de dezembro de

1996, que estabelece as diretrizes e bases da educação nacional, para incluir no currículo oficial da Rede de Ensino a obrigatoriedade da temática "História e Cultura Afro-Brasileira", e dá outras providências).

Art. 80. O Poder Público incentivará o desenvolvimento e a veiculação de programas de ensino a distância, em todos os níveis e modalidades de ensino, e de educação continuada.

§ 1º A educação a distância, organizada com abertura e regime especiais, será oferecida por instituições especificamente credenciadas pela União.

§ 2º A União regulamentará os requisitos para a realização de exames e registro de diploma relativos a cursos de educação a distância.

§ 3º As normas para produção, controle e avaliação de programas de educação a distância e a autorização para sua implementação, caberão aos respectivos sistemas de ensino, podendo haver cooperação e integração entre os diferentes sistemas.

§ 4º A educação a distância gozará de tratamento diferenciado, que incluirá:

I *— custos de transmissão reduzidos em canais comerciais de radiodifusão sonora e de sons e imagens e em outros meios de comunicação que sejam explorados mediante autorização, concessão ou permissão do poder público;* (Inciso com redação dada pela Lei n. 12.603, de 3/4/2012, publicado no DOU de 4/4/2012, que altera o inciso I do § 4º do art. 80 da Lei n. 9.394, de 20 de dezembro de 1996, para beneficiar a educação a distância com a redução de custos em meios de comunicação que sejam explorados mediante autorização, concessão ou permissão do Poder Público).

II — concessão de canais com finalidades exclusivamente educativas;

III — reserva de tempo mínimo, sem ônus para o Poder Público, pelos concessionários de canais comerciais. (Decreto n. 5.622, de 19/12/2005 regulamenta este Artigo, publicado no DOU de 20/12/2005, regulamenta o art. 80 da Lei n. 9.394, de 20 de dezembro de 1996, que estabelece as diretrizes e bases da educação nacional).

Art. 81. É permitida a organização de cursos ou instituições de ensino experimentais, desde que obedecidas as disposições desta Lei.

Art. 82*. Os sistemas de ensino estabelecerão as normas de realização de estágio em sua jurisdição, observada a lei federal sobre a matéria.* (Artigo com redação dada pela Lei n. 11.788, de 25/9/2008, publicado no DOU de 26/9/2008, que dispõe sobre o estágio de estudantes; altera a redação do art. 428 da Consolidação das Leis do Trabalho — CLT, aprovada pelo Decreto-Lei n. 5.452, de 1º de maio de 1943, e a Lei n. 9.394, de 20 de dezembro de 1996; revoga as Leis n. 6.494, de 7 de dezembro de 1977, e n. 8.859, de 23 de março de 1994, o parágrafo único do art. 82 da Lei n. 9.394, de 20 de dezembro de 1996, e o art. 6º da Medida Provisória n. 2.164-41, de 24 de agosto de 2001; e dá outras providências).

Art. 83. O ensino militar é regulado em lei específica, admitida a equivalência de estudos, de acordo com as normas fixadas pelos sistemas de ensino.

Art. 84. Os discentes da educação superior poderão ser aproveitados em tarefas de ensino e pesquisa pelas respectivas instituições, exercendo funções de monitoria, de acordo com seu rendimento e seu plano de estudos.

Art. 85. Qualquer cidadão habilitado com a titulação própria poderá exigir a abertura de concurso público de provas e títulos para cargo de docente de instituição pública de ensino que estiver sendo ocupado por professor não concursado, por mais de seis anos, ressalvados os direitos assegurados pelos arts. 41 da Constituição Federal e 19 do Ato das Disposições Constitucionais Transitórias.

Art. 86. As instituições de educação superior constituídas como universidades integrar-se-ão, também, na sua condição de instituições de pesquisa, ao Sistema Nacional de Ciência e Tecnologia, nos termos da legislação específica.

TÍTULO IX
Das Disposições Transitórias

Art. 87. É instituída a Década da Educação, a iniciar-se um ano a partir da publicação desta Lei.

§ 1º A União, no prazo de um ano a partir da publicação desta Lei, encaminhará, ao Congresso Nacional, o Plano Nacional de Educação, com diretrizes e metas para os dez anos seguintes, em sintonia com a Declaração Mundial sobre Educação para Todos.

§ 2º *O poder público deverá recensear os educandos no ensino fundamental, com especial atenção para o grupo de 6 (seis) a 14 (quatorze) anos de idade e de 15 (quinze) a 16 (dezesseis) anos de idade.* (Parágrafo revogado pela Lei n. 12.796, de 4/4/2013, publicado no DOU de 5/4/2013, que estabelece as diretrizes e bases da educação nacional, para dispor sobre a formação dos profissionais da educação e dar outras providências).

§ 3º O Distrito Federal, cada Estado e Município, e, supletivamente, a União, devem: (Caput do parágrafo com redação dada pela Lei n. 11.330, de 25/7/2006, publicado no DOU de 26/7/2006, que dá nova redação ao § 3º do art. 87 da Lei n. 9.394, de 20 de dezembro de 1996).

I *— matricular todos os educandos a partir dos 6 (seis) anos de idade no ensino fundamental;* (Inciso Revogado pela Lei n. 12.976, de 4/4/2013, publicado no DOU de 5/4/2013, que estabelece as diretrizes e bases da educação nacional, para dispor sobre a formação dos profissionais da educação e dar outras providências). As alíneas "a", "b" e "c" foram revogadas pela Lei n. 11.274, de 6/2/2006, publicado no DOU de 7/2/2006, que altera a redação dos arts. 29, 30, 32 e 87 da Lei n. 9.394, de 20 de dezembro de 1996, que estabelece as diretrizes e bases da educação nacional, dispondo sobre a duração de 9 (nove) anos para o ensino fundamental, com matrícula obrigatória a partir dos 6 (seis) anos de idade).

II — prover cursos presenciais ou a distância aos jovens e adultos insuficientemente escolarizados;

III — realizar programas de capacitação para todos os professores em exercício, utilizando também, para isto, os recursos da educação a distância;

IV — integrar todos os estabelecimentos de ensino fundamental do seu território ao sistema nacional de avaliação do rendimento escolar.

§ 4º *Até o fim da Década da Educação somente serão admitidos professores habilitados em nível superior ou formados por treinamento em serviço.* (Artigo Revogado pela Lei n. 12.796, de 4/4/2013, publicado no DOU de 5/4/2013, que estabelece as diretrizes e bases da educação nacional, para dispor sobre a formação dos profissionais da educação e dar outras providências).

§ 5º Serão conjugados todos os esforços objetivando a progressão das redes escolares públicas urbanas de ensino fundamental para o regime de escolas de tempo integral.

§ 6º A assistência financeira da União aos Estados, ao Distrito Federal e aos Municípios, bem como a dos Estados aos seus Municípios, ficam condicionadas ao cumprimento do **Art.** 212 da Constituição Federal e dispositivos legais pertinentes pelos governos beneficiados.

Art. 88. A União, os Estados, o Distrito Federal e os Municípios adaptarão sua legislação educacional e de ensino às disposições desta Lei no prazo máximo de um ano, a partir da data de sua publicação.

§ 1º As instituições educacionais adaptarão seus estatutos e regimentos aos dispositivos desta Lei e às normas dos respectivos sistemas de ensino, nos prazos por estes estabelecidos.

§ 2º O prazo para que as universidades cumpram o disposto nos incisos II e III do **Art.** 52 é de oito anos.

Art. 89. As creches e pré-escolas existentes ou que venham a ser criadas deverão, no prazo de três anos, a contar da publicação desta Lei, integrar-se ao respectivo sistema de ensino.

Art. 90. As questões suscitadas na transição entre o regime anterior e o que se institui nesta Lei serão resolvidas pelo Conselho Nacional de Educação ou, mediante delegação deste, pelos órgãos normativos dos sistemas de ensino, preservada a autonomia universitária.

Art. 91. Esta Lei entra em vigor na data de sua publicação.

Art. 92. Revogam-se as disposições das Leis n. 4.024, de 20 de dezembro de 1961, e n. 5.540, de 28 de novembro de 1968, não alteradas pelas Leis n. 9.131, de 24 de novembro de 1995 e n. 9.192, de 21 de dezembro de 1995 e, ainda, as Leis n. 5.692, de 11 de agosto de 1971 e n. 7.044, de 18 de outubro de 1982, e as demais leis e decretos-lei que as modificaram e quaisquer outras disposições em contrário.

Brasília, 20 de dezembro de 1996; 175º da Independência e 108º da República.

FERNANDO HENRIQUE CARDOSO

Paulo Renato Souza

Anexo

Lei n. 9.394, de 20/12/1996 (Original)

Estabelece as diretrizes e bases da educação nacional

O Presidente da República:

Faço saber que o Congresso Nacional decreta e eu sanciono a seguinte Lei:

TÍTULO I
Da Educação

Art. 1º A educação abrange os processos formativos que se desenvolvem na vida familiar, na convivência humana, no trabalho, nas instituições de ensino e pesquisa, nos movimentos sociais e organizações da sociedade civil e nas manifestações culturais.

§ 1º Esta Lei disciplina a educação escolar, que se desenvolve, predominantemente, por meio do ensino, em instituições próprias.

§ 2º A educação escolar deverá vincular-se ao mundo do trabalho e à prática social.

TÍTULO II
Dos Princípios e Fins da Educação Nacional

Art. 2º A educação, dever da família e do Estado, inspirada nos princípios de liberdade e nos ideais de solidariedade humana, tem por finalidade o pleno desenvolvimento do educando, seu preparo para o exercício da cidadania e sua qualificação para o trabalho.

Art. 3º O ensino será ministrado com base nos seguintes princípios:

I — igualdade de condições para o acesso e permanência na escola;

II — liberdade de aprender, ensinar, pesquisar e divulgar a cultura, o pensamento, a arte e o saber;

III — pluralismo de ideias e de concepções pedagógicas;

IV — respeito à liberdade e apreço à tolerância;

V — coexistência de instituições públicas e privadas de ensino;

VI — gratuidade do ensino público em estabelecimentos oficiais;

VII — valorização do profissional da educação escolar;

VIII — gestão democrática do ensino público, na forma desta Lei e da legislação dos sistemas de ensino;

IX — garantia de padrão de qualidade;

X — valorização da experiência extra-escolar;

XI — vinculação entre a educação escolar, o trabalho e as práticas sociais.

TÍTULO III
Do Direito à Educação e do Dever de Educar

Art. 4º O dever do Estado com educação escolar pública será efetivado mediante a garantia de:

I — ensino fundamental, obrigatório e gratuito, inclusive para os que a ele não tiveram acesso na idade própria;

II — progressiva extensão da obrigatoriedade e gratuidade ao ensino médio;

III — atendimento educacional especializado gratuito aos educandos com necessidades especiais, preferencialmente na rede regular de ensino;

IV — atendimento gratuito em creches e pré-escolas às crianças de zero a seis anos de idade;

V — acesso aos níveis mais elevados do ensino, da pesquisa e da criação artística, segundo a capacidade de cada um;

VI — oferta de ensino noturno regular, adequado às condições do educando;

VII — oferta de educação escolar regular para jovens e adultos, com características e modalidades adequadas às suas necessidades e disponibilidades, garantindo-se aos que forem trabalhadores as condições de acesso e permanência na escola;

VIII — atendimento ao educando, no ensino fundamental público, por meio de programas suplementares de material didático-escolar, transporte, alimentação e assistência à saúde;

IX — padrões mínimos de qualidade de ensino, definidos como a variedade e quantidade mínimas, por aluno, de insumos indispensáveis ao desenvolvimento do processo de ensino-aprendizagem.

Art. 5º O acesso ao ensino fundamental é direito público subjetivo, podendo qualquer cidadão, grupo de cidadãos, associação comunitária, organização sindical, entidade de classe ou outra legalmente constituída, e, ainda, o Ministério Público, acionar o Poder Público para exigi-lo.

§ 1º Compete aos Estados e aos Municípios, em regime de colaboração, e com a assistência da União:

I — recensear a população em idade escolar para o ensino fundamental, e os jovens e adultos que a ele não tiveram acesso;

II — fazer-lhes a chamada pública;

III — zelar junto aos pais ou responsáveis, pela frequência à escola.

§ 2º Em todas as esferas administrativas, o Poder Público assegurará em primeiro lugar o acesso ao ensino obrigatório, nos termos deste artigo, contemplando em seguida os demais níveis e modalidades de ensino, conforme as prioridades constitucionais e legais.

§ 3º Qualquer das partes mencionadas no *caput* deste artigo tem legitimidade para peticionar no Poder Judiciário, na hipótese do § 2º do art. 208 da Constituição Federal, sendo gratuita e de rito sumário a ação judicial correspondente.

§ 4º Comprovada a negligência da autoridade competente para garantir o oferecimento do ensino obrigatório, poderá ela ser imputada por crime de responsabilidade.

§ 5º Para garantir o cumprimento da obrigatoriedade de ensino, o Poder Público criará formas alternativas de acesso aos diferentes níveis de ensino, independentemente da escolarização anterior.

Art. 6º É dever dos pais ou responsáveis efetuar a matrícula dos menores, a partir dos sete anos de idade, no ensino fundamental.

Art. 7º O ensino é livre à iniciativa privada, atendidas as seguintes condições:

I — cumprimento das normas gerais da educação nacional e do respectivo sistema de ensino;

II — autorização de funcionamento e avaliação de qualidade pelo Poder Público;

III — capacidade de autofinanciamento, ressalvado o previsto no art. 213 da Constituição Federal.

TÍTULO IV
Da Organização da Educação Nacional

Art. 8º A União, os Estados, o Distrito Federal e os Municípios organizarão, em regime de colaboração, os respectivos sistemas de ensino.

§ 1º Caberá à União a coordenação da política nacional de educação, articulando os diferentes níveis e sistemas e exercendo função normativa, redistributiva e supletiva em relação às demais instâncias educacionais.

§ 2º Os sistemas de ensino terão liberdade de organização nos termos desta Lei.

Art. 9º A União incumbir-se-á de:

I — elaborar o Plano Nacional de Educação, em colaboração com os Estados, o Distrito Federal e os Municípios;

II — organizar, manter e desenvolver os órgãos e instituições oficiais do sistema federal de ensino e o dos Territórios;

III — prestar assistência técnica e financeira aos Estados, ao Distrito Federal e aos Municípios para o desenvolvimento de seus sistemas de ensino e o atendimento prioritário à escolaridade obrigatória, exercendo sua função redistributiva e supletiva;

IV — estabelecer, em colaboração com os Estados, o Distrito Federal e os Municípios, competências e diretrizes para a educação infantil, o ensino fundamental e o ensino médio, que nortearão os currículos e seus conteúdos mínimos, de modo a assegurar formação básica comum;

V — coletar, analisar e disseminar informações sobre a educação;

VI — assegurar processo nacional de avaliação do rendimento escolar no ensino fundamental, médio e superior, em colaboração com os sistemas de ensino, objetivando a definição de prioridades e a melhoria da qualidade do ensino;

VII — baixar normas gerais sobre cursos de graduação e pós-graduação;

VIII — assegurar processo nacional de avaliação das instituições de educação superior, com a cooperação dos sistemas que tiverem responsabilidade sobre este nível de ensino;

IX — autorizar, reconhecer, credenciar, supervisionar e avaliar, respectivamente, os cursos das instituições de educação superior e os estabelecimentos do seu sistema de ensino

§ 1º Na estrutura educacional, haverá um Conselho Nacional de Educação, com funções normativas e de supervisão e atividade permanente, criado por lei.

§ 2º Para o cumprimento do disposto nos incs. V a IX, a União terá acesso a todos os dados e informações necessários de todos os estabelecimentos e órgãos educacionais.

§ 3º As atribuições constantes do inc. IX poderão ser delegadas aos Estados e ao Distrito Federal, desde que mantenham instituições de educação superior.

Art. 10. Os Estados incumbir-se-ão de:

I — organizar, manter e desenvolver os órgãos e instituições oficiais dos seus sistemas de ensino;

II — definir, com os Municípios, formas de colaboração na oferta do ensino fundamental, as quais devem assegurar a distribuição proporcional das responsabilidades, de acordo com a população a ser atendida e os recursos financeiros disponíveis em cada uma dessas esferas do Poder Público;

III — elaborar e executar políticas e planos educacionais, em consonância com as diretrizes e planos nacionais de educação, integrando e coordenando as suas ações e a dos seus Municípios;

IV — autorizar, reconhecer, credenciar, supervisionar e avaliar, respectivamente, os cursos das instituições de educação superior e os estabelecimentos do seu sistema de ensino;

V — baixar normas complementares para o seu sistema de ensino;

VI — assegurar o ensino fundamental e oferecer, com prioridade, o ensino médio.

Parágrafo único. Ao Distrito Federal aplicar-se-ão as competências referentes aos Estados e aos Municípios.

Art. 11. Os Municípios incumbir-se-ão de:

I — organizar, manter e desenvolver os órgãos e instituições oficiais dos seus sistemas de ensino, integrando-os às políticas e planos educacionais da União e dos Estados;

II — exercer ação redistributiva em relação às suas escolas;

III — baixar normas complementares para o seu sistema de ensino;

IV — autorizar, credenciar e supervisionar os estabelecimentos do seu sistema de ensino;

V — oferecer a educação infantil em creches e pré-escolas, e, com prioridade, o ensino fundamental, permitida a atuação em outros níveis de ensino somente quando estiverem atendidas plenamente as necessidades de sua área de competência e com recursos acima dos percentuais mínimos vinculados pela Constituição Federal à manutenção e desenvolvimento do ensino.

Parágrafo único. Os Municípios poderão optar, ainda, por se integrar ao sistema estadual de ensino ou compor com ele um sistema único de educação básica.

Art. 12. Os estabelecimentos de ensino, respeitadas as normas comuns e as do seu sistema de ensino, terão a incumbência de:

I — elaborar e executar sua proposta pedagógica;

II — administrar seu pessoal e seus recursos materiais e financeiros;

III — assegurar o cumprimento dos dias letivos e horas-aula estabelecidas;

IV — velar pelo cumprimento do plano de trabalho de cada docente;

V — prover meios para a recuperação dos alunos de menor rendimento;

VI — articular-se com as famílias e a comunidade, criando processos de integração da sociedade com a escola;

VII — informar os pais e responsáveis sobre a frequência e o rendimento dos alunos, bem como sobre a execução de sua proposta pedagógica.

Art. 13. Os docentes incumbir-se-ão de:

I — participar da elaboração da proposta pedagógica do estabelecimento de ensino;

II — elaborar e cumprir plano de trabalho, segundo a proposta pedagógica do estabelecimento de ensino;

III — zelar pela aprendizagem dos alunos;

IV — estabelecer estratégias de recuperação para os alunos de menor rendimento;

V — ministrar os dias letivos e horas-aula estabelecidos, além de participar integralmente dos períodos dedicados ao planejamento, à avaliação e ao desenvolvimento profissional;

VI — colaborar com as atividades de articulação da escola com as famílias e a comunidade.

Art. 14. Os sistemas de ensino definirão as normas da gestão democrática do ensino público na educação básica, de acordo como as suas peculiaridades e conforme os seguintes princípios:

I — participação dos profissionais da educação na elaboração do projeto pedagógico da escola;

II — participação das comunidades escolar e local em conselhos escolares ou equivalentes.

Art. 15. Os sistemas de ensino assegurarão às unidades escolares públicas de educação básica que os integram, progressivos graus de autonomia pedagógica e administrativa e de gestão financeira, observadas as normas gerais de direito financeiro público.

Art. 16. O sistema federal de ensino compreende:

I — as instituições de ensino mantidas pela União;

II — as instituições de educação superior criadas e mantidas pela iniciativa privada;

III — os órgãos federais de educação.

Art. 17. Os sistemas de ensino dos Estados e do Distrito Federal compreendem:

I — as instituições de ensino mantidas, respectivamente, pelo Poder Público estadual e pelo Distrito Federal;

II — as instituições de educação superior mantidas pelo Poder Público municipal;

III — as instituições de ensino fundamental e médio criadas e mantidas pela iniciativa privada;

IV — os órgãos de educação estaduais e do Distrito Federal, respectivamente.

Parágrafo único. No Distrito Federal, as instituições de educação infantil, criadas e mantidas pela iniciativa privada, integram seu sistema de ensino.

Art. 18. Os sistemas municipais de ensino compreendem:

I — as instituições do ensino fundamental, médio e de educação infantil mantidas pelo Poder Público municipal;

II — as instituições de educação infantil criadas e mantidas pela iniciativa privada;

III — os órgãos municipais de educação.

Art. 19. As instituições de ensino dos diferentes níveis classificam-se nas seguintes categorias administrativas:

I — públicas, assim entendidas as criadas ou incorporadas, mantidas e administradas pelo Poder Público;

II — privadas, assim entendidas as mantidas e administradas por pessoas físicas ou jurídicas de direito privado.

Art. 20. As instituições privadas de ensino se enquadrarão nas seguintes categorias:

I — particulares em sentido estrito, assim entendidas as que são instituídas e mantidas por uma ou mais pessoas físicas ou jurídicas de direito privado que não apresentem as características dos incisos abaixo;

II — comunitárias, assim entendidas as que são instituídas por grupos de pessoas físicas ou por uma ou mais pessoas jurídicas, inclusive cooperativas de professores e alunos que incluam na sua entidade mantenedora representantes da comunidade;

III — confessionais, assim entendidas as que são instituídas por grupos de pessoas físicas ou por uma ou mais pessoas jurídicas que atendem à orientação confessional e ideologia específicas e ao disposto no inciso anterior;

IV — filantrópicas, na forma da lei.

TÍTULO V
Dos Níveis e das Modalidades de Educação e Ensino

CAPÍTULO I
DA COMPOSIÇÃO DOS NÍVEIS ESCOLARES

Art. 21. A educação escolar compõe-se de:

I — educação básica, formada pela educação infantil, ensino fundamental e ensino médio;

II — educação superior.

CAPÍTULO II
DA EDUCAÇÃO BÁSICA

Seção I
Das Disposições Gerais

Art. 22. A educação básica tem por finalidades desenvolver o educando, assegurar-lhe a formação comum indispensável para o exercício da cidadania e fornecer-lhe meios para progredir no trabalho e em estudos posteriores.

Art. 23. A educação básica poderá organizar-se em séries anuais, períodos semestrais, ciclos, alternância regular de períodos de estudos, grupos não seriados, com base na idade, na competência e em outros critérios, ou por forma diversa de organização, sempre que o interesse do processo de aprendizagem assim o recomendar.

§ 1º A escola poderá reclassificar os alunos, inclusive quando se tratar de transferências entre estabelecimentos situados no País e no exterior, tendo como base as normas curriculares gerais.

§ 2º O calendário escolar deverá adequar-se às peculiaridades locais, inclusive climáticas e econômicas, a critério do respectivo sistema de ensino, sem com isto reduzir o número de horas letivas previsto nesta Lei.

Art. 24. A educação básica, nos níveis fundamental e médio, será organizada de acordo com as seguintes regras comuns:

I — a carga horária mínima anual será de oitocentas horas, distribuídas por um mínimo de duzentos dias de efetivo trabalho escolar, excluído o tempo reservado aos exames finais, quando houver;

II — a classificação em qualquer série ou etapa, exceto a primeira do ensino fundamental, pode ser feita:

a) por promoção, para alunos que cursaram, com aproveitamento, a série ou fase anterior, na própria escola;

b) por transferência, para candidatos procedentes de outras escolas;

c) independentemente de escolarização anterior, mediante avaliação feita pela escola, que defina o grau de desenvolvimento e experiência do candidato e permita sua inscrição na série ou etapa adequada, conforme regulamentação do respectivo sistema de ensino;

III — nos estabelecimentos que adotam a progressão regular por série, o regimento escolar pode admitir formas de progressão parcial, desde que preservada a sequência do currículo, observadas as normas do respectivo sistema de ensino;

IV — poderão organizar-se classes, ou turmas, com alunos de séries distintas, com níveis equivalentes de adiantamento na matéria, para o ensino de línguas estrangeiras, artes, ou outros componentes curriculares;

V — a verificação do rendimento escolar observará os seguintes critérios:

a) avaliação contínua e cumulativa do desempenho do aluno, com prevalência dos aspectos qualitativos sobre os quantitativos e dos resultados ao longo do período sobre os de eventuais provas finais;

b) possibilidade de aceleração de estudos para alunos com atraso escolar;

c) possibilidade de avanço nos cursos e nas séries mediante verificação do aprendizado;

d) aproveitamento de estudos concluídos com êxito;

e) obrigatoriedade de estudos de recuperação, de preferência paralelos ao período letivo, para os casos de baixo rendimento escolar, a serem disciplinados pelas instituições de ensino em seus regimentos;

VI — o controle de frequência fica a cargo da escola, conforme o disposto no seu regimento e nas normas do respectivo sistema de ensino, exigida a frequência mínima de setenta e cinco por cento do total de horas letivas para aprovação;

VII — cabe a cada instituição de ensino expedir históricos escolares, declarações de conclusão de série e diplomas ou certificados de conclusão de cursos, com as especificações cabíveis.

Art. 25. Será objetivo permanente das autoridades responsáveis alcançar relação adequada entre o número de alunos e o professor, a carga horária e as condições materiais do estabelecimento.

Parágrafo único. Cabe ao respectivo sistema de ensino, à vista das condições disponíveis e das características regionais e locais, estabelecer parâmetro para atendimento do disposto neste artigo.

Art. 26. Os currículos do ensino fundamental e médio devem ter uma base nacional comum, a ser complementada, em cada sistema de ensino e estabelecimento escolar, por uma parte diversificada, exigida pelas características regionais e locais da sociedade, da cultura, da economia e da clientela.

§ 1º Os currículos a que se refere o *caput* devem abranger, obrigatoriamente, o estudo da língua portuguesa e da matemática, o conhecimento do mundo físico e natural e da realidade social e política, especialmente do Brasil.

§ 2º O ensino da arte constituirá componente curricular obrigatório, nos diversos níveis da educação básica, de forma a promover o desenvolvimento cultural dos alunos.

§ 3º A educação física, integrada à proposta pedagógica da escola, é componente curricular da educação básica, ajustando-se às faixas etárias e às condições da população escolar, sendo facultativa nos cursos noturnos.

§ 4º O ensino da História do Brasil levará em conta as contribuições das diferentes culturas e etnias para a formação do povo brasileiro, especialmente das matrizes indígena, africana e europeia.

§ 5º Na parte diversificada do currículo será incluído, obrigatoriamente, a partir da quinta série, o ensino de pelo menos uma língua estrangeira moderna, cuja escolha ficará a cargo da comunidade escolar, dentro das possibilidades da instituição.

Art. 27. Os conteúdos curriculares da educação básica observarão, ainda, as seguintes diretrizes:

I — a difusão de valores fundamentais ao interesse social, aos direitos e deveres dos cidadãos, de respeito ao bem comum e à ordem democrática;

II — consideração das condições de escolaridade dos alunos em cada estabelecimento;

III — orientação para o trabalho;

IV — promoção do desporto educacional e apoio às práticas desportivas não formais.

Art. 28. Na oferta de educação básica para a população rural, os sistemas de ensino promoverão as adaptações necessárias à sua adequação às peculiaridades da vida rural e de cada região, especialmente:

I — conteúdos curriculares e metodologias apropriadas às reais necessidades e interesses dos alunos na zona rural;

II — organização escolar própria, incluindo adequação do calendário escolar às fases do ciclo agrícola e às condições climáticas;

III — adequação à natureza do trabalho na zona rural.

Seção II
Da Educação Infantil

Art. 29. A educação infantil, primeira etapa da educação básica, tem como finalidade o desenvolvimento integral da criança até seis anos de idade, em seus aspectos físico, psicológico, intelectual e social, complementando a ação da família e da comunidade.

Art. 30. A educação infantil será oferecida em:

I — creches, ou entidades equivalentes, para crianças de até três anos de idade;

II — pré-escolas, para as crianças de quatro a seis anos de idade.

Art. 31. Na educação infantil a avaliação far-se-á mediante acompanhamento e registro do seu desenvolvimento, sem o objetivo de promoção, mesmo para o acesso ao ensino fundamental.

Seção III
Do Ensino Fundamental

Art. 32. O ensino fundamental, com duração mínima de oito anos, obrigatório e gratuito na escola pública, terá por objetivo a formação básica do cidadão, mediante:

I — o desenvolvimento da capacidade de aprender, tendo como meios básicos o pleno domínio da leitura, da escrita e do cálculo;

II — a compreensão do ambiente natural e social, do sistema político, da tecnologia, das artes e dos valores em que se fundamenta a sociedade;

III — o desenvolvimento da capacidade de aprendizagem, tendo em vista a aquisição de conhecimentos e habilidades e a formação de atitudes e valores;

IV — o fortalecimento dos vínculos de família, dos laços de solidariedade humana e de tolerância recíproca em que se assenta a vida social.

§ 1º É facultado aos sistemas de ensino desdobrar o ensino fundamental em ciclos.

§ 2º Os estabelecimentos que utilizam progressão regular por série podem adotar no ensino fundamental o regime de progressão continuada, sem prejuízo da avaliação do processo de ensino-aprendizagem, observadas as normas do respectivo sistema de ensino.

§ 3º O ensino fundamental regular será ministrado em língua portuguesa, assegurada às comunidades indígenas a utilização de suas línguas maternas e processos próprios de aprendizagem.

§ 4º O ensino fundamental será presencial, sendo o ensino a distância utilizado como complementação da aprendizagem ou em situações emergenciais.

Art. 33.[1] O ensino religioso, de matrícula facultativa, constitui disciplina dos horários normais das escolas públicas de ensino fundamental, sendo

---

1. A Lei n. 9.495, de 22 de julho de 1997, dá nova redação ao art. 33 da Lei n. 9.394, de 20 de dezembro de 1996, que estabelece as diretrizes e bases na educação nacional, com o seguinte teor:

Art. 1º O art. 33 da Lei n. 9.394, de 20 de dezembro de 1996, passa a vigorar com a seguinte redação:

"**Art. 33** O ensino religioso, de matrícula facultativa, é parte integrante da formação básica do cidadão, constitui disciplina dos horários normais das escolas públicas de ensino fundamental, assegurado o respeito à diversidade cultural religiosa do Brasil, vedadas quaisquer formas de proselitismo.

§ 1º Os sistemas de ensino regulamentarão os procedimentos para a definição dos conteúdos do ensino religioso e estabelecerão as normas para a habilitação e admissão de professores.

§ 2º Os sistemas de ensino ouvirão entidade civil, constituída pelas diferentes denominações religiosas, para a definição dos conteúdos do ensino religioso".

Art. 2º Esta lei entra em vigor na data de sua publicação.

Art. 3º Revogam-se as disposições em contrário.

Brasília, 22 de julho de 1997, 176º da Independência e 109º da República.

Fernando Henrique Cardoso

Paulo Renato Souza

oferecido, sem ônus para os cofres públicos, de acordo com as preferências manifestadas pelos alunos ou por seus responsáveis, em caráter:

I — confessional, de acordo com a opção religiosa do aluno ou do seu responsável, ministrado por professores ou orientadores religiosos preparados e credenciados pelas respectivas igrejas ou entidades religiosas; ou

II — interconfessional, resultante de acordo entre as diversas entidades religiosas, que se responsabilizarão pela elaboração do respectivo programa.

Art. 34. A jornada escolar no ensino fundamental incluirá pelo menos quatro horas de trabalho efetivo em sala de aula, sendo progressivamente ampliado o período de permanência na escola.

§ 1º São ressalvados os casos do ensino noturno e das formas alternativas de organização autorizadas nesta Lei.

§ 2º O ensino fundamental será ministrado progressivamente em tempo integral, a critério dos sistemas de ensino.

Seção IV
Do Ensino Médio

Art. 35. O ensino médio, etapa final da educação básica, com duração mínima de três anos, terá como finalidades:

I — a consolidação e o aprofundamento dos conhecimentos adquiridos no ensino fundamental, possibilitando o prosseguimento de estudos;

II — a preparação básica para o trabalho e a cidadania do educando, para continuar aprendendo, de modo a ser capaz de se adaptar com flexibilidade a novas condições de ocupação ou aperfeiçoamento posteriores;

III — o aprimoramento do educando como pessoa humana, incluindo a formação ética e o desenvolvimento da autonomia intelectual e do pensamento crítico;

IV — a compreensão dos fundamentos científico-tecnológicos dos processos produtivos, relacionando a teoria com a prática, no ensino de cada disciplina.

Art. 36. O currículo do ensino médio observará o disposto na Seção I deste Capítulo e as seguintes diretrizes:

I — destacará a educação tecnológica básica, a compreensão do significado da ciência, das letras e das artes; o processo histórico de transformação da sociedade e da cultura; a língua portuguesa como instrumento de comunicação, acesso ao conhecimento e exercício da cidadania;

II — adotará metodologias de ensino e de avaliação que estimulem a iniciativa dos estudantes;

III — será incluída uma língua estrangeira moderna, como disciplina obrigatória, escolhida pela comunidade escolar, e uma segunda, em caráter optativo, dentro das disponibilidades da instituição.

§ 1º Os conteúdos, as metodologias e as formas de avaliação serão organizados de tal forma que ao final do ensino médio o educando demonstre:

I — domínio dos princípios científicos e tecnológicos que presidem a produção moderna;

II — conhecimento das formas contemporâneas de linguagem;

III — domínio dos conhecimentos de Filosofia e de Sociologia necessários ao exercício da cidadania.

§ 2º O ensino médio, atendida a formação geral do educando, poderá prepará-lo para o exercício de profissões técnicas.

§ 3º Os cursos do ensino médio terão equivalência legal e habilitarão ao prosseguimento de estudos.

§ 4º A preparação geral para o trabalho e, facultativamente, a habilitação profissional, poderão ser desenvolvidas nos próprios estabelecimentos de ensino médio ou em cooperação com instituições especializadas em educação profissional.

Seção V
Da Educação de Jovens e Adultos

Art. 37. A educação de jovens e adultos será destinada àqueles que não tiveram acesso ou continuidade de estudos no ensino fundamental e médio na idade própria.

§ 1º Os sistemas de ensino assegurarão gratuitamente aos jovens e aos adultos, que não puderam efetuar os estudos na idade regular, oportunidades educacionais apropriadas, consideradas as características do aluno, seus interesses, condições de vida e de trabalho, mediante cursos e exames.

§ **2º** O Poder Público viabilizará e estimulará o acesso e a permanência do trabalhador na escola, mediante ações integradas e complementares entre si.

Art. 38. Os sistemas de ensino manterão cursos e exames supletivos, que compreenderão a base nacional comum do currículo, habilitando ao prosseguimento de estudos em caráter regular.

§ **1º** Os exames a que se refere este artigo realizar-se-ão:

I — no nível de conclusão do ensino fundamental, para os maiores de quinze anos;

II — no nível de conclusão do ensino médio, para os maiores de dezoito anos.

§ **2º** Os conhecimentos e habilidades adquiridos pelos educandos por meios informais serão aferidos e reconhecidos mediante exames.

CAPÍTULO III
DA EDUCAÇÃO PROFISSIONAL

Art. 39. A educação profissional, integrada às diferentes formas de educação, ao trabalho, à ciência e à tecnologia, conduz ao permanente desenvolvimento de aptidões para a vida produtiva.

Parágrafo único. O aluno matriculado ou egresso do ensino fundamental, médio e superior, bem como o trabalhador em geral, jovem ou adulto, contará com a possibilidade de acesso à educação profissional.

Art. 40. A educação profissional será desenvolvida em articulação com o ensino regular ou por diferentes estratégias de educação continuada, em instituições especializadas ou no ambiente de trabalho.

Art. 41. O conhecimento adquirido na educação profissional, inclusive no trabalho, poderá ser objeto de avaliação, reconhecimento e certificação para prosseguimento ou conclusão de estudos.

Parágrafo único. Os diplomas de cursos de educação profissional de nível médio, quando registrados, terão validade nacional.

Art. 42. As escolas técnicas e profissionais, além dos seus cursos regulares, oferecerão cursos especiais, abertos à comunidade, condicionada a matrícula à capacidade de aproveitamento e não necessariamente ao nível de escolaridade.

CAPÍTULO IV
DA EDUCAÇÃO SUPERIOR

Art. 43. A educação superior tem por finalidade:

I — estimular a criação cultural e o desenvolvimento do espírito científico e do pensamento reflexivo;

II — formar diplomados nas diferentes áreas de conhecimento, aptos para a inserção em setores profissionais e para a participação no desenvolvimento da sociedade brasileira, e colaborar na sua formação contínua;

III — incentivar o trabalho de pesquisa e investigação científica, visando o desenvolvimento da ciência e da tecnologia e da criação e difusão da cultura, e, desse modo, desenvolver o entendimento do homem e do meio em que vive;

IV — promover a divulgação de conhecimentos culturais, científicos e técnicos que constituem patrimônio da humanidade e comunicar o saber através do ensino, de publicações ou de outras formas de comunicação;

V — suscitar o desejo permanente de aperfeiçoamento cultural e profissional e possibilitar a correspondente concretização, integrando os conhecimentos que vão sendo adquiridos numa estrutura intelectual sistematizadora do conhecimento de cada geração;

VI — estimular o conhecimento dos problemas do mundo presente, em particular os nacionais e regionais, prestar serviços especializados à comunidade e estabelecer com esta uma relação de reciprocidade;

VII — promover a extensão, aberta à participação da população, visando à difusão das conquistas e benefícios resultantes da criação cultural e da pesquisa científica e tecnológica geradas na instituição.

Art. 44. A educação superior abrangerá os seguintes cursos e programas:

I — cursos sequenciais por campo de saber, de diferentes níveis de abrangência, abertos a candidatos que atendam aos requisitos estabelecidos pelas instituições de ensino;

II — de graduação, abertos a candidatos que tenham concluído o ensino médio ou equivalente e tenham sido classificados em processo seletivo;

III — de pós-graduação, compreendendo programas de mestrado e doutorado, cursos de especialização, aperfeiçoamento e outros, abertos a candidatos diplomados em cursos de graduação e que atendam às exigências das instituições de ensino;

IV — de extensão, abertos a candidatos que atendam aos requisitos estabelecidos em cada caso pelas instituições de ensino.

Art. 45. A educação superior será ministrada em instituições de ensino superior, públicas ou privadas, com variados graus de abrangência ou especialização.

Art. 46. A autorização e o reconhecimento de cursos, bem como o credenciamento de instituições de educação superior, terão prazos limitados, sendo renovados, periodicamente, após processo regular de avaliação.

§ 1º Após um prazo para saneamento de deficiências eventualmente identificadas pela avaliação a que se refere este artigo, haverá reavaliação, que poderá resultar, conforme o caso, em desativação de cursos e habilitações, em intervenção na instituição, em suspensão temporária de prerrogativas da autonomia, ou em descredenciamento.

§ 2º No caso de instituição pública, o Poder Executivo responsável por sua manutenção acompanhará o processo de saneamento e fornecerá recursos adicionais, se necessários, para a superação das deficiências.

Art. 47. Na educação superior, o ano letivo regular, independente do ano civil, tem, no mínimo, duzentos dias de trabalho acadêmico efetivo, excluído o tempo reservado aos exames finais, quando houver.

§ 1º As instituições informarão aos interessados, antes de cada período letivo, os programas dos cursos e demais componentes curriculares, sua duração, requisitos, qualificação dos professores, recursos disponíveis e critérios de avaliação, obrigando-se a cumprir as respectivas condições.

§ 2º Os alunos que tenham extraordinário aproveitamento nos estudos, demonstrado por meio de provas e outros instrumentos de avaliação específicos, aplicados por banca examinadora especial, poderão ter abreviada a duração dos seus cursos, de acordo com as normas dos sistemas de ensino.

§ 3º É obrigatória a frequência de alunos e professores, salvo nos programas de educação a distância.

§ 4º As instituições de educação superior oferecerão, no período noturno, cursos de graduação nos mesmos padrões de qualidade mantidos no período diurno, sendo obrigatória a oferta noturna nas instituições públicas, garantida a necessária previsão orçamentária.

Art. 48. Os diplomas de cursos superiores reconhecidos, quando registrados, terão validade nacional como prova da formação recebida por seu titular.

§ 1º Os diplomas expedidos pelas universidades serão por elas próprias registrados, e aqueles conferidos por instituições não universitárias serão registrados em universidades indicadas pelo Conselho Nacional de Educação.

§ 2º Os diplomas de graduação expedidos por universidades estrangeiras serão revalidados por universidades públicas que tenham curso do mesmo nível e área ou equivalente, respeitando-se os dos internacionais de reciprocidade ou equiparação.

§ 3º Os diplomas de Mestrado e de Doutorado expedidos por universidades estrangeiras só poderão ser reconhecidos por universidades que possuam cursos de pós-graduação reconhecidos e avaliados, na mesma área de conhecimento e em nível equivalente ao superior.

Art. 49. As instituições de educação superior aceitarão a transferência de alunos regulares, para cursos afins, na hipótese de existência de vagas, e mediante processo seletivo.

Parágrafo único. As transferências *ex officio* dar-se-ão na forma da lei.

Art. 50. As instituições de educação superior, quando da ocorrência de vagas, abrirão matrícula nas disciplinas de seus cursos a alunos não regulares que demonstrarem capacidade de cursá-las com proveito, mediante processo seletivo prévio.

Art. 51. As instituições de educação superior credenciadas como universidades, ao deliberar sobre critérios e normas de seleção e admissão de estudantes, levarão em conta os efeitos desses critérios sobre a orientação do ensino médio, articulando-se com os órgãos normativos dos sistemas de ensino.

Art. 52. As universidades são instituições pluridisciplinares de formação dos quadros profissionais de nível superior, de pesquisa, de extensão e de domínio e cultivo do saber humano, que se caracterizam por:

I — produção intelectual institucionalizada mediante o estudo sistemático dos temas e problemas mais relevantes, tanto do ponto de vista científico e cultural quanto regional e nacional;

II — um terço do corpo docente, pelo menos, com titulação acadêmica de mestrado ou doutorado;

III — um terço do corpo docente em regime de tempo integral.

Parágrafo único. É facultada a criação de universidades especializadas por campo do saber.

Art. 53. No exercício de sua autonomia, são asseguradas às universidades, sem prejuízo de outras, as seguintes atribuições:

I — criar, organizar e extinguir, em sua sede, cursos e programas de educação superior previstos nesta Lei, obedecendo às normas gerais da União e, quando for o caso, do respectivo sistema de ensino;

II — fixar os currículos dos seus cursos e programas, observadas as diretrizes gerais pertinentes;

III — estabelecer planos, programas e projetos de pesquisa científica, produção artística e atividades de extensão;

IV — fixar o número de vagas de acordo com a capacidade institucional e as exigências do seu meio;

V — elaborar e reformar os seus estatutos e regimentos em consonância com as normas gerais atinentes;

VI — conferir graus, diplomas e outros títulos;

VII — firmar contratos, acordos e convênios;

VIII — aprovar e executar planos, programas e projetos de investimentos referentes a obras, serviços e aquisições em geral, bem como administrar rendimentos conforme dispositivos institucionais;

IX — administrar os rendimentos e deles dispor na forma prevista no ato de constituição, nas leis e nos respectivos estatutos;

X — receber subvenções, doações, heranças, legados e cooperação financeira resultante de convênios com entidades públicas e privadas.

Parágrafo único. Para garantir a autonomia didático-científica das universidades, caberá aos seus colegiados de ensino e pesquisa decidir, dentro dos recursos orçamentários disponíveis, sobre:

I — criação, expansão, modificação e extinção de cursos;

II — ampliação e diminuição de vagas;

III — elaboração da programação dos cursos;

IV — programação das pesquisas e das atividades de extensão;

V — contratação e dispensa de professores;

VI — planos de carreira docente.

Art. 54. As universidades mantidas pelo Poder Público gozarão, na forma da lei, de estatuto jurídico especial para atender às peculiaridades de sua estrutura, organização e financiamento pelo Poder Público, assim como dos seus planos de carreira e do regime jurídico do seu pessoal.

§ 1º No exercício da sua autonomia, além das atribuições asseguradas pelo artigo anterior, as universidades públicas poderão:

I — propor o seu quadro de pessoal docente, técnico e administrativo, assim como um plano de cargos e salários, atendidas as normas gerais pertinentes e os recursos disponíveis;

II — elaborar o regulamento de seu pessoal em conformidade com as normas gerais concernentes;

III — aprovar e executar planos, programas e projetos de investimentos referentes a obras, serviços e aquisições em geral, de acordo com os recursos alocados pelo respectivo Poder mantenedor;

IV — elaborar seus orçamentos anuais e plurianuais;

V — adotar regime financeiro e contábil que atenda às suas peculiaridades de organização e funcionamento;

VI — realizar operações de crédito ou de financiamento, com aprovação do Poder competente, para aquisição de bens móveis, instalações e equipamentos;

VII — efetuar transferências, quitações e tomar outras providências de ordem orçamentária, financeira e patrimonial necessárias ao seu bom desempenho.

§ 2º Atribuições de autonomia universitária poderão ser estendidas a instituições que comprovem alta qualificação para o ensino ou para a pesquisa, com base em avaliação realizada pelo Poder Público.

Art. 55. Caberá à União assegurar, anualmente, em seu Orçamento Geral, recursos suficientes para manutenção e desenvolvimento das instituições de educação superior por ela mantidas.

Art. 56. As instituições públicas de educação superior obedecerão ao princípio da gestão democrática, assegurada a existência de órgãos colegiados deliberativos, de que participarão os segmentos da comunidade institucional, local e regional.

Parágrafo único. Em qualquer caso, os docentes ocuparão setenta por cento dos assentos em cada órgão colegiado e comissão, inclusive nos que tratarem da elaboração e modificações estatutárias e regimentais, bem como de escolha de dirigentes.

Art. 57. Nas instituições públicas de educação superior, o professor ficará obrigado ao mínimo de oito horas semanais de aulas.

CAPÍTULO V
DA EDUCAÇÃO ESPECIAL

Art. 58. Entende-se por educação especial, para os efeitos desta Lei, a modalidade de educação escolar, oferecida preferencialmente na rede regular de ensino, para educandos portadores de necessidades especiais.

§ 1º Haverá, quando necessário, serviços de apoio especializado, na escola regular, para atender às peculiaridades da clientela de educação especial.

§ 2º O atendimento educacional será feito em classes, escolas ou serviços especializados, sempre que, em função das condições específicas dos alunos, não for possível a sua integração nas classes comuns de ensino regular.

§ 3º A oferta de educação especial, dever constitucional do Estado, tem início na faixa etária de zero a seis anos, durante a educação infantil.

Art. 59. Os sistemas de ensino assegurarão aos educandos com necessidades especiais:

I — currículos, métodos, técnicas, recursos educativos e organização específicos, para atender às suas necessidades;

II — terminalidade específica para aqueles que não puderem atingir o nível exigido para a conclusão do ensino fundamental, em virtude de suas deficiências, e aceleração para concluir em menor tempo o programa escolar para os superdotados;

III — professores com especialização adequada em nível médio ou superior, para atendimento especializado, bem como professores do ensino regular capacitados para a integração desses educandos nas classes comuns;

IV — educação especial para o trabalho, visando a sua efetiva integração na vida em sociedade, inclusive condições adequadas para os que não revelarem capacidade de inserção no trabalho competitivo, mediante articulação com os órgãos oficiais afins, bem como para aqueles que apresentam uma habilidade superior nas áreas artística, intelectual ou psicomotora;

V — acesso igualitário aos benefícios dos programas sociais suplementares disponíveis para o respectivo nível de ensino regular.

Art. 60. Os órgãos normativos dos sistemas de ensino estabelecerão critérios de caracterização das instituições privadas sem fins lucrativos, especializadas e com atuação exclusiva em educação especial, para fins de apoio técnico e financeiro pelo Poder Público.

Parágrafo único. O Poder Público adotará, como alternativa preferencial, a ampliação do atendimento aos educandos com necessidades especiais na própria rede pública regular de ensino, independentemente do apoio às instituições previstas neste artigo.

TÍTULO VI
Dos Profissionais da Educação

Art. 61. A formação de profissionais da educação, de modo a atender aos objetivos dos diferentes níveis e modalidades de ensino e às características de cada fase do desenvolvimento do educando, terá como fundamentos:

I — a associação entre teorias e práticas, inclusive mediante a capacitação em serviço;

II — aproveitamento da formação e experiências anteriores em instituições de ensino e outras atividades.

Art. 62. A formação de docentes para atuar na educação básica far-se-á em nível superior, em curso de licenciatura, de graduação plena, em universidades e institutos superiores de educação, admitida, como formação mínima para o exercício do magistério na educação infantil e nas quatro primeiras séries do ensino fundamental, a oferecida em nível médio, na modalidade Normal.

Art. 63. Os institutos superiores de educação manterão:

I — cursos formadores de profissionais para a educação básica, inclusive o curso normal superior, destinado à formação de docentes para a educação infantil e para as primeiras séries do ensino fundamental;

II — programas de formação pedagógica para portadores de diplomas de educação superior que queiram se dedicar à educação básica;

III — programas de educação continuada para os profissionais de educação dos diversos níveis.

Art. 64. A formação de profissionais de educação para administração, planejamento, inspeção, supervisão e orientação educacional para a educação básica, será feita em cursos de graduação em pedagogia ou em nível de pós-graduação, a critério da instituição de ensino, garantida, nesta formação, a base comum nacional.

Art. 65. A formação docente, exceto para a educação superior, incluirá prática de ensino de, no mínimo, trezentas horas.

Art. 66. A preparação para o exercício do magistério superior far-se-á em nível de pós-graduação, prioritariamente em programas de mestrado e doutorado.

Parágrafo único. O notório saber, reconhecido por universidade com curso de doutorado em área afim, poderá suprir a exigência de título acadêmico.

Art. 67. Os sistemas de ensino promoverão a valorização dos profissionais da educação, assegurando-lhes, inclusive nos termos dos estatutos e dos planos de carreira do magistério público:

I — ingresso exclusivamente por concurso público de provas e títulos;

II — aperfeiçoamento profissional continuado, inclusive com licenciamento periódico remunerado para esse fim;

III — piso salarial profissional;

IV — progressão funcional baseada na titulação ou habilitação, e na avaliação do desempenho;

V — período reservado a estudos, planejamento e avaliação, incluído na carga de trabalho;

VI — condições adequadas de trabalho.

Parágrafo único. A experiência docente é pré-requisito para o exercício profissional de quaisquer outras funções de magistério, nos termos das normas de cada sistema de ensino.

TÍTULO VII
Dos Recursos Financeiros

Art. 68. Serão recursos públicos destinados à educação os originários de:

I — receita de impostos próprios da União, dos Estados, do Distrito Federal e dos Municípios;

II — receita de transferências constitucionais e outras transferências;

III — receita do salário-educação e de outras contribuições sociais;

IV — receita de incentivos fiscais;

V — outros recursos previstos em lei.

Art. 69. A União aplicará, anualmente, nunca menos de dezoito, e os Estados, o Distrito Federal e os Municípios, vinte e cinco por cento, ou o que consta nas respectivas Constituições ou Leis Orgânicas, da receita resultante de impostos, compreendidas as transferências constitucionais, na manutenção e desenvolvimento do ensino público.

§ 1º A parcela da arrecadação de impostos transferida pela União aos Estados, ao Distrito Federal e aos Municípios, ou pelos Estados aos respectivos Municípios, não será considerada, para efeito do cálculo previsto neste artigo, receita do governo que a transferir.

§ 2º Serão consideradas excluídas das receitas de impostos mencionadas neste artigo as operações de crédito por antecipação de receita orçamentária de impostos.

§ 3º Para fixação inicial dos valores correspondentes aos mínimos estatuídos neste artigo, será considerada a receita estimada na lei do orçamento anual, ajustada, quando for o caso, por lei que autorizar a abertura de créditos adicionais, com base no eventual excesso de arrecadação.

§ 4º As diferenças entre a receita e a despesa previstas e as efetivamente realizadas, que resultem no não atendimento dos percentuais mínimos obrigatórios, serão apuradas e corrigidas a cada trimestre do exercício financeiro.

§ 5º O repasse dos valores referidos neste artigo do caixa da União, dos Estados, do Distrito Federal e dos Municípios ocorrerá imediatamente ao órgão responsável pela educação, observados os seguintes prazos:

I — recursos arrecadados do primeiro ao décimo dia de cada mês, até o vigésimo dia;

II — recursos arrecadados do décimo primeiro ao vigésimo dia de cada mês, até o trigésimo dia;

III — recursos arrecadados do vigésimo primeiro dia ao final de cada mês, até o décimo dia do mês subsequente.

§ 6º O atraso da liberação sujeitará os recursos à correção monetária e à responsabilização civil e criminal das autoridades competentes.

Art. 70. Considerar-se-ão como de manutenção e desenvolvimento do ensino as despesas realizadas com vistas à consecução dos objetivos básicos das instituições educacionais de todos os níveis, compreendendo as que se destinam a:

I — remuneração e aperfeiçoamento do pessoal docente e demais profissionais da educação;

II — aquisição, manutenção, construção e conservação de instalações e equipamentos necessários ao ensino;

III — uso e manutenção de bens e serviços vinculados ao ensino;

IV — levantamentos estatísticos, estudos e pesquisas visando precipuamente ao aprimoramento da qualidade e à expansão do ensino;

V — realização de atividades-meio necessárias ao funcionamento dos sistemas de ensino;

VI — concessão de bolsas de estudo a alunos de escolas públicas e privadas;

VII — amortização e custeio de operações de crédito destinadas a atender ao disposto nos incisos deste artigo;

VIII — aquisição de material didático-escolar e manutenção de programas de transporte escolar.

Art. 71. Não constituirão despesas de manutenção e desenvolvimento do ensino aquelas realizadas com:

I — pesquisa, quando não vinculada às instituições de ensino, ou, quando efetivada fora dos sistemas de ensino, que não vise, precipuamente, ao aprimoramento de sua qualidade ou à sua expansão;

II — subvenção a instituições públicas ou privadas de caráter assistencial, desportivo ou cultural;

III — formação de quadros especiais para a administração pública, sejam militares ou civis, inclusive diplomáticos;

IV — programas suplementares de alimentação, assistência médico-odontológica, farmacêutica e psicológica, e outras formas de assistência social;

V — obras de infraestrutura, ainda que realizadas para beneficiar direta ou indiretamente a rede escolar;

VI — pessoal docente e demais trabalhadores da educação, quando em desvio de função ou em atividade alheia à manutenção e desenvolvimento do ensino.

Art. 72. As receitas e despesas com manutenção e desenvolvimento do ensino serão apuradas e publicadas nos balanços do Poder Público, assim como nos relatórios a que se refere o § 3º do art. 165 da Constituição Federal.

Art. 73. Os órgãos fiscalizadores examinarão, prioritariamente, na prestação de contas de recursos públicos, o cumprimento do disposto no art. 212 da Constituição Federal, no art. 60 do Ato das Disposições Constitucionais Transitórias e na legislação concernente.

Art. 74. A União, em colaboração com os Estados, o Distrito Federal e os Municípios, estabelecerá padrão mínimo de oportunidades educacionais para o ensino fundamental, baseado no cálculo do custo mínimo por aluno, capaz de assegurar ensino de qualidade.

Parágrafo único. O custo mínimo de que trata este artigo será calculado pela União ao final de cada ano, com validade para o ano subsequente, considerando variações regionais no custo dos insumos e as diversas modalidades de ensino.

Art. 75. A ação supletiva e redistributiva da União e dos Estados será exercida de modo a corrigir, progressivamente, as disparidades de acesso e garantir o padrão mínimo de qualidade de ensino.

§ 1º A ação a que se refere este artigo obedecerá a fórmula de domínio público que inclua a capacidade de atendimento e a medida do esforço fiscal do respectivo Estado, do Distrito Federal ou do Município em favor da manutenção e do desenvolvimento do ensino.

§ 2º A capacidade de atendimento de cada governo será definida pela razão entre os recursos de uso constitucionalmente obrigatório na manutenção e desenvolvimento do ensino e o custo anual do aluno, relativo ao padrão mínimo de qualidade.

§ 3º Com base nos critérios estabelecidos nos §§ 1º e 2º, a União poderá fazer a transferência direta de recursos a cada estabelecimento de ensino, considerado o número de alunos que efetivamente frequentam a escola.

§ 4º A ação supletiva e redistributiva não poderá ser exercida em favor do Distrito Federal, dos Estados e dos Municípios se estes oferecerem vagas, na área de ensino de sua responsabilidade, conforme o inciso VI do art. 10 e o inciso V do art. 11 desta Lei, em número inferior à sua capacidade de atendimento.

Art. 76. A ação supletiva e redistributiva prevista no artigo anterior ficará condicionada ao efetivo cumprimento pelos Estados, Distrito Federal e Municípios do disposto nesta Lei, sem prejuízo de outras prescrições legais.

Art. 77. Os recursos públicos serão destinados às escolas públicas, podendo ser dirigidos a escolas comunitárias confessionais ou filantrópicas que:

I — comprovem finalidade não lucrativa e não distribuam resultados, dividendos, bonificações, participações ou parcela de seu patrimônio sob nenhuma forma ou pretexto;

II — apliquem seus excedentes financeiros em educação;

III — assegurem a destinação de seu patrimônio a outra escola comunitária, filantrópica ou confessional, ou ao Poder Público, no caso de encerramento de suas atividades;

IV — prestem contas ao Poder Público dos recursos recebidos.

§ 1º Os recursos de que trata este artigo poderão ser destinados a bolsas de estudo para a educação básica, na forma da lei, para os que demonstrarem insuficiência de recursos, quando houver falta de vagas e cursos regulares da rede pública de domicílio do educando, ficando o Poder Público obrigado a investir prioritariamente na expansão da sua rede local.

§ 2º As atividades universitárias de pesquisa e extensão poderão receber apoio financeiro do Poder Público, inclusive mediante bolsas de estudo.

TÍTULO VIII
Das Disposições Gerais

Art. 78. O Sistema de Ensino da União, com a colaboração das agências federais de fomento à cultura e de assistência aos índios, desenvolverá programas integrados de ensino e pesquisa, para oferta de educação escolar bilíngue e intercultural aos povos indígenas, com os seguintes objetivos:

I — proporcionar aos índios, suas comunidades e povos, a recuperação de suas memórias históricas; a reafirmação de suas identidades étnicas; a valorização de suas línguas e ciências;

II — garantir aos índios, suas comunidades e povos, o acesso às informações, conhecimentos técnicos e científicos da sociedade nacional e demais sociedades indígenas e não índias.

Art. 79. A União apoiará técnica e financeiramente os sistemas de ensino no provimento da educação intercultural às comunidades indígenas, desenvolvendo programas integrados de ensino e pesquisa.

§ 1º Os programas serão planejados com audiência das comunidades indígenas.

§ 2º Os programas a que se refere este artigo, incluídos nos Planos Nacionais de Educação, terão os seguintes objetivos:

I — fortalecer as práticas socioculturais e a língua materna de cada comunidade indígena;

II — manter programas de formação de pessoal especializado, destinado à educação escolar nas comunidades indígenas;

III — desenvolver currículos e programas específicos, neles incluindo os conteúdos culturais correspondentes às respectivas comunidades;

IV — elaborar e publicar sistematicamente material didático específico e diferenciado.

Art. 80. O Poder Público incentivará o desenvolvimento e a veiculação de programas de ensino a distância, em todos os níveis e modalidades de ensino, e de educação continuada.

§ 1º A educação a distância, organizada com abertura e regime especiais, será oferecida por instituições especificamente credenciadas pela União.

§ 2º A União regulamentará os requisitos para a realização de exames e registro de diploma relativos a cursos de educação a distância.

§ 3º As normas para produção, controle e avaliação de programas de educação a distância e a autorização para sua implementação caberão aos respectivos sistemas de ensino, podendo haver cooperação e integração entre os diferentes sistemas.

§ 4º A educação a distância gozará de tratamento diferenciado, que incluirá:

I — custos de transmissão reduzidos em canais comerciais de radiodifusão sonora e de sons e imagens;

II — concessão de canais com finalidades exclusivamente educativas;

III — reserva de tempo mínimo, sem ônus para o Poder Público, pelos concessionários de canais comerciais.

Art. 81. É permitida a organização de cursos ou instituições de ensino experimentais, desde que obedecidas as disposições desta Lei.

Art. 82. Os sistemas de ensino estabelecerão as normas para realização dos estágios dos alunos regularmente matriculados no ensino médio ou superior em sua jurisdição.

Parágrafo único. O estágio realizado nas condições deste artigo não estabelece vínculo empregatício, podendo o estagiário receber bolsa de estágio, estar segurado contra acidentes e ter a cobertura previdenciária prevista na legislação específica.

Art. 83. O ensino militar é regulado em lei específica, admitida a equivalência de estudos, de acordo com as normas fixadas pelos sistemas de ensino.

Art. 84. Os discentes da educação superior poderão ser aproveitados em tarefas de ensino e pesquisa pelas respectivas instituições, exercendo funções de monitoria, de acordo com seu rendimento e seu plano de estudos.

Art. 85. Qualquer cidadão habilitado com a titulação própria poderá exigir a abertura de concurso público de provas e títulos para cargo de docente de instituição pública de ensino que estiver sendo ocupado por professor não concursado, por mais de seis anos, ressalvados os direitos assegurados pelos arts. 41 da Constituição Federal e 19 do Ato das Disposições Constitucionais Transitórias.

Art. 86. As instituições de educação superior constituídas como universidades integrar-se-ão, também, na sua condição de instituições de pesquisa, ao Sistema Nacional de Ciência e Tecnologia, nos termos da legislação específica.

TÍTULO IX
Das Disposições Transitórias

Art. 87. É instituída a Década da Educação, a iniciar-se um ano a partir da publicação desta Lei.

§ 1º A União, no prazo de um ano a partir da publicação desta Lei, encaminhará, ao Congresso Nacional, o Plano Nacional de Educação, com diretrizes e metas para os dez anos seguintes, em sintonia com a Declaração Mundial sobre Educação para Todos.

§ 2º O Poder Público deverá recensear os educandos no ensino fundamental, com especial atenção para os grupos de sete a quatorze e de quinze a dezesseis anos de idade.

§ 3º Cada Município e, supletivamente, o Estado e a União, deverá:

I — matricular todos os educandos a partir dos sete anos de idade e, facultativamente, a partir dos seis anos, no ensino fundamental;

II — prover cursos presenciais ou a distância aos jovens e adultos insuficientemente escolarizados;

III — realizar programas de capacitação para todos os professores em exercício, utilizando também, para isto, os recursos da educação a distância;

IV — integrar todos os estabelecimentos de ensino fundamental do seu território ao sistema nacional de avaliação do rendimento escolar.

§ 4º Até o fim da Década da Educação somente serão admitidos professores habilitados em nível superior ou formados por treinamento em serviço.

§ 5º Serão conjugados todos os esforços objetivando a progressão das redes escolares públicas urbanas de ensino fundamental para o regime de escolas de tempo integral.

§ 6º A assistência financeira da União aos Estados, ao Distrito Federal e aos Municípios, bem como a dos Estados aos seus Municípios, ficam condicionadas ao cumprimento do art. 212 da Constituição Federal e dispositivos legais pertinentes pelos governos beneficiados.

Art. 88. A União, os Estados, o Distrito Federal e os Municípios adaptarão sua legislação educacional e de ensino às disposições desta Lei no prazo máximo de um ano, a partir da data de sua publicação.

§ 1º As instituições educacionais adaptarão seus estatutos e regimentos aos dispositivos desta Lei e às normas dos respectivos sistemas de ensino, nos prazos por estes estabelecidos.

§ 2º O prazo para que as universidades cumpram o disposto nos incs. II e III do art. 52 é de oito anos.

Art. 89. As creches e pré-escolas existentes ou que venham a ser criadas deverão, no prazo de três anos, a contar da publicação desta Lei, integrar-se ao respectivo sistema de ensino.

Art. 90. As questões suscitadas na transição entre o regime anterior e o que se institui nesta Lei serão resolvidas pelo Conselho Nacional de Educação ou, mediante delegação deste, pelos órgãos normativos dos sistemas de ensino, preservada a autonomia universitária.

Art. 91. Esta Lei entra em vigor na data de sua publicação.

Art. 92. Revogam-se as disposições das Leis ns. 4.024, de 20.12.61 e 5.540, de 28.11.68, não alteradas pelas Leis ns. 9.131, de 24.11.95 e 9.192, de 21.12.95, e, ainda, as Leis ns. 5.692, de 11.8.71 e 7.044, de 18.10.82, e as demais leis e decretos-leis que as modificaram e quaisquer outras disposições em contrário.

Brasília, 20 de dezembro de 1996, 175º da Independência e 108º da República.

Fernando Henrique Cardoso